GÖÇ DERGİSİ

ISBN: 978-1-80135-059-4 (Basılı) ISSN: 2054-7110 (Basılı)
ISBN: 978-1-80135-060-0 (Çevrimiçi) ISSN: 2054-7129 (Çevrimiçi)

Göç Dergisi (GD) göç araştırmaları alanında uzman bir süreli yayındır. *Göç Dergisi* insan göçü, göçmenler ve göçmenlik ile ilgili bilimsel çalışmaları ve tartışmaları yayınlamayı amaç edinmiş hakemli ve uluslararası disiplinler arası bir alan dergisidir. *Göç Dergisi* sığınmacılar, mülteciler, düzensiz göçmenler, beyin göçü, işçi göçü, geri dönüşler gibi konular yanında göç etmeyenler ile ilgili araştırmaları ve göçle ilgili kuramsal yeni, özgün ve yayınlanmamış bilimsel çalışmaları yayınlamayı amaçlamaktadır. *Göç Dergisi*'nde insan hareketliliğinin ekonomik, toplumsal, coğrafi, kültürel, psikolojik, tarihsel, hukuki ve sağlık ile ilgili yönleri üzerine niteliksel, niceliksel veya karma yöntemleri kullanan özgün araştırmalar, kavramsal tartışmalar ve eleştiriler yayınlanmaktadır.

Göç Dergisi,

China Academic Journals Database (CNKI Scholar)
EBSCO Academic Search
ERIH PLUS
Norwegian Register for Scientific Journals, Series and Publishers
Research Papers in Economics (RePEc) indekslerinde taranmaktadır.
Göç Dergisi American Sociological Association'ın Publication Options Dergi Kataloğunda da yer almaktadır.

Göç Dergisi yılda üç kez Mart, Temmuz ve Kasım aylarında yayınlanır.

Göç Dergisi Transnational Press London tarafından yayınlanmaktadır.

Adres:
URL: www.GocDergisi.com
Email: admin@tplondon.com

Göç Dergisi kapak dizaynı Nihal Yazgan, TPL Logo dizaynı Gizem ÇAKIR tarafından yapılmıştır.

GÖÇ DERGİSİ

Cilt 8 - Sayı 1
Mart 2021

Özel Sayı: Kent ve Göç
Editörler: Selma Akay Ertürk ve Erhan Kurtarır

ISSN: 2054-7110 - e-ISSN: 2054-7129

Makale hazırlama

Göç Dergisi'ne gönderilen makaleler orijinal ve yayınlanmamış çalışmalar olup 8000 kelime uzunluğunda veya daha kısa olabilir. Makaleler Türkçe yazılmalı ve Türkçe 150 kelimelik özetin yanında 150 kelimelik kısa ve 500 kelimelik İngilizce uzun özetler eklenmelidir. Makaleler elektronik olarak derginin web sitesinden yapılmalıdır.

Akademisyen, uygulayıcı, politika üreticilerin ve göçmenlerin bakış açılarından araştırma ve katkıları *Göç Dergisi*'nde görmeyi umuyoruz. Dergiye sunulacak özgün çalışmalar uluslararası akademik standartlara uygun ve dergi yazım kurallarına uygun olmalıdır. Dergiye sunulan makaleler APA biçim kurallarına uygun olarak hazırlanmalıdır (Bkz. *Publication Manual of the American Psychological Association*).

Makaleler tercihen word dosyası olarak gönderilmelidir. OpenOffice, Microsoft Word, RTF veya WordPerfect dokümanı dosyası biçimleri de kabul edilebilir. Baskı için, resimlerin kaliteli kopyalarını ek dosya olarak gönderiniz.

Dergiye gönderilen yazılar çifte kör hakem sistemi içinde değerlendirilecektir. Başvuruların yazar bağımsız değerlendirilmesi, yazar ve hakem kimliklerinin birbirlerine bildirilmemesi için gayret gösterilmektedir. Yazarlar metinde adları ve kurumları geçen yerleri silmelidirler. Dergiye gönderilen makaleler editörler ve hakemler tarafından incelenmektedir. Hakemlerin karar verirken yapıcı ve yol gösterici yorumlar yapmaları beklenmektedir. Normal olarak makalenin alınmasından sonraki 3 ay içerisinde bir karara varmak hedeflenmekte ancak zaman zaman daha uzun süreler gerekebilmektedir.

Abonelik bilgileri

Derginin web sitesinde gerekli abonelik bilgileri ve seçenekleri bulunmaktadır. E-posta aracılığıyla daha fazla bilgi alabilirsiniz: **sales@tplondon.com**.

Web adresi: http://www.gocdergisi.com

ISSN: 2054-7110 - e-ISSN: 2054-7129

Göç Dergisi
Mart 2021
Cilt: 8, Sayı: 1, sf. 1–9
ISSN: 2054-7110 (Basılı) | ISSN 2054-7129 (Çevrimiçi)
www.gocdergisi.com

Makale tarihçesi: Alındı: 13 Nisan 2021
DOI: https://doi.org/10.33182/gd.v8i1.777

Editörden: Göç ve Kent Özel Sayısı

Selma Akay Ertürk[1]
Erhan Kurtarır[2]

Kent ve Göç

Günümüzde dünya nüfusunun yarıdan fazlası kentlerde yaşamaktadır. Kentler; çok sayıda farklı fonksiyonu barındıran, çok çeşitli ekonomik faaliyetlerin sürdürüldüğü, nüfus yoğunluğunun fazla olduğu, bilginin ve sanatın üretildiği, aynı zamanda da tüketildiği yerleşmelerdir. Birleşmiş Milletler (BM) Dünya Kentleşme Beklentileri 2018 Raporuna göre, 1950 yılında dünya nüfusunun %30'u kentlerde yaşamaktaydı. 2018 yılına gelindiğinde ise dünya nüfusunun %55'ini oluşturan 4,2 milyar insan, kentlerde yaşamını sürdürmekteydi. Her yıl, dünya genelinde yaklaşık 70 milyon insan, çok sayıda itici faktöre sahip olan kırsal alanlardan, çok sayıda çekici faktöre sahip olan kentlere göç etmektedir. Kırdan kente göçün yanı sıra küçük ve orta ölçekli kentlerden büyük kentlere yönelen göçler de söz konusudur. Bunun sonucunda da dünya genelinde, gittikçe artan oranda bir kentlileşme süreci yaşanmaktadır. BM tarafından yapılan tahminlere göre 2050 yılında, dünyadaki kentsel nüfusun 6,5 milyara ulaşacağı tahmin edilmektedir. Buna göre, dünyadaki kentsel nüfusun da toplam nüfusun %70'ine ulaşması beklenmektedir (Birleşmiş Milletler, 2018). Tüm dünyada artışı beklenen kentleşme oranının, özellikle az gelişmiş ve gelişmekte olan ülkelerde daha da fazla olacağı öngörülmektedir. Özellikle üç ülkenin; Doğu Asya'da Çin, Güney Asya'da Hindistan ve Afrika'da Nijerya'nın birlikte, 2018 yılından 2050 yılına kadarki küresel nüfus artışının %35'ini sağlayacağı tahmin edilmektedir (BM Dünya Kentleri Raporu, 2020).

1990 yılında dünya genelinde, 10 milyon veya daha fazla nüfusa sahip 10 tane mega kent var iken, 2014 yılında mega kentlerin sayısı 28'e yükseldi ve bu rakam 2020 yılında 35'e ulaştı. Bu mega kentlere; Tokyo, Cakarta, Delhi, Mumbai, Manila, Şanghay, Sao Paolo, Seul, Meksiko ve İstanbul'u örnek olarak verebiliriz. Yukarıda da temas edildiği gibi, yakın gelecekte, mega kentlerin %90'ının, kentleşmenin çok yoğun olarak yaşandığı, başta Asya kıtasında yer alan ülkelerde olmak üzere, dünya genelindeki gelişmekte olan ülkelerde yer alacağı düşünülmektedir. Ayrıca nüfus artışının bir yansıması olarak, önümüzdeki yıllarda gelişmekte olan ülkelerde kentlerin kapladıkları yapılaşmış alanlarının da genişleyeceği öngörülmektedir. Ancak gelişmekte olan ülkelerdeki kentlerde yaşanan hızlı nüfus artışı sonucunda, daha önce yapılan planlar hayata geçirilememekte, plana rağmen plansız ve sağlıksız bir şekilde büyüyen kentlerde yaşam standartları düşmektedir. Bunun da bir yansıması olarak yaklaşık 828 milyon

[1] Doç. Dr. Selma Akay Ertürk, İstanbul Üniversitesi, Edebiyat Fakültesi, Coğrafya Bölümü, İstanbul, Türkiye.
E-mail: akays@istanbul.edu.tr.
[2] Dr. Öğr. Üyesi Erhan Kurtarır, Yıldız Teknik Üniversitesi Şehir ve Bölge Planlama Bölümü, İstanbul, Türkiye.
E-mail: kurtarir@yildiz.edu.tr.

insan, gelişmekte olan ve geri kalmış ülkelerdeki büyük kentlerin, gecekondu mahallelerinde yaşamaktadır.

Dünya genelinde ekonominin ve inovasyonun merkezi olmaları, sağlık, eğitim ve kültür imkanlarının daha iyi olması sebebiyle kentler, hem iç göçün hem de dış göçün, yani kısacası insan hareketliliğinin de çekim merkezleridir. Göç olgusu, ister bir ülke içindeki yerleşmeler arasında iç göç, isterse de iki farklı ülke arasında dış göç şeklinde gerçekleşsin, mutlaka kentlerde çok çeşitli ve karmaşık sosyal, ekonomik, kültürel ve mekânsal değişimlerin ve dönüşümlerin ortaya çıkmasına neden olmaktadır. Çok farklı disiplinlerden uzmanlar, kentlerde ortaya çıkan değişim ve dönüşüm süreçlerini anlamaya ve bu süreçlerin etkilerinin sürdürülebilir bir şekilde yönetilebilmesi için yöntemler geliştirmeye çalışmaktadırlar. Bu çaba, merkezi yönetimler, yerel yönetimler, uluslararası, ulusal ve yerel sivil toplum kuruluşları, araştırmacılar ve sivil toplum gönüllüleri tarafından paylaşılmaktadır. Bu çok aktörlü yapı tarafından kentlerde meydana gelen değişimler ve dönüşüm sürecinin dinamikleri keşfedilmeye çalışılırken, göç sırasında ve göç sonrasında ortaya çıkan sorunların çözümüne dair de yeni yöntemler geliştirilmeye çalışılmaktadırlar. Fakat tüm bu çabalara rağmen, kentlerin çok çeşitli ve karmaşık sorunları devam etmektedir.

Günümüzün küresel dünyasında çok sayıda göçmen, gelirini arttırmak için kendi ülkesinden ayrılarak, çalışmak üzere ve bazen de eğitimini sürdürmek için başka bir ülkeye, büyük çoğunlukla da gittiği ülkenin kentlerine göç etmektedir. Çalışmak ve gelirini arttırmak için başka bir ülkeye giden bu ekonomik göçmenler, kentlerde çok çeşitli sektörlerde bazen kayıtlı bazen de kayıtsız olarak çalışarak, elde ettikleri gelirin önemli bir kısmını da biriktirip, ülkesine göndererek, ulus-aşırı ağların ortaya çıkmasını sağlamaktadırlar (Ratha ve Sirkeci, 2012). Çalışmak için başka bir ülkeye göç eden bu ekonomik göçmenlerin çocukları, yani ikinci kuşak veya üçüncü kuşak göçmenlerden bazıları; bilim insanları, sanatçılar, girişimciler, politikacılar ve sporcular olarak yetişmektedirler. Göçmenler çalışarak, üreterek ve yaratıcılıklarını ortaya koyarak, bilimin, teknolojinin, ekonominin ve sanatın gelişmesine ve hatta yaşadığımız son Kovid-19 Pandemisi sürecinde olduğu gibi, Kovid-19 aşısının bulunmasını sağlayarak, (Prof. Dr. Uğur Şahin ve Prof. Dr. Özlem Türeci'nin bilimsel başarısı gibi), yaşadıkları ülkeye ve hatta tüm dünyaya çok önemli katkılarda bulunmaktadırlar. Başta gelişmiş ülkelerde olmak üzere, gelişmekte olan ülkelerde de göçmenler, hem sağlık sektörüne hem de tarım sektörüne işgücü sağlamaları dolayısıyla Kovid-19 Pandemisi sürecinde de kilit rol oynayan çalışanlar olarak değerlendirilmişlerdir.

Geçmişte olduğu gibi, günümüzde de kentler, insan hareketliliğinin çekim merkezleri olurken, aynı zamanda küresel ilişkilerin ve ağların da merkezinde yer almaktadırlar. Halen içinde bulunduğumuz Kovid-19 Pandemisi sürecinin gösterdiği gibi, küreselleşmiş kentler, göç alan hedef kentler olarak uluslararası ulaşımın da odak noktaları haline gelmişlerdir. Bu küresel kentler, dünyanın her yeriyle etkileşim içinde olduklarından dolayı Kovid-19 Pandemisinde de çok hızlı etkilenen ilk yerleşmeler olmuşlardır (Sirkeci ve Yüceşahin, 2020).

Kentler, ekonomik göçmenlerin yanı sıra zorunlu olarak göç eden insanların yani mültecilerin, sığınmacıların ve ülkesi içinde zorunlu olarak yer değiştirmiş insanların da çok büyük bir kısmını kendilerine çekmektedirler. Birleşmiş Milletler Mülteciler Yüksek Komiserliği'ne (BMMYK) göre, 2019 yılının sonuna doğru dünya genelinde çatışmalar, savaşlar ve doğal afetler gibi sebeplerden dolayı, doğduğu ülkeden başka bir ülkeye veya kendi ülkesi içinde zorunlu olarak yer değiştirmek durumunda kalan insanların sayısı 79,5 milyon kişiye ulaşarak, şimdiye kadarki en yüksek rakama ulaşmıştır. Bu kişilerin 26 milyonunu mülteciler, 4,2 milyonunu da sığınmacılar ve 45,7 milyonunu ülkesi içerisinde yer değiştirmek zorunda kalan insanlar oluşturmaktadır. Dünya genelindeki mülteciler ile sığınmacıların %85'i ise gelişmekte olan ülkelerde ve geri kalmış ülkelerde, çoğunlukla da bu ülkelerin kentlerinde, kent mültecileri olarak yaşamaktadırlar. Yine BMMYK'nin verilerine göre Türkiye, dünya genelinde en fazla sayıda mülteciyi barındıran ülke konumundadır (BMMYK, 2019). Türkiye, geçici koruma statüsü kapsamındaki 3,6 milyonun üzerindeki Suriyeliye ve 400.000'nden fazla olduğu tahmin edilen Afganistanlı, İranlı, Iraklı ve Afrikalı düzensiz göçmene de ev sahipliği yapmaktadır. Türkiye'deki Suriyelilerin ve düzensiz göçmenlerin çok büyük bir bölümü de, başta İstanbul olmak üzere ve Gaziantep, Şanlıurfa, Hatay ve Kilis gibi sınır illeri ile diğer gelişmiş illerde (Bursa, İzmir, Ankara, Adana ve Mersin vd.) kent mültecileri olarak yaşamaktadırlar (Kurtarır vd. 2017; Erdoğan, 2017; Göç İdaresi Genel Müdürlüğü, 2021).

Yaşadığımız çağda; teknolojinin, ekonominin ve ulaşım imkanlarının da gelişmesiyle insan hareketliliği gittikçe artmış, göçlerin meydana gelme biçimi ve araçları değişmiş, göç süreci daha da karmaşık hale gelmiştir (De Haas ve diğerleri, 2019). Gittikçe kentlileşen ve yerelleşen bir olgu olarak, tüm dünyada yaşanan bu büyük insan hareketliliği, yerel yönetimlerin üzerine de önemli ve zor görevler yüklemiştir. Yeni gelen yabancı göçmenlerin, mültecilerin, sığınmacıların ve ülkesi içinde yerinden edilmiş insanların, kentleşme ve yerleşme problemlerinin çözülmesi, yaşanan göç süreçlerinin yönetilmesi, yerel toplum ile yeni gelenlerin karşılıklı sosyal uyumunun ve toplumsal kabulün teşvik edilmesi zorlu süreçler olarak karşımızda durmaktadır. Suriyeliler'in Türkiye'ye girişinden bu yana, yaklaşık on yıl geçmiş olmasına rağmen halen temel insani yardım ilişkisinin ötesine geçemeyen ve sosyal entegrasyonda gerekli ileri adımların bir türlü atılamadığı uyum süreçleri, tüm zorluklarıyla halen bekletilmektedir. Özellikle zorunlu göçmenlerin kimlikleri ve bellekleri açısından yıkıcı biçimde yaşadıkları büyük yer değiştirme sonrasında, yeni bir coğrafyada "ev" kurmaları, aidiyet kurmaları, kurumlarını oluşturmaları ile kısacası kamusal alanda sosyal ve siyasal açıdan aktif birer kentli olarak görünür hale gelmeleri ise ilk adımdan daha uzun süren ve daha zorlu olan bir süreç olarak karşılarında durmaktadır (Sandercock, 1998). Son dönemde yaşanan pandemi ve kapatılma süreçleri de bu grupların yeni yerleştikleri yerlerde kat ettikleri kentsel yaşama uyum aşamalarında tekrar başa dönülmesine sebep olmuş ve hem ekonomik olarak hem de sosyal açıdan zorunlu bağımlılıkları yeniden arttırmıştır. Yeni yerleşilen kentlerde, sessiz ve görünmez olmaya itilen kentsel mültecilerin gittikçe kötüleşen bu durumu değiştirip, eski haline getirmeleri ve sonrasında da birer siyasi aktör haline gelmeleri, sosyal hakları konusunda söz sahibi olmaları, yerel yönetime ve yerel kalkınmaya aktif birer kentli olarak doğrudan katılımlarını sağlamaları ise kısa vadede mümkün olamasa da uzun erimde başarılması beklenen önemli aşamalardır.

Kent, Göç ve Planlama

Geleneksel olarak, kitlesel insan hareketliliğiyle yani göçle ilgili planlar ve politikalar, ulusal ve uluslararası ölçeklerde hazırlanmaktadır. Bununla birlikte, özellikle kentler için göç olgusu ve göç süreçlerinin yönetimi söz konusu olduğunda, yerel politikalar çok daha hayati hale gelmektedir. Dar anlamda ulusal göç politikaları - yani ülkeye kimin girebileceği veya ülkeyi terk edebileceği politikaları - genellikle ülke ölçeğinde tasarlanırken, yerel göç yönetişiminde ve göçün yerel etkilerinin yönetilmesinde atılması gereken adımlar genellikle göz ardı edilmektedir. Halbuki yerelde uygulanan plan ve politikalar göç süreçlerinin etkilerinin yönetilebilmesi için hayati önem taşımaktadır. Fakat göç yönetiminin etkin yerel politikası ve başarılı yerel uygulamaları, ülkeye göre değişmekle birlikte, genellikle tüm dünyada en zayıf kalınan alanların başında gelmektedir. Zorunlu göç, düzensiz göç ve zorla yer değiştirme, yeni göç edilen kentlerde göçmenleri, ön yargılara karşı savunmasız bırakmakta ve nefret söylemlerinin doğmasına, göçmen karşıtlığına ve yabancı düşmanlığına neden olmaktadır. Ayrıca kadınlar, çocuklar, gençler ve diğer dezavantajlı gruplar özellikle *"hareket halinde iken"* yani göç esnasında ayrımcılık ve dışlanma gibi kötü muamelelere karşı daha açık ve savunmasız hale gelmektedirler. Tüm bu sorun alanlarının yönetilebilmesi ve karşılıklı uyum süreçlerinin inşa edilebilmesi için kentler, yeni gelenlere tehditler sunduğu kadar fırsatlar da sunmaktadırlar. Fakat bu yeni komşuların yeni evlerine yerleşmesi sürecine mahalle ölçeğinde tanık olmak ve yerelde iletişim ortamını kurmak gerekmektedir. Bunun için de yerel politikalara ve kapsayıcı kentsel planlara ihtiyaç vardır.

Sürdürülebilir kentleşmenin ve sürdürülebilir kalkınma hedeflerinin gerçekleştirilebilmesi için de *yerelleşmenin* ve *yerelden yönetişimin* sağlanması gerekmektedir. BM-Habitat'ın Yeni Kentsel Gündemi (UN-Habitat's New Urban Agenda) de göçmenlerin, mültecilerin, sığınmacıların ve ülkesi içinde zorla yerinden edilmişlerin yani kısaca *"hareket halindeki tüm insanların"* korunmasında, kentsel alanın önemine vurgu yapmaktadır. BM-Habitat'ın Yeni Kentsel Gündemine göre, ülke ve bölge düzeyindeki kalkınma planlarında başta olmak üzere kentsel mekanın planlamasında, göç ve yerinden edilmeyle ilgili konuların planlamaya dahil edilmesi gerekmektedir. Yeni Kentsel Gündeme göre, dünyanın pek çok ülkesinde, belediyeler, ulusal göç politikalarından kopuktur. Oysa ki belediyelerin, göçmenlerin yasal statülerine bakmaksınız hizmet sunma yetkisi olmalıdır (Birleşmiş Milletler, 2017). Türkiye'de şu an yerel yönetimlerin bazıları 5393 sayılı Belediye Kanunu'nun Hemşehri Hukuku başlıklı 13. Maddesine istinaden Suriyelilere ve diğer göçmenlere hizmet ve yardım ulaştırabiliyor. Bu maddeye göre, bir kişi için sadece bir yerde yaşıyor olması, hemşehriliğin edinilmesi için yeterli olmakla beraber, belediye hizmetlerinden yararlanma koşulunu da yerine getirmiş olmaktadır. Ancak ülkemizde yerel yönetimlerin göçmenler ve mülteciler için ayrı bir bütçesi yoktur (Kılınç, 2019). Yeni gelen göçmen nüfusun büyüklüğü karşısında bütçenin olmaması da çoğu yerel yöneticiyi bu alandaki yatırım yapılması gereken konulardan uzak tutmakta ve bu alanı devletin görev alanı olarak tanımlamaya itmektedir (Kurtarır vd, 2017).

Zorunlu göç mağduru göçmen ve mülteci topluluklar, göç edilen yerlerde (çoğunlukla kentlerde) işler yolunda gittiğinde çok önemli gelişmeler ve katkılar sağlayabildikleri gibi, bir taraftan da çok önemli sorunların (işsizlik, yoksulluk, barınmayla ilgili sorunlar, haklara sahip olmama, kamusal hizmetlere erişememe, dille ilgili zorluklar, dışlanma vb.) içine de düşebilmektedirler. Kent yoksulları gibi, göçmenler ve mülteciler de çoğunlukla, kentlerin en savunmasız, kırılgan ve dezavantajlı nüfus gruplarını oluşturmaktadırlar. Doğal olarak bu hassas grupların gerçek ihtiyaçlarının keşfedilmesi ve onurlu göçmenlik ilkesi gereği geleceklerini inşa edebilmeleri için uygun koşulların sunulabilmesi amacıyla hak temelli bir belediyeciliğe ve yerel planlara ihtiyaç duyulmaktadır. Mekânsal eşitsizliğin ve yoksulluğun azaltılması, yerel yönetimleri güçlendirerek, bu hassas kesimlerin; başta barınma koşullarında olmak üzere, kamu hizmetlerine erişiminde ve kentsel haklara erişimlerinde iyileştirmeler sağlanmasıyla mümkün olacaktır.

Geçim zorluğu çeken kent sakinlerinin, göçmenlerin ve mültecilerin yoksulluklarının azaltılması, günümüzde çok sayıda göçmenin ve mültecinin yaşadığı kentlerin çözülmesi gereken temel kentsel sorunların başında gelmektedir. Kovid-19 Pandemisi, geri kalmış ve gelişmekte olan ülkelerde olduğu gibi, gelişmiş ülkelerde de toplum sağlığı açısından, yerel toplumun, göçmenlerin ve mültecilerin (Akay Ertürk, 2020) ekonomik refah koşullarının iyileştirilmesi ve yoksulluk sorununun çözümünün ne kadar öncelikli olduğunu bir kez daha göstermiştir.

Yukarıda da değinildiği üzere, dünya genelinde kentlerde yaşayan tüm insanlar için, eşit hakların paylaşılabildiği bir birlikte yaşam ortamının kurulabilmesi, yoksulluğun azaltılması, yaşam şartlarının iyileştirilmesi ve refahın paylaşılması toplum sağlığı açısında da büyük bir öneme sahiptir. 2011'de başlayan Suriye krizi sebebiyle komşu ülkeler süreçte ilk etkilenen ülkeler olmuşlardır. Fakat bu krizin sonrasında ortaya çıkan zorunlu göç sürecinin en çok etkilediği ülke Türkiye, en çok etkilediği kentler de İstanbul, Bursa, İzmir, Ankara ve Mersin gibi geleneksel göçmen kentleri ile Gaziantep, Şanlıurfa, Hatay (Akay Ertürk, 2016; Güngördü ve Kurtarır, 2016) ve Kilis gibi sınır kentleri olmuşlardır. Bu kentlerde yürütülebilecek en önemli çalışma ivedilikle *kapsayıcı kentsel planlamanın* hem sosyal hem de mekânsal boyutlarıyla yere özgü kentsel veriye dayanan kararlarla birlikte hayata geçirilmesidir (Kurtarır ve diğerleri, 2018). Kapsayıcı kentsel planların üretilmesi ve kapsayıcı kentsel politikaların hayata geçirilmesiyle, kentsel haklara, kamusal hizmetlere, çeşitli fırsatlara ve kamusal alana erişimi kolaylaştıran düzenlemeler için ilk adım atılmış olacaktır. Bu sayede, yerel sakinlerin, göçmenlerin ve mültecilerin becerilerini, potansiyellerini ve yaratıcılıklarını en üst düzeye çıkarmaları için uygun bir altyapı da yaratılmış olacaktır. Bundan sonra da, gerçek ihtiyaç odaklı eylem planlarıyla sürecin yönetilebilmesi ve kurumsal kapasitenin arttırılabilmesi için bir fırsat yakalanabilecektir (Kurtarır, 2019).

BM-Habitat 2020-2023 Stratejik Planında da belirtildiği gibi, kentlerde yaşayan tüm insanlar (yerel sakinler, göçmenler, mülteciler ve ülkesi içinde yerinden edilmişler) için onurlu bir şekilde ve insanca yaşama hakkının sağlanması gerekmektedir. Yine bu Plana göre, kadınlar, çocuklar, gençler, yaşlılar ve engelliler gibi dezavantajlı ve kırılgan tüm kesimler başta olmak üzere *"kritik anda kimseyi geride bırakmamak için"*, kentlerde ve tüm yerleşmelerde, dönüştürücü ve kapsayıcı bir değişimin hayata geçirilmesi sağlanmalıdır (Birleşmiş Milletler, 2019).

İyi planlandığında ve iyi yönetildiğinde *kentlere yönelen göç*, kentler ve kentte yaşayan topluluklar üzerinde olumlu bir etkiye sahiptir. Ancak bunun gerçekleştirilmesi için yerel yönetimler tarafından kentlerde, ani veya uzun vadede gerçekleşen nüfus değişikliklerine yanıt veren ve tüm kent sakinleri için yeterli yaşam standartlarını sağlayan, ayrımcı olmayan politikalar ve sistemler geliştirilmelidir. Bu politikalar ve sistemler, hem göçmen hem de ev sahibi topluluklara fayda sağlayan ve iyi işleyen kentsel sistemler olmalıdır. Ayrıca bu şekilde, insani yardım ve kalkınma çabaları da birbiriyle uyumlu ve bağlantılı hale getirilmiş olmaktadır. Ülkemizde de yerel yönetimlerin bu sistemleri geliştirebilmesi için de kapasitelerinin güçlendirilmesi ve finansmanın sağlanması gerekmektedir. Yerel yönetimler tarafından sürdürülebilir projeler geliştirilerek, hem yerel kaynakların yaratılması hem de uluslararası yapısal fonların sağlanması önemlidir. Bu hedef için öncelikle kurumsal kapasitenin bu hedef doğrultusunda iyileştirilmesi, akabinde de uygun mevzuat desteği ile yerel kaynaklar ve uluslararası finansal kaynaklar konusunda iyileştirme çalışmalarının hem yerel hem de merkezi hükümet gündemine alınarak desteklenmesi gerekmektedir.

Yaşadığımız dönemde, depremden sele, yoğun göçten toplumsal hareketlere, siber saldırılara kadar tüm kentler, doğa veya insan kaynaklı bir dizi şok ve stresle karşı karşıyadır. Günümüzde kentler ve kent sakinleri (yerel toplum, göçmenler, mülteciler, ziyaretçiler vd.), diğer zorlukların (sosyal ve ekonomik zorlukların) yanı sıra; hızlı kentleşme, iklim değişikliğinin etkileri (kuraklık, seller, kasırgalar ve fırtınalar gibi ekstrem hava olaylarının artması) ve siyasi istikrarsızlıklar nedeniyle ek ve katlanmış zorluklarla karşı karşıyadırlar. Bu sebeplerden dolayı, sürdürülebilir yerleşim yerleri olarak kalması için kentler, yerel yönetimlerin önderliğinde, merkezi yönetim, akademi, sivil toplum kuruluşları ve kentlerde yaşayanların da desteğiyle *dayanıklı* hale getirilmelidir. Kentler kadar kentte yaşayan toplumlar da dayanıklı hale gelmelidir. Bu amaç doğrultusunda, bireylerin ve toplulukların önündeki tehlikeler de belirlenip, gerekli önlemler katılımcı bir anlayışla ortak bir gelecek için planlanmak zorundadır. Bunun için bireyin sosyal, kültürel, siyasal, ekonomik kimlikleri, eşit hak temelli olarak yerel sosyal politikalarla desteklenmeli ve kapsayıcı kentsel planlarla güvence altına alınmalıdır. Bu sebeple özellikle göçmenler, kentsel yaşamda siyasal bir özne olamadıkları için çoklu kimliklerini kamusal alana yansıtabilecekleri araçlara ihtiyaç duymaktadırlar. Bunun için örneğin kent konseyleri gibi katılım mekanizmalarında, kentin yerel sakinlerinden olduğu gibi, göçmenlerin ve mültecilerin de temsil edilmesi, kapsayıcı birlikte yaşam hedefinin gerçekleşebilmesi, sosyal eşitliğin ve katılımın sağlanabilmesi için önemlidir.

Ancak göç olgusu, ülke politikası açısından öncelikle ve ısrarla önemli bir *güvenlik sorunu* olarak ele alındığı sürece, göç olgusunun yerelleşmesi meselesi belki de bu alandaki en uzak hedef ve en büyük zorluk olarak kalacaktır. Yaşanılan bu zorlukların giderilmesi, günümüzde ve gelecekte kentlerin daha yaşanılabilir, güvenli, akıllı, dayanıklı ve sürdürülebilir yerler olması için, gerçek veriye dayanan plan ve politika kararları üretebilmek için, tüm kesimlerin (paydaşların) katkılarını gerektiren ve birlikte başarılması gereken bir görev olarak karşımızda durmaktadır.

Tüm bu açıklanan sebeplerle ve bu bakış açısıyla "Göç" ve "Kent" gibi birbirinin sebebi ve sonucu olarak görülebilecek iki önemli olgunun bir arada değerlendirilmesi, Göç Dergisi'nin yeni özel sayısının teması için de ilham kaynağı olmuştur. Bu özel sayıda, otuzdan fazla alan işaret edilmiş ve Göç Alan Kentler, Göçün Yerelleşmesi, Yerel Yönetimler ve Göç İlişkisi, Kentsel Mülteciler, Sosyal Uyum ve Toplumsal Kabul, Kentlerde Göçmenlerin Dahil Olduğu Emek Piyasaları, Göçün Mekânsal Etkileri, Göç ve Konut Politikaları gibi göç ve kentle ilgili konularda başvurular kabul edilmiştir. Göç Dergisi'nin "Göç ve Kent" özel sayısında, yukarıda sayılan alanlarda, Türkiye'de göçmenlerin ve mültecilerin yoğun olarak yaşadığı kentlerde saha çalışmalarına dayanan, özgün çalışmalara yer verilmiştir. Ayrıca bu özel sayıda, biri İstanbul'dan ve diğeri Ankara'dan olmak üzere iki adet görüş yazısı da yer almaktadır. Bu görüş yazılarının ilki olan **Göçle İlgili Planlama ve Kapsayıcı Politikaların Üretilmesinde İstanbul'daki Yerel Yönetimlerin Rolü - İBB Deneyimi** yazısında Papatya Bostancı ve Ezgi Durmaz, İstanbul'da İstanbul Büyükşehir Belediyesi'nin stratejik plan hazırlık çalışmaları aşamasında, İstanbulluların müdahale beklediğini belirttiği ilk üç konu arasında yer alan ve öne çıkan göç sorunsalını ele almaktadırlar. Bu yazıda ayrıca, dünya genelinde en fazla sayıda mülteciyi barındıran kent olan İstanbul'da, İstanbul Büyükşehir Belediyesi'nin göç karşısında geliştirdiği yerel strateji, bir vaka incelemesi olarak sunulmakta ve İBB Sosyal Hizmetler Müdürlüğü içinde kurulan ve çok yönlü çalışmalar yürüten Göç Birimi'nin çalışmaları hakkında bilgiler paylaşılmaktadır. Görüş yazılarının ikincisinde ise, Savaş Zafer Şahin, **Kent Yurttaşlığı Temelinde Göç ve Kent Konseylerini Düşünmek** adlı yazısında**,** kitlesel göç hareketlerinin kısa dönemde sorunlarıyla başa çıkılması gereken bir husus iken, orta ve uzun vadede toplumsal ve kültürel çeşitliliğin bir zenginliğe dönüşmesine olanak tanıyacak bir dinamik üretebilme potansiyeline de sahip olduğunu belirtmektedir. Ancak bunun ön koşulunun ise öncelikle, göçmen nüfusun yeni yaşam alanlarında hoşgörü ve insan haklarına uygun bir şekilde ele alınabilmesine olanak tanıyacak olan bir *"kent yurttaşlığı"* tanımı içerisinde ele alınabilmesine bağlı olduğuna dikkat çekmektedir. Bu makalede ayrıca, önce kuramsal olarak bu anlayışın temelleri ele alınmakta, ardından da Türkiye için kent yönetimine katılımın yeni aracı olan kent konseylerinin bu anlamdaki yeri ve potansiyeli değerlendirilmektedir.

Bu özel sayının üçüncü yazısı Zehra Güngördü ve Buket Ayşegül Özbakır tarafından yazılan **Kentsel Mültecilerin Kente Uyum Süreçlerinde Konuta Erişimleri: Hatay Örneği** başlıklı makaledir. Bu makalede, Türkiye'nin 2011 yılından beri, Suriye'den gelen zorunlu kitlesel göç hareketinin sosyal, ekonomik, kültürel ve mekânsal etkilerini deneyimlemekte olduğu belirtilmektedir. Yazarlar, Hatay'da yaşayan Suriyeli mültecilerin kente uyum süreçlerinde önemli bir faktör olan, konut deneyimlerini; yerleştikleri mahalleyle ve kentle kurdukları ilişki üzerinden incelemektedirler. Bu çalışmada paylaşılan önemli bir bulgu konuta erişim faktörünün, Suriyeli mültecilerin kentsel uyum süreçlerinde, önemli bir politika başlığı olarak geliştirilmesi gerektiği hususudur.

Bu özel sayıdaki dördüncü yazı Sait Vesek tarafından yazılan **Gaziantep ve İzmir'deki Suriyelilerin Yaşadıkları Dışlanma Deneyimleri** başlıklı makaledir. Bu makalede yazar, Türkiye'deki Suriyelilerin Gaziantep'te ve İzmir'de kentsel alanda yaşadıkları ekonomik, mekânsal ve kültürel dışlanma deneyimlerine odaklanmaktadır. Ayrıca bu makalede, dışlanmanın dinamikleri ve Suriyelilerin dışlanmaya ne gibi cevaplar verdikleri de ele alınmaktadır. Makalede, özellikle sürdürülebilir bir entegrasyon politikası için mevcut engellerin ortaya konulmasının önemine de vurgu yapılmaktadır.

Esen Yangın Kiremit ve Serap Akfırat tarafından kaleme alınan **Suriyeli Mültecilere Karşı Kabullenici ve Reddedici Kültürleşme Stratejilerinin Belirleyicileri: Hatay Örneği** adlı makale özel sayımızın beşinci makalesidir. Bu makalede, birden fazla grubun teması sonucunda gerçekleşen kültürel ve psikolojik değişimleri ifade eden kültürleşmenin, hem ev sahibi grupları hem de göçmen grupları ilgilendiren bir süreç olduğu belirtilmektedir. Yazarlar, bu araştırmada Hatay'da yaşayan yerli halkın etnik, dini/mezhepsel ve ulusal kimliklerle özdeşleşmesinin bağımsız; kabullenici ve reddedici kültürleşme stratejilerini benimsemenin bağımlı ve algılanan tehdidin aracı değişken olarak ele alındığı altı farklı modeli analiz etmektedirler.

Bu özel sayıdaki altıncı yazı Hacı Çevik tarafından yazılan **Göç Yönetiminde Yerelleşmenin İzlerini Aramak: Ankara Mamak Belediyesi Örneği** isimli makaledir. Bu makalede yazar, göç yönetiminin, farklı aktörlerin iş birliğine ihtiyaç duyan, çok boyutlu bir süreç olduğuna işaret etmekte ve bu bağlamda göç yönetiminde yerel yönetimlerin konumunun giderek daha da önemli bir hale geldiğini belirtmektedir. Yazar, makalesinde Türkiye'deki bazı yerel yönetimlerin farklı sivil toplum örgütleriyle kurulan ortaklıklar aracılığıyla göçmenlere ve mültecilere yerelden hizmet sunduğu üzerinde durmaktadır. Ayrıca yazar, makalesinde göçmenlere ve Suriyeli mültecilere yerelden sunulan bu hizmetleri, Ankara Mamak Belediyesi ile Mamak Sığınmacı Danışma ve Koordinasyon Merkezi arasında kurulan ortaklık özelinde incelemektedir.

Göç Dergisi'nin Göç ve Kent özel sayısının yedinci yazısı, Hatice Begüm Kamış Aykaç ve Selver Özözen Kahraman tarafından yazılan **Bakım Hizmetlerinde Çalışan Kadın Göçmenler: İzmir Kenti Örneği** adlı makaledir. Bu makalede, ev içi ve bakım hizmetlerinde çalışmak üzere; Özbekistan, Gürcistan, Türkmenistan ve Azerbaycan gibi BDT ülkelerinden İzmir'e gelen kadın göçmenlerin; göç süreçleri, geldikleri ülke ve becerilerine göre tercih etme ve edilme durumlarında etkili olan faktörler, karşılaştıkları zorluklar ve bu göç hareketinin mekânsal örüntüleri incelenmektedir. Yazarlar makalede, bu kadın göçmenlerin çalışmak için neden Türkiye'yi ve İzmir'i tercih ettiklerini de tartışmaktadırlar. Bununla birlikte, makalede, kadın göçmenlerin genellikle kayıtsız çalışmalarının, onları daha korumasız ve güvencesiz hale getirdiği üzerinde de durulmaktadır.

Bu özel sayının sekizinci makalesi, Kübra Elmalı tarafından yazılan **Türkiye'de İller Arası Göçün Mekânsal Etkileri** adlı makaledir. Türkiye ölçeğinde, iller arası göç dağılımının araştırıldığı bu makalede, il bazında net göç verileri ele alınarak, demografik ve iktisadi degişkenlerin etkisi belirlenmeye çalısılmaktadır. Yazar makalesinde, araştırmada uygulanan modelin tahmin sonucundan elde edilen bulgulara göre; bir ilin isgücünde, nüfusunda, bebek ölüm oranında ve ögrenci sayısında meydana gelen degisimlerin, net göç üzerinde etkili oldugunu ve ayrıca ögrenci sayısının ilin komsulugundaki net göç rakamlarını da etkiledigini ortaya koymaktadır.

Göç Dergisi'nin Göç ve Kent özel sayısının dokuzuncu ve son makalesi, Hüseyin Çelik tarafından kaleme alınan **Koronavirüs Salgını Sürecinde Sosyal Izolasyon ve Medya** isimli makaledir. Bu makalede insan hareketliliginin karsıtı olarak günümüzde göç edememe, yerinde kalma hallerinin sonucu olan sosyal izolasyon konusu incelenmekte ve bunu saglayan televizyon ile sosyal medya üzerinde durulmaktadır. Ayrıca bu çalısmada, Koronavirüs salgını sırasında yaşam ve ölüm arasındaki biyo-iktidar kavramı ışığında bedenlerin ve nüfusların yönetimleri için iktidarlara fırsat verilmiş olduğu iddiası da ele alınmaktadır.

Göç Dergisi'nin Göç ve Kent özel sayısının ortaya çıkmasını sağlayan yazarlarımıza ve bu süreçte bilimsel desteğini esirgemeyen tüm hakemlerimize teşekkür ederiz. Bu özel sayıdaki makalelerin okuyucuların ilgisini çekeceğini ve bu alanda yapılacak çalışmalara da katkı sağlamasını ümit ediyoruz. Tüm okuyuculara keyifli okumalar diler, saygılarımızla sunarız.

Kaynakça

Akay Ertürk, S. (2016). "Refugees in the agricultural sector: some notes on Syrians in Hatay province, Turkey," In *Migration and Agriculture Mobility and change in the Mediterranean area*, London: Routledge, 168-180.

Akay Ertürk, S. (2020). Koronavirüs Salgınının Türkiye'deki Suriyelilere Etkileri Üzerine İlk İzlenimler. *Göç Dergisi*, *7*(1), 121-146. https://doi.org/10.33182/gd.v7i1.691

Birleşmiş Milletler. (2017). BM-Habitat'ın Yeni Kentsel Gündemi (UN-Habitat's New Urban Agenda, https://habitat3.org/the-new-urban-agenda/ Son erişim: 03.03.2021.

Birleşmiş Milletler. (2018). BM Dünya Kentleşme Beklentileri 2018, World Urbanization Prospects 2018: Highlights, https://population.un.org/wup/Publications/Files/WUP2018-Highlights.pdf Son erişim: 27.02.2021.

Birleşmiş Milletler. (2019). BM-Habitat 2020-2023 Stratejik Planı (UN-HABITAT Strategic Plan 2020-2023), https://unhabitat.org/sites/default/files/documents/2019-09/strategic_plan_2020-2023.pdf Son erişim: 08.03.2021.

BMMYK. (2019). UNHCR, Global Trends Forced Displacement in 2019, https://www.unhcr.org/5ee200e37.pdf Son erişim: 15.03.2021.

Birleşmiş Milletler. (2020). BM Dünya Kentleri Raporu 2020. United Nations Human Settlements Programme (2020) World Cities Report 2020: Key Findings and Messages, https://unhabitat.org/sites/default/files/2020/10/wcr_2020_report.pdf Son erişim: 21.03.2021.

De Haas, H., Castles, S.,&M.J. Miller. (2019). *The Age of Migration (6th Edition), International Population Movements in the Modern World*, London: Macmillan Education.

Erdoğan, M.M. (2017). "Kopuş"tan "Uyum"a kent mültecileri: Suriyeli mülteciler ve belediyelerin süreç yönetimi: İstanbul örneği, İstanbul: Marmara Belediyeler Birliği Kültür Yayınları https://marmara.gov.tr/UserFiles/Attachments/2017/05/09/2a50f712-6413-489f-9deb-56dc52de7264.pdf Son erişim: 18.03.2021.

Göç İdaresi Genel Müdürlüğü. (2021). https://www.goc.gov.tr/gecici-koruma5638 Son erişim: 25.02.2021.

Güngördü, Z., & Kurtarır, E. (2016). Mülteciler ve Hatay'da geleceğin plansız inşası. *Göç Dergisi*, *3*(1), 83-98. https://doi.org/10.33182/gd.v3i1.556

Kılınç, U. (2019). *İnsan Hakları ve Mülteci Hukuku Işığında Göç ve Yerel Yönetimler*, Reslog Yerel Yönetişim ve Göç Dizisi - 1, Ankara: Arkadaş Basım Ltd. http://www.reslogproject.org/wp-content/uploads/2019/12/Dijital_İnsanHaklarıBook24Aralık 2019.pdf

Kurtarır, E. (2019). "Planlama Krizinde Kentsel Adaletin Yapıtaşları; Eşitlik, Katılım ve Kapsayıcılık" Mimarist Dosya "Tahakküm ve İnşa", 19 (64), 60-67.

Kurtarır, E., Koca, A., Yıkıcı, A., Çılgın, K., Çolak, N., Kılınç, U. (2017). "Planlama Açısından Kent Mültecileri ve Yerel Sorumluluklar Değerlendirme Raporu: İstanbul'da Suriyeli Yeni Komşularımız Örneği" TMMOB Şehir Plancıları Odası İstanbul Şubesi, İstanbul.

Kurtarır, E. Özbakır B. A., Karakaya Ayalp E. & Çakır B. (2018). "Kentsel Mültecilerin Adaptasyon ve Uyum Süreçlerine Yeni Bir Bakış Açısı: Kapsayıcı Kent İnşası Amaçlı Sosyal İnovasyon Modeli Önerisi," *Dünya Şehircilik Günü 42. Kolokyumu: "Göç-Mekân-Siyaset"*, İzmir.

Ratha, D., & Sirkeci, I. (2012). Göçmen dövizleri ve küresel mali kriz - Remittances and global financial crisis. *Migration Letters*, *9*(4), 329–336. https://doi.org/10.33182/ml.v9i4.119

Sandercock, L. (1998). *Making The Invisible Visible: A Multicultural Planning History*, Sandercock, L. Ed. Berkeley: University of California Press.

Sirkeci, I., & Yüceşahin, M. M. (2020). Göç ve Koronavirüs: Nüfus Hareketliliği Verileri Üzerinden KOVİD-19 Salgınının Analizi. *Göç Dergisi*, *7*(1), 9-34. https://doi.org/10.33182/gd.v7i1.679

Göç Dergis
Mayıs 20
Cilt: 8, Sayı
ISSN: 2054-7110 (Basılı) | ISSN 2054-7129 (Çevrimi
www.gocdergisi.co
TRANSNATIONAL PRESS LONDON

Göç Dergisi
Mart 2021
Cilt: 8, Sayı: 1, sf. 11–21
ISSN: 2054-7110 (Basılı) | ISSN 2054-7129 (Çevrimiçi)
www.gocdergisi.com
TRANSNATIONAL PRESS® LONDON

Makale tarihçesi: Alındı: 22 Mart 2021 Kabul edildi: 5 Nisan 2021
DOI: https://doi.org/10.33182/gd.v8i1.772

Göçle İlgili Planlama ve Kapsayıcı Politikaların Üretilmesinde İstanbul'daki Yerel Yönetimlerin Rolü - İBB Deneyimi

Papatya Bostancı[1] ve Ezgi Durmaz[2]

Öz

Son yıllarda çoğunluğu büyük kentlerde yaşayan göçmen ve mültecilere atfedilen sorunlar, kente dair sorunlarla iç içe geçmekte ve yerel politikaların başlıca aktörü olan belediyelere bu alanda bir politika üretme ihtiyacı doğurmaktadır. Bu çalışmada, Türkiye'de en fazla sayıda göçmen ve mülteciye ev sahipliği yapan İstanbul'da, belediyelerin göç alanında gerçekleştirdikleri çalışmalar ve göç yönetişimine dahil olma biçimleri incelenerek, göçle ilgili planlama ve kapsayıcı politikaların üretilmesinde yerel yönetimlerin rolü tartışılmıştır. Bu kapsamda İstanbul'un ilçe belediyelerinin kentte yaşayan göçmen ve mültecilere hizmet sağlamak konusundaki tutumları değerlendirilerek yeni yönetim döneminde bir dönüşüm içerisinde olan İstanbul Büyükşehir Belediyesi (İBB)'nin ortaya koyduğu göç politikası ve uygulamadaki örnekler kapsayıcılık temelinde ele alınmıştır.

Anahtar Kelimeler: *Göç yönetişimi; kapsayıcı politika; yerel yönetim; göçmen; kent mültecileri*

ABSTRACT IN ENGLISH

Role of Local Governments in Planning and Comprehensive Policy Making in Istanbul: The Case of Istanbul Metropolitan Municipality

Problems that have been attributed to migrants and refugees, most of whom live in big cities, are intertwined with urban problems. As the main actors of local governance, municipalities have been pushed to develop policies in this field. In this study, the role of Istanbul district municipalities in planning and developing inclusive policies in migration have been discussed by examining the way migration is included into their strategic plans and migration-related activities. In this context, the attitudes of the district municipalities of Istanbul with regards to providing services to migrants and refugees living in the city were evaluated. The migration policy and related practices of the Istanbul Metropolitan Municipality (IMM), which has been being transformed in the new administrative period, were discussed on the basis of inclusiveness.

Keywords: *Migration governance; inclusive policy; local governance; migration; urban refugees*

Giriş

Göç, insanlık tarihinin başlangıcından günümüze kadar mevcut olan ve varlığını çeşitli dinamiklere bağlı olarak devam ettiren bir olgudur. Kent-site devletlerinden bugünün modern ulus-devletlerine varan süreçte, göç ve göçmenlik olgusu farklı form ve biçimler alarak, belirli tarihsel dönemlerde ciddi kırılmaların yaşanmasına sebep olmuş ve kentlerin sosyal, ekonomik,

[1] Papatya Bostancı, İstanbul Teknik Üniversitesi, Şehir Planlama Yüksek Lisans Programı, Devam, İstanbul; Türkiye. E-mail: bostancipapatya@gmail.com.
[2] Ezgi Durmaz, Beyrut Amerikan Üniversitesi, Kamu Yönetimi ve Uluslararası İlişkiler Yüksek Lisans Programı, 2019, Beyrut, Lübnan. E-mail: b.ezgidurmaz@gmail.com.

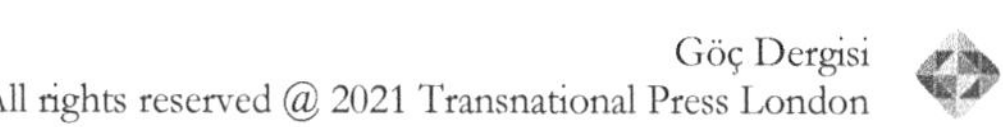

mekânsal, kültürel ve siyasi yapısını şekillendirmiştir. Göç olgusu insanların süregelen bir biçimde en uygun yaşam şartlarını araması veya açlık, savaş ve doğal afetlerden kaçmak için hareket etmesi olarak ele alındığında yeni bir fenomen olarak görülmese de, Castles ve Miller'e (2008) göre 16. yüzyıldan itibaren Avrupa'nın genişlemesinden günümüze kadar uzanan ve "Göçler Çağı" olarak adlandırılan dönemin en önemli farkını, göçün küresel kapasitesinin, politik, ekonomik ve sosyal alandaki büyük etkisi oluşturmaktadır.

Birleşmiş Milletler Mülteciler Yüksek Komiserliği (BMMYK) 2020 verileri bize dünya üzerinde zorla yerinden edilen insan sayısının 80 milyonu aştığını, bu sayının yarısına yakınını ise sığınmacıların ve mültecilerin oluşturduğunu söylemektedir. Dünyada en fazla sayıda mültecinin bulunduğu ülke olan Türkiye'de, güncel göç politikasının ve aktörlerin oluşmasında ise Suriye'de başlayan savaşın etkisiyle gelen göç dalgası oldukça etkili bir rol oynamıştır. Başlangıçta izlenen açık kapı politikasının sonucunda ülkemize gelen Suriyeli mültecilerin statüsü 2013 yılına kadar uluslararası hukuki düzlemde bir karşılığı olmayan "misafir" gibi geçiciliği barındıran tanımlamayla ifade edilmiştir. Ancak Suriye'de yaşanan savaşın kısa sürede bitmeyeceğinin anlaşılması, yaşanan çatışmaların şiddetlenmesi sonucunda gittikçe artan mülteci nüfusunun ihtiyaçlarına cevap verme zorunluluğu ve uluslararası kurumlardan gelen taleplerin de yoğunlaşmasıyla ülkemizde Göç İdaresi Genel Müdürlüğü'nün (GİGM) de kuruluşunu sağlayan ilk kapsamlı yasal düzenleme, 2013 tarihli "Yabancılar ve Uluslararası Koruma Kanunu" olarak ortaya çıkmıştır. Merkezi yönetim ve İçişleri Bakanlığı bünyesinde kurulan GİGM her ne kadar göçle ilgili politikaların üretilmesinde ve süreçlerin yönetiminde birincil sorumlu olarak belirlense de geçtiğimiz dokuz yıl içinde, zorunlu göçün ve yaşanan sorunların yapısı ile ihtiyaçlar değişmiş, böylelikle alanda farklı aktörlerin rol alması ihtiyacı doğmuştur.

Türkiye'de göçmenlerin ve mültecilerin çok büyük bir kısmı, kentlerde kent mültecileri olarak yaşamlarını sürdürmekte ve kent yaşamına ortak olmaktadır. Son verilere göre İstanbul'daki sayısı 1.6 milyonu bulan kayıtlı ve kayıtsız göçmen nüfusunun büyük çoğunluğunu başta Suriyeli mülteciler olmak üzere, Afganistan, Özbekistan ve Türkmenistan'dan gelen göçmenler oluşturmaktadır (IOM Baseline Assessment in Istanbul Province Analysis Report, 2019). İç göçle büyüyen bir kent olan İstanbul için göç, yeni bir olgu olmasa da, dış göçün geçtiğimiz yıllardaki hızlı artışıyla birlikte, günlük karşılaşmalardan, medyadaki tartışmalara ve siyasetçilerin söylemlerine kadar tezahür eden bir göçmen karşıtlığının da mekansal zemini olmaktadır.

Suriye'deki savaşın ilk yıllarında, Türkiye'ye sığınan Suriyeli mültecilerin durumuna dair, merkezi yönetimin yaptığı misafirlik ve mağduriyet vurgusunun Türkiye toplumunda da bir ölçüde karşılık bulduğu söylenebilir. Suriyeli mültecilere ilişkin toplumsal algıyı ölçmeye yönelik pek çok çalışma gerçekleştirilmiş olsa da periyodik bir çalışma olması sebebiyle Murat Erdoğan'ın 2014, 2017 ve 2019 yıllarında yaptığı "Suriyeliler Barometresi (SB)" hem Suriyeli mülteciler hem de yerel halkın göçe ilişkin algısındaki yıllar içindeki değişimi inceleyen önemli bir çalışma olarak ön plana çıkmaktadır. Bu araştırma kapsamında, 2019 yılında yapılan görüşmelerde yerel halkın Suriyelileri tanımlamasında, 2014 ve 2017 yıllarına kıyasla olumsuz kavramların ön plana çıktığı gözlenmektedir. Önceki yıllarda "Türkiye'deki Suriyelileri nasıl tanımlarsınız" sorusuna öncelikle "Zulümden/savaştan kaçan mağdur insanlardır" diyen katılımcılar, 2019'da bu seçeneği dördüncü sıraya indirmiş ve ilk sıraya "Bize ileride çok sorun açacak tehlikeli insanlardır" seçeneğini yerleştirmiştir. Göç alan Türkiye toplumunda değişen bu algı, medyanın diline ve siyasi figürlerin de söylemlerine tezahür etmiş, birbirini besler hale gelmiştir.

Göçün ve göçmenlerin toplumun algısında bir sorun ve tehdit unsuru olarak yer almasının çok boyutlu sebepleri olmakla birlikte, çoğunluğu büyük kentlerde yaşayan mültecilere ve göçmenlere atfedilen sorunlar, kente dair sorunlarla iç içe geçmekte ve yerel politikanın başlıca aktörü olan belediyeleri de bu alanda bir politika üretmeye itmektedir. Öyle ki, geçtiğimiz genel ve yerel seçimlerde siyasi adaylara "mülteci sorunuyla" ilgili görüşleri ve planları sıkça sorulmuş ve bu soruna yönelik çözüm önerileri seçim kampanyalarının önemli bir bölümünü oluşturmuştur. Ancak seçim söylemlerinin ve kent politikalarının odağına kentin özneleri yerine "vatandaş" yani "seçmen" öznesini koyan bir siyasi anlayışla, "mülteci sorununa" getirilen çözümler de hak temelli olmaktan oldukça uzak ve popülist kalmaktadır. Örneğin, "Fatih'i Suriyelilere Teslim Etmeyeceğim!" sloganı, İstanbul'da geçici koruma statüsü altındaki Suriyeli mültecilerin yoğunlukla yaşadığı bir ilçe olan Fatih'te 2019 yılında belediye başkanı adaylarından birinin seçim kampanyasının ana fikrini yansıtan başlıca slogan olmuştur.

Şekil 1. Fatih'te seçim kampanyası pankartı

Kaynak: Sözcü Gazetesi,03.03.2019
https://www.sozcu.com.tr/2019/gundem/olay-yaratan-pankarti-astiran-iyi-partili-ilay-aksoy-asil-beka-sorunu-suriyeliler-3924115/ (Erişim Tarihi: 10.03.2021).

Öte yandan özellikle de seçim dönemlerinde keskinleşen göçmen karşıtı siyasi söylemlerin, faaliyet dönemlerinde farklılaştığı görülmektedir. Yerel yönetimlerin göç alanındaki tutumları, pratikteki uygulamaları ve planlamaları pek çok etkene bağlı ve değişken olabilmektedir. Mahalli ve müşterek ihtiyaçları en yakından takip edebilecek ve cevap üretebilecek aktörler olan belediyeler, hem mevzuatın kesin bir sorumluluk alanı tanımlamıyor oluşu hem de kendilerine ayrılan bütçenin yalnızca vatandaşları kapsaması sebebiyle mültecilere ve göçmenlere yönelik hizmet sağlama konusunda çekinceli davranmaktadır. Yerel yönetimlerin göç politikasındaki bu farklı yaklaşımları arasında kısıtlı imkanlarla oldukça kapsayıcı hizmet sunmayı amaçlayan örneklerin yanı sıra sorumluluk alanında göçmen ve mülteci nüfusun yoğun olmasına rağmen bu alanda çalışma yürütmeyi tercih etmeyen belediyelerin de mevcut olması, ilgili mevzuatın yeniden düzenlenmesi, kurumsallaşma ve standartlaşma ihtiyacını gözler önüne sermektedir.

Göç Yönetişiminde Yerel Yönetimlerin Tutumu

Türkiye'de Suriyeli mültecilerin %98'i kentlerde kent mültecisi olarak yaşamaktadır. Göçle birlikte kentlerdeki nüfusun artması, belediye sınırları içerisinde yaşayan hemşerilerin hizmetlerin kapasitesini ve kent sakinlerinin hizmetlere erişimini de etkilemiştir. Yerel düzeyde göçmenlere ve mültecilere en yakın kurumlardan biri olan ve yerelin ihtiyaçlarını çok yakından tanıyan belediyeler, çeşitli şekillerde göçmenlere ve mültecilere hizmet sunumunda bulunmaktadırlar. 6458 sayılı Yabancılar ve Uluslararası Koruma Kanunu'nun 96. maddesinde yerel yönetimlerin rolüyle ilgili olarak, GİGM'in koordinasyonunda gerçekleştirilen çalışmalarda öneri ve katkı sunabileceklerine dair bir ifadeye yer verilmiştir. Ayrıca İçişleri Bakanlığı Göç İdaresi Genel Müdürlüğü tarafından hazırlanan 2018-2023 Uyum Strateji Belgesi ve Ulusal Eylem Planı'nda[3] belediyelere de görevler tanımlanmış olup, toplumsal uyum alanı yoğunlukta olmak üzere; sosyal destek, bilgilendirme ve eğitim alanlarında da hedefler öngörülmüştür. Özellikle son beş senede, yerel yönetimler ve göç alanında gerçekleştirilen saha çalışmaları incelendiğinde, belediyelerde göçmenler ve mülteciler özelinde herhangi bir çalışma yapılmasa dahi, nüfus artışına bağlı olarak rutin çalışmaların işleyişi noktasında değişikliğin olduğu ve iş yükünün arttığı görülmektedir. Öngörülemeyen nüfus artışıyla birlikte, belediyelerin hizmet alanları içerisinde yer alan çevre ve atık yönetimi, altyapı, ulaşım, park ve bahçeler ile sosyal hizmetler gibi alanlarda yoğunluklarının arttığı görülmüştür (Ağca, 2019).

İstanbul'daki ilçe belediyelerinin göç alanında gerçekleştirdikleri çalışmalar ve göçü stratejik planlamalarına dahil etme biçimleri incelendiğinde üç temel yaklaşımdan söz edilebilir.[4] Bunlardan ilki, mültecileri ve göçmenleri yok sayan ya da geçici oldukları varsayımıyla hizmet sağlanan, verilen hizmetin günübirlik ve dağınık bir biçimde, stratejik plana veya yapılan çalışmalara dahil edilmeden verildiği bir yaklaşımdır. Bu yaklaşımı benimseyen belediyeler bu alanda herhangi bir çalışma yapmamayı tercih etmekte, çalışma yapsalar da verilen hizmetleri yaygınlaştırmayı düşünmemekte ve düzenli hale getirmemekte veya stratejik planlarına ve yerel politikaya bilinçli olarak dahil etmemektedir. Burada özellikle karar alıcıların tutumu ve seçmene dair politik kaygıların yanı sıra belediyelerin hareket edebileceği yasal mevzuatın, her ne kadar "Herkes ikamet ettiği beldenin hemşehrisidir" kabulünü içerse de, bu ifadeyi destekleyici yönetmeliklerin mevcut olmaması oldukça önemli bir etmendir. Ayrıca yerel yönetimlerin T.C. vatandaşları üzerinden hesaplanan nüfus oranlı bütçe payları, kentin hemşehrisi olan göçmenleri ve mültecileri kapsamamakta, dolayısıyla yerel yönetimlerin mevcut hizmetlere göçmenleri de dahil etmesinde belediyeler tarafından bir engel olarak görülmektedir.

Özellikle mültecilerin ve göçmenlerin yoğun olarak yaşadığı İstanbul'un bazı ilçelerinde, ilk yaklaşımdan daha yaygın olarak gözlenen ikinci yaklaşımda ise, mültecilere ve göçmenlere sağlanan hizmetlerin sosyal yardımlar kapsamında ele alınarak "kurban/muhtaç" özne algısı üzerinden hizmetlere erişim söz konusudur. Mültecileri ve göçmenleri, kentin paydaşları

[3] Bkz. https://www.goc.gov.tr/uyum-strateji-belgesi-ve-ulusal-eylem-plani (Erişim Tarihi: 11.03.2021).
[4] Bu kategorizasyon ve değerlendirme, Eylül 2019'dan itibaren İBB Göç Birimi'nde halen devam eden profesyonel çalışma sürecindeki deneyimler ve ilçe belediyeleriyle gerçekleştirilen görüşmeler ışığında edinilen bilgiler doğrultusunda oluşturulmuştur.

arasında görmeyen bu yaklaşımla özellikle mültecilere yönelik göç politikasında hakim olan "yardım alan misafir ile yardım eden ev sahibi ilişkisi" yeniden kurulmakta ve hak temelli bir hizmet sunumu mümkün olmamaktadır. Bu yaklaşımda yerel yönetimlerin göçmenlere ve mültecilere yönelik politikaları yukarıda ifade edilen ilk yaklaşımla benzerlik göstermekte fakat burada göçmenlerin ve mültecilerin kentteki varlığı kabul edilse de, daha çok geçicilik algısı üzerinden kurulan ve muhtaçlık temelinde şekillenen bir ilişkilenme söz konusu olmaktadır. Dolayısıyla belediyeler göçmenlerle ve mültecilerle ilgili faaliyetlerini net bir biçimde ifade etseler de veya bir kısım çalışmalar belediyelerin stratejik planlarına dahil edilse de, bu çalışmaların sosyal uyum ve birlikte yaşam temelinde hak temelli sürdürülebilir politikalarla desteklenme noktasında eksik kaldığı görülmektedir.

Yerel yönetimlerin göçmenlere yönelik sergilediği üçüncü yaklaşım ise hemşehrilik hukuku zemininde **kapsayıcı politikalar üretmeye yönelik** çalışmaktır. Bu gruptaki belediyelerin bir kısmı faaliyetlerini bir dernek veya toplum merkezi üzerinden özelleştirilmiş hizmetler şeklinde sağlarken, diğer bir kısmı ise belediyelerin ilgili birimlerinin yerel ve uluslararası kuruluşların ve STK'ların deneyim, uzmanlık ve mali açıdan sahip oldukları bilgilerden yararlandıkları işbirliklerle ilerlemektedir. Bu gruptaki belediyelerin büyük bir kısmında göçle ilgilenen bir ya da birkaç birim bulunmaktadır. Çoğunlukla Sosyal Hizmetler Müdürlüğü veya Sosyal Destek Hizmetleri çatısı altında faaliyet yürüten bu birimlere ek olarak, bazı belediyelerde ilgili birimler göç ve göçmenlerle ilgili faaliyetlerini Kültür Müdürlüğü, Dış İlişkiler Müdürlüğü, Kadın ve Aile Müdürlüğü gibi yapıların altında sürdürmektedirler. Özel olarak göç alanında çalışma yürüten bir Göç Birimi kurmuş olan belediyelerin sayısı da günden güne artmaktadır.

Bu yaklaşımın belediyelerdeki temsili ve göç alanındaki halihazırda devam eden uygulamalar, yukarıda bahsi geçen mevzuat ve kapasite kısıtları sebebiyle sınırlı kalsa da, yerel yönetimlerin göç yönetişimi alanında attığı önemli adımlardan biri olarak değerlendirilebilir. Ancak Türkiye'de tam anlamıyla kapsayıcı bir hizmet sunumundan bahsetmek için hem ulusal siyasette "misafirlik" söyleminin sona ermesi hem de yerel yönetimlerin vatandaş odaklı hizmet anlayışının hemşehrilik hukuku zemininde genişletilmesi gerekmektedir. Kapsayıcılık ile ilgili literatür incelendiğinde çoğunlukla insan hakları temelinde ele alındığı, bireylerin farklılıklarıyla yaşamın her alanında toplumun eşit birer bireyi olarak katılım hakkının kabul edildiği ve buna uygun mekanizmaların geliştirildiği şeklinde tanımlamalar öne çıkmaktadır. Ainscow (2005) kapsayıcılık tanımı yaparken, toplumsal mekanizmaların, yapıların ve pratiklerin bireysel farklılıklar ve çeşitliliği yansıtabilecek şekilde tekrar organize edilmesi gerektiğini ve toplum içinde farklı özelliklere ve ihtiyaçlara sahip bireylerin bu özelliklerinin tanınması ve ihtiyaçlarının karşılanması gerekliliğini vurgulamıştır. Buna paralel bir şekilde Artiles ve Kozleski (2007), kapsayıcılığın en genel hedefinin toplum içinde kapsayıcı değerler ve uygulamalar inşa etmek olduğunu belirtmişlerdir.

Göç yönetişiminde kapsayıcı yaklaşım sergilemeyi amaçlayan belediyelerin büyük bir kısmı göç alanında hizmet üretiminde kurumsallaşma yolunda ilerlemektedirler. Alanında uzman personel çalıştırma, kendi veri sistemini bulundurma, tercüman ve çeviri hizmeti sağlama vb. şeklinde geliştirilen bu kurumsallaşma süreci, göçmenlerin ve mültecilerin yararlandığı hizmetlerin niteliğini olumlu yönde etkilemektedir. Ancak kapsayıcılığın boyutu göçmenlere yönelik çalışma yürüten birim veya müdürlükle sınırlı kalmaktadır. Çoğunlukla ilgili birimde gerçekleştirilen çalışmalarla sınırlı kalan yerel yönetimlerdeki göçmen kapsayıcılığı, belediyelerin bütün yapısına sirayet etmemekte, vatandaşlara verilen hizmetlerden ayrı ve özelleştirilmiş bir hizmet üretimi etrafında şekillenmektedir. Yerel yönetimlerde göçmenlerin de kentin öznesi kabul edilerek, mevcut bütün hizmetlerden eşit bir şekilde yararlanabilmeleri ancak, belediyelerin organizasyonel yapısında, verilen hizmetlerde ve üretilen politikalarda bütünlüklü bir kapsayıcılığın sağlanmasıyla mümkündür.

Göç Alanında Kapsayıcı Yerel Politika Üretimi: İstanbul Büyükşehir Belediyesi Örneği

Tarihin her döneminde sosyal, kültürel, ekonomik ve mekânsal morfolojisi göçle şekillenen İstanbul gibi kozmopolit bir kentte, belediyelerin kentin bütün paydaşlarına yönelik; birlikte yaşam kültürünü destekleyen kapsayıcı politikaların ve uygulamaların geliştirilmesi, göçün bir sorun, göçmenin ise bir tehdit olduğu algısını değiştirmek açısından çok önemli olmuştur. Son yıllarda dış göçle gelen nüfusun artmasıyla birlikte bu alanda ulusal politikayla da eşgüdümlü hareket eden yerel politikaların geliştirilme ihtiyacı artmış, yerel yönetimler konunun önemli aktörleri haline gelmiştir. İstanbul Büyükşehir Belediyesi (İBB) bünyesinde geçmişteki dönemlere bakıldığında dış göçle ilgili bütünlüklü bir plan oluşturulmadığı görülmektedir. 2019 Haziran yerel seçimleriyle değişen yönetimle birlikte İstanbul Büyükşehir Belediyesi 2020-2024 Stratejik Planı'nın hazırlanması için kent genelinde bir dizi odak grup görüşmeleri, yüz yüze anket ve soru formları yoluyla bir paydaş analizi gerçekleştirilmiştir. Paydaş analizinde İstanbul'da yaşayan vatandaşların kente ilişkin ihtiyaçları ve sorunları tespit etmeleri ve İBB'den beklentilerini belirtmeleri istenmiştir. İBB 2020-2024 Stratejik Planı'nda da yer aldığı üzere, İstanbul'un en öncelikli sorunları arasında deprem, mülteciler ve göçmenler ile kent yoksulluğu/işsizlik sıralanmıştır. Mülteci ve göçmenlerin sorunun öznesi olarak ifade edilmesi oldukça problemli bir bakış olsa da, Stratejik Plan hazırlanırken bu sonuca yönelik mültecilerin ve göçmenlerin kentte yaşamında karşılaştığı sorunlar üzerine bir strateji geliştirme çabası ortaya konmuştur.

Bu kapsamda İstanbul Büyükşehir Belediyesi'nin göç yönetişimi sürecine dahil olmak, bu alanda etkili stratejiler geliştirmek hedefiyle yaptığı çalışmaların temelini oluşturan ve henüz bir taslak doküman olarak ortaya konulan beş yıllık "Göç ve Uyum Eylem Planı" İstanbul için bir ilk niteliği taşıması sebebiyle oldukça önemli bir politika belgesidir. Bu Planın oluşumu çalışmaları öncelikle sahayı anlamak, eksikleri ve doğru müdahale alanlarını belirlemek için göç alanında çalışma yürüten paydaşlarla bir seri toplantı yapılarak başlatılmıştır. Bu yönde girişimler sürerken; yerel yönetimlerin, STK'ların, üniversitelerin ve uluslararası kuruluş temsilcilerinin katılımlarıyla bir danışma kurulu oluşturulmuştur. İstanbul'da yaşayan göçmenlere yönelik göç ve uyum stratejilerini geliştirmek ve bu alanda yapılacak çalışmaların konularını önceliklendirmek amacıyla İBB, 11 Aralık 2019'da Göç ve Uyum Stratejilerini Geliştirme ve Eylem Planı Çalıştayı gerçekleştirmiştir. Söz konusu çalıştayda, kent genelinde kamu kurumlarından, ilçe belediyelerinden, akademiden, sivil toplumdan, mülteci ve göçmen öz örgütlenmelerinden çok sayıda paydaş[5] bir araya gelmiştir.

---

[5] 11 Aralık 2019 tarihinde gerçekleştirilen çalıştaya kamu kuruluşlarından, STK'lardan, uluslararası kuruluşlardan, ilçe belediyelerinden, göçmen- mülteci öz örgütlenmelerinden ve üniversitelerden yaklaşık 125 kişi katılım sağlamıştır.

Şekil 2. İBB Göç Yönetişimi Süreç Tasarımı

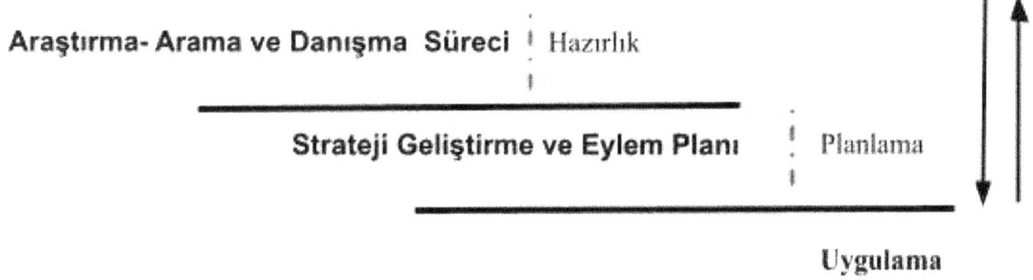

Arama çalışmalarının ardından İBB, kentte yaşayan mültecilerin ve göçmenlerin her alanda belediye hizmetlerine erişimini desteklemek ve kolaylaştırmak konusunda hem kendi bünyesinde hem de ilçe belediyeleri arasında bir koordinasyon mekanizması kurmak amacıyla Göç Birimi kurmuştur. İBB Sosyal Hizmetler Müdürlüğü altında faaliyet yürüten Göç Birimi'nin temel çalışma prensipleri, İstanbul Büyükşehir Belediyesi'nin 2020-2024 Stratejik Planı'nda ortaya konan temel ilkelere uyumlu olarak; insan odaklılık ve kapsayıcılık zemininde ortaya konmuştur. Bu bağlamda, yine Stratejik Planda vurgulanan "Paylaşan İstanbul" amacına ulaşmaya yönelik sosyal destek hizmetinin kapsayıcılığının arttırılması ve eşit haklara ulaşamayan toplumsal gruplara yönelik hizmetlerin geliştirilmesi hedefiyle uyumlu biçimde çalışmalar sürdürülmektedir.

İBB, henüz bir taslak doküman olarak oluşturulan Göç ve Uyum Eylem Planı ile, birlikte yaşam ve uyumu sağlamaya yönelik faaliyetleri destekleyen ve bu kapsamda hem yerel halk hem de göçmenler arasındaki karşılıklı diyaloğun geliştirilmesine önem veren, hizmet alanlarında kapsayıcılığın anaakımlaştırıldığı bir politik yapılanma sürecini benimserken, eşgüdümlü bir şekilde bu alandaki kurumsal yapılanmayı güçlendirecek bir göç stratejisini benimsemiştir. Çok çeşitli paydaş katılımı ve görüşleriyle şekillenen 2020-2024 İBB Göç Stratejisi ve bu alanda gerçekleştirilmesi planlanan faaliyetler, kurulan Göç Birimi bünyesinde belediyenin bütün yapısına ve hizmetlerine sirayet edecek şekilde, hatta diğer ilçe belediyeleriyle kapsayıcı hizmet üretiminde eşgüdüm ve standardizasyonu teşvik edecek planlamalar, hibe ve fon sağlayıcı kuruluşlarla belediyelerin işbirliklerinin daha sürdürülebilir yapısal değişikliklerle desteklendiği faaliyetler, alanda çalışma yürüten diğer paydaşlarla tematik alanda işbirlikleri ve belediyelerin kurumsal kapasitelerinin geliştirilmesine yönelik yapısal düzeyde dönüşüme giden bütünlüklü bir politikayla şekillenmiştir. Kurumsal kapasitenin geliştirilmesinde kapsayıcı iletişim ve karşılıklı sosyal uyumu destekleyen faaliyetlerin de yer aldığı 2020-2024 İBB Göç ve Uyum Eylem Planı (taslak) göç yönetişiminde hem kentin bütün öznelerinin hem de belediyelerin ihtiyaçlarının dikkate alınarak, planlı bir şekilde oluşturulduğu önemli bir belgedir.[6]

Şekil 3. İBB 2020-2024 Göç ve Uyum Eylem Planı'nda belirlenen stratejik öncelikler

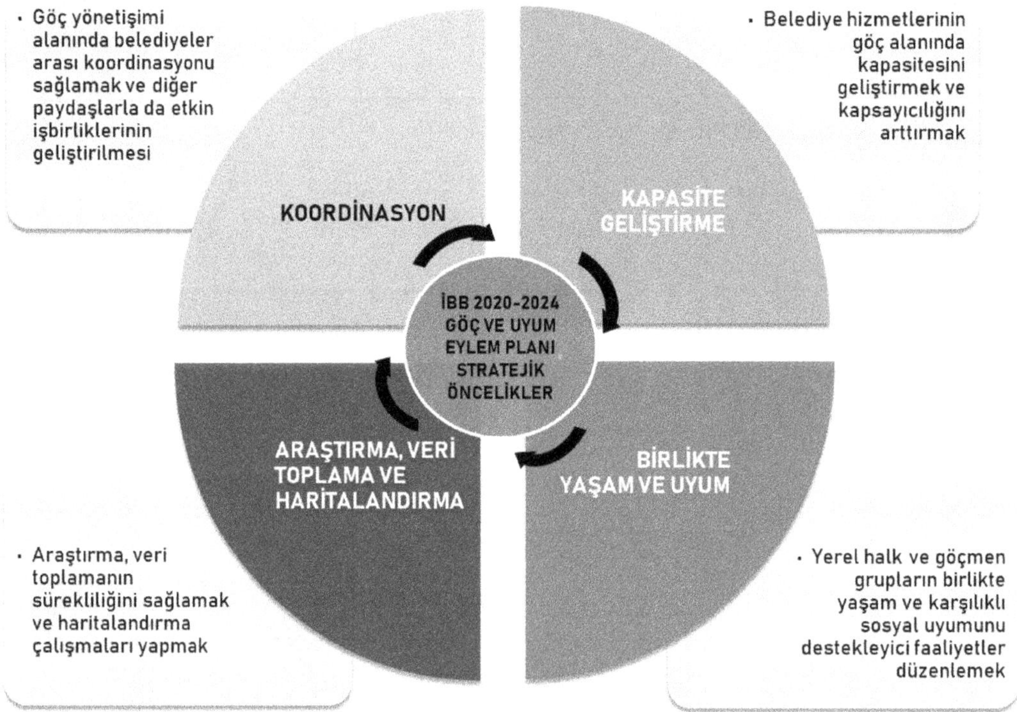

Eylem Planı'nda arama sürecinde de öne çıkan başlıklar olan (1) Koordinasyon, (2) Kapasite Geliştirme, (3) Araştırma, Veri Toplama ve Haritalandırma ve (4) Birlikte Yaşam ve Uyum stratejik öncelikler olarak belirlenmiştir. Bu öncelikler doğrultusunda 2024 yılına kadar ulaşılması planlanan hedeflere ve göstergelere yer verilmiştir. Bu hedefler kapsamında, ilçe belediyeleriyle göç alanında koordinasyonun sağlanması ve eşgüdüm içerisinde standartlaştırılmış hizmet üretiminin desteklenmesi, aynı zamanda göç alanında çalışma yürüten diğer paydaşlarla da işbirliğinin sağlanması, İBB'de ve ilçe belediyelerinde göç alanında hizmet kapasitesinin geliştirilmesi ve kapsayıcı hale getirilmesi yönünde ilk çalışmalara başlanmıştır.

Yerel yönetimlerin göç alanında en çok zorlandıkları konulardan biri güvenilir bilgiye dayalı verilere ulaşmak ve bu alanda güncel veri tabanını oluşturmaktır. Göçe ilişkin veri toplamanın sürekliliğinin sağlanması ve şehir ve hizmet verisi sunan haritalandırma çalışmaları, Göç ve Uyum Eylem Planı taslağında sayılan stratejik öncelikler arasında yer almaktadır. Ayrıca, sosyal uyum politikalarının tüm alanlarda uygulanması, göçe ve göçmenlere yönelik toplumsal algının ve tutumun toplumsal kabul düzeyini arttıracak şekilde yönetilmesi ve hemşehrilik bilincinin

[6] Bu bilgiler Eylül 2019'dan itibaren İBB Göç Birimi'nde halen devam eden profesyonel çalışma sürecinde elde edilmiştir. 2020-2024 İBB Göç ve Uyum Eylem Planı'nın Taslağı çalıştay katılımcılarıyla paylaşılarak geri bildirimler alınmıştır.

yaygınlaştırılmasına yönelik hedefler de Eylem Planı'nda kamu, uluslararası kuruluşlar, STK'lar, üniversiteler ve diğer ilgili paydaşlarla işbirlikleri yapılacak şekilde dahil edilmiştir.

Kapsayıcılığın temel ilkelerinden biri olan katılımın sağlanmasında, hemşehrilerin mevcut katılım mekanizmalarına dahil olması ve katılım mekanizmalarının kentteki bütün paydaşları kapsayacak şekilde geliştirilmesinde yerel düzeydeki politikalar çok etkili olmaktadır. Bu kapsamda İBB Meclisinde yeni dönemde kurulan ihtisas komisyonlarının arasında Göç, Göçmen ve Mülteciler Komisyonu da yer almaktadır. İlgili komisyonun varlığı Büyükşehir Belediye Meclisi'nde göç, göçmen ve mülteci konularının görev alanı olarak tanımlanmasının ve komisyonlarda görüşülen konuların meclislere taşınmasının göstergesidir. Başka bir katılım ve temsiliyet mekanizması olan İstanbul Kent Konseyi'nde de mültecilerin, göçmenlerin ve yerel halkın katılımıyla 2020 yılında oluşturulan Göç Çalışma Grubunun kurulması oldukça önemli bir adım olarak değerlendirilebilir. Göçmenlerin ve mültecilerin yerel politikaların geliştirilmesi sürecinde doğrudan temsil imkanı bulabileceği kent konseylerinin etkin bir şekilde kullanılması oldukça önemlidir. Bu doğrultuda, göçmenlerin ve mültecilerin mahalli ve müşterek sorunların eşit paydaşları olarak görülmesi, göç yönetişiminde misafirlik anlayışından hemşehrilik anlayışına geçilmesinin de zeminini oluşturacaktır.

Sonuç yerine: Umut Vadeden Dönüşüm

2020 yılı içerisinde İstanbul Büyükşehir Belediyesi, kendi bünyesinde çeşitli dönüşümleri başlatabilmek amacıyla ihtiyaç analizleri gerçekleştirmiş, pek çok hizmetten kentteki göçmenlerin de faydalanabilmesi için harekete geçmiştir. Yeni dönemdeki faaliyetlerinden olan "Yuvamız İstanbul" kreşlerine göçmenlerin ve mültecilerin çocuklarının da kayıt olabilmeleri için gerekli düzenlemeler yapılması, İSMEK (İstanbul Büyükşehir Belediyesi Sanat ve Meslek Eğitimi Kursları)'lerde verilen eğitim içeriklerinin geliştirilmesi, İBB Kadın Dayanışma Evi'nin göçmen ve mülteci kadınlara da hizmet vermesi, kadın dayanışma hattının çok dilli hizmet sunması, Bölgesel İstihdam Ofisleri'nin göçmenlerin ve mültecilerin istihdamını desteklemesi, özellikle pandemi döneminde sunulan ayni hizmetlerden göçmenlerin ve mültecilerin de yararlanabilmesi, hizmetlerle ilgili çok dilli bilgilendirici materyallerin üretilmesi ve yaygınlaştırılması gibi değişimler bu alandaki dönüşümün ilk adımları olarak görülebilir. Göç Birimi bünyesinde tercüme ihtiyacı duyulan dillerde tercümanların yanı sıra uzman personellerin çalıştırılması ve kapsayıcı hizmet üretiminin burada yürütülen koordinasyonla Sosyal Hizmetler Müdürlüğü, Engelliler Müdürlüğü, Kadın Aile Müdürlüğü'nün yanı sıra Zabıta Müdürlüğü, Halkla İlişkiler Müdürlüğü ve Mezarlıklar Müdürlüğü gibi birçok müdürlük ile de aktif çalışması planlanmaktadır. Pilot olarak planlanan bu çalışmanın uzun vadede İstanbul'da ilçe belediyelerinin de kullanımına açılması, ilçe belediyelerinde de hizmetlerin kapsayıcılığının arttırılması taslak doküman olarak sunulan Eylem Planı'nın faaliyetleri arasında yer almaktadır. Bu kapsamda İBB, Birleşmiş Milletler Mülteciler Yüksek Komiserliği (BMMYK-UNHCR)'nin desteğiyle başlattığı "İstanbul İlçe Belediyeleri Göç Yönetişimi Kapasitesi Değerlendirilmesi Projesi" ilçe belediyelerinde göç alanında hizmet bazında durum ve ihtiyaç analizinin yapılması, bu alanda sürdürülebilir, bütüncül politikaların geliştirilmesi için ilçeler özelinde politika önerileri geliştirilerek oluşturulan raporların ulusal makamlara ve fon veren uluslararası kuruluşlara sunulmasını amaçlamaktadır. [7]

[7] Ekim 2020-Şubat 2021 arasında gerçekleştirilen çalışmanın bilgilendirici sunumu 18.02.2021 tarihinde Birleşmiş Milletler Mülteciler Yüksek Komiserliği (UNHCR) İstanbul Saha Ofisi, Dünya Yerel Yönetim ve Demokrasi Vakfı (WALD) ve İstanbul Büyükşehir Belediyesi ev sahipliğinde düzenlenen IV. Mülteciler Alanında Belediyeler Arası Koordinasyon Toplantısı Kapsayıcılık: Ortak Sorunlar, Ortak Çözümler'de gerçekleştirilmiştir.

Son olarak, İstanbul Büyükşehir Belediyesi'nin Stratejik Planı'na yönelik yürüttüğü paydaş analizinde İstanbul'un en öncelikli sorunları arasında sıralanan deprem, mülteciler ve göçmenler, ve kent yoksulluğu/işsizlik sorunlarının ana teması olarak *mekânı ya da mekânın güvenliğini/sahipliğini kaybetme ve kaynakların azalması,* yerel yönetimlere göç alan yerel toplumun algısına dair oldukça önemli bir ipucu vermekte ve kent içindeki birlikte yaşamın inşa edilmesinde kapsayıcı bir mekânsal planlamanın önemine işaret etmektedir. Göç alan toplumda hali hazırda hissedilen *var olan toprağı kaybetme korkusu* ile göç eden toplumdaki *yerinden edilmişliğin yarattığı yıkım duygusunun* yerini *birlikte var olabilme anlayışının alabilmesi* için pek zor ve uzun bir süreç gerekmektedir. Bu süreçte yerel yönetimlere ise birlikte yaşam alanları oluşturmak ve kentin tüm paydaşlarını bir araya getirmek konusunda önemli bir rol düşmektedir. İstanbul Büyükşehir Belediyesi'nin göç alanında ortaya koymaya çalıştığı yaklaşım ve kapsayıcılık çalışmaları, bu alanda uzun yıllardır kısıtlı olanaklarla çaba gösteren ilçe belediyeleri için de destekleyici bir nitelik taşımakta, göç yönetişiminde yerel yönetimleri güçlendiren işlevsel bir koordinasyonun sağlandığı, geliştirilen stratejiler ve eylem planları ile desteklenen kentte bütüncül bir göç politikasının önünü açmaktadır. Ancak yerel yönetimlerin bu alanda sürdürülebilir politikalar ortaya koyması ve kapsayıcı olabilmek adına gereken dönüşümü gerçekleştirebilmesi için ulusal düzeyde yasal değişikliklerin yapılması ve teşvik edici bir siyasi söylemin kurulması gerekmektedir.

Bu doğrultuda ihtiyaçların doğru anlaşılması ve en uygun sürdürülebilir çözümlerin geliştirilmesi hususunda göç yönetişiminin önemli aktörleri haline gelen yerel yönetimlerin tecrübelerinin ulusal düzeyde gerçekleştirilen çalışmalara ve üretilen politikalara ışık tutacağını söylemek mümkündür. Bu kapsamda, yerel yönetimlerin göç yönetişiminde etkin birer aktör haline gelmesini sağlayacak adımların atılmasında yasal mevzuatın yeniden düzenlenmesi önemli bir rol oynayacaktır. Ancak belediyelerin yetki ve bütçe kısıtlamalarına dair düzenleme tek başına yeterli olmamakta, Göç İdaresi Genel Müdürlüğü başta olmak üzere diğer kamu kurumlarının belediyelerle eşgüdümlü çalışması ve veri paylaşımına açık olması da oldukça önemlidir.

Kaynakça

Ağca, M. (2019). Göç yönetiminin yeni aktörleri olarak yerel yönetimler: İstanbul alan araştırması, yüksek lisans tezi, İstanbul Üniversitesi Sosyal Bilimler Enstitüsü.

Ainscow, M. (2005). Understanding the development of an inclusive education system. Electronic Journal of Research in Educational Psychology, 3(7), 5–20.

Artiles, A.J., and E.B. Kozleski. (2007). Beyond convictions: Interrogating culture, history, and power in inclusive education. Language Arts 84: 351–8.

Belediye Kanunu. (2005). T. C. Resmi Gazete, 25874, 13 Temmuz 2005. https://www.mevzuat.gov.tr/MevzuatMetin/1.5.5393.pdf . (Erişim tarihi:11.03.2021).

Castles, S., Miller, M. J. (2008). Göçler çağı: modern dünyada uluslararası göç hareketleri, Çevirmenler: , Bal, B. U. & Akbulut, İ., İstanbul Bilgi Üniversitesi Yayınları, İstanbul.

Erdoğan, M. M. (2017). "Kopuş"tan "uyum"a kent mültecileri suriyeli mülteciler ve belediyelerin süreç yönetimi: İstanbul örneği, Marmara Belediyeler Birliği Kültür Yayınları.

Erdoğan, M. M. (2018). Suriyeliler barometresi: Suriyelilerle uyum içinde yaşamın çerçevesi: SB 2017. İstanbul Bilgi Üniversitesi Yayınları.

Erdoğan, M. M. (2020). Suriyeliler barometresi 2019: Suriyelilerle uyum içinde yaşamın çerçevesi: SB 2019. Orion Kitabevi.

IOM. (2019). Baseline assessment in Istanbul province analysis report. https://doi.org/10.1111/1467-9817.00071. (Erişim tarihi: 05.03.2021).

Geçici Koruma Yönetmeliği. (2014). T. C. Resmi Gazete, 29153, 22 Ekim 2014. https://www.goc.gov.tr/kurumlar/goc.gov.tr/evraklar/mevzuat/Gecici-Koruma.pdf. (Erişim tarihi: 06.03.2021).

T.C. İstanbul Büyükşehir Belediyesi. (2019). 2020-2024 Stratejik Plan. https://www.ibb.istanbul/Uploads/2020/2/iBB-STRATEJIK-PLAN-2020-2024.pdf. (Erişim tarihi: 07.03.2021).

UNHCR Türkiye İstatistikleri. https://www.unhcr.org/tr/unhcrturkiyeistatistikleri. (Erişim tarihi: 07.03.2021).

Uyum Strateji Belgesi ve Ulusal Eylem Planı 2018-2023 (2019). https://www.goc.gov.tr/uyum-strateji-belgesi-ve-ulusal-eylem-plani. (Erişim tarihi: 11.03.2021).

Yabancılar ve Uluslararası Koruma Kanunu. (2013). T. C. Resmi Gazete, 28615, 11 Nisan 2013. https://www.resmigazete.gov.tr/eskiler/2013/04/20130411-2.htm. (Erişim tarihi: 06.03.2021).

Yabancılar ve Uluslararası Koruma Kanununun Uygulanmasına İlişkin Yönetmelik. (2016). T. C. Resmi Gazete, 29656. 17 Mart 2016. https://www.resmigazete.gov.tr/eskiler/2016/03/20160317-11.htm.(Erişim tarihi: 06.03.2021).

Url-1:https://www.sozcu.com.tr/2019/gundem/olay-yaratan-pankarti-astiran-iyi-partili-ilay-aksoy-asil-beka-sorunu-suriyeliler-3924115/ . (Erişim Tarihi: 10.03.2021).

Url-2: https://koordinasyonplatformu.org/ .(Erişim Tarihi: 10.03.2021).

Göç Dergi
Mayıs 20
Cilt: 8, Sayı
ISSN: 2054-7110 (Basılı) | ISSN 2054-7129 (Çevrimi
www.gocdergisi.co
TRANSNATIONAL PRESS
LONDON

Göç Dergisi
Mart 2021
Cilt: 8, Sayı: 1, sf. 23–39
ISSN: 2054-7110 (Basılı) | ISSN 2054-7129 (Çevrimiçi)
www.gocdergisi.com

Makale tarihçesi: Alındı: 23 Mart 2021 Kabul edildi: 5 Nisan 2021
DOI: https://doi.org/ 10.33182/gd.v8i1.773

Kent Yurttaşlığı Temelinde Göç ve Kent Konseylerini Düşünmek

Savaş Zafer Şahin[1]

Öz

Tüm dünyada; iklim krizi, savaşlar, açlık, etnik çatışmalar ve daha birçok sebeple sayıları giderek artan sayıda insan topluluğunun göçmen haline geldiğine şahit olunmaktadır. Diğer yandan, insan uygarlığı artık kentli bir uygarlık halini almıştır. Bunun sonucunda, dünya nüfusunun yarısından fazlası artık kentlerde yaşamaktadır. Dolayısıyla artan göç, temelde bir kentsel soruna dönüşmüştür. Pek çok ülkede sürmekte olan kentleşme süreçlerinin yeni itici güçlerinden birisi de kentler arası ve uluslararası göçtür. Aslında geçmiş yüzyıllara bakıldığında da durumun özde farklı olmadığı söylenebilir. Ancak, son dönemin farkı, çok daha büyük nüfus kitlelerinin çok daha kısa zamanda, yer ve ülke değiştiriyor olmasıdır. Sonuçta, kitlesel göç hareketleri kısa dönemde sorunlarıyla başa çıkılması gereken bir husus iken, orta ve uzun vadede toplumsal ve kültürel çeşitliliğin bir zenginliğe dönüşmesine olanak tanıyacak bir dinamik üretebilme potansiyeline de sahiptir. Bunun ön koşulu ise öncelikle, göçmen nüfusun yeni yaşam alanlarında hoşgörü ve insan haklarına uygun bir şekilde ele alınabilmesine olanak tanıyacak bir "kent yurttaşlığı" tanımı içerisinde ele alınabilmesidir. Bu makalede önce kuramsal olarak bu anlayışın temelleri ele alınacak, ardından da Türkiye için kent yönetimine katılımın yeni aracı olan kent konseylerinin bu anlamdaki yeri ve potansiyeli değerlendirilecektir.

Anahtar Kelimeler: *Kent yurttaşlığı; göç; kent konseyleri; katılım*

ABSTRACT IN ENGLISH

Reconsidering Migration and City Councils in regards to Urban Citizenship

In the whole world; it has been witnessed that an increasing number of human populations are becoming migrants due to climate crisis, wars, hunger, ethnic conflicts and many other reasons. On the other hand, human civilization has become an urban civilization and more than half of the world's population now lives in cities. Therefore, increasing migration has turned into an urban problem. One of the new driving forces of the ongoing urbanization processes in many countries is inter-city and international migration. In fact, it can be said that the situation is not essentially different when looking at the past centuries. However, the difference of the last period is that much larger population masses are changing places and countries in a much shorter time. As a result, mass migration movements have the potential to produce a dynamic that needs to be dealt with in the short term, but will enable the transformation of social and cultural diversity into a richness in the medium and long term. The prerequisite for this is that the migrant populations can be addressed within a definition of "urban citizenship" that will allow them to be treated in their new living spaces in accordance with tolerance and human rights. This article will focus on, first, the theoretical basis

[1] Prof. Dr. Ankara Hacı Bayram Veli Üniversitesi Öğretim Üyesi. Ankara Kent Konseyi Başkan Yrd., Ankara, Türkiye.
E-mail: savas.sahin@hbv.edu.tr.

of this understanding, then evaluate potential of the "Citizen's Assemblies", as Turkey's new means of participation in this regard.

Keywords: *Urban citizenship; migration; citizen's assemblies*[2]*; participation.*

Giriş

Pandemi öncesi dünyasının en önemli tartışma konularının başında, özellikle Arap Baharı gibi, jeopolitik dönüşümlerin sonucunda görünürlüğü giderek yükselen uluslararası kitlesel göç hareketleri gelmekteydi. Ege Denizi ve Akdeniz kıyılarında, bindikleri derme çatma deniz taşıtlarıyla ya da kara sınırları geçerek, Batı ülkelerine erişmeye çalışan, sahillerdeki çocukların cansız bedenleriyle görünür hale gelen göçmen trajedisinin her türlüsü hala dünyayı etkileyen en önemli konulardan birisi olmaya devam ediyor. Başta Kıta Avrupası, Birleşik Krallık ve Amerika Birleşik Devletleri'nde iç politikada yansımaları gözlemlenen yabancı düşmanlığı ve yükselen milliyetçilik dalgası meselenin iç siyasetteki boyutlarını gösterirken, uluslararası kuruluşların yaptıkları cılız çağrılar ise uluslararası alanda göçmenlerin yaşadıkları hukuki sorunların durumunu ortaya koyuyor. Tüm bu tartışmalar arasında Türkiye dahil her ülkenin bir şekilde göç sorununun bu yeni görünümüyle başa çıkmak üzere merkezi idare odaklı bir çözüm stratejisi üzerine yoğunlaşmakta olduğu söylenebilir. Göçmenlerin statüleri üzerinden sürdürülen bu merkezi politikaların temelde göçmenlerin statülerinin durumu ve değişimi üzerinden şekillendiği, toplumda genel olarak göçmenlere karşı yabancılaşma ve belirsizlik duygularının yükselmesine sebep olduğu konuya ilişkin çalışmalarda sıklıkla ortaya konmaktadır (Erdoğan ve Kaya, 2015).

Oysa ki, göç sorununun üzerinde en fazla durulması gereken boyutlarının başında kent yurttaşlığı gelmektedir. Yirminci Yüzyıl kentleşme sürecinin kendisinin modern kent olgusunu, nüfusunun büyük çoğunluğu o kentte doğmamış ya da en fazla ikinci kuşak olarak tanımlanabilecek bir kitle tarafından oluşturulduğu yer olarak tanımladığı ve bir kente aidiyet ve kentin nimetlerinden faydalanabilme olgusunun ancak bir kent yurttaşlığı kavramı altında tartışılabildiği düşünüldüğünde bu durum oldukça şaşırtıcıdır. Örneğin, Türkiye'de yürürlükteki 5393 Sayılı Belediye Kanunu'nun 13. Maddesinde "*Herkes ikamet ettiği beldenin hemşerisidir. Hemşerilerin, belediye karar ve hizmetlerine katılma, belediye faaliyetleri hakkında bilgilenme ve belediye idaresinin yardımlarından yararlanma hakları vardır*" denirken, zımnen ulusal vatandaşlık ardılı bir tanım yapıldığı varsayılabilirse bile, bu tanımdaki genişlik oldukça şaşırtıcıdır. Bu maddeye göre ikamet edebilme bir tür kent yurttaşlığının ön koşulu olarak kabul edilmektedir. Tüm dünyanın giderek farklı sebeplerle isteğe bağlı ya da zaruri olarak dönemsel, mevsimsel ya da kalıcı olarak hareketliliğinin arttığı bir dönemde, bu tür bir kent yurttaşlığı tanımı göçmen nüfusun kentlerle ilişkisinin doğru şekilde kurulabilmesinde en önemli başlangıç noktası olarak kabul edilebilir. Çünkü, göçmenler hangi statü sorununu yaşarsa yaşasın, hangi uluslararası anlaşmayı beklerse beklesin, yaşadıkları müddetçe çok yüksek ihtimalle bir kentin içinde ikamet ediyor olacaklardır.

Bu durum, göç konusuyla ilişkili olarak kent yurttaşlığı kavramının önemine işaret etmektedir. Burada Baubock'ın (2003) ifade ettiği ulus-devlet vatandaşlığı karşısında bir kent yurttaşlığının olabilirliğini tartışmaktan çok, Varsanyi'nin (2006) ifade ettiği gibi, göçmenliğin geçiciliği ve

---

[2] Türkiye'deki "kent konseyleri" kavramı İngilizceye çevrilirken sıklıkla yapılan bir hata, doğrudan çeviri yaparak, kent konseylerinin "city council" olarak İngilizceye çevrilmesidir. İngilizce'de "city council" kavramı, daha çok seçilmiş yerel meclislere karşılık kullanılmaktadır. Bu sebeple bu yazıda "kent konseylerinin" katılımcı ve gönüllülüğe dayalı yapılarına daha uygun düşen "citizen's assembly" kavramı çeviri karşılığı olarak kullanılmıştır.

tanımsızlığı karşısında kentte var olabilmenin pragmatik koşullarına atıfta bulunan ve bir arada yaşanabilirliği önceleyen bir kent yurttaşlığı anlayışı ele alınmaktadır. Kentsel toplumsal yapıya ilişkin tüm kuramların bir şekilde önemini vurguladığı ve bugüne kadar da anlamlı bir çerçevede ele alınması bir türlü mümkün olamayan kent yurttaşlığı kavramının karmaşıklığı, göçle daha da zorlu hale gelmiş gibi görünse de, temelde, bir kentte yaşayan tüm sakinleri eşit bir düzlemde ve bir arada yaşatma işlevini yerine getirebilecek bir tanımlama çok önemli görünmektedir. Göçmenleri de dikkate alan bir kent yurttaşlığı tanımı, bir yandan alışılageldik yaklaşımları kapsayıcı, bir yandan da günümüz kentlerinin toplumsal ihtiyaçlarını ciddiye alan bir bakışla kurgulanabilir. Burada katılımcı demokrasi ve kent sakinlerinin kentsel karar verme süreçlerine katılımı en önemli araçsal alanların başında gelmektedir. Bu sebeple, bu yazıda, doğrudan göçle ilgili kuramsal yaklaşımlara atıfta bulunmadan, kent yurttaşlığına ilişkin kuramsal yaklaşımların olanakları gözden geçirilecek, ardından da Türkiye özelinde son dönemin tartışmalı araçsal kurumları olan kent konseyleri özelinde bir değerlendirme yapılarak, kent yurttaşlığı kavramının keşfedilmeye çalışılacaktır.

Çoğulcu ve Weberci Kuramlarda Kent Yurttaşlığı

Klasik Çoğulcu Yaklaşımda Göçmenlik ve Kentsel Toplumsal Dönüşüm

Robert Dahl (2005), "Who Governs" isimli kitabında bir Amerikan kentinin temel özelliklerini taşıyan New Haven (Connecticut) da araştırmalar yaparak, eski bir soruya yeni yanıtlar bulmayı amaçladığını ifade eder. 1955 yılında başladığı çalışmalarını, 1961 yılında sonuçlandıran Dahl, çalışma için bu kenti seçmesinin sebeplerini New Haven'ın Amerikan kentlerini temsil edebilecek iyi bir örnek oluşturması, diğer Amerikan kentlerine kıyasla daha uzun bir geçmişe sahip olması olarak gösterir. Dahl, yanıtını aradığı temel soruyu şöyle ifade eder: "Bireylerin yaşam koşulları arasında büyük eşitsizlikler vardır; bu eşitsizlikler bireylerin yönetimi ve kararları etkileyebilme güçlerine ne ölçüde yansımaktadır? Kapasitelerine de yansımakta mıdır? Bizi kimler yönetmektedir ve kaynaklardaki eşitsizliğe karşın demokratik bir sistem nasıl işlemektedir?"

Dahl, soruların yanıtını aradığı kitabının ilk bölümünde, New Haven'daki politik sürecin tarihsel gelişimini inceleyerek, oligarşik yapıdan, çoğulcu toplum yapısına geçişi anlatmaktadır. Son iki yüzyıldaki gelişimlerin anlatıldığı bu bölüm, politik süreci dört aşamada ele almaktadır. İlk aşama, New Haven'da soyluların politikada egemen olduğu 1784-1842 yılları arasındaki dönemi kapsamaktadır. Bu dönemde soylular, zenginlik, sosyal konum, eğitim ve yöneticilik konularında tekelci bir güce sahiptir. Sadece 18 yaş üzerinde belirli bir gelir grubuna ait erkekler, seçime katılmaktadır ve seçkin tabakaya oy vermek bir gelenek halini almıştır. Ancak soylular hiçbir zaman çoğunluğun desteğine sahip olamamışlardır. 1840'larda soyluların yavaş yavaş politikadan çekilmesiyle birlikte paraya ve politikada etki yapabilme gücüne sahip olan iş adamları, kamu hizmetlerinde etkin rol oynamaya başlamıştır. İş adamları zenginliklerinin yanı sıra popülariteye de sahiptir, ancak yine de büyük bir çoğunluk tarafından desteklenmeyi başaramamışlardır. İş adamlarından sonra, politik sahneye, eskiden alt katmanda yer alanlar (ex-plebes) ön plana çıkar. Bu durum, 1920'lerden başlayarak New Haven'a göçmenlerin gelişinin ve nüfusun büyük bir bölümünü oluşturmalarının bir sonucudur.

Politikacıların büyük çoğunluğu belli bir etnik gruptan gelmektedir ve temel amaç etnik kimlikten kaynaklanan olumsuzlukları gidermektir. Böylece New Haven'da politika, etnik politika haline gelir. Kente gelen etnik gruplar, geçirdikleri asimilasyon süreci sonunda, türdeş politik tercihleri olan işçi sınıfından, bu tür taleplerin azaldığı, politik tercihlerin çeşitlendiği orta ve üst sınıfa geçerler. Bu süreç sonunda, 1900'lerden başlayarak yönetimde farklı etnik gruplardan gelen ve değişik mesleklere sahip kişilerin sayısı artmaya başlar. Eskiden alt sosyal katmanlarda yer alan insanların politikaya girmesi de bu dönemde başlamıştır. Kısaca, bu dönem, popülaritenin, zenginlik ve sosyal statünün önüne geçtiği ve oligarşiden, çoğulcu toplum yapısına; artımlı eşitsizliklerden, yaygın eşitsizliklere geçişin başladığı dönemdir.

Tüm bu süreçte, New Haven'da etnik politika sınıf politikasının yerini almıştır. Çünkü grupların etnik özellikleri ve uğradıkları asimilasyon, onların sosyo-ekonomik durumunu da belirlemektedir. Sosyalist parti, diğer endüstri kentlerinde olduğu gibi, New Haven'da da başarı kazanamamıştır; çünkü alt toplum katmanı, bağlı olduğu etnik grubun sosyo-ekonomik durumunu iyileştirmeyi vaat eden liderlere oy vermektedir. Sosyalist parti içinde bile etnik çatışmalardan dolayı ayrılıklar yaşanmaktadır. Yani politikada başarılı olan sosyo-ekonomik yapı değil, etnik yapıdır. Etnik yapı, sosyo-ekonomik ölçütleri de içinde barındırmaktadır.

Ancak 1950'lerden sonra, New Haven'da politik süreç, hızlı bir değişim geçirmeye başlamıştır. Dahl'ın bu tarihsel değerlendirmeden sonra odaklandığı dönem de ağırlıklı olarak bu dönemdir. Çünkü asimilasyonun ileri aşamalarında etnik bağlar çözülmeye, politik ve sosyo-ekonomik çeşitlenme artmaya başlamıştır. Artık etnik gruplara veya sınıflara dağıtılan çıkarlar yerini, toplumdaki tüm grupların paylaştığı toplu yararlar ve maliyetlere bırakmaktadır. Kentsel gelişim, kentsel yenileme, okul, park ve bahçelerin yapımından elde edilen kamusal yararlar önem kazanmaktadır. Bunun için de şehir yönetiminde teknokratlara, plancılara, profesyonel yönetici ve politikacılara gereksinim duyulmaya başlanmıştır. Bu dönem, artık toplumdaki çoğulcu yapının iyice ortaya çıktığı, eşitsizliklerin yayıldığı dönem olmuştur. Bu değişim sürecinde, toplumsal ve ekonomik açıdan üst katmanlarda yer alan kesimin rolü de değişmiş ve siyasetten uzak durdukları için siyasi konularda etkilerini yitirmeye başlamışlardır. Üst katmanlarda yer alan kesim, vergiler gibi sadece kendilerini doğrudan ilgilendiren konularda etkilerini göstermektedirler. Diğer bir anlatımla, New Haven'da artık çoğulcu toplum yapısı egemendir ve eşitsizlikler yayılmıştır. Bu durumda Dahl'ın en başta sorduğu soru da değişerek, "Çoğulcu demokrasiyi kim yönetiyor?" biçimini almıştır.

Dahl yaptığı tarihsel değerlendirme sonrasında; hükümet ve politika yapım sürecinin toplumsal yaşamın ayrılmaz bir parçası olduğu ve çıkar gruplarının, politik sistemin temel birimleri olduğu sonucuna varmaktadır. Bu gruplar, politika yapım sürecini rekabetçi bir şekilde belirlemeye çalışırlar. Politikayla profesyonel olarak ilgilenip, tüm yaşamını onun üzerine kuran, zamanını politikaya ayıran insanlar, bu konuda uzman hale gelirler. Ancak elde ettikleri bu gücü, toplum üzerinde diktatörlük kurmak için kullanamazlar; çünkü baskı ve çıkar gruplarının elinde potansiyel kaynakları vardır ve böyle bir durumda kaynaklar devreye girerler. Dahl'ın incelediği New Haven örneğinde görüldüğü gibi, bu tür bir denge noktasına erişilmesinde göçmen nüfusun çok ciddi bir belirleyiciliği söz konusu olmuştur. Göç sonrası etnik gruplaşma, farklı sınıfların politika süreçlerindeki etkilerini azaltmış, sonunda da politika belirleme üzerinden bir kentsel toplumsal yapı ve yönetim ortaya çıkmıştır. Ancak, Dahl'ın kitabının sonunda kendisinin de yanıtını aradığı soru, varsayılan çoğulcu yapının günün sonunda çoğulcu değil "çoğunlukçu" ve hale gelmesi ile yerleşik nüfusun yeni gelenlere karşı kendileri kadar hoşgörülü olmamalarıdır. Bu açıdan bakıldığında, Dahl'ın bakış açısıyla, göçmenlerin ve alt sınıfların çoğulcu bir sistemin kurulmasında kritik önemde oldukları ve bunun için de bir kentin sakinleri arasında önemli bir yerleri olduğu söylenebilir.

Kentsel Politik Ekosistem ve Kent Yurttaşlığı

Çoğulculuk, Dahl'ın vardığı sonuç ve kuramın daha çok Amerikan deneyimini yansıttığı gerçeği üzerinden uzun bir süredir eleştirilmektedir. Zaman içerisinde bu eleştiriler dikkate alınarak, çoğulculuk zaman içerisinde önemli değişikliklere uğramıştır. Yeni çoğulculuk olarak adlandırılan ve daha çok Robert Waste'in (1983) görüşleriyle somutlaşan yaklaşım çoğulculuğu daha çok bir ekosistem meselesi olarak ele almıştır. Waste'in sorguladığı kentsel siyasa üretiminin en önemli yönü kentlerin gelişme süreçleri siyasaların üretiminin içeriğini ve sürecini nasıl belirlediği, çoğulcu koalisyonların nasıl oluşup, kentsel siyasete nasıl katıldıklarıdır. Waste'in ekolojik modeli bu sorulara yanıt ararken, aynı zamanda suç, göç, kirlilik, yoksulluk gibi kentsel sorunlarla ilgilenen başka modellerin eksik ve güçlü yönlerini de ortaya koymaktadır. Çoğulcu yazarların çoğu gibi, Waste de kuramını Amerikan kentlerinde yaptığı araştırmalarından örnekler vererek desteklemiştir. Aslında yazarın asıl katkısı da kuram ve örnek çalışmalar arasında çok iyi bağlantılar kurmasında görülmektedir. Waste, A.B.D. kentlerinin siyasal ekolojilerini tanıtarak kuramına başlamaktadır. Ona göre, kentler hem birçok yönden birbirlerine benzerler, hem de birbirlerinden çok farklıdırlar. Yine de farklılaşmalara rağmen, kentsel politika tüm kentlerde aynı yollarla yapılır ve hep aynı yaşam döngüsünden geçer ve tüm kentler büyük ölçüde benzer politika ekolojilerinde ortaklaşırlar. Politik ekoloji denilen ve kentsel politikaların yapıldıkları ortamı ifade eden olgu; yer, kentin büyüme süreci ve büyüme hızı, yerel politik kültür, kentteki seçilmiş veya atanmışların kişilikleri, politik skandalların veya reform çalışmalarının varlığı, kentlerde oluşan siyasi çatışmaların tipleri, kentte düzenleyici etkinliklerin varlığı ve gücü, yönetimler arası ilişkiler başlığı altında toplanabilecek dış faktörler tarafından belirlenir ve kentsel ekosistemlerin birbirinden farklılaşmasını sağlar.

Ancak Waste sonuçta, kentin aslında zayıf bir politika üretim birimi olduğunu ifade etmektedir. Çöküntü alanları, yoksulluk gibi çözülemeyen kentsel sorunlar ve 1960'lardan sonra bu problemleri çözmek için federal hükümet ve yerel yönetimler arasında başlatılan ortak programlar ve ilişkiler, kentsel siyasa üretim sürecini çok sorunlu bir alan haline getirmiştir. Kentlerin politik gücünün sınırları vardır. Kentler kentsel yaşamla ilgili politika üretebilirler, ancak toplumsal refahı arttırabilmek için fazla bir şey yapamazlar. Yerel yönetimler gerekli kaynaklara sahip olmadıklarından merkezi idareye bağımlı kalmakta, yoksulluk, göç, kentsel çöküntü alanları ve yüksek suç oranları gibi sorunlarla yıllardır uğraşmalarına karşın hiçbir kesin sonuç alamamaktadırlar. Bu tür konular 1960'lardan sonra kentlerin başa çıkamadıkları sorunlar haline gelince, bu konularda federal programlar başlatılmıştır. Waste'in bu değerlendirmesinden yola çıkıldığında aslında kentte yaşayanların kentte bulunan politika süreçlerine dahil olsalar bile sorunların çözümü için merkezi idarenin desteğinin gerektiği söylenebilir. Refah devleti döneminin de bir anlayışı sayılabilecek bir değerlendirme olmakla birlikte, yeni çoğulculuğun yapısal sorunların çözümü için merkezi idareyi işaret etmesi ilginçtir. Ancak, Waste'in kent yurttaşlığı temelinde bir değerlendirme yapmaktan ziyade, kentsel politika yapım sürecinin mekaniği üzerinden hareket ettiği ve kentsel alandaki kaynakların harekete geçirilmesi gibi unsurlara değinmediği söylenebilir.

Kentin Kapıcıları, Kentsel Eşitsizlikler ve Kent Yurttaşlığı

Saunders (1979) kentsel yönetimcilik yaklaşımının, Max Weber'in politik sosyoloji alanındaki görüşlerinin yerel devlet ve yerellik kavramlarına uygulanmasının bir sonucu olarak açıklamaktadır. Bu yaklaşıma göre, bürokrasi içerisinde yer alan yönetici konumundaki "profesyonellerin", mesleklerinin ve uzmanlıklarının gereklerini yapmayı, politik baskılardan, sınıf baskılarından üstün tutacakları varsayılarak, kentsel politika üretim süreçlerinde göreli özerk bir alan yaratabilecekleri ifade edilmektedir. Bu yaklaşımın çıkış noktası kentsel sistemlerdeki eşitsizlik olarak vurgulanmaktadır. Kentsel sistemlerde varlığı yadsınamaz eşitsizliklerin olduğu kabul edilmektedir. Eşitsizlik, kentsel kaynak ve faaliyetlerin dağılımındaki dengesizliği ifade eder ve bunların sosyo-ekolojik sistemin bir ürünüdür. Sosyo-ekolojik sistem ise yapısal olarak var olan mekânsal eşitsizlikler ile bu pekiştiren/sağlamlaştıran ya da azaltan, kentsel yöneticilerin eylem ve kararlarının bütününü ifade etmektedir. Yani kent yönetimciliği kuramı, teknokratik bilgiye sahip olan profesyonellerin kaynak dağılımındaki kritik önemini dikkate alarak, bu aktörlerin kentin bir nevi "kapıcıları" oldukları sonucuna varmaktadır. Doğal olarak, toplumdaki verili eşitsizliklerin açıklanması, kentsel sistemi yönetenlerin değer yargılarının, ideolojilerin ve eylemlerinin incelenmesiyle yapılabilir. Burada kentsel yöneticiler olarak ifade edilen kesim, salt yerel bürokratlardan değil, aynı zamanda yerel meclis üyeleri, sosyal hizmet çalışanları, emlakçılar, inşaat işleri yöneticileri, avukatlar gibi kentsel kaynak ve faaliyetlere erişimi denetleyen meslek gruplarını ifade etmektedir. Yine de kentsel yöneticilerin eylem ve kararları, ekolojik güçlükler ve mekânsal yapılarla da kısıtlanır yani onlar mutlak güce sahip değildirler.

Kentsel yönetimcilik yaklaşımının kurucusu olarak kabul edilen Pahl "Kimin Kenti" (1969) adlı kitabında kentsel sistemlerdeki çatışmaların kaynağını, kentsel kaynak ve faaliyetlere ulaşmada etkili olan mekânsal ve toplumsal kısıtlamaların sonucu olarak görür. Örneğin, dağıtımı rastgele olmayan, yani düzenlemelere bağlı olan konut ve sağlık gibi hizmetler, merkezin etki ve denetimi dışında, dağılımı yerel ölçekte mümkün olan hizmetler olduğundan, Pahl'a göre, kentsel sistemin potansiyel çatışma alanlarıdır. Bu kaynakların dağılımıyla ilgili ilke ve kararları belirleyerek, kentte yaşayan toplulukların yaşam biçimlerinde önemli değişiklikler yapabilecek olan birim ise yerel bürokrasidir. Kentsel kaynak dağılım yapısının dinamikleri, dağıtımı, örgütlenmesi ve denetimi gibi konularda karar verme yetkisine sahip olan kentsel yöneticilerin ve uzmanların kendi değer yargıları ile ideolojileridir. Pahl, bu değer yargıları ve ideolojilerin sınıf mücadelesinden etkilenmeyeceğini belirtmekle birlikte, bu değerlerin nereden geldiğini açıkça söylememektedir. Bu yöneticiler kentsel sistemin bağımsız elemanlarıdır ve kentsel sistemin anlaşılmasında çok önemli bir araştırma konusu oluşturmaktadırlar.

Kent plancıları, sosyal hizmet çalışanları, konut üreticileri ve benzeri kent yöneticileri, çoğunlukla kaynak dağılımını, kentsel sistemin en dezavantajlı bireyi lehinde düzenlemeye çalışırlar. Ancak bazı durumlarda, verilerin eksiklik ve yanlışlıklarından ortaya çıkan istenmeyen sonuçların farkında olamamalarından, ya da basit insani hatalarından kentsel yöneticilerin eylemleri, olumsuz etkilenen grupların durumunu daha da kötüleştiren durumlar yaratabilir. Pahl, yöneticilerin, kendi profesyonel değerlerine eğitimlerine aykırı olduğu halde, istemeden de olsa, bazen eşitsizlik yaratacak politikalar ürettiklerini ifade etmektedir. Bu gibi durumlarda sorun, merkezi idarenin öncelik sıralamasından ya da özel girişimcilerin kişisel çıkarlarını, kamusal çıkarlardan üstün tutmasından kaynaklanabilir. Ancak, tüm bunlara rağmen Pahl kentsel yöneticilere önemli bir potansiyel de atfetmektedir. Kentsel yöneticiler yarattıkları dolaylı baskılar, sahip oldukları tekelci bilgi ve ilişki ağları sayesinde siyasetçileri, politika süreçlerini ve hatta merkezi idareyi de yönlendirebilirler.

Pahl'ın geliştirmiş olduğu yaklaşım, kentsel yöneticiler olarak adlandırılan yerel bürokrasinin iktidar ve toplumsal yapıyla ilişkilerinin yeterince kapsamlı ele alınmadığı gerekçesiyle ciddi eleştirilere muhatap olmuşsa da, sonuçta kentsel kaynak dağılımına ve profesyonellerin bundaki rolüne işaret etmesi açısından önemli görülmektedir. Sonuçta, kentte yaşayan yurttaşların hangi kaynaklara erişebildikleri ve bu kaynakların nasıl dağıtılacağı sorusuna verilen teknik yanıtlar, kimin kazandığı ve kimin kaybettiği sorularına da yanıt olmaktadır. Özellikle kentte yaşayanların nasıl sınıflandırılacağı, hangi kaynaklara erişmeye hak sahibi oldukları gibi konular, profesyonellerin ciddi etki ve yönlendirmelerinin bulunduğu konulardır. Özellikle söz konusu göçmen nüfus ise, bu durum daha da önemli hale gelmektedir.

Eleştirel Kuramsal Çerçevelerde Kent Yurttaşlığı

Kollektif Tüketim, Toplumsal Hareketler ve Kent Yurttaşlığı

Yeni Marksist olarak adlandırılabilecek kentsel yaklaşımların ilklerinden birini Manuel Castells (1977), Althusser'in yapısalcı Marksist çerçevesini kentsel siyasete uyarlayarak ortaya koymuştur. Castells'e göre kentsel mekânın birbirleriyle derinden ilişkili ancak kendi dinamikleri de bulunan üç ayrı boyutu bulunmaktadır. Birinci temel boyut ekonomiktir ve kent meta üretiminin ve emeğin yeniden üretiminin sağlandığı üretim ve tüketim mekânı olarak ele alınabilir. İkinci olarak siyasal açıdan bakıldığında bütünleştiren, ayrıştıran, otorite sağlayan ve hatta kimi zaman hakimiyet kuran kurumsallaşma sürecinin eşlik ettiği bir mekân olarak kavranabilir. Üçüncü olarak ideolojik boyutta kent, iletişim sağlayan, algı oluşturan ve yöneten bir sembolik mekân olarak görülebilir. Ekonomik boyutun somut yansıması; fabrikalar, AVM'ler, kamu kurumları ve devlet mekanları siyasal boyutun görünür hali ve meydanlar, parklar ve kentteki kamusal alanları sembolik anlamı olan unsurlar olarak tanımlanabilir.

Kentsel kapitalizmdeki rolünü ağırlıklı olarak ekonomik olarak tanımlayan Castells, kentlerin temel işlevinin "emeğin yeniden üretimi" olduğunu ifade etmiştir. Buna göre kentler "kolektif tüketim" aracılığıyla emeğin yeniden üretildiği ve bu şekilde kapitalist üretim tarzının sürdürüldüğü mekanlardır. Kolektif tüketim, kentte yaşayan nüfusun kaçınılmaz olarak yaşamını sürdürebilmek için toplu bir şekilde tükettiği ve ağırlıklı olarak devlet tarafından oluşturulan tüm mal ve hizmetlerin üretimi, tüketimi ve dağıtımı olarak ortaya konabilir. Toplu taşıma, elektrik ve su, ulaşım, ısınma, iletişim, parklar ve diğer kamusal alanlar, temel gıda maddelerinin dağıtımının güvence altına alınması gibi hizmetler kolektif tüketim kapsamında değerlendirilebilir. Devlet kolektif tüketimin sürmesini sağlayarak; tüketim talebini ve ekonomik faaliyetlerin devamını sağlamak, sınıfsal gerilim ve çatışmaları bastırmak ve olası kentsel toplumsal hareketleri denetim altında tutmak durumundadır. Devlet kolektif tüketim aracılığıyla kentlerdeki sınıfsal gerilimleri denetim altında tutmak istese de her şekilde eşitsizlikler ve sınıfsal çelişkiler yine de kentsel toplumsal hareketlerin oluşumuna yol açabilir. Bu anlamda Castells, birincisi radikal toplumsal değişikliklere yol açan devrimci nitelikte hareketler; ikincisi ise, sistem içerisinde kalan ve reformist değişimler getiren hareketler olmak üzere iki farklı kentsel toplumsal hareket oluşabileceğini öngörmektedir.

Castells'in kuramsal çatısını oluşturduğu görüşler ağırlıklı olarak refah devletinin hâkim olduğu bir dönemde ortaya konmuş olsa da, özellikle kollektif tüketime ilişkin görüşleri belli anlamlarda hala geçerli bir değerlendirme aracı olarak ele alınabilir. Özellikle göçmenlerin yaşadıkları kentte hayatta kalabilmek için bir yandan mevcut kolektif tüketim araçlarından yararlanabilecek yasal tanınırlığa ve tanımlamalara sahip olabilmeleri, diğer yandan da bu kolektif tüketim hizmetlerinin devamını sağlayacak dolaylı ya da yan sektörlerde ucuz iş gücü olarak değerlendirilmeleri hatta sömürülmeleri ilginç bir yeni çelişki ortaya koymaktadır. Hele bir de bu çelişkinin mevcut iş gücü piyasasında yer alan aktörler açısından iş gücü ve gelir kaybı olarak yorumlanabileceği dikkate alındığında, hem göçmenler hem de mevcut kentliler açısından yeni tür çelişki ve çatışmaların kaçınılmaz olabileceği söylenebilir. Bu açılardan bakıldığında, insan haysiyetine yakışır ve göç olgusunu da dikkate alan bir kent yurttaşlığının kollektif tüketimden yararlanmada ve bu hizmetleri oluşturan iş kollarında çalışmada eşitlikçi bir haklar demetine işaret ettiği söylenebilir.

Sermaye ve Kentsel Mekânın Dönüşümünde Kent Yurttaşlığının Yeri

Kentleşmeyi, kapitalist sermaye birikimi ve sermayenin döngüleri arası hareketlilik açılarından ele alan David Harvey (1985), kentsel yapılı çevre inşa sürecinin sermaye birikimine koşut olarak geliştiğini savunmaktadır. Kapitalist sermaye sınıflarının aşırı sermaye birikim sorunlarını, devlet aracılığıyla yeni yatırım alanları tanımlayarak aştığını ifade eden Harvey, aşırı birikim sorununun farklı üretim alanlarına aktarılarak çözümlendiği sonucuna varmaktadır. Sanayi üretimi ağırlıklı birinci döngüdeki fazladan birikim önce sermayenin ikinci döngüsündeki kentsel yapılı çevre ve sabit sermaye yatırımlarına, ardından devlet aracılığıyla emeğin yeniden üretimini sağlayan toplumsal hizmet alanlarına aktarılarak sürdürülebilir kılınmaktadır. Bu anlamda bilim ve teknoloji, sağlık, eğitim ve iletişim harcamaları, tüketim harcamaları gibi kentsel alandaki tüm farklı yatırım alanları zaman içerisinde kapitalist sermaye birikiminin bir parçası haline gelmektedir. Nihai olarak, kentsel sabit sermaye yatırımlarıyla başlayarak kentin kendisi, kapitalist üretim biçiminin her anlamda metalaştırdığı ve sürekli olarak yeniden ürettiği bir ürün haline gelmektedir. Bu yıkıcı sürecin toplumsal yaşam üzerindeki etkileri kaçınılmaz olarak kentte yaşayan tüm yurttaşları derinden etkilemektedir.

Harvey'e (2008) göre sermaye birikiminin kentsel yapılı çevre üzerinde kurduğu tahakküm, temelde kullanım değeri olan kentsel mekânların değişim yani karlılık değeri ve fiyat üzerinden ele alınması sonucunu doğurmakta, kentsel mekân içinde yaşayan insan toplulukları için mülksüzleşmenin kaçınılmaz olduğu, kamusal kullanımların azaldığı, istikrarsız ve toplumsal anlamdan yoksun bir yer haline gelmektedir. Bu dönüşümün önüne geçilmesi için Lefebvre'nin ilk olarak ortaya attığı kent hakkı kavramı çok önemlidir (Purcell, 2002). Kent hakkı kavramı, kentlerde sermaye yatırımları ve kıt kaynak olarak arazi rantının kullanımı yoluyla oluşan artı değerin üretimi, bölüşümü ve kullanımı üzerindeki demokratik kontrol mekanizmalarının genişletilmesi olarak yorumlanabilir. Aynı zamanda, kentsel mekânın kapitalist üretim biçimine tabi tutulmamış oluşum ve gelişim dinamiklerinin muhafazası yoluyla kentteki yurttaşların yaşam alanlarının özgürleştirilmesi açısından da önemlidir. Harvey (2008) kentsel mekâna ve mekânda biriken artı değere el konulmasına karşı demokratik ve bütüncül bir talep olarak kent hakkını savunmakta; kentsel yaşamı şekillendiren kararların alınmasında sermaye ve devletin değil kentlerde yaşayan halkın etkin olması gerektiğini ifade etmektedir.

Harvey'in ifadesiyle kent hakkı kavramı, salt o kentte belli bir süredir yaşayan kentliler açısından önemli bir kavram olarak ortaya konmamaktadır. Sermayenin farklı döngülerinin kente dayattığı dönüşümün sonucunda kentteki tüm toplum kesimleri belli açılardan kaybeden sınıfına dahil olduğundan özellikle göçmenler geçici bir emek gücü olarak kentin dönüşüm halindeki kısımlarının yeniden üretilmesinde önemli bir işlevi yerine getirmektedir (Rogaly, 2009). Şikago Okulundan bu yana kentsel ekolojik sistem olarak ifade edilen süreçlerin bir parçası olarak ortaya çıkan çöküntü alanları, gettolar göçmenlerin sermaye birikim sürecinin etkilerini yatıştırmada kullanılması sonucunu getirmektedir. Ancak, bunun sonucunda ortaya çıkan yabancılaşma, marjinalleşme ve radikalleşme, kentsel toplumsal yapı içinde kent hakkı kavramı çerçevesinde bir ortaklaşmanın sağlanmasını engellemektedir. Oysa ki, hem kentliler, hem de göçmenler için kent hakkı temelinde bir kent yurttaşlığı tanımının yapılması, sermaye dönüşümünün istikrarsızlaştırdığı kentte, kentsel toplumsal yaşamın barış ve adalet içinde yürütülebilmesinin ön şartı olarak ifade edilebilir.

Gündelik Hayatın Yeniden Üretimi ve Kent Yurttaşlığı

Yaşadığı dönemden çok daha sonraları açıklayıcı gücü anlaşılan ve günümüz dünyasının kentsel tartışmalarının kaçınılmaz bir parçası haline gelen Lefebvre'ci kuramsal yaklaşım, kentsel mekânın baskınlığını toplum bilimlerinin başat unsuru olarak ortaya koymaktadır. Lefebvre temelde yapısalcı olmayan, gündelik yaşama ve mekânın üretimine ilişkin çatışmalı süreçlere odaklanmaktadır. Lefebvre'ye göre Yirminci Yüzyılın en çarpıcı ayırt edici özelliği sermaye kent mekânını keşfederek, varlığını sürdürülebilmesi olarak adlandırılabilecek bir dönüşüm sonucunda ortaya çıkan kentsel devrimdir. Mekânın üretimi ve gündelik hayat kavramlarının Lefebvre'nin çalışmalarının temelinde olduğu söylenebilir. Mekânın üretimi kavramının "mekânın temsilleri", "temsilin mekânları" ve "mekânsal pratikler" olmak üzere üç boyutu bulunmaktadır (Lefebvre, 1991). Mekânın temsilleri, devletin kent planlama faaliyetleri ile teknik ve kamusal olarak üretilen, toplumun gündelik yaşam pratiklerinin üstünde ideolojik bir anlam katmanı inşa eden bir şekilde tasarlanmış mekânlardır. Temsilin mekânları ile kast edilen ise tam tersine, toplumsal süreçlerle şekillenen belirli simgesel formlar ve kullanımlarla belirginleşen ve anlam kazanan mekânlardır. Bu iki tür mekân arasındaki çelişkiler ve ilişkiler bütünü, gündelik hayatı tanımlayan mekânsal pratikleri ortaya çıkarır. Kapitalist üretim biçimleri, temsilin mekânları karşısından tasarlanan mekânların gücünü kullanır, toplumun gündelik hayat pratiklerini yeniden şekillendirerek metalaştırıcı, yabancılaştırıcı, tek tipleştirici ve ayrıştırıcı bir kentsel yaşam ortaya çıkarır.

İşte bu sebeple gündelik hayat, kendine has döngüleri, alışkanlıkları ve ilişkileriyle mekânın üretimine ilişkin tüm çatışmaların görünür hale geldiği alandır. Toplumsal olarak kent içindeki farklı kesimlerin anlamlandırdığı mekânlar ile, kapitalist üretim biçiminin dönüştürücü etkisi altında tasarlanan alanlar arasında sınıfsal bir çatışma da kaçınılmazdır. Kapitalist kentleşme süreçlerinin arkasında yer alan sınıfsal ittifaklar, toplumun geniş kesimlerinin kabulünü üretecek mekânsal formları da oluşturmak için yaratıcı bir dönüşüm sürecini başlatabilirler (Kipfer, 2002). Geçtiğimiz son otuz yıl düşünüldüğünde, alışveriş merkezleri, karma kullanım içeren kentsel dönüşüm projeleri ve mega kentsel projelerle bu yaratıcılığın son derece güçlü bir şekilde kullanıldığı ve hatta bir hegemonik dönüşüm aracı haline geldiği görülmektedir. Mekânsal pratikler açısından bakıldığında, kentsel mekânın anlamdan ve ilgiden yoksun bir hale getirilmesi ile tasarlanan mekânların yükselen değer haline getirilmesinin koşut olarak gerçekleştiği görülmektedir. Göçün ve göçmenlerin burada temsilin mekânını ve mekânsal anlamları dönüştürmek için bir kaldıraç gibi de kullanılabildiği söylenebilir. Pek çok kentte göçmenlerin varlığı, gettoların ve göçmen mahallelerinin oluşumu, büyük kentsel projelerin gerekçesi olarak görülebilmektedir. Bu durumda da kentsel mekâna ortak anlamlar yükleyebilmenin bir aracı olarak, kent yurttaşlığı kavramının tartışılması çok önemlidir. Temel kentsel hakların sağlanmasına yönelik olarak göçmenler ve kentliler arasında ortak kamusallıklara dayalı bir mekânsal anlam dünyasının oluşturulmasında yaratıcılığın kullanılması bu yurttaşlık tanımının oluşturulmasında önemlidir.

Girişimci ve Yönetişimci Kentte Kent Yurttaşlığının Dönüşümü

Yirminci yüzyılın sonu ve Yirmi birinci yüzyılın ilk çeyreği, kentlere tekil olarak rekabet edebilirlik, girişimcilik, iyi yönetişim ve küresel bir sistemin parçaları olma misyonunun yüklendiği bir dönem olmuştur. Bu misyon, kentlerin varsayılan bir dünya kentleri ağına dahil olabilmek için arz yönelimli ve sermaye çekmeye yönelik yaklaşımlarla yönetilmesini salık vermektedir (Harvey, 1989). Bu çerçevede, kentlerde sürekli olarak gelişmeyi ve arazi geliştirme odaklı yatırımların önderliğinde mega kentsel projeleri meşrulaştıran ve bu yolla çalışan sınıfların ve kamunun mülklerine el koyan, doğal ve kültürel değerlerin kullanımını sermaye sınıflarının çıkarlarına sunan politikalar baskın hale gelmektedir. Kentlerde yeniden bölüşümü ve dayanışmayı önceleyen politikaların tartışılması uzun bir süre geri plana atılmıştır. Brenner'a (2004) göre, bu genel yeniden yapılanma, sadece kentlerde iktidara gelen yerel yönetimler için bir tercih meselesi değil, kapitalist devletin yeniden yapılandırılması ve ölçeklendirilmesi meselesi haline gelmiştir. Devletin mevcut yönetsel ölçeklerinin yeniden tanımlandığı, her bir kapitalist deneyim çerçevesinde hibrit yeni ölçeklerin tanımlandığı yeniden ölçeklenme süreci, küresel ölçekten başlayarak ulusal ve yerel ölçeklere kadar uzanan yeni bir düzenleme alanına işaret etmektedir. Bu süreklilik içinde, her ülke deneyiminde farklıymış gibi görünen, ancak temelde yereldeki değerlerin farklı ölçeklerdeki sermaye yatırımları için kullanıldığı neo-liberal bir düzenin oluşturulduğu eleştirisini getirilmektedir. Bu sürecin başat sürükleyicisi ve gerçekleştiricisi yine giderek otoriterleşen ve popülist politikaları kullanan devlet hegemonyasıdır.

Devletin yeniden ölçeklenmesi, merkezi idare ile yerel yönetimler arasında sürekli olarak yetkilerin yeniden dağıtıldığı deneysel uygulamaların ortaya çıkmasına sebep olmakta ve sonuçta devlet, topluma ve ekonomiye giderek daha güçlü biçimde müdahale etmektedir. Beklenenin tersine müdahalelerin mekanizmaları hiyerarşik ve bürokratik yapılardan kamu özel ortaklıklarına kayarken, müdahalelerin ölçeği yerele yaklaşmaktadır. Bu dönüşümler gerçekleşirken, yerel düzeyde mülksüzleşen, gelir düzeyi sürekli olarak düşen ve yaşam alanları sermaye tarafından rekabet için dönüştürülen kentlilerin, göçmenlere karşı içgüdüsel tepkileri de yine neo-liberal çerçeve içerisinde milliyetçi-muhafazakâr politikalar ve yabancı düşmanlığı içinde siyasal propaganda araçlarına dönüştürülmektedir. Sonuçta, girişimci ve rekabetçi bir kentin, göçmenleri ötekileştiren bir alan yarattığı ve sermaye temelli bir kent yurttaşlığını ima ettiği söylenebilir. Daha önceki eleştirel yaklaşımlarda da söylendiği gibi, göçmenliğin temelde sebebi olarak ortaya çıkan neo-liberal politikaların yerelde de göçmenlerin dışlanmasının araçlarını inşa etmesi ancak eşitlikçi bir kent yurttaşlığı çerçevesi içinde ve bu çerçeve içerisinde, talep temelli bölüşüm politikaları ile sermaye yönelimli dönüşümlerin dengelenmesiyle mümkün olabilir.

Kent Yönetimine Katılımın Aracı Olarak Türkiye'de Kent Konseyleri ve Kent Yurttaşlığı

Türkiye'de son otuz yılda kamu yönetiminde yaşanan dönüşümlerin üç farklı anlamıyla "katılım" süreçlerini öne çıkarmaya başladığı iddia edilmiştir. İlk olarak kamu yönetimi süreçleri iletişim ağırlıklı süreçler haline gelmektedir. İletişimin en yüzeysel biçimi olan

bilgilenme ve bilgi edinme uygulamalarının yaygınlaşması bunun bir yansıması olarak görülebilirse de temel olarak hedeflenen, kamu yönetiminin bütününün ve tüm sürecinin hizmet sunulmakla yükümlü bulunulan yurttaşlarla iletişim içerisinde iyileştirilmesi ve dönüştürülmesidir. İkinci olarak yurttaşların katılımının sağlanmasında iletişimin salt kendi başına yeterli olmayacağı, devletin katılımı yapılandırmak için gerekli koşulları sağlamak ve yapılandırmak yükümlülüğünde olduğu kabul edilmektedir. Kent konseylerinin işleyişi, stratejik planlamada ve belli imar planı türlerinde alışıldık hale gelen katılımcı toplantılar gibi bazı uygulamalar, bu yaklaşımın bir ürünü olarak kabul edilebilirler. Ancak burada da devletin kolaylaştırıcılık işlevini aşan, yukarıdan aşağı ve yaptırımcı bir tavrı belirlemesi de katılımcılığın doğasına aykırı bulunmaktadır. Katılımcı süreçler temel olarak devlet tarafından yapılandırılsalar da yurttaşların gönüllü katılımıyla gerçekleştirilmeleri ilkesel olarak kabul edilmektedir. Üçüncü olarak, katılımın karar alma süreçlerinde yer almanın dışında kamu yönetimi süreçlerinde aktif bir şekilde, gönüllülüğe dayalı olarak görev almak anlamının bulunduğu da kabul edilmektedir. Sonuçta, uygulamada bu üç farklı katılım biçiminin her birinin belli ölçülerde bir arada bulunduğu söylenebilir (Bayındırlık ve İskân Bakanlığı, 2009).

Kent konseyleri, katılımın bu üç farklı anlamının bir arada gerçekleşeceği varsayılan, yerel düzeyde katılımcı kent yönetiminin sağlanmasında yarı kurumsal bir araç olarak ortaya çıkmıştır (Emrealp, 2010). Ancak, kent konseylerinin ortaya çıkmasına sebep olan yasal düzenlemelere kaynaklık eden kavram ve süreçler kent konseylerinin yapı ve işleyişine; var olan kent yönetimleri, yurttaşlar ve kentle ilişkilerine ilişkin çelişki ve kimi zaman ikircikli nitelikler taşıdıklarından, kent konseylerinin anayasal ve siyasal düzen içerisindeki konumu belli ölçüde belirsizlik taşımaktadır. Bu karmaşık durum, kent konseylerinin günümüze kadar gelen macerasında, farklı yerelliklerde yaşamakta olduğu deneyimlerin ortak bir paydası olarak görünmekte ve pek çok durumda soru işaretleri oluşturmaktadır. Ancak, Türkiye'de yerel yönetimler düzeyinde elde kent konseylerinden daha gelişmiş başka bir yasal aracın da bulunmadığı açıktır.

Türkiye'de kent konseylerinin düşünsel arka planında üç temel unsurun bulunduğu görülmektedir. Bunlardan birincisi Yerel Gündem 21 çerçevesidir. Bu çerçeve özellikle Habitat II toplantısının ardından orta sınıf idealizmi ve ilişkili kent yönetimi uygulamalarında ilgi görmüştür. Küresel çevre sorunlarıyla ilgili bir değerlendirme süreci olarak başlayan Yerel Gündem 21, bu sorunlarla başa çıkmada yerelleşme ve yerel yurttaş katılımını temel alan bir araç olarak ortaya çıkmıştır. Ancak, küresel ölçekte bir sorunun yerel parçalara bölünmüş bir yapıyla ile nasıl çözümleneceği, çözümlenebilecekse bile bu yerelliklerin böylesi bir kararlılığı nasıl siyasallaştıracakları ciddi bir sorun alanı oluşturmaktadır. Yerel Gündem 21 çerçevesi, yerel katılımın yerel siyasal süreçlerle nasıl ilişkileneceği sorununu en başından görmezden gelmektedir. Bu temel sorun çözülmeden yerel katılımın küresel soruna çare olabilmesi olası görünmemektedir. Dahası, kent konseyleri açısından bakıldığında, 1990'lardan bu yana, Yerel Gündem 21 çerçevesinde kurulan konseylerin en başından beri kent konseylerini yerel yönetim ile yerellik arasında bir geçişkenlik alanı, bir ara yüz olarak tanımladığı, bu sebeple de kent konseylerine getirilen, "yerel yönetimlerin etkisi altında olma" eleştirisinin belli ölçülerde Yerel Gündem 21'den kaynaklandığı iddia edilebilir.

İkinci olarak Türkiye'de 1980'li yıllardan bu yana devam eden âdem-i merkezileşme süreci sonucunda, yerelde ortaya çıkan yönetim deneyiminin demokratik niteliklerine ilişkin eleştiriler karşısında kent konseyleri bir meşrulaştırma aracı olarak nitelendirilebilirler. Özellikle milyonlarca insanın yaşadığı metropoliten alanlarda karşı karşıya kalınan temsiliyet vakumunu dolduracak, katılımcı uygulamaların yokluğunda, kent konseyleri âdem-i merkezileşmenin olumsuz yanlarını ortadan kaldıracak bir çözüm olarak sunulmaktadır. Üçüncü olarak, kent konseyleri, 1990'ların ortalarından bu yana Türkiye'de uygulamaya konan neoliberal yapısal uyum politikalarının getirdiği mali disiplin, hesap verebilirlik ve şeffaflık söylemlerinin yerel düzeydeki aracı olarak da sunulmaktadır (Doğan, 2010). Ancak, 2010'lardan sonra tekrar başlayan ve giderek güçlenen yeniden merkezileşme sürecinin etkilerine karşı da, kent konseylerinin yerelde halkın sesinin duyulmasını sağlayacak bir potansiyel taşıyıp taşımadığı da bugünlerde yeniden tartışılmaktadır. Bunun ilginç bir örneği 2019 yerel seçimlerinde tüm siyasi partilerin programlarına kent yönetimine katılım aracı olarak kent konseylerini dahil etmeleri olarak görülmektedir.

Bu çerçevede, kent konseylerinin iddia edildiği gibi, kentsel katılıma katkılarının varoluşsal bir gereklilik olarak ortaya çıkmayacağı, ancak belli koşullar çerçevesinde gerçekleşebileceği görülebilir. Bu koşulların bir kısmı kamu yönetimi süreçlerine katılımla, bir kısmı da yerel siyasetin doğasıyla yakında ilgilidir. Kent konseylerinin tek başına varlıklarının kentsel katılımın gerçekleşmesi için yeterli olacağını söylemek sorunlu görünmektedir. Öncelikle her kamu kurumu gibi, kent konseylerinin de katılımı gerçekleştirecek kapasite, yöntem ve birikime ulaşması gerektiği söylenebilir. Diğer yandan kent konseyleri de temsili demokratik sistem içerisindeki yerel iktidar yapısından bağımsız biçimde ele alınamazlar. Her katılımcı süreç gibi, kent konseyleri yerel iktidar yapısının ve demokratik temsiliyet süreçlerinin rakibi ya da uzantısı olarak konumlanabilirler ya da hem katılım hem de temsiliyet içerisinde tamamen etkisiz bir konuma itilebilirler. Bu sebeple kent konseylerinin kentsel katılım süreçlerine katkılarının anlaşılabilmesi için bu koşullara ilişkin kuramsal bir çerçevenin ele alınması gerekmektedir.

Bu tür bir kuramsal çerçevenin üzerine inşa edileceği en temel unsurlar yerel siyaset ve demokrasiyle de yakından ilişkilidir. Siyasetin yerel biçimlerinin her zaman doğrudan ve kaçınılmaz olarak 'demokratik' olacağı yönündeki liberal savların aksine, kent konseylerinin varlığı, yerel siyaset ve demokrasi ilişkisinin sorunlu yapısına işaret etmektedir. Yerel siyasal temsilde var olan eşitsiz ve kimi zaman Robert Dahl'ın deyimiyle "plutokrasi"ye varan süreçler, yerel meclislerin kamuoyu tarafından denetlenmesi ve dahası temsil mekanizmalarındaki yetersizliklerin katılımcı mekanizmalarla giderilmesi gerekliliğini doğurmuştur. Bu tür bir gerekliliğin öngörülmesinde Yerel Gündem 21 gibi çevre hareketlerinden filizlenen çerçevelerin yer alması da, bir yerde yerel siyasal yapıya ilişkin kapasite sorunlarının yarattığı hayal kırıklıklarına işaret etmektedir. Çevre sorunlarının giderilmesinde önceleri yerel yönetimlerin başat rol üstlenecekleri düşünülmüşken, yerel yönetimlerin demokrasi açısından yetersizlikleri, katılımcı pratiklerin öne çıkarılması ihtiyacını doğurmuştur. Ancak, giderek merkezileşen ve otoriterleşen devlet yapılarının yükseldiği günümüz dünyasında, ister istemez bunun yanında kent konseyleri gibi, yapıların eski iktidar alanları karşısında yeni iktidar biçimlerinin ve örgütlenme türlerinin bir örneği olarak yerel özgünlüklere dayalı bir birliktelik niteliği kazanabileceği savı da giderek ilgi görmektedir.

Ancak, kent konseylerinin demokrasiyle ilişkisinin de sorunlu olduğu söylenebilir. Giderek neredeyse fetişizme varan bir anlayışla, kent konseylerinin birer yönetsel biçim olarak varlığının demokrasiye eriştiren bir araçsallığı getirdiği anlayışı yaygınlaşsa da, kent konseylerinin tarihsel olarak gelişen demokratik bir yapının ancak bir aracı olabileceği söylenebilir. Kent konseylerinin araçsallığı noktası, Türkiye'de kimi kent konseylerinin yerel siyaseti demokratikleştirmek adına başarılı deneyimler üretmesi, kimi kent konseylerinin ise zaten demokratik açıdan sorunlu olan yerel siyasal süreçlerin uzantısı ve desteği haline gelmesiyle de örneklendirilebilir. Burada belki de kent konseylerinin kimi nasıl temsil ettiği, yerel yönetimler arasındaki ilişkinin çoğunlukçu değil çoğulcu pratikleri üretip üretemediği, kentte gerçekleşen yaşamsal sorun ve süreçlere müdahil olup olmadığı ve müdahil oluyorsa bunu nasıl yaptığı üzerinden yerel siyaset ve demokrasi ilişkisinin kurulması daha sağlıklı bir yaklaşım olarak benimsenebilir.

Bu sorunlu durum kent yurttaşlığı kavramı çerçevesinde daha da berrak bir hale gelmektedir. Kent konseylerine kaynaklık eden yasal metinler, kent konseylerini daha çok kurumsal yapıların temsil edildiği bir birliktelik olarak tanımlarken, kentte yaşayan sıradan yurttaşların kente ilişkin sorunlarını ve taleplerini kent konseyleri içerisinde nasıl dile getirebilecekleri önemli bir sorun alanı olarak görülmektedir. Burada kent konseylerinin mahalle ve semt düzeyinden başlayan bir katılımcı sürecin eş güdümünü sağlayan bir yapı olması gerektiği savı ya da kent konseylerinin temsili demokratik yapıları denetleyen bir yapıya dönüşmesi gerekliliği iddia edilmektedir. Bir kent yurttaşlığı tanımı, mevcut kent konseylerinin çeşitliliği ve zenginliği içerisinde kimi zaman dile getirilmekle birlikte, kentsel haklar, sürdürülebilir kalkınma ve hemşerilik hukuku çerçevesinde yapılan tanımlamaların sürdürülebilirliği ve mevcut siyasal süreçlerle ilişkisi tartışma konusu olmaktadır.

Kent Yurttaşlığı Temelinde Kent Konseylerinin Göçmen Sorununa Yaklaşımı

Kent konseyleri, her ne kadar birer katılımcı mekanizma olarak tanıtılsalar da, bu mekanizmaların ne düzeyde siyasallaşacağı, siyasallaşma düzeyi sonucunda içinde bulunduğu kentin yönetimine göre nasıl konumlanacağı, kent konseylerinin katılım süreçlerine katkılarını belirleyen birincil meseledir. Bu mesele, kent konseylerinin içlerindeki temsil ve örgütlenme yapılarıyla görünür hale gelmektedir. Hirschman'ın kavramlaştırması doğrultusunda, kent konseylerinin var olan kent yönetimleriyle üç tür ilişki içerisinde bulunabilecekleri var sayılabilir (Hirschman, 1970). Birinci olasılık, kent konseyinin var olan kent yönetiminin politika ve uygulamaları karşısında kayıtsız kalması ya da varlığını devam ettirememesidir. Yerel Gündem 21 uygulamalarının başlamasıyla birlikte kurulan ancak, sonradan etkinliğini yitiren kent konseyleri bu türden kabul edilebilirler. Bu tür kent konseylerinin kâğıt üzerinde formalite gereği kurulan, sonradan varlıklarını gerçek anlamda sürdüremeyen konseyler oldukları söylenebilir. İkinci olasılık, kent konseylerinin kent içerisindeki muhalif görüşlerin odağı haline gelerek bir kentsel muhalefet olarak örgütlenmesi ve tepkiselleşmesidir. Yine kentlilik bilinci yüksek bazı kentlerde, kent konseylerinin yer yer kent yönetimlerinin kararlarıyla çatışan örgütler haline gelmesi bunun bir göstergesi olarak ele alınabilir. Üçüncü seçenek ise sadakattir. Kent konseyleri var olan kent yönetiminin doğal bir uzantısı olarak örgütlenebilir ya da zaman içerisinde hem katılımcı kanalları meşru biçimde pasifize eden hem de var olan kent yönetimlerini meşrulaştıran birer araca dönüşebilirler.

Kent konseylerinin bu üç seçenekten hangisine dönüşeceği kuşkusuz katı ayrımlara tabi olamaz. Kent yönetimine sadık bir yapısı olan herhangi bir kent konseyi, kenti ilgilendiren yaşamsal konularda karşıt projelere destek verebilir ya da mevcut projeleri eleştiren bir tutum sergileyebilir ya da sadık gibi görünen bir kent konseyinin aktörleri zaman içerisinde siyasallaşarak kent yönetimine talip olabilirler. Benzer biçimde karşıt projelerle ortaya çıkan bir kent konseyi, elde ettiği pazarlık gücü ile kent yönetimiyle organik ilişkiler kurabilir, zaman içerisinde sadık bir uzantı haline dönüşebilir ya da pasifize olabilir. Görüldüğü gibi, herhangi bir kent konseyinin bu üç seçeneğin bir karışımını içerdiği ve davranış biçiminin yere ve zemine göre değiştiği söylenebilir. Burada kent konseylerinin ne tür bir yöne gideceği büyük oranda yerleşimin ölçeği, yerel temsil ve katılım kültürü, yerel siyasal dinamikler gibi unsurlara bağlı olacaktır. Hatta, bu unsurlar pek çok durumda kent konseylerinin kurulmalarına engel olan bir yapıyı oluşturabilirler. Halen daha Türkiye'nin pek çok belediyesinde kent konseyi kurulmamış olmasının bu tür bir yaklaşımla ilgisi olduğu görülmektedir (Çelik, 2020).

Ancak, yine de kent konseylerinin var olan kent yönetimleri tarafından doğal birer "muhalefet" olarak karşılandıkları söylenebilir. Bu doğal muhalefet hali, kent konseylerini kurmakla yükümlü olan belediyelerin kent konseylerinin yönetimlerine çeşitli şekillerde müdahalesini beraberinde getirmektedir. Bu müdahalelerin en belirgini, kent konseylerinin yürütme kurulu, gençlik ve kadın meclisleri ile çalışma gruplarının belirlenmesinde atamaya benzer yöntemleri kullanılmasıdır. Yaygın olarak kent konseyleri başkanlarının o kent konseyini kuran belediye başkanı, başkan vekili, belediye meclis üyesi ya da o yönetimin uzantısı olan eski yöneticilerden oluşması buna bir örnek olarak gösterilebilir. Benzer şekilde o kentte bulunan köklü sivil toplum örgütlerinin değil, kollamacılık ilişkisi içerisinde yeni kurulmuş hülle sivil toplum örgütleri aracılığıyla belediye bürokratlarının ve belediye meclis üyelerinin kent konseyi yönetiminde etkili yerlere yerleştirilmesi, bu çabanın bir ürünü olarak gösterilebilir. Bu şekilde kent konseyleri, kent yönetimlerinin birer uzantısı haline getirilmektedir. Bu şekilde kurulan kent konseyleri, yerel iktidarın dönüşmesi durumunda da kötü bir intibayla anıldığı için iktidarı ele geçiren yeni yöneticiler tarafından da çoğunlukla dikkate alınmamakta ya da sürdürülmemektedirler.

Bu durumun etkileri kent konseylerinin etkinlik düzeyi ve kendilerinin katılımı ne düzeyde içselleştirebildikleriyle görünür hale gelmektedir. Kamu yönetimine katılım modellerini gözden geçiren Bruns (2003), katılım süreçlerinin görünür hale geldiği uygulamaların birçok modelle açıklanmaya çalışıldığını anlatmıştır. Bruns'a göre, bu modellerin ortak özelliği farklı modellerde katılımın neredeyse hiç olmadığı uygulamalarla, ideal olarak doğrudan halk yönetiminin sergilendiği uygulamalar arasında bir derecelendirme yapmış olmalarıdır. Yani katılımın idealize edilen halleri bir anda ortaya çıkamaz, belli bir gelişme süreci sonucunda birer deneyim alanı olurlar. Bu derecelendirme katılımın az olduğu düzeyden yüksek olduğu düzeye doğru "katılımsızlık düzeyleri", "göstermelik katılım düzeyleri" ve "yurttaş iktidarı düzeyleri" olarak özetlenebilir. İktidarlar uyguladıkları katılımcı yaklaşımlarda kendi içinde katılımı engelleyici, aldatıcı eylemlerden katılımın etkisinin azaltıldığı süreçlere, oradan da gerçek anlamda yurttaşa yetki devredildiği uygulamalara doğru yelken açarlar. Bir kurumun katılımda gösterdiği çabaya, uyguladığı yönteme ve sonuçlarına göre hangi konumda olduğu yorumlanabilir.

Söz konusu politika konusu kent yurttaşlığı temelinde göç ve göçmenlik olduğunda kent konseylerinin ne düzeyde bağımsız bir değerlendirme yapabilme potansiyeline sahip olabilecekleri bir soru işareti olarak görünmektedir. Örneğin Kahraman ve Taniyici (2018), göç gibi bir sorunun çok düzlemli bir politika meselesi olduğunu, kent konseylerinin de bu düzlemler içerisinde sorunun bir parçasını ele alabileceklerini ifade etmektedir. Yine benzer şekilde Çakırer-Özservet de (2015) kent konseylerinin bulundukları yerellikteki özgün durumlardan hareketle göç meselesine eğilebileceklerini söylemektedir. Ancak, bu ele alışta kent konseylerinin merkezi düzeydeki siyasal tartışmaların dışında ne tür bir yaklaşım geliştirebilecekleri de merak konusudur. Hukuki, yönetsel ve siyasal açılardan karmaşık bir sorun alanı haline gelen uluslararası göç gibi konular, daha kentte hemşeriliğin kaynağı ve kent kimliği gibi tartışmalarda beklenen mesafeyi alamamış kurumsal yapılar olarak kent konseyleri için beklenenden daha ağır konular olarak ortaya çıkabilirler. Yine de bu alanda faaliyet gösteren başta Birleşmiş Milletler Mülteciler Yüksek Komiserliği gibi kurumlar ve sivil toplum örgütleri, kent konseylerini göç konusunda belli bir potansiyele sahip birliktelikler olarak görmektedir.

Buna rağmen, Türkiye'de göç ve göçmenlerle ilgili olarak özellikle Suriyeli mülteciler özelinde, mevcut hâkim siyasal tartışmaların ve söylemlerin kent konseylerinin de belli bir düzeyde etkilediği ve konuyu ele alışlarını biçimlendirdiği söylenebilir. Az sayıda kent konseyi, gerek göçmen ve mülteci meclisi, gerekse yabancılar meclisi ve çalışma grubu gibi adlar altında bu konuyu ele almaktadır. Örneğin, İstanbul'da Esenyurt Kent Konseyi altında bir Göçmen ve Mülteci Meclisinin kurulduğu, yine Adana Kent Konseyinde bir Göçmen Meclisinin varlığı bilinmektedir. İstanbul, Gaziantep ve Kocaeli kent konseylerinin bünyesinde de göçmenlerle ilgili çalışma grupları bulunmaktadır. Bursa Kent Konseyi bünyesinde de bir yabancılar kent konseyi yer almaktadır. Özellikle büyükşehirlerde ve göçmen sorununu yakından yaşayan kentlerde, kent konseylerinin bu soruna kayıtsız kalmadıkları görülmektedir. Ancak, bu meclis ve çalışma gruplarının faaliyetlerine bakıldığında, göç sorununun bir kent yurttaşlığı meselesinden ziyade, göçmenlerin gündelik sorunlarının ele alınması ve başta kamu kurumları tarafından yürütülmekte olan süreçlerin kentsel alanda yaygınlaştırılması olarak algılandığı söylenebilir. Bu durumda, kent konseylerinin bulundukları yerelin siyasal bakış açısının dışına çıkmasındaki zorluklar etkili olduğu kadar, yerel yönetimin bu konudaki politikalarıyla ilişkilenme çabası da öne çıkmaktadır. Bu durumun aşılabilmesi için kent konseylerindeki göçle ilgili birim ve organların ihtiyaç ve zaruret sonucu kurulmuş yalıtılmış yapılar olarak değil, diğer çalışma grupları ve meclislerle etkileşim içerisinde çalışan ve kentin toplumsal dinamiklerini dikkate alan yapılar olması gerekmektedir.

Sonuç

Çoğulcu, kent yönetimciliği ve eleştirel yaklaşımların kent yurttaşlığına ilişkin ortaya koydukları çerçeve ele alındığında, kentteki sorunların bütünsel ele alınabildiği bir politika yapım sürecinin ve bu politikaların yararlanıcısı olarak kentte yaşayanlara ilişkin bir kavramlaştırmanın varlığına olan ihtiyaç açık bir şekilde ortaya çıkmaktadır. Gündelik siyaset ya da gündelik ihtiyaçlar tarafından şekillendirilen, gündemdeki kavramların güdümündeki çözüm arayışlarının kentteki sorunlara çözüm bulma açısından başarılı olamadıkları ve yapısal sorunlar karşısında yetersiz kaldıkları anlaşılmaktadır. Özellikle, kent yönetimine hakim olan ve hiyerarşik olarak çok ölçekli bir paradigmanın etkisi altında, kentte yaşayanların giderek yaşadıkları mekâna ve kentsel yaşam deneyimine yabancılaştıkları bir dünyada, daha temel ve yaygınlaştırılabilir bir bakış açısına, bu doğrultuda kabul edilebilir bir kent yurttaşlığı tanımına ihtiyaç olduğu söylenebilir. Bu tür bir tanımın, kentte yaşayanların temsili demokratik katılma ve demokratik katılım kanallarına dahil olarak, hep birlikte üretecekleri bir süreçle ortaya çıkmasının yaşamsal olduğu görülmektedir.

Kent konseyleri, Türkiye deneyimi dikkate alındığında bu anlamda kullanılabilecek eldeki neredeyse tek yasal kurumsal ağ olarak görülebilir. Yirmi yıla yakın bir zaman dilimi boyunca Türkiye'nin çok farklı bölgelerinde nitelikli örnekleri görülmekle birlikte, kent konseylerinin yeterli yaygınlığa ve istikrara kavuşamamış olması ise bu anlamda sorunlu görülebilir. Yine de kent konseylerinin göç ve sığınmacılar gibi konuları ele alıyor olmalarına ilişkin gözlem ve beklentiler bu anlamda umut vaat edebilir. Ancak, bu umudun gerçeğe dönüşebilmesi için, kentlerde politika yapma sürecine dahil olabilme açısından anlamlı ve bütünsel bir kent yurttaşlığı tanımının yapılabilmiş olması gerekmektedir. Bu tür bir kent yurttaşlığı algısı sadece kentlere yığılmış bulunan göçmen nüfusun, kentlerdeki kapitalist dönüşüm tarafından araçsallaştırılması ve yükselen yabancı düşmanlığı ve ırkçı söylemler için bir kaldıraç olarak kullanılması önünde bir engel oluşturma hem de, göç gibi belirsizliklerle dolu unsurların ele alınabilmesinde yenilikçi yaklaşımlar oluşturabilme potansiyeli taşımaktadır. Kent konseylerinin bu anlamda göç, mültecilik ve sığınmacılık sorunsalını sürdürülebilir kalkınma, kentli hakları, hemşerilik hukuku ve hesap verilebilirlik olarak tanımlanabilecek kuruluş amaçlarıyla ilişkilendirerek, yeni bir anlayışla meseleyi ele alabilmeleriyle mümkündür. Ancak, bunun ön koşulu, kentte yaşamanın anlamına ilişkin tartışmaların ve birikimin kent konseylerinin katılımcılık deneyimi içinde derinleştirilmesi, göç gibi uzun vadeli sorunların yalıtılmış gündelik meseleler olarak ele alınmamasıdır.

Kaynakça

Baubock, R. (2003). Reinventing urban citizenship. Citizenship studies, 7(2), 139-160.

Brenner, N. (2004) New state Spaces Urban Governance and the Re-scaling of Statehood, Oxford University Press.

Castells, M. (1977) The Urban Question: A Marxist Approach, MIT Press.

Castells, M. (1983) The City and the Grassroots: A Cross-Cultural Theory of Urban Social Movements, University of California Press.

Çakırer-Özservet, Y. (2015). Modern göçebeler olarak göçmenler, mekân ve şehre uyum. Sosyoloji Divanı, 6, 41-54.

Çelik, A. (2020), Türkiye'de kent konseylerinin kurulmasında karşılaşılan engeller: İç Batı Anadolu örneği, Basılmamış Yüksek Lisans Tezi, Atılım Üniversitesi Siyaset Bilimi ve Kamu Yönetimi Bölümü.

Dahl, R. A. (2005). Who governs?: Democracy and power in an American city. Yale University Press.

Doğan, A.E. (2010), "Kent Konseylerini Kent Hakkı Açısından Yeniden Düşünmek", Eğitim Bilim Toplum, Sayı 25.

Emrealp, S. (2010), Kent Konseyleri Kılavuzu, UCLG-MEWA Yayını, 2. Baskı.

Harvey, D. (1985) Urbanization of Capital, Studies in the History and Theory of Capitalist Urbanization, John Hopkins University Press.

Harvey, D. (1989) From managerialism to entrepreneurialism: the transformation in urban governance in late capitalism, Geografiska Annaler Series B: Human Geography, 71 (1), pp 3-17.

Harvey, D. (2008) The Right to the City, New Left Review, 53, September-October.

Hirschman, A.O. (1970), Exit, Voice and Loyalty, Cambridge, Mass.: Harvard University Press, 1970.

In What Sense an Evolution of Metropolitan Planning Actors? SZ Şahin, D Galland, M Tewdwr-Jones - *Metropolitan regions, planning and governance*, 2020

Kahraman, S., Taniyici, Ş. (2018). Türkiye'de Suriyeli sığınmacılar örneğinde çok düzeyli göç yönetişimi. TESAM Akademi, 5(1), 235-280.

Kipfer, S. (2002) Urbanization, Everyday Life and the Survival of Capitalism: Lefebvre, Gramsci and the Problematic of Hegemony, Capitalism Nature Socialism, 13: 2, pp: 117-149.

Lefebvre, H. (1991) The Production of Space, translated by: Donald Nicholson-Smith, Oxford: Basil Blackwell.

Lefebvre, H. (2003) The Urban Revolution, University of Minnesota Press.

Pahl, R. E. (1969). Whose city. New Society, 23, 120-122.

Purcell, M. (2002). Excavating Lefebvre: The right to the city and its urban politics of the inhabitant. GeoJournal, 58(2), 99-108.

Rogaly, B. (2009). Spaces of work and everyday life: Labour geographies and the agency of unorganised temporary migrant workers. Geography Compass, 3(6), 1975-1987.

Sahin, S. Z. (2020). Turkey's COVID-19 Pandemic Response from a Practitioners' Perspective. *Good Public Governance in a Global Pandemic*, 105.

Saunders, P. (1979) Urban Politics: A Sociological Interpretation, Hutchinson & Company Press.

T.C. Bayındırlık ve İskan Bakanlığı (2009) Kentleşme Şurası Komisyon Raporları III. Cilt, "Yerel Yönetimler, Katılımcılık ve Kentsel Yönetim" Raporu.

Varsanyi, M. W. (2006). Interrogating "urban citizenship" vis-à-vis undocumented migration. Citizenship studies, 10(2), 229-249.

Waste, R. J. (1983). Dilemmas of Pluralist Democracy: Autonomy vs. Control. By Robert A. Dahl.(New Haven, Conn.: Yale University Press, 1982). American Political Science Review, 77(3), 831-831.

Yildiz, M., & Sahin, S. Z. (2020). Turkey's COVID-19 Pandemic Response from a Public Administration Perspective. *Good Public Governance in a Global Pandemic*, 395.

Göç Dergis
Mayıs 20
Cilt: 8, Sayı
ISSN: 2054-7110 (Basılı) | ISSN 2054-7129 (Çevrimi
www.gocdergisi.co
TRANSNATIONAL PRESS
LONDON

Göç Dergisi
Mart 2021
Cilt: 8, Sayı: 1, sf. 41–78
ISSN: 2054-7110 (Basılı) | ISSN 2054-7129 (Çevrimiçi)
www.gocdergisi.com

Makale tarihçesi: Alındı: 22 Temmuz 2020 Kabul edildi: 2 Ocak 2021
DOI: https://doi.org/10.33182/gd.v8i1.718

Kentsel Mültecilerin Kente Uyum Süreçlerinde Konuta Erişimleri: Hatay Örneği

Zehra Güngordü[1] ve Buket Ayşegül Özbakır[2]

Öz

İçinde bulunduğumuz çağ kitlesel göç hareketlerinin pek çok farklı gerekçeyle ve dinamiklerle gerçekleştiği süreçleri barındırmaktadır. Kitlesel göçün, kentler ve kentsel politikalar üzerinde pek çok etkisi olduğu birçok araştırmada tespit edilmiştir. Türkiye 2011 yılından beri, Suriye'den gelen zorunlu kitlesel göç hareketinin sosyal, ekonomik, kültürel ve mekânsal etkilerini deneyimlemektedir. Dört milyona yakın Suriyeli mültecinin konuta erişiminin nasıl gerçekleştiği, barınma sorununun nasıl çözüldüğü ve bunların Suriyeli mültecilerin kente uyum süreçlerine nasıl yansıdığı araştırılması gereken ve önemli boyutları olan konulardır. Bu çalışma, Hatay'da yaşayan Suriyeli mültecilerin kente uyum süreçlerinde önemli bir faktör olan, konut deneyimlerini; yerleştikleri mahalleyle ve kentle kurdukları ilişki üzerinden incelemeyi hedeflemektedir. Bu araştırmadan elde edilen en önemli sonuç, konuta erişim faktörünün, Suriyeli mültecilerin kentsel uyum süreçlerinde, önemli bir politika başlığı olarak geliştirilmesi gereken bir husus olduğudur. Bu çalışmanın bulguları "Kentsel Mültecilerin Adaptasyon ve Uyum Süreçlerine Yeni Bir Bakış Açısı: Kapsayıcı Kent İnşası Amaçlı Sosyal İnovasyon Deneyi" başlıklı, 117K826 Kodlu ve TÜBİTAK 1003- Öncelikli Alanlar AR-GE Projeleri Destekleme Programı kapsamındaki araştırma projesinden elde edilmiştir.

Anahtar Kelimeler: *Zorunlu Göç; Konut Erişimi; Suriyeli mülteciler; Kentsel Mülteciler; Hatay*

ABSTRACT IN ENGLISH

Urban Refugees' Access to Housing in the Case of Hatay

The era we experience includes the processes in which mass migration movements take place for many different reasons and Dynamics. It has been determined in many studies that mass migration has many effects on cities and urban policies. Research on significant dimensions of urban adaptation process is needed together with the mass migration movements that has been experienced in Turkey since 2011. Many studies have determined that this type of a mass migration has many effects on cities and urban policies. However, this study aims to address the housing experiences of urban refugees, which is an important factor in their adaptation to the city through the relationship they establish with the neighborhood and the city. The results of the study proved that the factor of "Access to Housing" is an issue that urban refugees express that they are subject to discrimination and therefore should be developed as an important policy topic in urban adaptation processes. The study benefits from the research Project titled "A New Perspective on Adaptation and Adaptation Processes of Urban Refugees: Social Innovation Experiment for Inclusive City

[1] Araş. Gör. Zehra Güngördü, Hatay Mustafa Kemal Üniversitesi, Mimarlık Fakültesi Şehir ve Bölge Planlama Bölümü, Hatay, Türkiye. E-mail: zgungordu@mku.edu.tr.
[2] Prof. Dr. Buket Ayşegül Özbakır, Yıldız Teknik Üniversitesi, Mimarlık Fakültesi Şehir ve Bölge Planlama Bölümü, İstanbul,Türkiye. E-mail: aozbakir@yildiz.edu.tr.

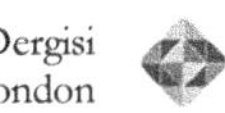

Building", coded 117K826 and under the TÜBİTAK 1003- Priority Areas R&D Projects Support Program, and the findings were obtained from the project.

Keywords: *Forced Migration; Housing Access; Syrian refugees; Urban Refugees; Hatay*

Giriş

İçinde bulunduğumuz 21. yüzyılda göç hareketleri; büyüklük, oluşum sebepleri, göçe katılanların toplumsal cinsiyet durumu, çıkış ve varış noktaları açısından pek çok değişken içermektedir. Günümüzde küreselleşmenin de etkisiyle insanların, malların, paranın ve bilginin dolaşımı hızla artmaktadır. Göç hareketleri; ekonomik, sosyo-kültürel, siyasal ve doğal afetler gibi nedenlerle ortaya çıkabilmekte ve zorunlu ya da gönüllü olarak gerçekleşebilmektedir. Birleşmiş Milletler Mülteci Yüksek Komiserliği'nin açıkladığı istatistiklere göre; 2020 yılı itibariyle 79.5 milyon insan zorla yerinden edilmiştir. Bu insanların 45,7 milyonu kendi ülkeleri içinde, 26 milyonu mülteci, 4.2 milyonu sığınmacılardan oluşmaktadır (UNHCR, 2021). Dünya genelinde doğal afetler ile yerel, bölgesel ve küresel çatışmalar arttıkça, zorunlu göç eden insan sayısı da artmaktadır. Kısa bir süre içinde, çok sayıda insanın katıldığı bu zorunlu göçler ise, çoğunlukla göçün ilk hedefi olan kentlerde barınma sorunlarının da ortaya çıkmasına neden olmaktadır. Özellikle nüfus büyüklüğünün çok olduğu, kitlesel zorunlu göçlerde, zamanla göçmenlerin kente nasıl uyum sağlayacaklarıyla ilgili tartışmalar başlamaktadır. Bu makalenin odağı da; zorunlu göçle Suriye'den Türkiye'ye gelip, Hatay iline yerleşen nüfusun, kentsel alanlarda uyum sürecinde konutun rolünü irdelemektir. Bu doğrultuda araştırmanın sorusu da: Zorunlu göçle gelen, ulus ötesi nüfusun kente uyum sürecinde konutun rolü nedir?'dir.

Bu makalenin hazırlanması aşamasında, "Kentsel Mültecilerin Adaptasyon ve Uyum Süreçlerine Yeni Bir Bakış Açısı: Kapsayıcı Kent İnşası Amaçlı Sosyal İnovasyon Deneyi" başlıklı, 117K826 Kodlu ve TÜBİTAK 1003- Öncelikli Alanlar AR-GE Projeleri Destekleme Programı kapsamındaki araştırma projesinin bulgularından faydalanılmıştır. Ancak bu çalışmada, projenin kapsamından farklı olarak; kente zorunlu göçle gelmiş olan Suriyeli mültecilerin konuta erişimle ilgili yaşadıkları sorunlar da ortaya çıkarılmaya çalışılmış ve sahadan elde edinilen bulgular, konut odağında ilişkilendirilmeye çalışılmıştır. Bu çalışmada, zorunlu göçle kente gelen nüfusun, kente uyum sürecinde konutun etkisi irdelenirken, aynı zamanda zorunlu göçle gelenlere yönelik benimsenecek konut politikalarının hangi nitelikleri içermesi gerektiğinin tartışılması da hedeflenmektedir.

Bu çalışma; yukarıda temas edilen Projenin, Hatay alt bölgesinde yer alan 3 ilçeyi (Reyhanlı, Antakya ve Kırıkhan) kapsamaktadır (Harita 1). Hatay ili, bir sınır ili olma özelliğinin yanı sıra, tarihsel süreçte hem çok katmanlı hem de çok kültürlü bir yapıya sahip olma özelliğini taşımaktadır. 2020 yılının Kasım ayındaki nüfus istatistiklerine göre; Hatay ilinin nüfusu 1.659.320 kişidir. Bu nüfusa ek olarak, Hatay ili 436.264 Suriyeli mülteciye ev sahipliği yapmaktadır. Suriyelilerin nüfusunun Hatay ilinin toplam nüfusuna oranı ise yaklaşık olarak %28'dir. Yukarıda da belirtildiği gibi, bu araştırmaya konu olan ilçeler; Hatay ilinin Antakya, Reyhanlı ve Kırıkhan ilçeleridir. Suriye'den Türkiye'ye ilk girişlerin yapıldığı sınır kapısı olan Cilvegözü Sınır Kapısı da Reyhanlı ilçesinde yer almaktadır. Kırıkhan ilçesinin de Suriye'ye sınırı bulunmaktadır. Bu ilçelerin nüfusları ise şu şekildedir; Antakya ilçesinin nüfusu 389.377, Kırıkhan ilçesinin nüfusu 119.028 ve Reyhanlı ilçesinin nüfusu ise 103.417 kişidir.

Hatay İl Göç İdaresi'nden alınan istatistiki verilere göre; Hatay ilinde toplam 436.264 Suriyeli mülteci; Antakya ilçesinde 108.000, Kırıkhan ilçesinde 48.200 ve Reyhanlı ilçesinde de 117.244

Suriyeli mülteci yaşamaktadır. Bu bilgilerin ışığında, bu ilçelerin Hatay'da Suriyelilerin en yoğun olarak yaşadığı üç ilçe olduğunu söylemek mümkündür. (Grafik 1 ve Harita 2).

Harita 1. Hatay İli İdari Haritası

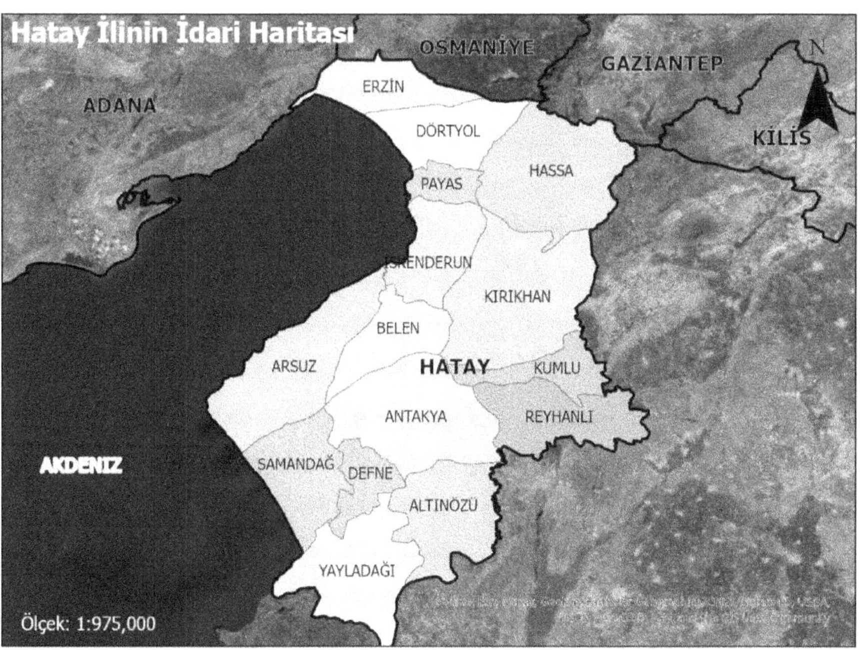

Grafik 1. Hatay İlinde İlçelere Göre Geçici Koruma Kapsamındaki Suriyelilerin Toplam Nüfusları 2019

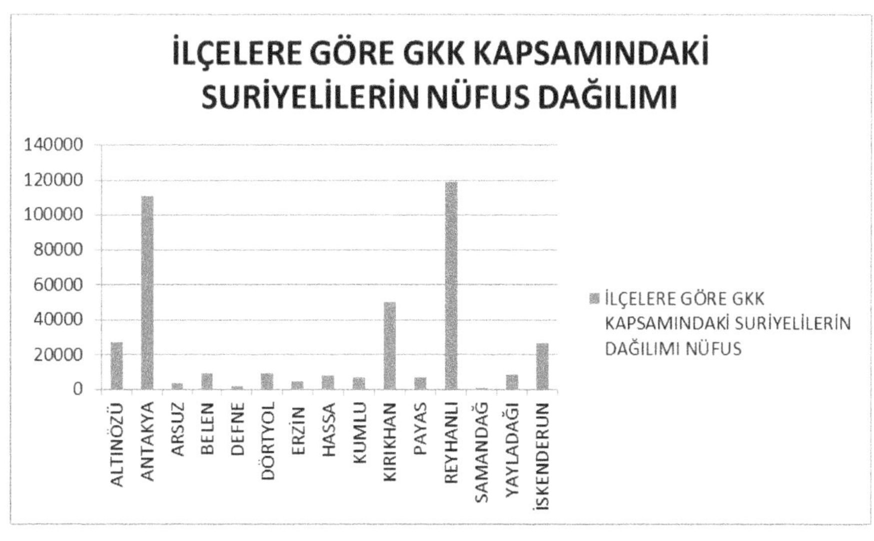

(**Kaynak:** Hatay İl Göç İdaresi)

Harita 2. Hatay İlinde İlçe DüzeyindeGeçici Koruma Kapsamındaki Suriyelilerin ve İkamet İzinli Göçmenlerin Toplam Nüfusu

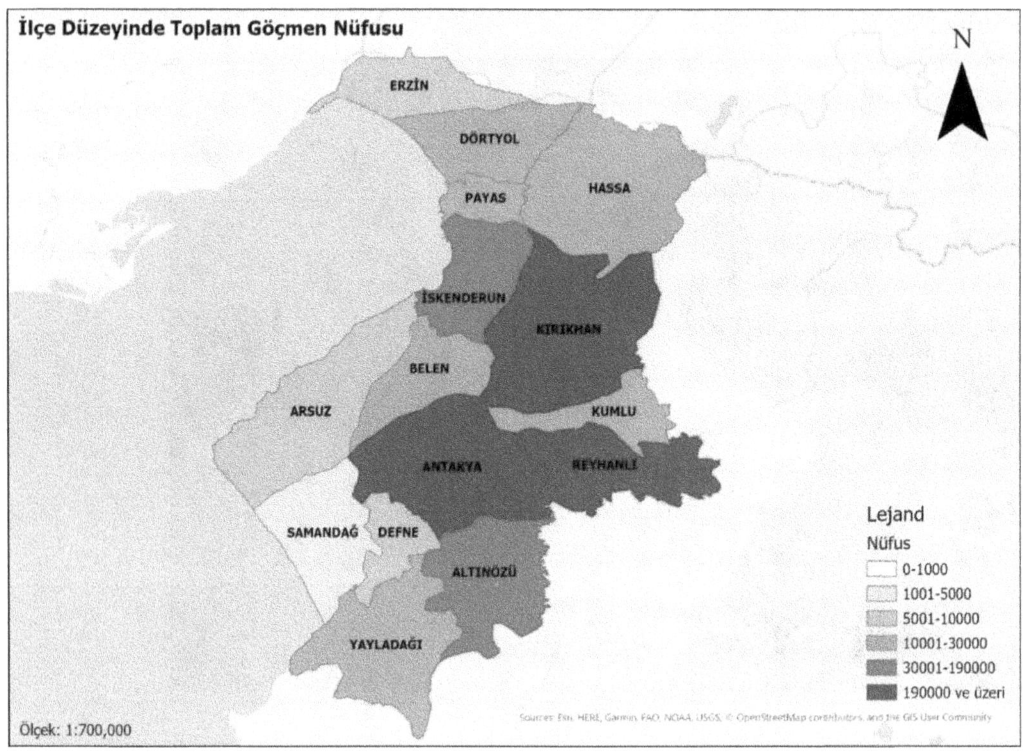

Kaynak: (Hatay İl Göç İdaresi 2018 verileri kullanılarak proje ekibi tarafından hazırlanmıştır).

Zorunlu Göç ve Konuta Erişim

Zorunlu göç ve konuta erişimle ilgili yabancı literatür incelendiğinde; çoğunlukla Kent Sosyolojisi alanında araştırmalar karşımıza çıkmaktadır. Bu çalışmalar, özellikle son yirmi yılda ağırlık kazanmakla beraber, 2010-2020 yıllar arasında bu konuyu araştıran çalışmalara daha çok rastlanmaktadır. Zorunlu göçle gelenlerin konuta erişimiyle ilgili çalışmaların yoğunluk kazandığı ülke ise, göç deneyiminin yoğun olarak yaşandığı ve farklı göçmen topluluklarına ev sahipliği yapan Kanada'dır (Rose, 2019; Affan, 2016; Dawn, 2017). Bu çalışmalarda yaygın olarak kullanılan araştırma metodu ise genellikle yapılandırılmış veya yarı yapılandırılmış mülakattır. Bu araştırmalar, genellikle zorunlu olarak göç ettiklerinden dolayı toplum içinde dezavantajlı grupları oluşturan göçmenlerin ve mültecilerin, konut piyasasına erişimde; erişimde ekonomik, sosyal ve fiziksel açıdan karşılaştıkları güçlükleri ortaya koymaktadır.

Zorunlu göç ve konuta erişimi, ilgili ülkemizdeki literatür incelendiğinde ise; doğrudan göçmenlerin konut erişimiyle ilgili çalışmalara rastlanmamakta, daha çok zorunlu dış göçün kente olan etkileri üzerine olan çalışmalara rastlanmaktadır (Öztürk ve Fitöz, 2009; Karakoç, 2011; Yenigül, 2005; Kaya ve Erdoğan, 2015; Yılmaz, 2014).

Zorunlu göç ve konuta erişimi, ülkelerin konut politikaları açısından incelendiğinde ise; her ülkenin konut politikaları, göç dinamikleri, zorunluluk koşulları, göçün gerçekleştiği dönemler birbirinden ayrışmaktadır. Mülteciler, haklı gerekçelere dayanan, zulüm korkusu nedeniyle ülkelerinden kaçan insanlardır. Bu mültecilerin ülkelerine dönmeleri mümkün değildir. Bu insanlar, göç yolunda pek çok zorluk yaşamaktadırlar. Mülteciler ve sığınmacılar, göçmenlerden farklıdır. Göçmenler, çok farklı sebepten dolayı başka bir ülkeye kalıcı veya geçici olarak yerleşmeyi kendi isteğiyle seçen kişilerdir. Buna karşılık mülteciler ve sığınmacılar ise doğdukları ülkeden kaçmaya zorlanmıştır.

Yukarıda da temas edildiği gibi, dünya genelinde Kanada en fazla sayıda mülteciye ve sığınmacıyı ülkesine yerleştiren ülkelerin başında gelmektedir. Kanada'nın mülteci sisteminin iki ana bölümden oluşmaktadır. Bunlar;

- Kanada dışından korunmaya ihtiyaç duyan kişiler için Mülteci ve İnsani Yeniden Yerleşim Programı ve
- Kanada içinden mülteci koruma taleplerinde bulunan kişilere yönelik Kanada İçi İltica Programı'dır.

Yerleşmek üzere Kanada'ya kabul edilen mültecilerin çoğu, yıllarca başka ülkelerdeki mülteci kamplarında yaşamak zorunda kalmaktadırlar. Kanada'ya kabul edildiklerinde, bu insanlar ülkede yeni bir hayata başlamaktadırlar. UNHCR, özel sponsorlarla birlikte Kanada'ya yeniden yerleştirilecek mültecileri belirler. Ülke çapındaki özel sponsorlar da mültecilerin Kanada'ya yerleştirilmesine yardımcı olmaktadır. Mültecileri desteklemek için Kanada Hükümeti ile sponsorluk anlaşmaları imzalayan bu aracı kurumlar, Sponsorluk Sözleşmesi Sahipleri olarak bilinir. Sponsorluk Sözleşmesi Sahipleri, mültecilere kendileri sponsor olabilir veya bunu yapmak için topluluktaki diğer kişilerle birlikte çalışabilir (Kanada Hükümeti, Erişim Tarihi:20.10.2020). Kanada'nın konut politikalarına göre konuta erişim bir insanlık hakkıdır. Ancak Kanada'ya yerleşen göçmenlerin veya mültecilerin konut taleplerine her zaman cevap verilememektedir. Bu durum, mevcut barınma sistemlerinde sorun yaratmakta ve mülteciler arasında evsizliği arttırmaktadır. Dolayısıyla Kanada'da mültecilerin yerleştirmeleri sponsorluk anlaşmaları çerçevesinde gerçekleşmekte ve mülteciler belirlenmiş alanlar içerisinde yaşam sürmemektedirler.

Hollanda'da da ise durum farklıdır. Hollanda'da mülteciler devletin doğrudan onlar için inşa etmiş olduğu sosyal konutlarda yaşamaktadırlar. Hollanda'ya sığınma başvurusu kabul edilen mültecilerin, bir belediyenin sınırları içine taşınmasına izin verilmektedir. Hükümet, mültecilerin hangi belediyenin sınırları içinde yaşanılacağını kendisi belirlemektedir. Bu belediye, mültecinin bir eve yerleşmesini sağlar iken, yani mülteciler için bir ev seçerken, mültecinin koşullarını (örneğin ailedeki kişi sayısı veya özel gereksinime ihtiyacı olan aile bireyi var mı) da dikkate almaya çalışmakla yükümlüdür. Prensip olarak, mülteci bu evi reddedemez, başka bir ev tercih edemez. Mülteciye tahsis edilen ilk evin ihtiyaçlarının karşılanması için pek çok belediye ayrıca kredi de vermektedir. Ne kadar kredi verileceği her belediyenin koşullarına göre değişmektedir (Hollanda Hükümeti, Erişim Tarihi:20.10.2020).

Almanya'da ise; mültecilerin nerede ve nasıl yaşayacağı yasalar tarafından şekillendirilmektedir. Sığınmacılar ve sığınma başvurusunda bulunanlar, başlangıçta ortak bir konaklama biriminde yaşamak zorundadırlar. Bu yükümlülük, en geç 24 ay içinde belirlenecek olan koruma statüsünün mülteciye veya sığınmacıya verilmesiyle sona erer. İltica prosedürü tamamlanmadan önce dahi, sığınma başvurusunda bulunan mültecilerin ve sığınmacıların ortak barınma yerine, bir belediyeye tayin edildikten sonra bireysel olarak bir dairede kalmaları mümkündür. Bununla birlikte, ilgili düzenlemeler ve uygulamalar federal eyaletler arasında farklılık göstermekte ve bu da bazı durumlarda konaklama türünde önemli farklılıklara yol açmaktadır. Almanya'da menşe ülkelerine bağlı olarak, sığınmacılar ve sığınma başvurusu sahipleri, ilk altı haftaya kadar, ancak altı aydan uzun olmamak üzere veya koruma statüsü verilene kadar, paylaşımlı konaklama olan bir kabul tesisinde yaşamakla yükümlüdür. Bununla birlikte, federal eyaletler, sığınma başvurusuna ilişkin karar verilene kadar veya ayrılıncaya kadar (sınır dışı etme dahil), ancak en fazla 24 ay (sınır dışı etme dahil) yabancıları kabullerinden sorumlu kabul tesisinde yaşamaya mecbur etme seçeneğine sahiptir Bu, temelde güvenli bir menşe ülkesinden gelen kişiler için geçerlidir. Bir kabul tesisinde kaldıktan sonra mültecilerin konuta yerleştirilmesiyle ilgili sorumluluk belediyelere verilir. Bu noktada da, yasa başlangıçta paylaşımlı barınma yeri sağlar; artık burada bir zorunluluk yoktur, ancak yasa önerilen düzenlemeyi öngörmektedir. Bundan sonra, federal eyalete özgü düzenlemeler geçerlidir ve bunların bazıları birbirinden önemli ölçüde farklılık gösterir. Almanya'da mülteci ve sığınmacılar, bazı federal eyaletlerde paylaşımlı konutlarda yaşarlarken, bazılarında ise tek kişilik konaklama yerlerinde barınırlar. Mülteciler ve sığınmacılar, daha sonra Alman konut piyasasında, paylaşımlı olan ve çeşitli kurumlarca desteklenen konutlara veya kendi imkânlarıyla konuta erişirler (Bier & Siegert, 2018).

Avusturalya'da mültecilere yönelik barınma politikası; insani yardımı ön planda tutarak, kırsal alanda göçmen yerleşimlerinin oluşturulmasına dayanmaktadır. Ancak zamanla göçmenlerin kırsal alanlardan metropoliten bölgelere yer değiştirdiği gözlemlenmiştir (Taylor-Neumann & Balasingam, 2013). Amerika Birleşik Devletleri'nde mülteciler için yerelde, kâr amacı gütmeyen kuruluşlar aracılığıyla yeniden yerleştirme yapılmaktadır. Bu kuruluşlar, mültecilerin kabul ve yer tahsislerini düzenlerken aynı zamanda belirli standartlara bağlı kalarak, mültecilerin hem güvenli konuta erişimlerini hem de mültecilerin kullanım süresi boyunca konutun güvenliğini sağlamakla yükümlüdür (Darrow, 2015). Ülkeler tarafından mültecilere yönelik bir yerleştirme politikası benimsenmiş olsa dahi zamanla mülteciler, aynı ülke içinde farklı nedenlerle farklı alanlarda yaşamlarını sürdürmek istemektedirler.

Suriye'den Türkiye'ye yönelen zorunlu göç hareketi, yukarıda örnek verilen ülkelerdeki; mülteci veya sığınmacı seçilerek verilen sığınma hakkıyla gerçekleşen göç hareketinden çok büyük bir farklılık göstermektedir. Suriye'deki savaştan kaçıp, Türkiye'ye sığınan Suriyelilerin sayısı çok fazladır ve belirli dönemler boyunca aynı anda, sınırdan çok sayıda insan "akın halinde" geçiş yapmıştır. Bundan dolayı, Türkiye'nin Suriyelilerle olan göç deneyimi, yukarıda örnek verilen ülkelerdeki göçmen kabul etme deneyimlerinden tamamen ayrışmaktadır. Ancak yine de temas etmemiz gerektiğini düşündüğümüz için, Suriyelilerin ne kadarına Devlet tarafından barınma imkanı sağlandığına temas etmek istiyoruz. Türkiye'ye zorunlu göçle gelen Suriyelilerin konuta olan erişimi irdelendiğinde, Suriyelilerin sadece %2' lik bir kısmına, geçici barınma merkezlerinde barınma imkanı sağlanmıştır. Buna karşılık Suriyelilerin %98'i kendi imkânlarıyla kiralık veya satılık konut edinerek, konut piyasasına erişmişlerdir (T.C. İÇİŞLERİ BAKANLIĞI GÖÇ İDARESİ GENEL MÜDÜRLÜĞÜ, 2020).

Ülkemizde ve dünyada düzensiz ve kitlesel göç hareketlerinin sonucunda, çok sayıda göçmen hane çoğunlukla kentlere yerleşmiştir. Pek çok göçmen aile, konut ödenek sisteminden veya farklı konut programlarından yararlanamamaktadır. Bu konut ödenek sistemleri, göçmenlerin; kira ücretine ve elektrik, su, doğalgaz, haberleşme gibi giderlerine desteği kapsamaktadır. Çoğu göçmen ailenin gelirleri düşüktür ve konut satın almaları da zordur. Çünkü göçmenler, aynı zamanda sübvanse edilmiş düşük fiyatlı konut ve konut kredisi programlarına erişimlerinde ciddi anlamda güçlükler yaşamaktadırlar. Bu durum kentsel eşitsizliklere ve kentsel yoksulluğa neden olmaktadır (Sato & Kunutachi, 2006, s. 15).

Kentleri büyük göç akımlarına uyumlu hale getirmek ve göçmenlerin konuta erişimlerini sağlayabilmek hem zor bir iştir hem de bunun için genel bir model yoktur. Merkezi yönetim ve yerel politikalar, belirli çözümleri gereken ölçüde uygulayabilirler. Ancak yerel yönetimlerin uygun planları ve stratejileri geliştirerek, bunları uygulamaları nadiren mümkündür. Özellikle gelişmekte olan ülkelerde mevcut arazi kullanım düzenleme sistemleri, hızla genişleyen konut alanlarının ihtiyaçlarını karşılamak için kontrol edici, aşırı ayrıntılı, esnek olmayan, büyük ölçüde tek düze sosyal konut yaklaşımı bu süreçleri zor başa çıkılabilir hale getirmektedir (Kreibich, 2000, s. 208).

Mültecilerin yeni yerleştikleri ülkede konuta erişimleriyle ilgili sorunları; konut sıkıntısı, kabul eden ülkedeki ev sahiplerinin konutlarını mültecilere daha yüksek ücretlere kiralaması, mültecilerin ve sığınmacıların kalabalık olan paylaşımlı konutlarda yaşamaya zorlanması, mültecilere kamusal hizmetlerin sunulduğu alanlardan uzak bölgelerde yerleşme alanlarının tahsis edilmesi ve mültecilerin kültürüne özgü konut ihtiyaçlarının göz ardı edilmesi şeklinde sıralamak mümkündür (Avrupa Mülteci ve Sığınmacı Konseyi, 2001, s. 61-65).

Göç sürecinde konut, toplum içindeki farklı alt grupların birbirlerine ve kente uyumu için kilit bir araç olmuştur (Beider, 2012, s. 2). Konut pazarlarındaki iyi konutlara erişim; kendileri miras alınan mülkiyet hakları, işgücü piyasalarıyla bağlantılı olan gelir ve servetten etkilenir. Sınıf, engellilik, cinsiyet, yaş, bölge, mahalle ve etnik ayrım, konut erişiminde olası fırsat ve zorlukların önemli işaretleridir. Konut erişimiyle birlikte, yeni yerleşilen ülkedeki finansal ve kültürel kaynaklara erişim de oldukça önemlidir. Günümüzde insanların konut erişiminde her zamankinden çok daha fazla seçeneğe sahip olduklarına dair mevcut iddialara rağmen, hane halklarını kısıtlayabilecek, etkili finansal ve idari sistemler de mevcuttur. Ayrıca, hane halkını etkileyen bazı politikalar ve uygulamalar, geçmişte ırkçılık ve yerleşik ideolojik söylemlerden de etkilenmiştir. Diğer yandan da zamanla, kentte nüfus çeşitliliğin artması, konut sisteminden dışlanan azınlıkların ve dezavantajlı kesimlerin konut birlikleri kurmasına da neden olmuş, çeşitli kültürel miraslardan ve yerel beklentilerden faydalanabilecek düzeye gelmelerine fırsat sunmuştur (Harrison, 1995, s. 58).

Teixeira (2009)'a göre; mültecilerin yeni bir topluma başarılı bir şekilde uyum sağlayabilmeleri için nitelikli ve uygun konuta erişimin sağlanmış olması, beslenmek gibi temel ihtiyaçların başında gelmektedir. Ancak göçmenler için uygun konut erişiminin önünde; yüksek konut maliyetleri, konut sahipleri tarafından negatif ayrımcılığa maruz kalarak, kiralık konut bulamama, konut yardımı sağlayan kuruluşlara erişimin olmaması gibi engeller bulunmaktadır (Teixeira, 2009, s. 325).

Yukarıda da belirtildiği gibi, uygun fiyatlı ve barınmaya elverişli nitelikli bir konuta erişebilmek, zorunlu göç edenler için yeniden yerleşim ve kente uyum sürecinde en önemli adımların başında gelmektedir. Nitelikli konuta erişememiş olan mülteciler ve sığınmacılar; istihdam, dil eğitimi ve kentsel hizmetlere erişmekte zorluk çekmektedirler. Konut, yeni bir yerleşim deneyiminin en önemli bileşenidir ve olumlu bir barınma durumu, uyum sürecini de kolaylaştırmaktadır (Carter ve diğerleri, 2009, s. 306).

Mattu, 2002 yılında Kanada'nın British Colombia eyaletinde yürütmüş olduğu saha çalışmalarını derlediği raporunda; mültecilerin ve göçmenlerin konuta erişimle ilgili sorunlarına değinmiş ve kentte yaşayanlar, mülteciler ve göçmenler için beklentilerin ortaya konulduğu bir bakış açısına yer vermiştir. Yazar, göçmenlerin ve mültecilerin konuta erişimle ilgili karşılaştıkları sorunları; bir konutta birden fazla hanenin yaşamasından kaynaklanan kalabalık konut kullanımı, konutun yaşam kalitesi standartlarının düşük olmasına ve konut fiziksel olarak kötü durumda olmasına rağmen, yüksek ücretle kiraya verilmesi, konutun bulunduğu bölgenin ulaşım probleminin olması ve ev sahiplerinin negatif anlamda ayrımcılık yapması şeklinde sıralanmıştır. Bulguların sonucunda, mültecilerin konuta erişim konusunda sömürüye açık oldukları ve ciddi bir risk altında oldukları saptanmıştır (Mattu, 2002, s. 16-40).

Mültecilerin konuta erişim deneyimini, yerleştikleri mahallenin özellikleri açısından analiz etmeye çalışan Hiebert ve arkadaşlarının 2005 yılı tarihli çalışmasında ise; insanların yaşam koşullarını, olumlu ya da olumsuz yönde etkileyebilecek mahalle özellikleriyle kesiştiğini, konut koşullarını iyileştirdiğini ya da azalttığını belirtilmektedir. Güvenlik ve güvenlik ile ilgili unsurlar, hizmetlerin varlığı veya yokluğu, arkadaşların, ailelerin ve aynı etnik kökene mensup kişilere olan yakınlık ve sosyal destek ağları sağlayabilen dini veya ırksal grupların varlığı, mültecilerin barınma deneyiminde önemli rol oynayan mahalle özellikleridir. Mültecilerin birbirleriyle temas içinde olmasını sağlayan sosyal ağların varlığı, aynı zamanda mülteciler arasında evsizlik sorunun ortaya çıkmasını da önlemektedir (Hiebert, 2005). Bu bulguları destekleyecek şekilde; mültecilerin konut satın alım gücünün arttırılması, konut ve mahalle memnuniyetinin arttırılması, gelirdeki iyileşme, yoksulluk oranlarının düşmesi ve istihdam koşullarının iyileştirilmesi gibi seçilen göstergelerdeki olumlu değişimin, mültecilerin yeniden yerleşimini ve uyum sürecini kolaylaştırdığı ortaya konmuştur. Bu yöndeki iyileşmenin aynı zamanda mülteciler için harcanan uzun vadeli sağlık, eğitim ve gelir desteği gibi maliyetleri toplumdaki diğer kesimlerle eş düzeye indirgediği görülmüştür (Carter ve diğerleri, 2009).

Dünya genelinde, mültecilerin ve sığınmacıların sayısı her geçen yıl artış göstermektedir. Ülkesini terk etmek zorunda kalan bu insanlar çoğunlukla sığındıkları ülkenin kentlerine yerleşme eğilimi göstermektedirler. Bundan hareketle, kentlere yerleşen yabancılar için de yeterli barınma, eğitim ve iş fırsatlarına sahip olma hakkının gözetildiği kapsayıcı kentsel alanlara ihtiyaç her geçen gün artmaktadır. Ancak araştırmalar göstermektedir ki; günümüzde pek çok Avrupa Birliği ülkesinde de dahil olmak üzere, mülteciler yaşadıkları mahallelerde, gündelik hayatlarında ve barınma ihtiyaçlarını karşılayacak konut bulma sürecinde oldukça fazla zorlukla karşı karşıya kalmaktadırlar (Netto, 2011).

Murdie'nin (2003) Kanada'da gerçekleştirmiş olduğu araştırmaya göre; Toronto'da göçmenlerin kiralık konut edinebilmesinin önemli bir sorun olduğu bulgusu elde edilmiştir. Bu sorun kiralık konut fiyatlarının enflasyon artışına oranla iki kat daha fazla artmış olmasıyla açıklanmıştır. Kısıtlı maddi imkânlara sahip olan göçmenlerin, yüksek kiraları ödeme gücü bulunmadığından dolayı, uygun konut bulma ihtimalleri de oldukça azalmaktadır. Aynı araştırmanın bir diğer bulgusuna göre ise; kente gelen üç farklı göçmen grubunun konut erişiminde yaşadığı güçlükler birbirlerine kıyasla farklılık göstermektedir. Bu araştırma kapsamında Jamaikalıların, Polonyalıların ve Somalilerin Toronto kentinde konuta erişim deneyimleri incelenmiştir. Sonuç olarak Polonyalıların konut sorununu çözme süreçlerinde daha az problemle karşılaştıkları, Somalilerin ise konut sorununu çözebilmek için en zorlu süreçleri yaşadıkları tespit edilmiştir (Murdie, 2003). Bu doğrultuda; konut erişimde etnik kökenin de etkisinin olduğu çıkarımını yapmak mümkündür.

Ülkelerinden göç edip, yabancı bir ülkeye yerleşen her grup için, yeni yerleşilen yerde, sosyal uyumun ve toplumsal kabulün sağlanması için, konuta erişimin hızlı ve güvenli bir şekilde gerçekleşmiş olması önemlidir. Yerel yetkililerin ve konut sağlayıcılarının mültecilere konut sunumuna yönelik geliştirmiş oldukları ortaklıklar, mültecilerin konut sorunu yaşamalarının önüne geçebilmektedir (Mullins & Jones, 2009). Kapsayıcı bir toplum olabilmek ve kentsel uyum süreçlerini arttırabilmek için, mültecilerin konut erişimini hızlandırmak ve iyileştirmek gerekmektedir (Bolzoni ve diğerleri, 2015).

Kente zorunlu olarak göç etmiş kişilerin, uygun fiyatlı ve güvenli bir konuta erişimi; dil eğitimi, iş bulabilme, eğitim ve diğer kamusal haklardan etkin faydalanabilmelerinin de ön koşuludur. Bu kişiler eğer güvenli ve nitelikli konuta ulaşamazlarsa, kentteki toplumsal yaşam da olumsuz etkilenir. Kentte birlikte yaşam pratiğinin huzur ve barış ortamında gerçekleştirilebilmesi için mültecilerin barınma koşullarını iyileştirecek politikalara ve programlara ihtiyaç bulunmaktadır (Carter ve diğerleri, 2009).

Kitlesel olarak ani bir şekilde gerçekleşen göç akımlarının iş gücü piyasası, tüketici fiyatları ve kira fiyatları başta olmak üzere önemli sosyal, ekonomik, kültürel ve mekânsal etkileri bulunmaktadır. Böyle dönemlerde, özellikle düşük nitelikteki konutlarda kira artışı oranı normal seviyeden yüksek gerçekleşmektedir (Tümen, 2016). Bundan hareketle kente yeni göç edenlerin, düşük nitelikli konutlarda daha yüksek maliyetle hayatlarına devam etmek zorunda kaldıklarını söylemek mümkündür.

Özetlenecek olursa; kendi ülkelerinden zorunlu göçle gelen nüfusun, yerleştikleri kente ve ülkeye uyum sağlama sürelerinin azalmasında ya da artmasında konuta erişimin önemli bir unsur olduğu ortaya çıkmaktadır. Özellikle Planlama disiplini açısından; kentlere kısa bir süre içerisinde hızlı bir şekilde giriş yaparak, kentlere dağılmış olan bir nüfusun, nasıl ve ne şekilde, hangi ağlar aracılığıyla kente yerleştiğini anlamaya çalışmak, konut sorununu hiçbir plan kararı olmadan nasıl çözdüklerini irdelemek önem arz etmektedir.

Çalışmanın Yöntemi

Bu makale, "Kentsel Mültecilerin Adaptasyon ve Uyum Süreçlerine Yeni Bir Bakış Açısı: Kapsayıcı Kent İnşası Amaçlı Sosyal İnovasyon Deneyi" başlıklı, araştırma projesinin saha çalışmalarından elde edilen bulgulara ve altmış Suriyeli mülteciyle, Hatay ilinin Antakya, Reyhanlı ve Kırıkhan ilçelerinde gerçekleştirilmiş olan mülakat çalışmasına dayanmaktadır.

"Kentsel Mültecilerin Adaptasyon ve Uyum Süreçlerine Yeni Bir Bakış Açısı: Kapsayıcı Kent İnşası Amaçlı Sosyal İnovasyon Deneyi" Projesi kapsamında Antakya ilçesinin Emek ve Aksaray mahallelerinde 20 Suriyeli mülteciyle, Kırıkhan ilçesi Gazi ve Barbaros mahallelerinde 20 Suriyeli mülteciyle ve Reyhanlı ilçesinin Esentepe ve Değirmenkaşı mahallelerinde 20 Suriyeli mülteciyle olmak üzere toplam 60 Suriyeli mülteciyle mülakat yapılmıştır.

Bu mülakatlarda katılımcılara, konuta erişim ve konut kavramıyla ilişkili olan kapalı ve açık uçlu sorular sorulmuştur. Her iki soru türünden elde edilen cevaplar, analiz edilmiş, karşılaştırmanın daha rahat yapılabilmesi ve yorumlamanın daha anlamlı olması için elde edilen sonuçlar grafikler ve tablolarla gösterilmiştir. Açık uçlu sorularda, ilgili soruya verilen cevaplarda, anahtar kelimeler üzerinden kodlama yapılarak, sayısal bir döküm elde edilmeye çalışılmıştır.

Antakya, Kırıkhan ve Reyhanlı ilçelerinde Suriyeli mültecilerle gerçekleştirilmiş olan mülakatlarda yöneltilmiş olan sorular "kente uyumda konutun yerini" anlamaya yönelik çözümlenmiştir. 117K829 nolu Hatay Alt Proje Alanı'nda bulunan Antakya (Emek ve Aksaray

Mahalleleri), Reyhanlı (Değirmenkaşı ve Esentepe Mahalleleri) ve Kırıkhan (Gazi ve Barbaros Mahalleleri) ilçelerinde mülakat çalışmaları 27.10.2018 – 04.12.2018 tarihleri arasında tamamlanmıştır. Mülakatların mahallelerdeki mekânsal dağılım haritaları Harita 3, 4 ve 5'te sunulmakla beraber, söz konusu haritalarda Kişisel Verilerin Korunması Kanunu (KVKK) ve ayrıca göçmenlerle ilgili yapılan tüm araştırmalarda mevcut olan etik kurallar açısından mülakatların yapıldığı konumlar, bilinçli olarak değiştirilmiştir ve gerçek konumlar gösterilmemiştir.

Harita 3. Antakya İlçesinde Suriyeli Mültecilerle Mülakatların Gerçekleştirildiği Mahalleler ve Mülakat Noktaları

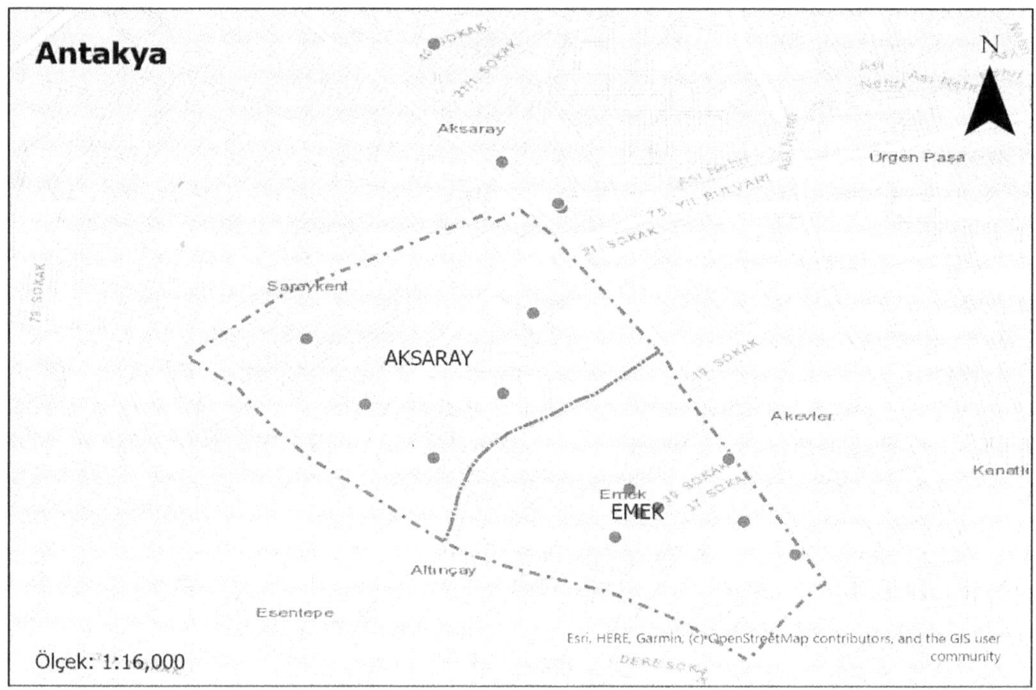

Harita 4. Kırıkhan İlçesinde Suriyeli Mültecilerle Mülakatların Gerçekleştirildiği Mahalleler ve Mülakat Noktaları

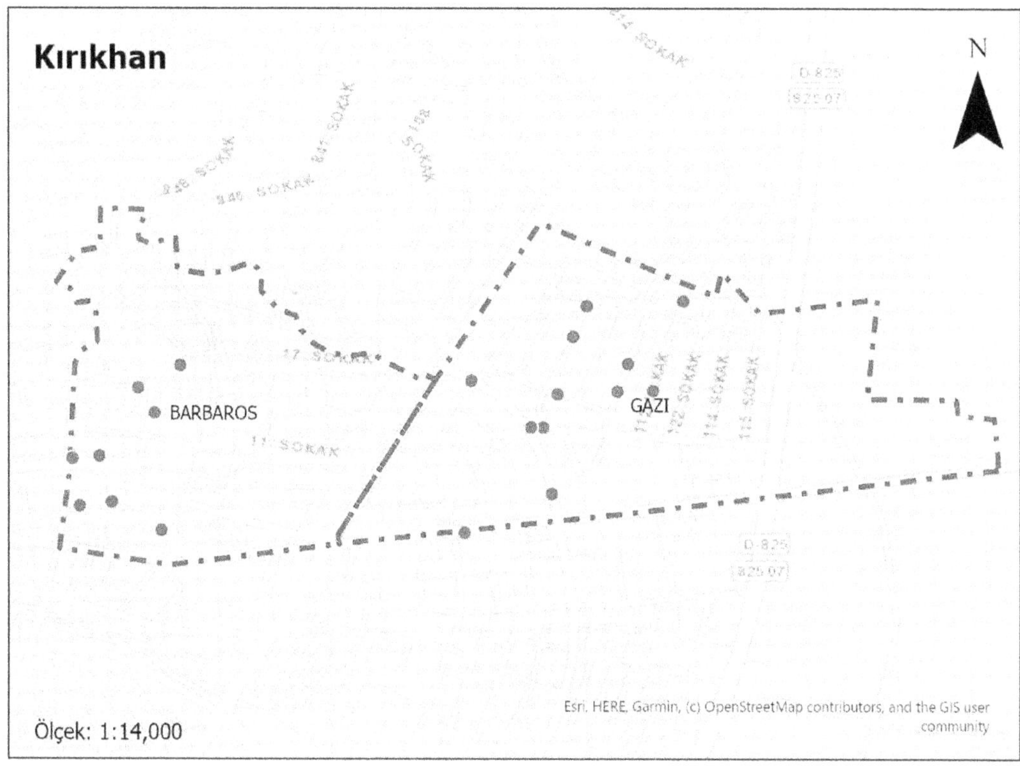

Harita 5. Reyhanlı İlçesinde Suriyeli Mültecilerle Mülakatların Gerçekleştirildiği Mahalleler ve Mülakat Noktaları

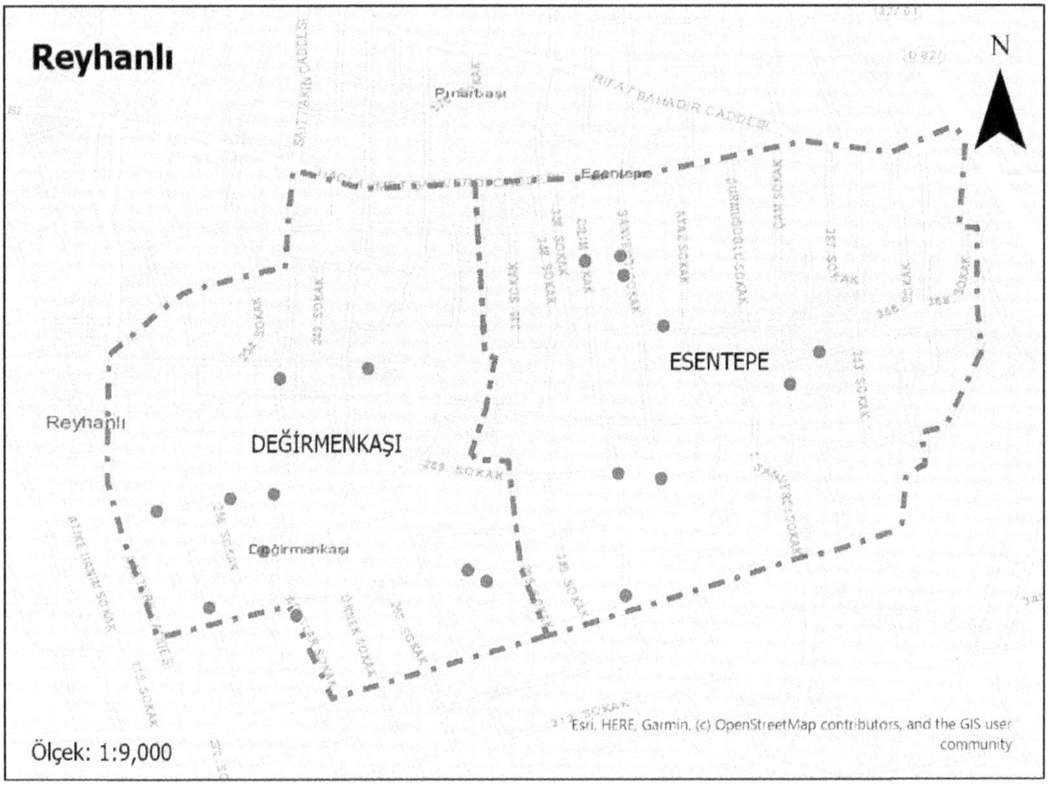

Reyhanlı

N

ESENTEPE

DEĞİRMENKAŞI

Esri, HERE, Garmin, (c) OpenStreetMap contributors, and the GIS user community

Ölçek: 1:9,000

Mülakatlar sırasında görüşülen Suriyeli mültecilere çalışmanın amacı, yürütücü kurumlar ve araştırmacıların kimliği hakkında kendi dillerinde (Arapça) ve Türkçe yazılı ve sözlü bilgi verilmiştir. Katılımcılara, ayrıca, isimlerin ve katılımcı kimliğine dair bilgilerin, araştırmada açık bir şekilde belirtilmeyeceği ifade edilmiş ve çalışmaya katılım yönünde kendilerinin izni alınmıştır. Görüşmelerin hepsi katılımcıların evlerinde gerçekleştirilmiştir. Görüşmelerde yöneltilen sorular altı başlık altında yöneltilmiştir. Bu başlıklar;

1. Sosyo-Demografik Özellikler
2. Göç Süreci
3. Emek Piyasasıyla Kurulan İlişki
4. Kent, Mahalle ve Sosyal Çevre ile Kurulan İlişki
5. Devlet ve Kurumlarla Kurulan Kamusal Hizmetlere Erişim İlişkisi
6. Proje Kapsamında Yürütülecek Olan Sosyal İnovasyon Deneyine Katılım Süreci

Bu makale kapsamında yukarıdaki başlıkların altında bulunan her sorunun bulguları tartışılmayacaktır. Mülakat formunda yer alan soruların hepsi genel olarak, kente uyum süreçlerini anlamaya yöneliktir. Ancak bu makale çalışması kapsamında sadece, konutun kente uyum sürecindeki önemini ortaya koyacak olan bulgulara temas edilecektir.

Bulgular

Makalenin bu bölümünde saha çalışmalarında uygulanan mülakatlardan elde edilen belirli bulgulara yer verilecektir. Suriyeli mültecilerle yapılan mülakatlardan elde edilen sonuçlar, gerek grafikler ile gerekse de göçmen deneyimlerinin aktarıldığı alıntılarla özetlenecek ve tartışılacaktır. Bu doğrultuda Bulgular bölümü; a) sosyo-demografik özellikler ve göç süreci, b) kente uyum süreci ve c) barınma süreci olmak üzere üç başlık altında incelenmektedir.

Sosyo-Demografik Özellikler ve Göç Süreci

Mülakatlara katılan 60 Suriyeli katılımcının 36'sı erkek ve 24'ü kadındır. Bu araştırma kapsamında sadece 18 yaş üstü bireylerle görüşmeler gerçekleştirilmiştir. Mülakatlar, ağırlıklı olarak 45-49 yaş aralığındaki kişilerle yapılmıştır. Görüşmecilerin hepsinin doğum yeri Suriye'dir (Grafik 1).

Grafik 1. Hatay İlinde Mülakata Katılan Suriyeli Görüşmecilerin Yaş Gruplarına Göre Dağılımı (Kaynak:117K829 Kodlu Proje Verileri, 2018)

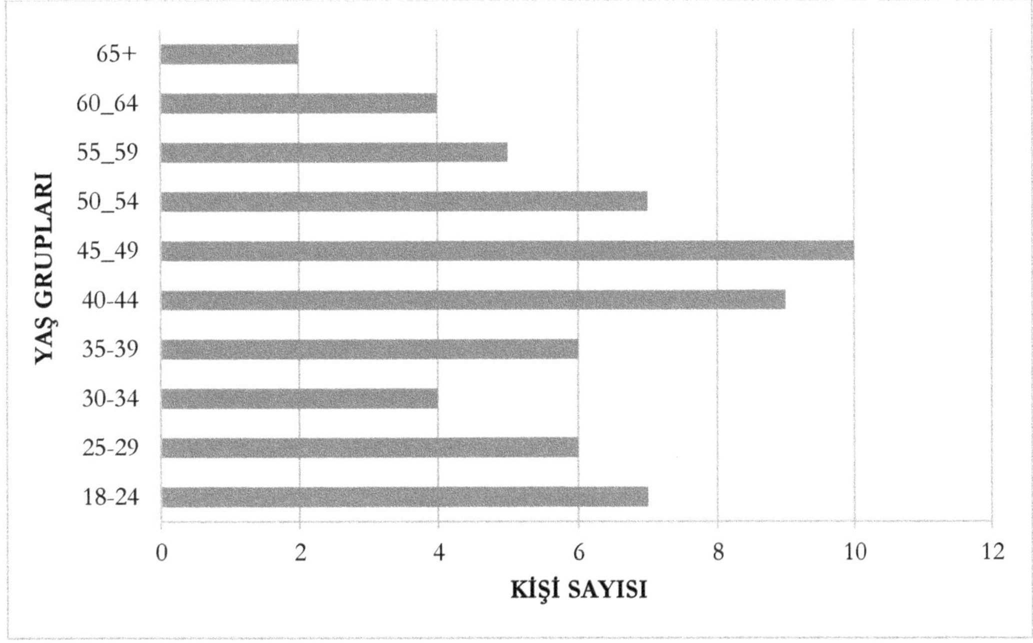

Grafik 2. İlçelere Göre Mülakata Katılan Suriyeli Görüşmecilerin Türkiye'ye Giriş Yaptıkları İller (Kaynak:117K829 Kodlu Proje Verileri, 2018)

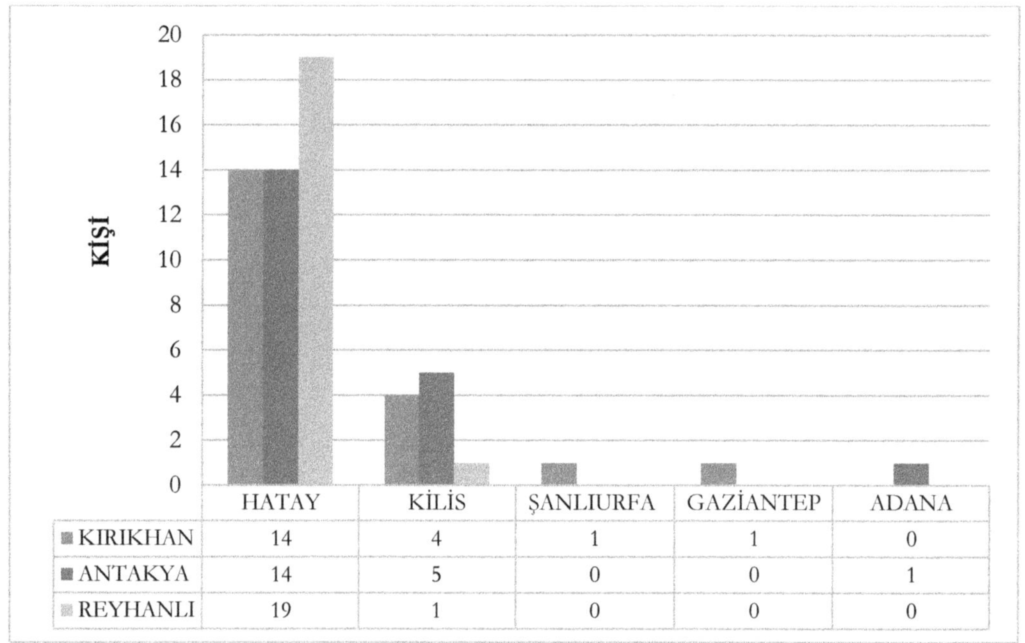

	HATAY	KİLİS	ŞANLIURFA	GAZİANTEP	ADANA
KIRIKHAN	14	4	1	1	0
ANTAKYA	14	5	0	0	1
REYHANLI	19	1	0	0	0

60 görüşmecinin 47'si Türkiye'ye Hatay İli sınırından giriş yapmıştır. Bu görüşmeciler, sınırdan giriş yaptıkları günden bugüne kadar Hatay İlinde yaşamlarına devam etmektedirler. Ancak ilçelere göre bir değerlendirme yapıldığında Reyhanlı'daki 20 Suriyeli görüşmecinin sadece biri, ilçeye Kilis İlinden giriş yaparak gelmiştir. Antakya ve Kırıkhan ilçelerindeki görüşmeciler ise Kilis, Şanlıurfa, Gaziantep ve Adana gibi illerden giriş yaparak yerleşmişlerdir. Bu doğrultuda mültecilerin, Kırıkhan ve Antakya'da yerleşme nedenleri irdelendiğinde, Hatay'ın sınır ili olması dışında da yerleşim için tercih edildiğinin çıkarımını yapmak mümkündür (Grafik 2).

Görüşmecilerin Türkiye'ye giriş zamanlarına bakıldığında ise Türkiye'ye yoğun girişlerin 2012 yılı sonrasında olduğunu, ancak karışıklıklar ve çatışmalar tam anlamıyla başlamadan önce de ülkeye giriş yapan Suriyelilerin olduğunu söylemek mümkündür. Kırıkhan ilçesindeki 20 görüşmeciden sadece 1'i 2014 yılı sonrasında Türkiye'ye giriş yapmıştır. Diğer 19 görüşmeci 2011-2014 yıllarında giriş yapanlardan oluşmaktadır. Antakya ilçesinde 2016 yılı sonrası giriş yapan görüşmeciyle karşılaşılmamıştır. Buna göre Türkiye'ye sığınma konusunda 2016 yılının bir kırılma noktası olduğu saptanmıştır. Reyhanlı ilçesinde ise 2016 yılı sonrası diğer ilçelere benzer bir kırılım noktası olsa da, ilçeye 2018 yılında gelmiş 2 görüşmeciyle de karşılaşılmıştır. Reyhanlı'da yakın bir zamanda gelen Suriyeli görüşmecilerle karşılaşılmasının nedeni, Şanlıurfa'daki mülteci kampının kapatılmasıyla ilgilidir. 2 görüşmeci de mülteci kampı kapatıldığı için Reyhanlı'yı yerleşim yeri olarak tercih etmişlerdir (Grafik 6). Ancak üç ilçede de 2016 yılı sonrasında azalma görülmesinin nedeni 18 Mart 2016'da Avrupa Birliği ile Türkiye arasında imzalanan, Türkiye üzerinden AB'ye yönelen düzensiz göç hareketlerini sona erdirme konusundaki mutabakatla ilişkili olduğu düşünülmektedir (Kaynak: T.C: Dış İşleri Bakanlığı Avrupa Birliği Başkanlığı, Erişim Tarihi:02.12.2019). 60 Suriyeli görüşmecinin 42'si sınırdan kayıtsız bir şekilde, 12'si ise pasaportla geçiş yapmıştır. Mülakata katılan Suriyeli görüşmecilerin 59'u geçici koruma kimliğine sahiptir. Kayıtsız olan 1 kişi ile Reyhanlı ilçesinde karşılaşılmıştır.

Grafik 3. Hatay İlinde İlçelere Göre Görüşmecilerin Türkiye'ye Giriş Yaptıkları Yıllar

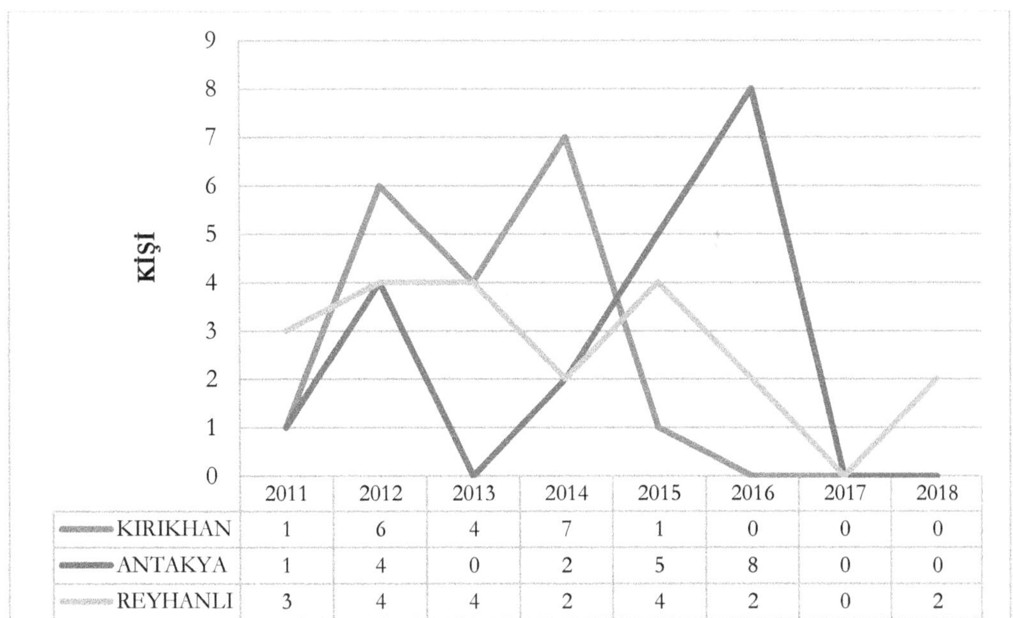

	2011	2012	2013	2014	2015	2016	2017	2018
KIRIKHAN	1	6	4	7	1	0	0	0
ANTAKYA	1	4	0	2	5	8	0	0
REYHANLI	3	4	4	2	4	2	0	2

(**Kaynak:**117K829 Kodlu Proje Verileri, 2018)

Görüşmecilerin 56'sının anadili Arapça, 3'ünün Türkçe, 1'inin ise Kürtçe'dir. Türkçe bilen görüşmecilerin sadece 3'ü Türkçe'yi okuryazar seviyesinde bilmekte, 9'u ise Türkçe'yi sadece iyi konuşabilmektedir. 60 görüşmecinin Hatay'da yaşama süresi yaklaşık olarak 5 yıldır. Mülakata katılan Suriyeli mültecilerin Hatay ilinde yaşadıkları süreler üzerinden değerlendirme yapıldığında, Suriyelilerin Türkçe'yi öğrenme zorunluluğu hissetmeden de hayatlarını sürdürdüklerini belirlenmiştir. Antakya ve Reyhanlı ilçelerinde yerel halkın konuşma dili olarak, Arapça'yı yaygın bir şekilde kullanması, Suriyeliler tarafından gündelik hayatta iletişimi kolaylaştıran bir unsur olarak değerlendirilmiştir. Bu durum aynı zamanda, Suriyeli mültecilerin Türkçe öğrenmelerine de bir engel oluşturmaktadır. Ancak Kırıkhan ilçesinde bu duruma rastlanmamıştır. Görüşmeler esnasında Suriyeli katılımcılar, yerel halkla anlaşırken, çoğunlukla beden dilini kullandıkları veya tercüman eşliğinde iletişim kurduklarını beyan etmişlerdir (Grafik 4 ve 5).

Grafik 4. Hatay İlinde Mülakata Katılan Suriyeli Görüşmecilerin Türkçe Bilme Seviyeleri

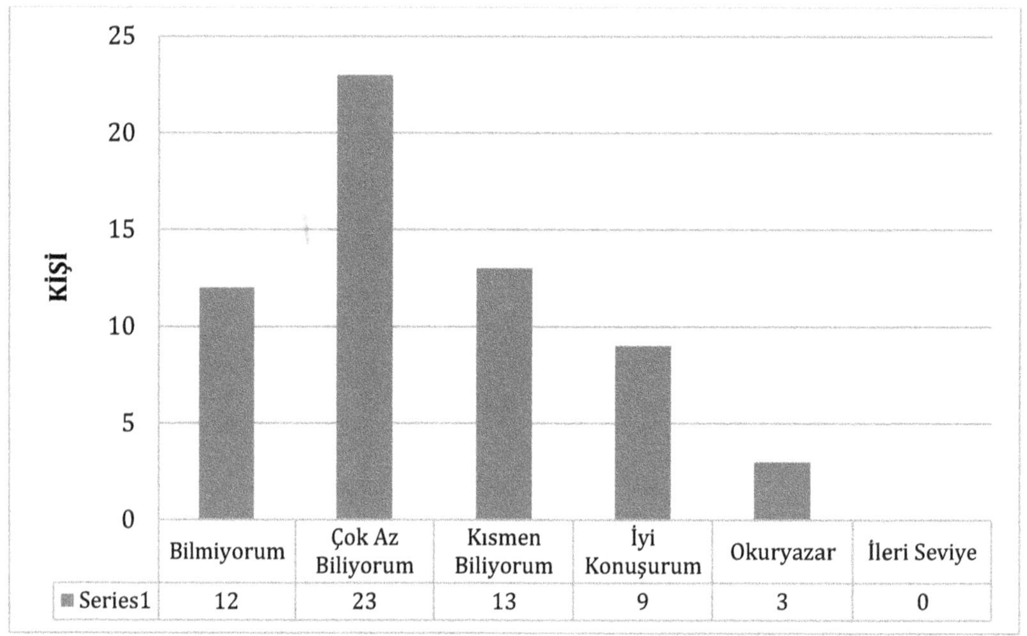

	Bilmiyorum	Çok Az Biliyorum	Kısmen Biliyorum	İyi Konuşurum	Okuryazar	İleri Seviye
Series1	12	23	13	9	3	0

(**Kaynak:**117K829 Kodlu Proje Verileri, 2018)

Grafik 5. Hatay İlinde Mülakata Katılan Suriyeli Görüşmecilerin "Gündelik İletişiminizi Nasıl Sağlıyorsunuz?" Sorusuna Verdikleri Cevaplar

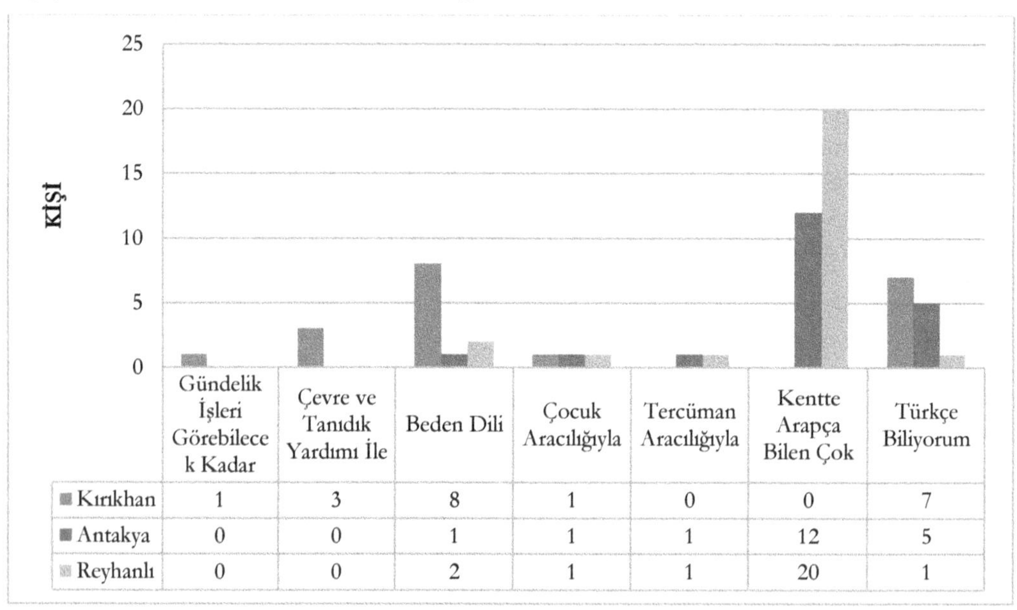

	Gündelik İşleri Görebilecek Kadar	Çevre ve Tanıdık Yardımı İle	Beden Dili	Çocuk Aracılığıyla	Tercüman Aracılığıyla	Kentte Arapça Bilen Çok	Türkçe Biliyorum
Kırıkhan	1	3	8	1	0	0	7
Antakya	0	0	1	1	1	12	5
Reyhanlı	0	0	2	1	1	20	1

(**Kaynak:**117K829 Kodlu Proje Verileri, 2018)

Mülakatlar esnasında 60 Suriyeli görüşmecinin sadece 1 tanesi çok eşli evliliğe sahip olduğunu, 47 görüşmeci ise tek eşli evliliğe sahip olduğunu belirtmiştir. Evliliklerden doğan çocuk sayısı 1 ile 12 çocuk arasında değişim göstermektedir. Aile başına çocuk sayısının en fazla olduğu ilçe Reyhanlı ilçesidir. Reyhanlı'da bir ailenin en az 3 çocuğu bulunmakta, Kırıkhan'da 2, Antakya'da ise 1 çocuğu bulunmaktadır (Grafik 6).

Grafik 6. İlçelere Göre Mülakata Katılan Suriyeli Görüşmecilerin Çocuk Sayıları

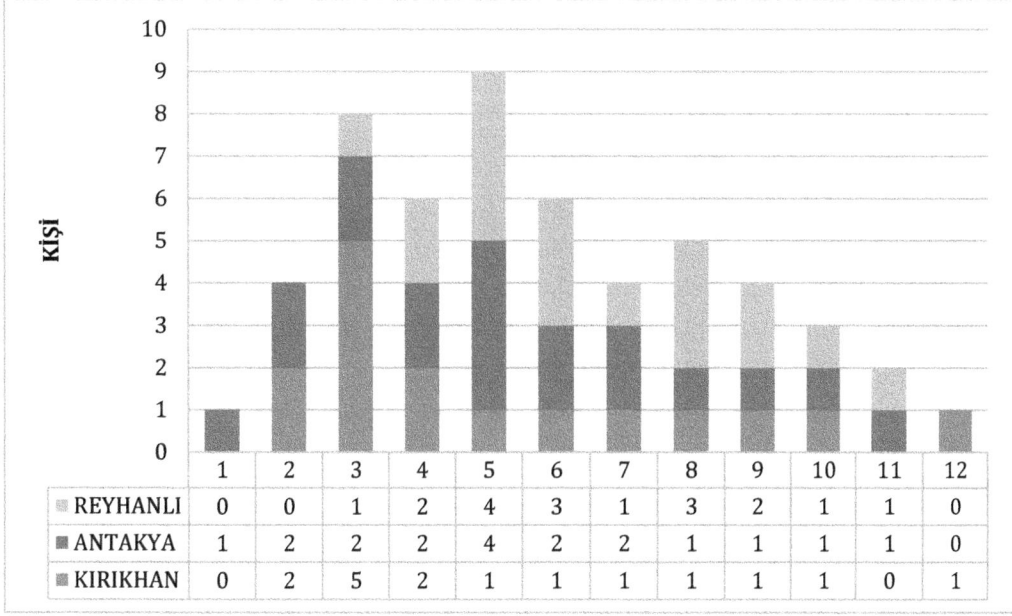

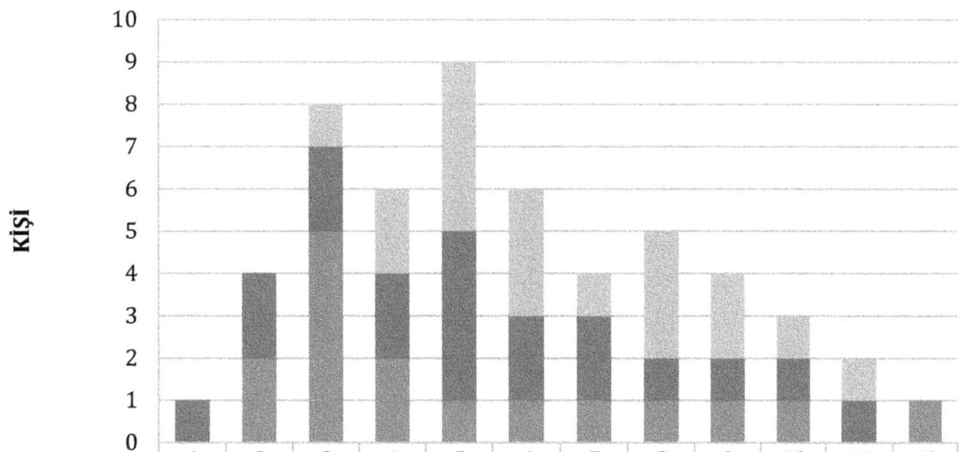

	1	2	3	4	5	6	7	8	9	10	11	12
REYHANLI	0	0	1	2	4	3	1	3	2	1	1	0
ANTAKYA	1	2	2	2	4	2	2	1	1	1	1	0
KIRIKHAN	0	2	5	2	1	1	1	1	1	1	0	1

(**Kaynak:** 117K829 Kodlu Proje Verileri, 2018)

Mülakata katılan 60 Suriyeli görüşmecinin 11'i ilkokul, 19'u ortaokul, 12'si lise, 4'ü önlisans, 8'i lisans mezunudur. Katılımcılardan 3'ü hiç okula gitmediğini, 3'ü ise eğitimini yarıda bıraktığını ifade etmiştir. Üniversite mezunu olanların 5'i Kırıkhan'da, 3'ü Antakya'da, 1'i ise Reyhanlı'da yaşamaktadır. Eğitimini yarıda bırakan katılımcılar ile hiç okula gitmeyen katılımcılar Reyhanlı ilçesinde yaşamaktadır. Buna göre eğitimi olmayan katılımcıların yoğun olarak Reyhanlı ilçesinde yaşadıkları tespit edilmiştir (Grafik 7).

Grafik 7. Görüşmecilerin Eğitim Durumu

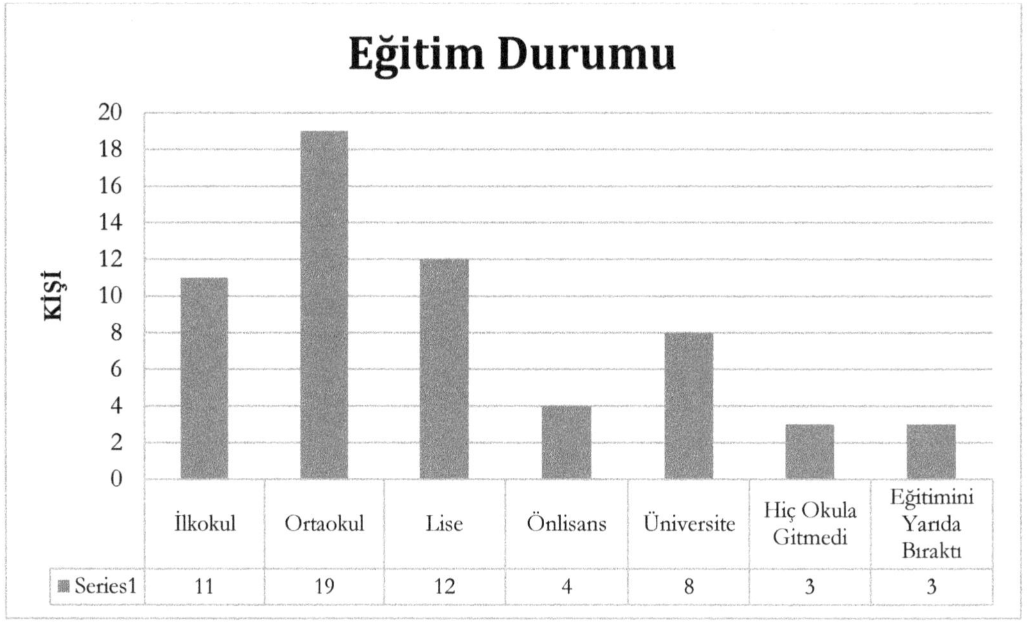

	İlkokul	Ortaokul	Lise	Önlisans	Üniversite	Hiç Okula Gitmedi	Eğitimini Yarıda Bıraktı
Series1	11	19	12	4	8	3	3

(**Kaynak:** 117K829 Kodlu Proje Verileri, 2018)

Grafik 8. İlçelere Göre Mülakata Katılan Suriyeli Görüşmecilerin Meslekleri

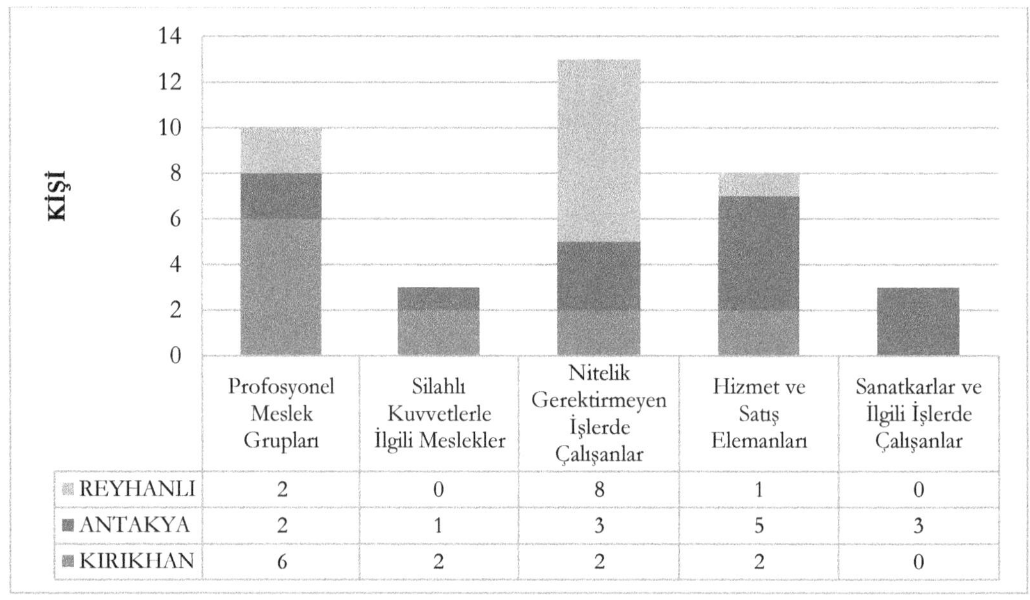

	Profosyonel Meslek Grupları	Silahlı Kuvvetlerle İlgili Meslekler	Nitelik Gerektirmeyen İşlerde Çalışanlar	Hizmet ve Satış Elemanları	Sanatkarlar ve İlgili İşlerde Çalışanlar
REYHANLI	2	0	8	1	0
ANTAKYA	2	1	3	5	3
KIRIKHAN	6	2	2	2	0

(**Kaynak:** 117K829 Kodlu Proje Verileri, 2018)

Görüşmecilerin esas meslekleri; profesyonel meslek grupları, silahlı kuvvetlerle ilgili meslekler, nitelik gerektirmeyen işlerde çalışanlar, hizmet ve satış elemanları, sanatkarlar ile ilgili işlerde

çalışanlar olarak 5 kategoride sınıflandırılmıştır. 60 görüşmecinin sadece 37'si bir meslek sahibidir. Bu 37 kişinin cinsiyet dağılımı ise; 36 erkek ve 1 kadın şeklindedir. 24 kadın görüşmeciden sadece 1 tanesi Suriye'deki yaşadığı dönem öğretmen olarak çalışmıştır. Diğer kadın katılımcıların bir mesleği yoktur. Hem Suriye'de yaşadıkları dönemde hem de Hatay'da yaşadıkları dönemde nitelik gerektirmeyen işlerde çalışanların en yoğun olduğu ilçe Reyhanlı ilçesidir (Grafik 8). Suriye'de çalışan 37 kişinin, sadece 30'u Hatay'da bir iş bulup çalışmaktadır. Bu kişilerin çoğunluğu da günlük işlerde çalışmaktadır (Grafik 9).

Grafik 9. Mülakata Katılan Suriyeli Görüşmecilerin İş Süreklilik Durumları

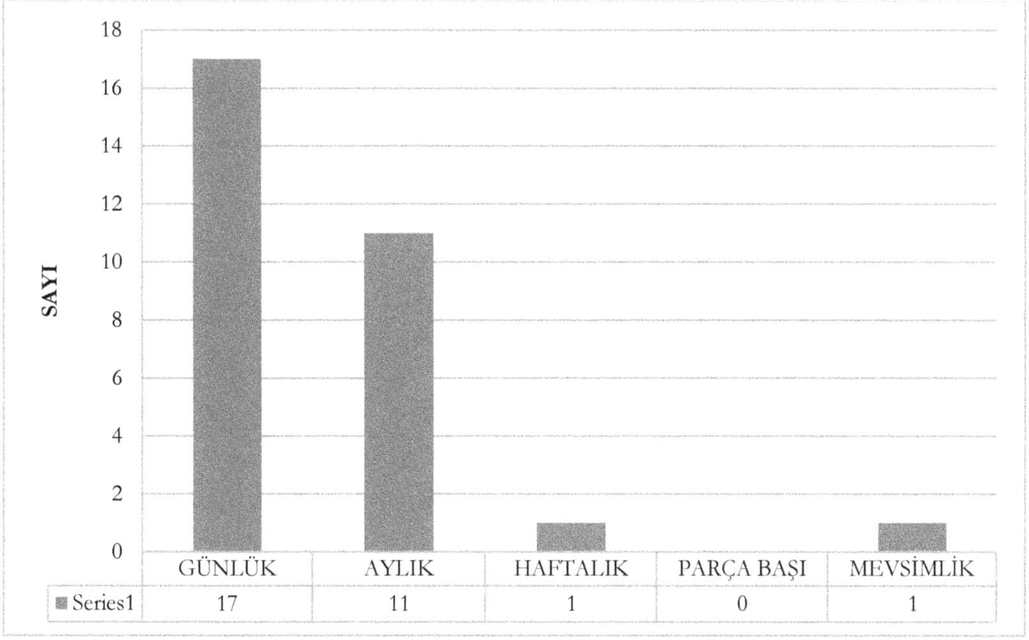

	GÜNLÜK	AYLIK	HAFTALIK	PARÇA BAŞI	MEVSİMLİK
Series1	17	11	1	0	1

(**Kaynak:**117K829 Kodlu Proje Verileri, 2018)

Grafik 10. Mülakata Katılan Suriyeli Görüşmecilerin Göç Sürecine Kiminle Katıldıkları Sorusuna Verdikleri Cevaplar

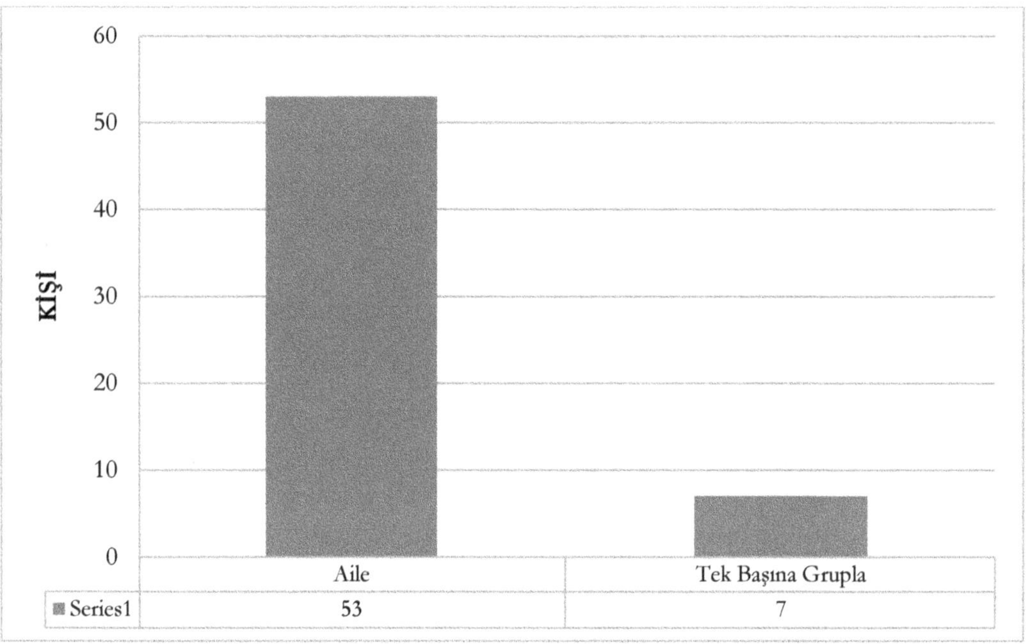

(**Kaynak:**117K829 Kodlu Proje Verileri, 2018)

Suriyeli görüşmecilerin büyük bir çoğunluğu, göçe birden fazla aileden oluşan gruplar şeklinde katılmışlardır. Tek başına ama bir gruba dahil olarak geçiş yapan ise sadece 7 görüşmeci bulunmaktadır (Grafik 10). Sınırı tek başına ama bir gruba dahil olarak geçen bu görüşmeciler Antakya ilçesinde yaşamaktadırlar.

Grafik 11. Mülakata Katılan Suriyeli Görüşmecilerin "Türkiye'ye İlk Gelişiniz mi?" Sorusuna Verdikleri Yanıtlar

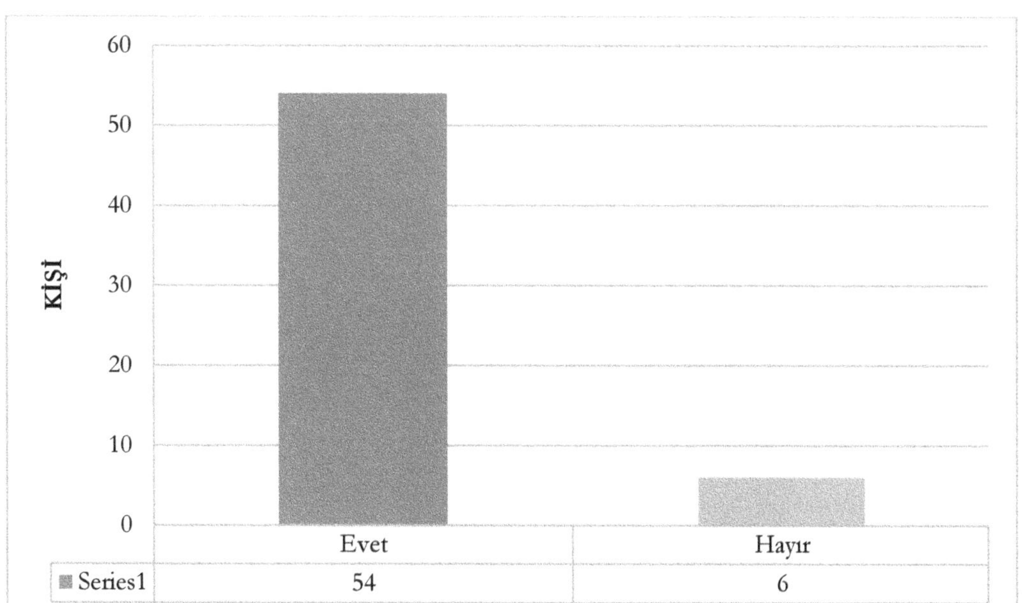

(**Kaynak:**117K829 Kodlu Proje Verileri, 2018)

60 Suriyeli görüşmecinin 54'ü Türkiye'ye ilk kez geldiklerini beyan etmiş, 6'sı ise savaştan önceki zamanlarda da Türkiye'ye geldiğini ifade etmiştir. Sınır kapısının bulunduğu Reyhanlı ilçesinde yaşayan 20 Suriyeli görüşmecinin tamamı, Türkiye'ye ilk kez geldiğini ifade etmiştir. Bu bulgu bize, sınır kapısının varlığının ve etnik benzerlikler dolayısıyla "Suriyelilerin Hatay'da yaşayan insanlarla akrabalık ilişkileri var" önermesinin, Suriyelilerin Hatay'a yerleşmelerinde etkili olan iki faktör olup olmadığını sorgulatmaktadır. Türkiye-Suriye sınırının bir kısmının Hatay ilinde yer alması Suriyelilerin yerleşim yeri seçiminde etkindir. Ancak mülakat yapılan Suriyeli görüşmecilerin büyük bir çoğunluğunun Türkiye'ye ilk kez gelmesi, akrabalık ilişkileri bulunanların sayıca az olduğunun işareti olarak düşünülmektedir (Grafik 11).

Kente Uyum Süreci

Görüşmecilerin çoğu Türkiye'yi beklediklerinden daha iyi bulduklarını ifade etmişlerdir. Ancak görüşmeciler arasında Türkiye'yi beklediğinden kötü bulan 4 kişi de bulunmaktadır (Grafik 12). Bu 4 kişiden 3'ü Reyhanlı ilçesinde yaşamaktadır. Reyhanlı ilçesinde genellik nitelik gerektirmeyen işlerde çalışan ve çok çocuklu Suriyeli aileler yaşamaktadır. Bu ailelerin büyük bir bölümü, çeşitli sebeplerden dolayı geçim sıkıntısı ve uyum sorunları yaşamaktadırlar. Buna paralel olarak, bu mültecilerin Reyhanlı üzerinden Türkiye'yi algılama biçimleri de negatif eğilimli hale gelmektedir.

Grafik 22. Mülakata Katılan Suriyeli Görüşmecilerin Türkiye'yi Nasıl Buldunuz? Sorusuna Verdikleri Yanıtlar

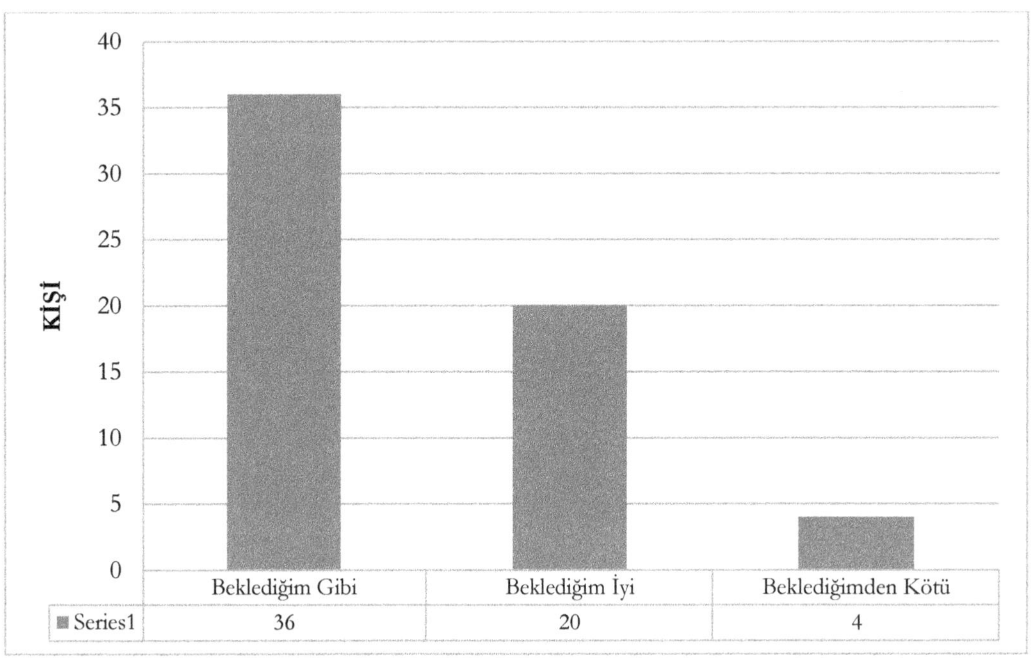

(**Kaynak:**117K829 Kodlu Proje Verileri, 2018)

Bir diğer bulgu ise Kırıkhan ilçesinde yaşayan ve mülakata katılan Suriyeli mültecilerin verdikleri cevaplardır. Kırıkhan ilçesinde yaşayan 20 görüşmecinin 12'si Türkiye'yi beklediğinden daha iyi bulduklarını, 8'i de bekledikleri gibi bulduklarını ifade etmişlerdir. Bu ifadelerin en önemlilerinden biri; "*Kırıkhan kendi memleketime benzetiyorum. Burada hiç yabancılık çekmiyorum*" ifadesidir.

Antakya ilçesi, Hatay ilinin merkez ilçesi olması sebebiyle Reyhanlı ve Kırıkhan ilçelerine göre daha merkezi bir konumda yer almaktadır. Mülakata katılan Suriyeli mültecilere "bulundukları yerlerden taşınmayı düşünme durumları sorulduğunda" görüşmecilerden; Antakya'da yaşamak istemeyenlerin sayısı, yaşamak isteyenlerin sayısından daha fazla çıkmıştır. Mülakat esnasında mültecilerin Antakya'da yaşam maliyetlerinin yüksek olmasından şikayet ettikleri gözlemlenmiştir. Reyhanlı'da ise 20 Suriyeli görüşmecinin 15'i Reyhanlı'dan taşınmayı düşünmediklerini belirtmişlerdir (Grafik 13).

Grafik 13. İlçelere Göre Mülakata Katılan Suriyeli Görüşmecilerin "Bulunduğunuz Yerden Taşınmayı Düşünüyor Musunuz?" Sorusuna Verdikleri Yanıtlar

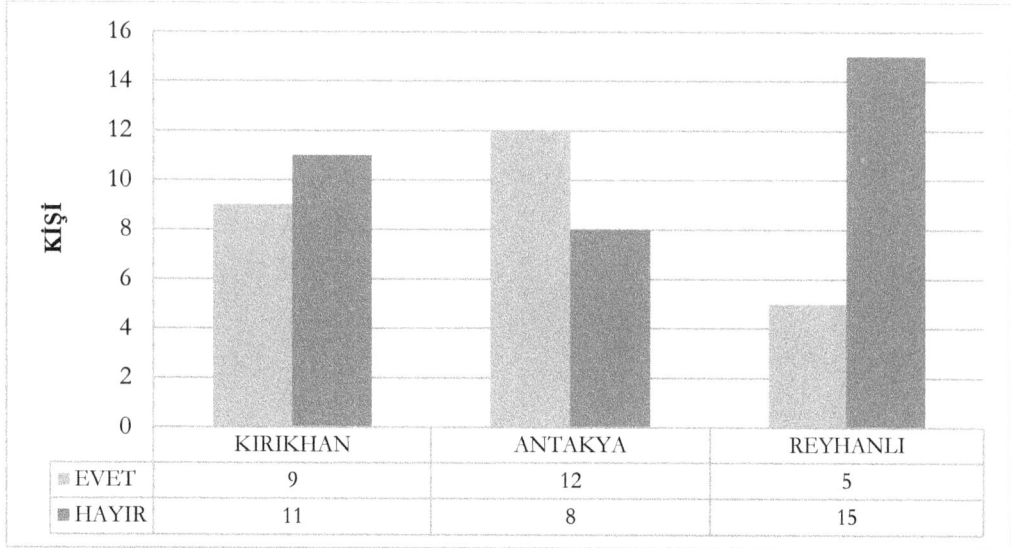

	KIRIKHAN	ANTAKYA	REYHANLI
EVET	9	12	5
HAYIR	11	8	15

(**Kaynak:** 117K829 Kodlu Proje Verileri, 2018)

Grafik 14. İlçelere Göre Mülakata Katılan Suriyeli Görüşmecilerin "Başka Bir Kent Yerine Burayı Tercih Etme Nedeniniz Nedir?" Sorusuna Verdikleri Yanıtlar

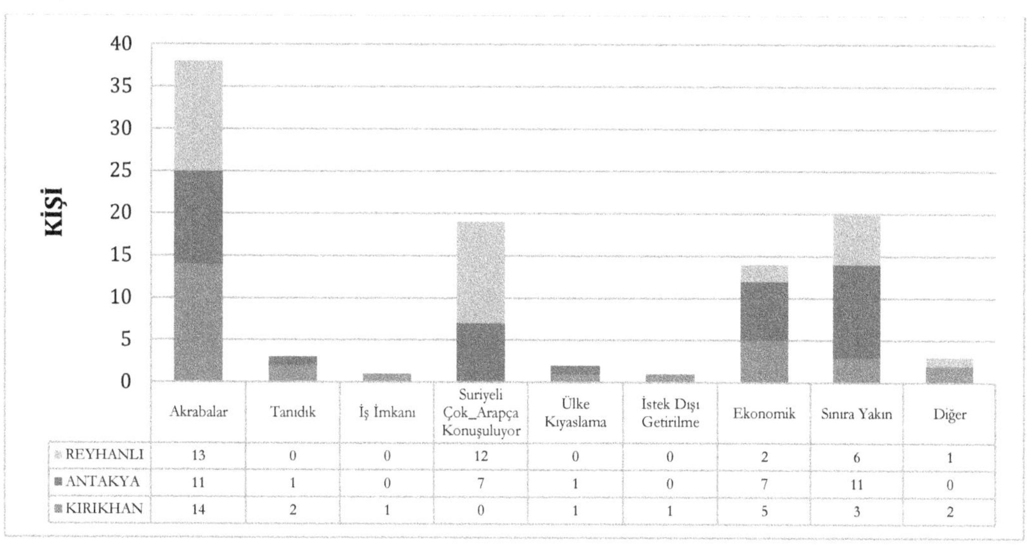

	Akrabalar	Tanıdık	İş İmkanı	Suriyeli Çok_Arapça Konuşuluyor	Ülke Kıyaslama	İstek Dışı Getirilme	Ekonomik	Sınıra Yakın	Diğer
REYHANLI	13	0	0	12	0	0	2	6	1
ANTAKYA	11	1	0	7	1	0	7	11	0
KIRIKHAN	14	2	1	0	1	1	5	3	2

(Kaynak:117K829 Kodlu Proje Verileri, 2018)

Mülakata katılan Suriyeli görüşmecilere, başka bir kent yerine, yerleşmek için neden Hatay'ı ve ilçelerini seçtikleri de sorulmuştur. Görüşmecilerin verdikleri cevaplar arasında; Türkiye'ye onlardan önce gelen akrabalarının daha önce Hatay İline yerleşmeleri, Hatay İlinde Suriyelilerin yoğun yaşaması ve Arapça'nın yaygın konuşulan bir dil olması ile Hatay'ın sınıra yakın bir il olması gibi etkenler en önemli etkenlerdir (Grafik 14). Arapça konuşulmayan Kırıkhan ilçesinde ise yaşam masraflarının daha ucuz olması, ilçenin Suriyeliler tarafından yerleşilmek için tercih edilme nedenlerinin başındadır.

Mülakata katılan görüşmeciler, yaşadıkları kentleri genellikle sevdiklerini ifade etmişler, Suriyeli mültecilerin yaşadıkları kent içerisinde, en çok park alanlarını yani rekreasyon alanlarını ve çarşıyı sevdiklerini belirtmişlerdir (Grafik 15).

Grafik15. İlçelere Göre Mülakata Katılan Suriyeli Görüşmecilerin "Kentin En Sevdiğiniz Yeri Neresidir? Sorusuna Verdikleri Yanıtlar

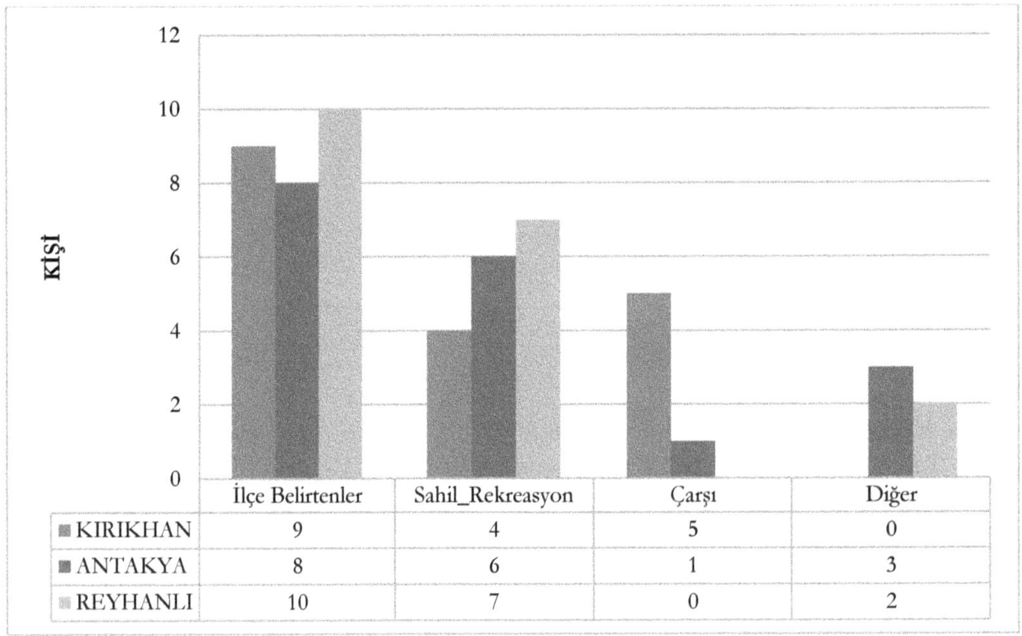

	İlçe Belirtenler	Sahil_Rekreasyon	Çarşı	Diğer
KIRIKHAN	9	4	5	0
ANTAKYA	8	6	1	3
REYHANLI	10	7	0	2

(**Kaynak:**117K829 Kodlu Proje Verileri, 2018)

Grafik 163. İlçelere Göre Mülakata Katılan Suriyeli Görüşmecilerin İlçede Sık Kullandıkları Mekânlar

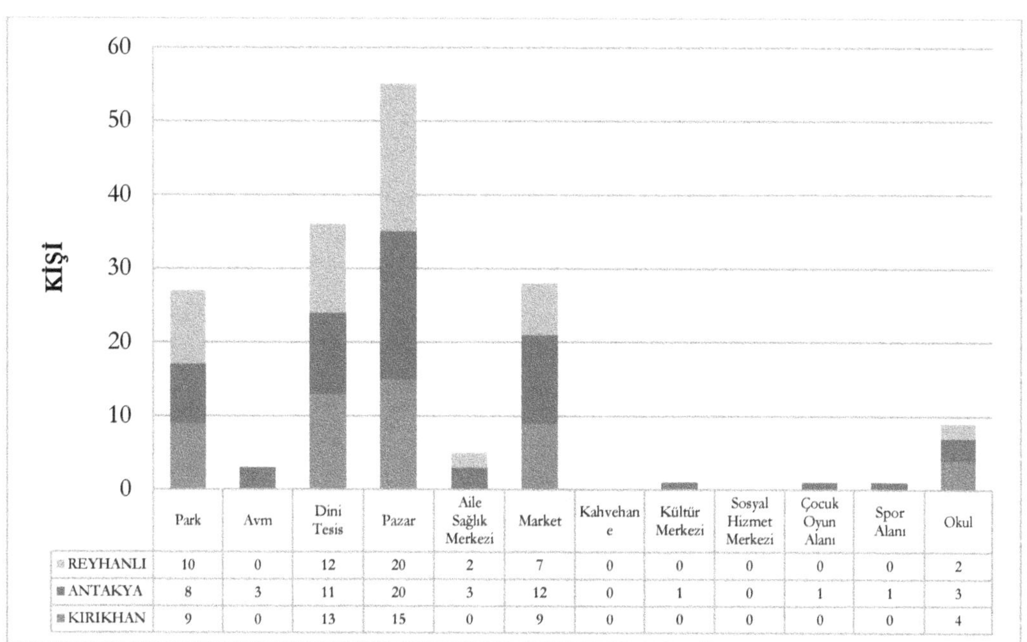

	Park	Avm	Dini Tesis	Pazar	Aile Sağlık Merkezi	Market	Kahvehane	Kültür Merkezi	Sosyal Hizmet Merkezi	Çocuk Oyun Alanı	Spor Alanı	Okul
REYHANLI	10	0	12	20	2	7	0	0	0	0	0	2
ANTAKYA	8	3	11	20	3	12	0	1	0	1	1	3
KIRIKHAN	9	0	13	15	0	9	0	0	0	0	0	4

(**Kaynak:** 117K829 Kodlu Proje Verileri, 2018)

Ortak kullanılan mekânlar; yerel toplumun ve Suriyelilerin en çok karşılaştıkları yani yüz yüze geldikleri mekânlar olmaları açısından önemlidir. Kente yeni yerleşenler ile eskiden beri kentte oturanların karşılaştıkları mekânlar olmaları sebebiyle, bu mekânlar aynı zamanda iki toplumun birbirini tanıma fırsatını buldukları mekânlardır. Mültecilerin kente ve ülkeye uyum sağlaması ile toplumsal kabulün sağlanması, mekânın ortaklaşa kullanımına bağlıdır.

Görüşmecilerin kentte yoğun olarak kullandıkları mekânlar; pazar alanları, dini tesisler ve park alanlarıdır (Grafik 16). Suriyeli mülteciler tarafından sık kullanılan mekânlar üç ilçede de benzerlik göstermektedir.

Barınma Süreci

Göçmenlerin ve mültecilerin sürdükleri yaşam, barındıkları konutla doğrudan ilişkilidir. Yaşanılan konutun özellikleri, aynı zamanda kenti algılama biçimini ve kente uyumu da doğrudan etkilemektedir. İlk kalıcı evlerine taşınmak, mülteciler için önemli bir adımdır. Barınmanın ötesinde, nitelikli ve uygun fiyatlı konut, yeni bir ülke ve şehirde yeni bir başlangıç için bir dayanak noktasıdır. İyi bir konuta yerleşmek, uyumun diğer boyutlarında da ilerleme kaydetmeye etki etmektedir. Bu nedenle, barınmanın sadece uygun maliyetli olması değil, aynı zamanda; dil eğitimi, mesleki eğitim ve uygun iş fırsatları dahil olmak üzere, hizmetlere ve kaynaklara erişilebilen bir yerde olması da önemlidir. Bazı mülteciler özel sağlık hizmetlerine de ihtiyaç duyabilmektedir. Bu nedenle barınma yerinin seçiminde, bu özel sağlık hizmetlerine erişim de etkili olmaktadır. Bu nedenle barınma yerinin seçiminde, bu özel sağlık hizmetlerine olan yakınlığın da dikkate alınması gerekmektedir.

Konut, sadece insanların günlük yaşamının önemli bir alanı değil, aynı zamanda farklı yaşam fırsatları için de bir araçtır. Belli bir konum herhangi bir konutla bağlantılıdır ve belirli bir sosyoekonomik durum ile teknik altyapı bu konumla ilişkilendirilir. Göçmenler, mülteciler ve sığınmacılar, kentin çeper mahallelerinde; bilgiden, sosyal hizmetlerden, altyapı imkânlarından ve çeşitli fırsatlardan mahrum kalarak, yaşamak zorunda kalabilirler. Buna karşılık, mülteciler ve sığınmacılar, bazen devletlerin sağladıkları imkânlar dahilinde veya kendi imkânlarıyla yerel toplumla yan yana, daha merkezi mahallelerde yaşayabilirler.

Mülakata katılan Suriyeli görüşmecilerin aylık gelir durumları bir görüşmeci dışında asgari ücretin altındadır (Grafik 17). Buna göre, Suriyeli mültecilerin gelir düzeyinin düşük olduğunu ve bu durumun da mültecilerin iyi yaşam şartlarına sahip bir konuta erişimlerini güçleştirdiğini söylememiz mümkündür.

Grafik 17. Mülakata Katılan Suriyeli Görüşmecilerin Aylık Gelir Durumları (TL)

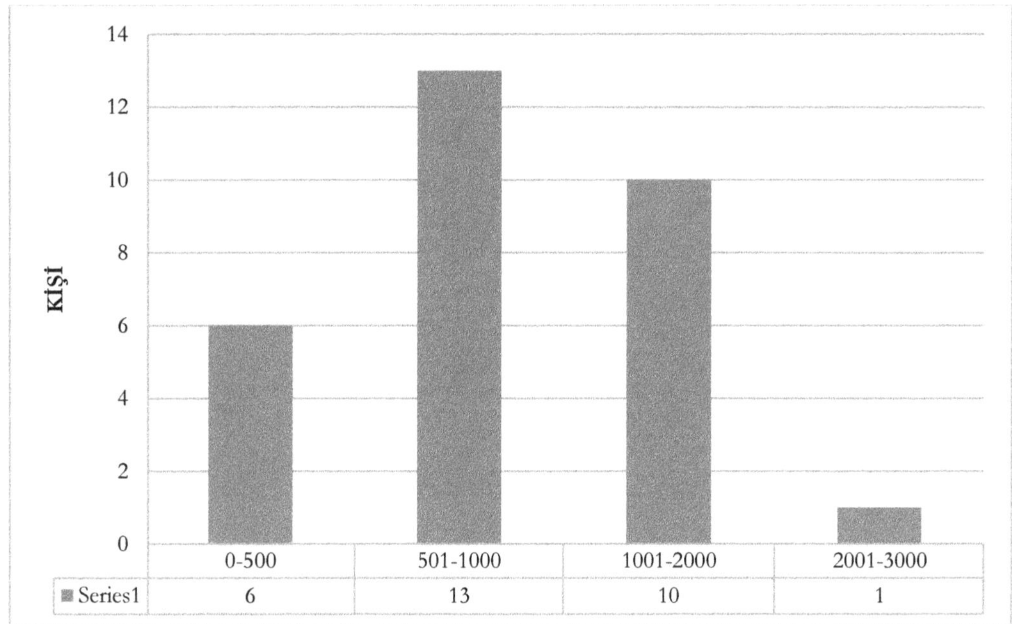

(**Kaynak:** 117K829 Kodlu Proje Verileri, 2018)

Ayrıca mültecilerin ve sığınmacıların barındıkları mahallede, kendini güvende hissetmeleri ve sosyal bağlantılar kurmalarının kolay olması ideal olandır. Ancak mülteciler ve sığınmacılar çoğunlukla, sağlıksız koşullarda yaşamak, barınma sorunun çözümü esnasında ayrımcılığa maruz kalmak veya güvensiz bir mahallede yaşamak zorunda kalmaktadırlar. Bu durum onların fiziksel ve ruhsal olarak olumsuz yönde etkilenmekte ve bu da mültecilerin yeni topluma uyum sağlama yönündeki çabalarına da yansımaktadır.

Mülakata katılan Suriyeli görüşmeciler, yaşadıkları mahallelerdeki yerel toplumla olan ilişkilerini genel olarak, "iyi" olarak ifade etmişlerdir. Ancak bu iyi olma eğilimi, Reyhanlı ve Kırıkhan ilçesine kıyasla Antakya ilçesinde daha zayıftır. Buna göre, Antakya ilçesinde Suriyelilerin, yerel halkla olan etkileşiminin daha sınırlı olduğu çıkarımını yapmak doğru olacaktır. Suriyeli görüşmecilerden sadece Kırıkhan ilçesinde yaşayanlar, mahalledeki ilişkilerinin "çok iyi" olduğunu ifade etmişlerdir (Grafik 18). Suriyeli görüşmecilere, komşularından memnun olma durumları sorulduğunda, görüşmecilerden yalnızca Antakya ilçesinde oturanlar, komşularından memnun olmadıklarını söylemişlerdir (Grafik 19).

Grafik 18. İlçelere Göre Mülakata Katılan Suriyeli Görüşmecilerin "Yaşadığınız Mahallede İnsanlarla İlişkiniz Nasıldır? Sorusuna Verdikleri Yanıtlar

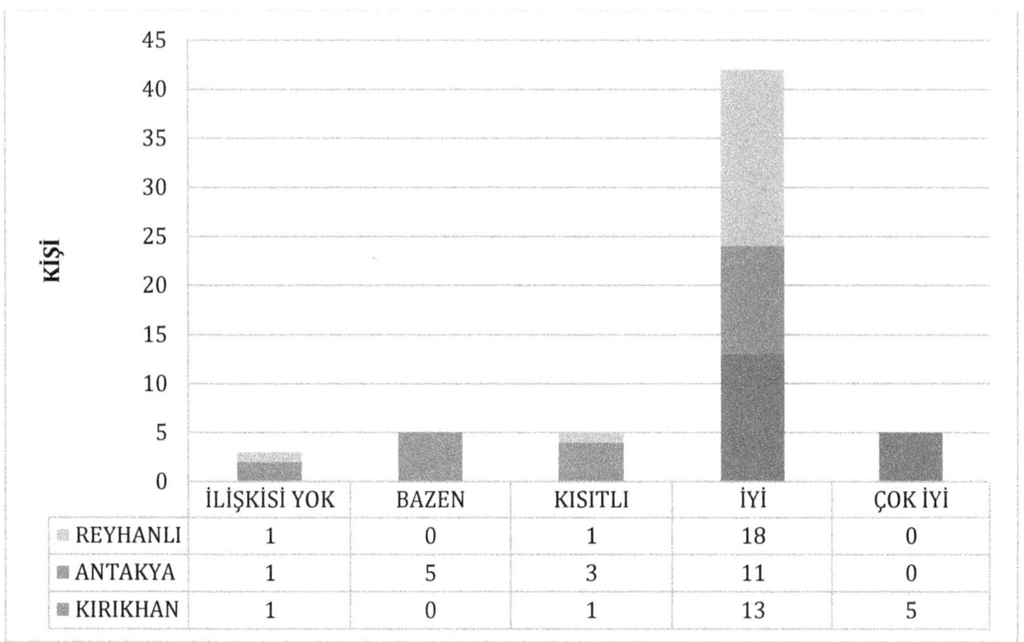

	İLİŞKİSİ YOK	BAZEN	KISITLI	İYİ	ÇOK İYİ
REYHANLI	1	0	1	18	0
ANTAKYA	1	5	3	11	0
KIRIKHAN	1	0	1	13	5

(**Kaynak:** 117K829 Kodlu Proje Verileri, 2018)

Grafik 19. Mülakata Katılan Suriyeli Görüşmecilerin Komşularından Memnuniyet Durumları

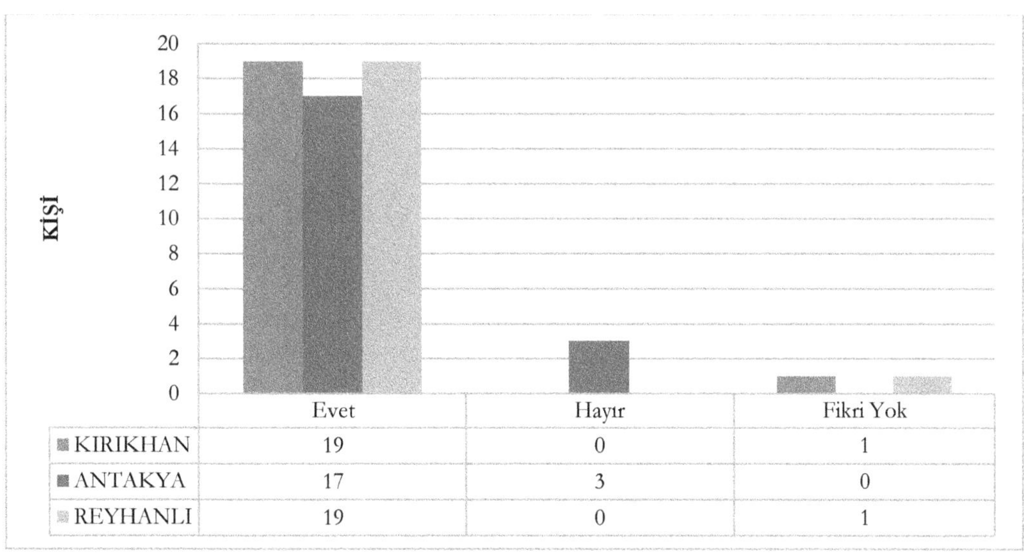

	Evet	Hayır	Fikri Yok
KIRIKHAN	19	0	1
ANTAKYA	17	3	0
REYHANLI	19	0	1

(**Kaynak:** 117K829 Kodlu Proje Verileri, 2018)

Grafik 20. Mülakata Katılan Suriyeli Görüşmecilere Göre Yaşadıkları Mahallenin En Önemli Üç Problemi

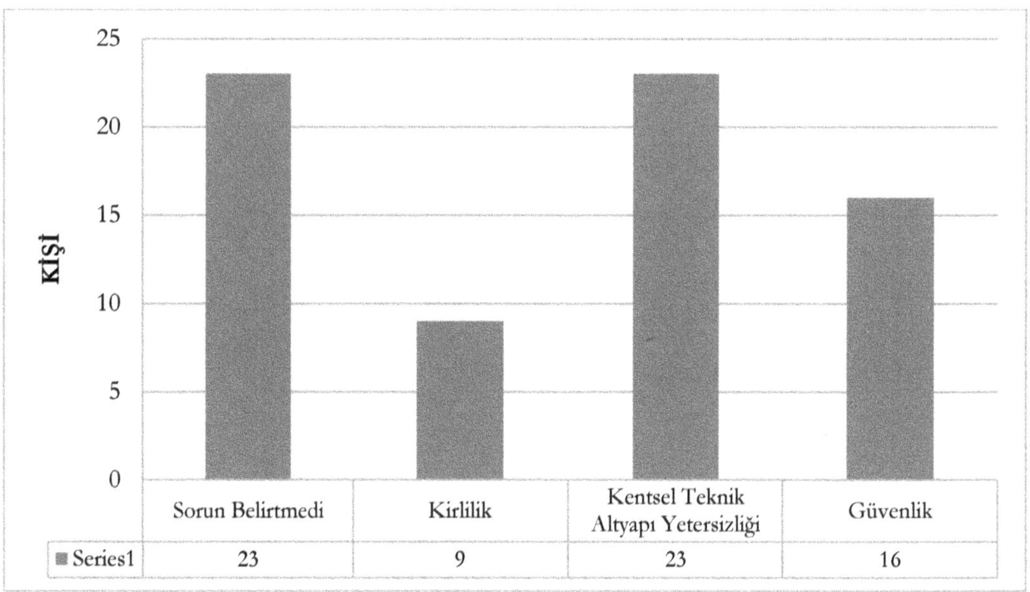

(**Kaynak:**117K829 Kodlu Proje Verileri, 2018)

Genel olarak mülakatlar esnasında, Suriyeli görüşmecilerin yaşadıkları mahallelerdeki sorunları belirtmeme eğilimleri yüksekti. Görüşmecilerden, yaşadıkları yerlerdeki problemleri belirtenler, genellikle kentsel teknik altyapı problemine, güvenlik problemine ve kirlilik problemine değinmişlerdir (Grafik 20). Üç ilçede de Suriyeli mülteciler, yaşadıkları mahallelerde en başta gelen güvenlik sorununun hırsızlık olduğunu belirtmişlerdir. Katılımcılar, hırsızlığa uğradıklarını da beyan etmişlerdir. Kırıkhan ve Antakya ilçelerinde yaşayan ve güvenlik sorunu yaşadıklarını belirten Suriyeliler; "gırbat" diye adlandırdıkları kendi mahallelerine yakın bölgelerde yaşayan insanlar tarafından rahatsız edildiklerini söylemişlerdir. İlçelerde kentsel teknik altyapı yetersizliği, Suriyeli mültecilerin yaşadıkları mahallelerdeki sorunların başında gelmektedir (Grafik 21).

Grafik 21. Mülakata Katılan Suriyeli Görüşmecilere Göre Yaşadıkları Mahallenin İlçeler Özelinde En Önemli Üç Problemi

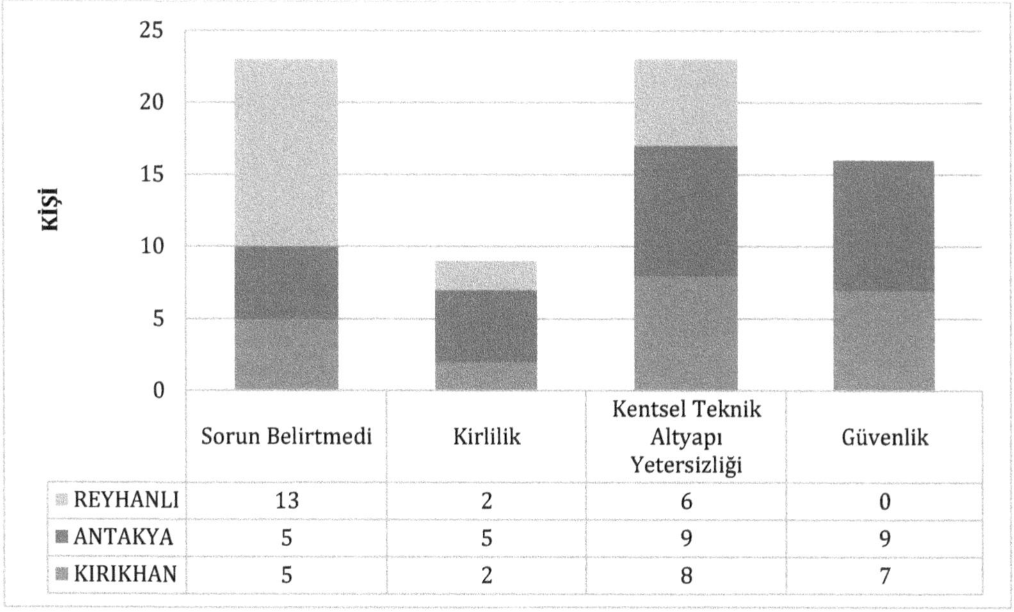

	Sorun Belirtmedi	Kirlilik	Kentsel Teknik Altyapı Yetersizliği	Güvenlik
REYHANLI	13	2	6	0
ANTAKYA	5	5	9	9
KIRIKHAN	5	2	8	7

(**Kaynak:**117K829 Kodlu Proje Verileri, 2018)

Mülakata katılan Suriyeli görüşmecilerin tamamı, oturdukları konutlarda kiracı olduklarını belirtmişlerdir. Geçici koruma statüsünden dolayı, herhangi bir koruma elde edemediklerinden Suriyeliler yalnızca kiralık konut piyasasına erişebilmişlerdir. Katılımcıların oturdukları konutların hiçbiri sosyal konutlardan oluşan toplu konut alanında değildir. Mülakata katılan 60 görüşmecinin 55'i tek bir ailenin yaşayabileceği müstakil konutlarda; 5'i ise müstakil parsel içerisinde 3-4 katlı apartmanlarda oturduklarını belirtmişlerdir. Apartmanda yaşayan katılımcılardan 1'i Kırıkhan'da, 1'i Reyhanlı'da ve 3'ü de Antakya ilçesinde yaşayan görüşmecilerdir.

Mülakata katılan Suriyeli mültecilerin yaşadıkları konutlardan memnuniyet durumları incelendiğinde; Antakya ilçesinde konuttan memnun olmama eğiliminin, diğer ilçelere kıyasla daha yüksek olduğunu söylemek mümkündür (Grafik 22).

Grafik 22. Mülakata Katılan Suriyeli Görüşmecilerin Yaşadıkları Konuttan Memnuniyet Durumları

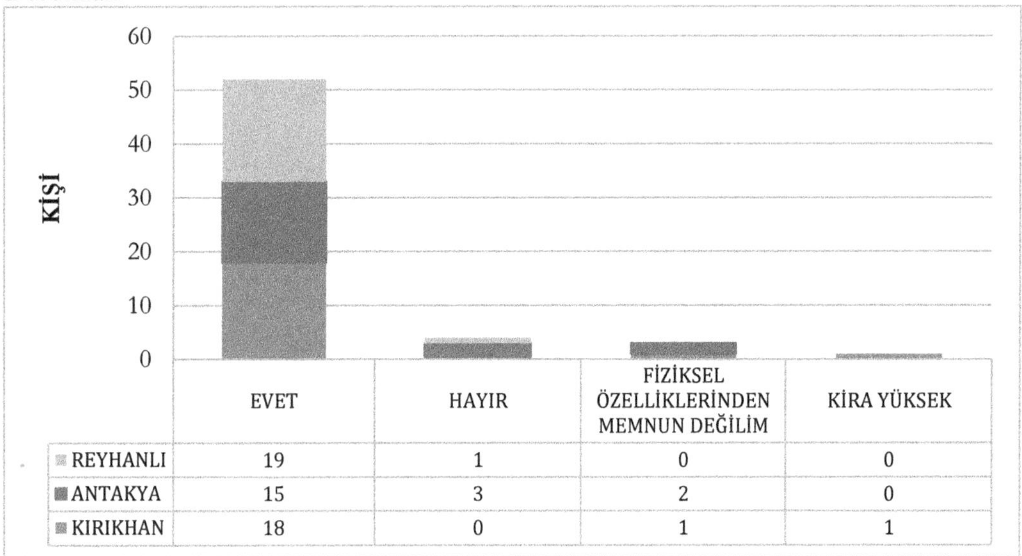

	EVET	HAYIR	FİZİKSEL ÖZELLİKLERİNDEN MEMNUN DEĞİLİM	KİRA YÜKSEK
REYHANLI	19	1	0	0
ANTAKYA	15	3	2	0
KIRIKHAN	18	0	1	1

(**Kaynak:** 117K829 Kodlu Proje Verileri, 2018)

Grafik 23. Mülakata Katılan Suriyeli Görüşmecilerin Yaşadıkları Konutların Kira Bedelleri

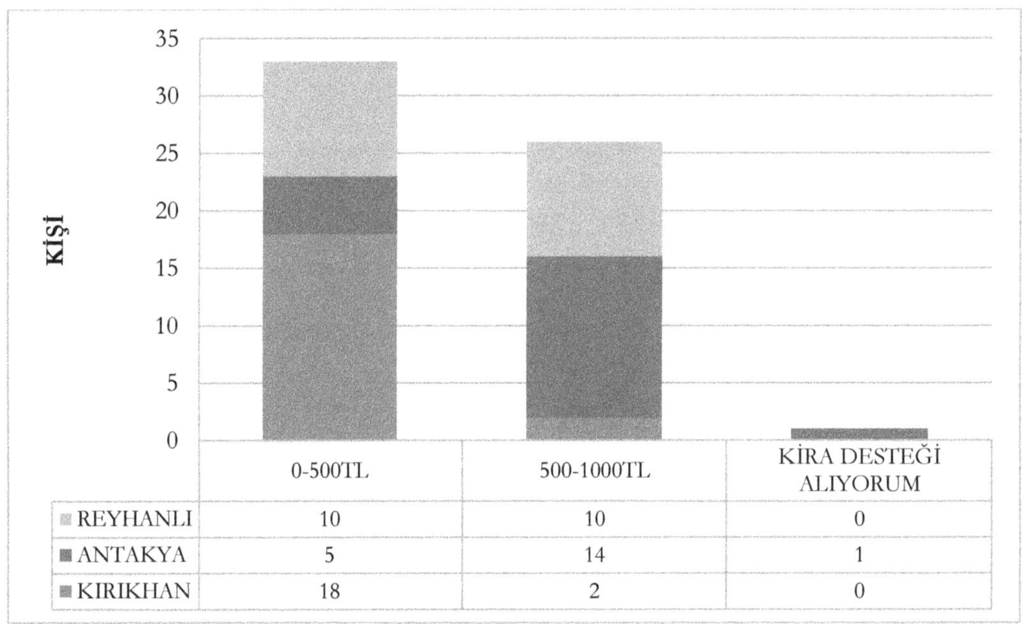

	0-500TL	500-1000TL	KİRA DESTEĞİ ALIYORUM
REYHANLI	10	10	0
ANTAKYA	5	14	1
KIRIKHAN	18	2	0

(**Kaynak:**117K829 Kodlu Proje Verileri, 2018)

Katılımcıların ödedikleri konut kira bedelleri sorulduğunda ise görüşmeciler; 0-500 TL ile 500-1000 TL arasında kira bedeli ödediklerini belirtmişlerdir. Kırıkhan ilçesinde oturan 20 Suriyeli görüşmecinin 18'i, 0-500 TL kira ödemektedir. Dolayısıyla diğer ilçelere kıyasla Suriyeliler,

Kırıkhan'da daha ucuza barınmaktadırlar. Sınır ilçesi Reyhanlı ile merkez ilçe Antakya'da ise kira bedellerinin benzer olma durumu ilgi çekicidir. Reyhanlı ilçesinde toplam nüfusa oranla daha fazla Suriyeli yaşamaktadır. Sahada yapılan gözlemlerden yapılan çıkarımlara göre Reyhanlı ilçesinin daha yoğun bir şekilde Suriyeli nüfusa ev sahipliği yapması, ev kiralarının yüksek olmasına neden olmuştur (Grafik 23). Görüşmecilerin yarısı oturdukları konutlarda 2 yıldan fazla süredir yaşadıklarını belirtmişlerdir. Ancak mültecilerin oturdukları konutlardan ayrılmama eğiliminin Kırıkhan ilçesinde daha fazla olduğu sonucuna varılmıştır (Grafik 24).

Grafik 24. Mülakata Katılan Suriyeli Görüşmecilerin Yaşadıkları Konutta Yaşam Süreleri

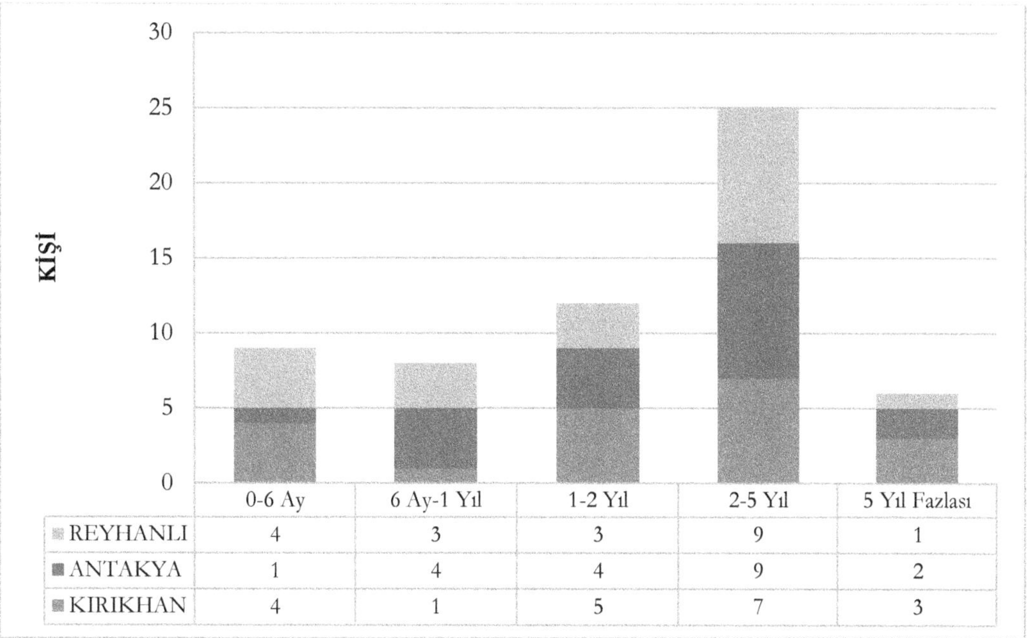

	0-6 Ay	6 Ay-1 Yıl	1-2 Yıl	2-5 Yıl	5 Yıl Fazlası
REYHANLI	4	3	3	9	1
ANTAKYA	1	4	4	9	2
KIRIKHAN	4	1	5	7	3

(**Kaynak:** 117K829 Kodlu Proje Verileri, 2018)

Grafik 25. Mülakata Katılan Suriyeli Görüşmecilerin Türkiye'de Ayrımcılıkla Karşılaşma Durumlarına Verdikleri Cevaplar

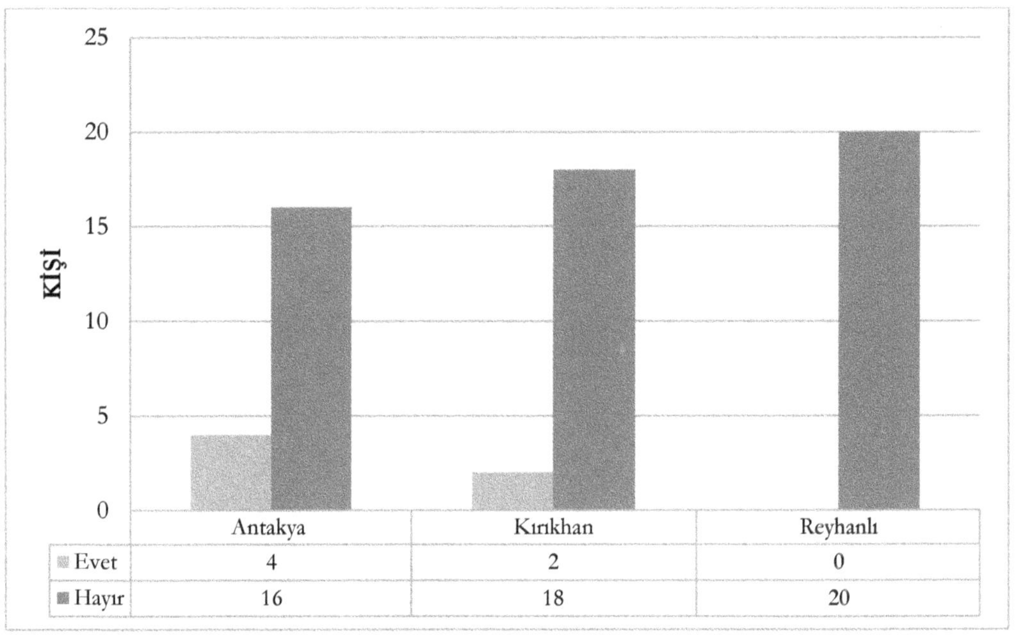

	Antakya	Kırıkhan	Reyhanlı
Evet	4	2	0
Hayır	16	18	20

(**Kaynak:** 117K829 Kodlu Proje Verileri, 2018)

Araştırma sırasında, Suriyeli katılımcılara, Türkiye'de ayrımcılığa uğrayıp uğramadıkları da sorulmuştur. Bu soruya, 60 katılımcının 54'ü "Hayır" cevabını vermiştir (Grafik 25). Ancak "Ev ararken karşılaştığınız temel zorluklar nelerdir?" soruna görüşmecilerin büyük bir çoğunluğu kendilerine yerel halkın ev vermek istemediklerini şu cümlelerle belirtmişlerdir:

"Kalabalık olduğumuz için kimse bize evini vermek istemiyor."

"Bizden önceki Suriyeli aile faturaları ödemeden evden çıkmış, bu yüzden bize ev kiralamak istemiyorlar."

"Suriyeli olduğumuz için bize ev vermek istemiyorlar."

Özellikle Antakya ilçesinde 20 görüşmecinin 13'ü ev ararken ayrımcılığa uğradıklarını ifade etmiştir (Grafik 26). Dolayısıyla gündelik yaşamda çok hissedilmese de Suriyeli mültecilerin, ayrımcılığın en çok hissettikleri konunun, konuta erişim konusunda olduğunu söylemek mümkündür.

Grafik 26. Mülakata Katılan Suriyeli Görüşmecilerin Ev Ararken Karşılaştıkları Temel Zorluklar

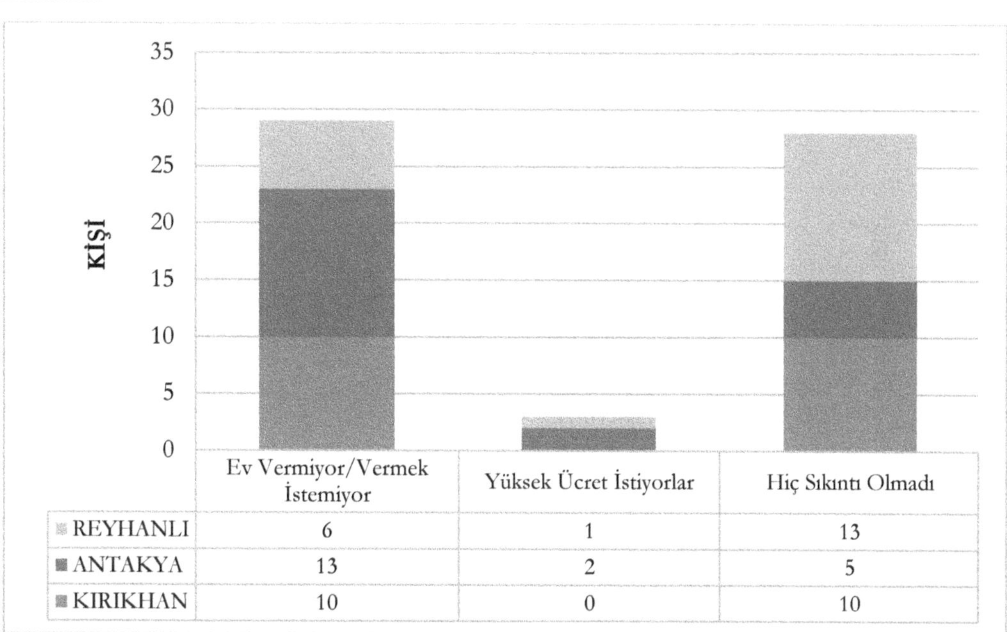

	Ev Vermiyor/Vermek İstemiyor	Yüksek Ücret İstiyorlar	Hiç Sıkıntı Olmadı
REYHANLI	6	1	13
ANTAKYA	13	2	5
KIRIKHAN	10	0	10

(**Kaynak:** 117K829 Kodlu Proje Verileri, 2018)

Mülakata katılan 60 görüşmecinin 42'si yaşadığı konutta tek aile olarak yaşadıklarını, görüşmecilerden 8'i ise tek bir konutta birden fazla aile olarak, geniş aile yapısıyla yaşamlarına devam ettiklerini belirtmişlerdir. Aynı konutta birden fazla aile olarak yaşama, en çok Kırıkhan ilçesinde, en az ise Antakya ilçesinde gözlemlenmektedir. Antakya ilçesinde kiraların daha yüksek olmasına rağmen, birden fazla ailenin bir arada yaşaması durumuyla çok daha az karşılaşılmaktadır. Bu bize, mültecilerin birden fazla aile bir arada yaşayarak, barınma maliyetlerini düşürmeyi tercih etmediklerini göstermektedir. Saha çalışmasında yapılan gözlemlerimden çıkarımlara göre, konutların fiziksel yapısının Kırıkhan ilçesinde birden fazla ailenin bir arada yaşamasına daha elverişli olduğu gözlemlenmiştir. Ayrıca bazı Suriyeliler arasında bir arada yaşamanın kültürel bir özelliktir. Buna göre, daha önce Suriye'de bir arada, tek konutta yaşayan ailelerin, Hatay'da da bu kültürel özelliği devam ettirdikleri ve yine birden fazla aile olarak tek bir konutta yaşadıkları gözlemlenmiştir (Grafik 27).

Grafik 27. Mülakata Katılan Suriyeli Görüşmecilerin "Oturduğunuz Evde Kaç Aile Yaşıyor?" Sorusuna Verdikleri Cevaplar

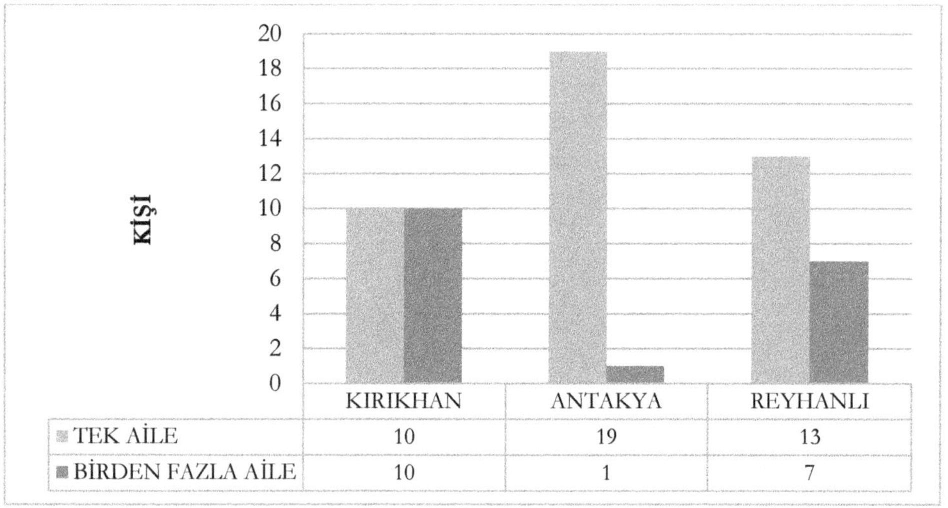

(**Kaynak:**117K829 Kodlu Proje Verileri, 2018)

Görüşmeciler, Türkiye'de Suriyeli mültecilerin en çok zorluk yaşadıkları konuların başında; hayat pahalılığını, iş bulma zorluğunu ve barınma sorunlarını sıralamışlardır (Grafik 28). Özellikle sınır ilçesi olan Reyhanlı'da bu sorunların daha yoğun bir şekilde hissedildiği, görüşmecilerin cevaplarından anlaşılmıştır.

Grafik 28. Mülakata Katılan Suriyeli Görüşmecilere Göre Türkiye'de Göçmenlerin Karşılaştığı En Problemli Konular

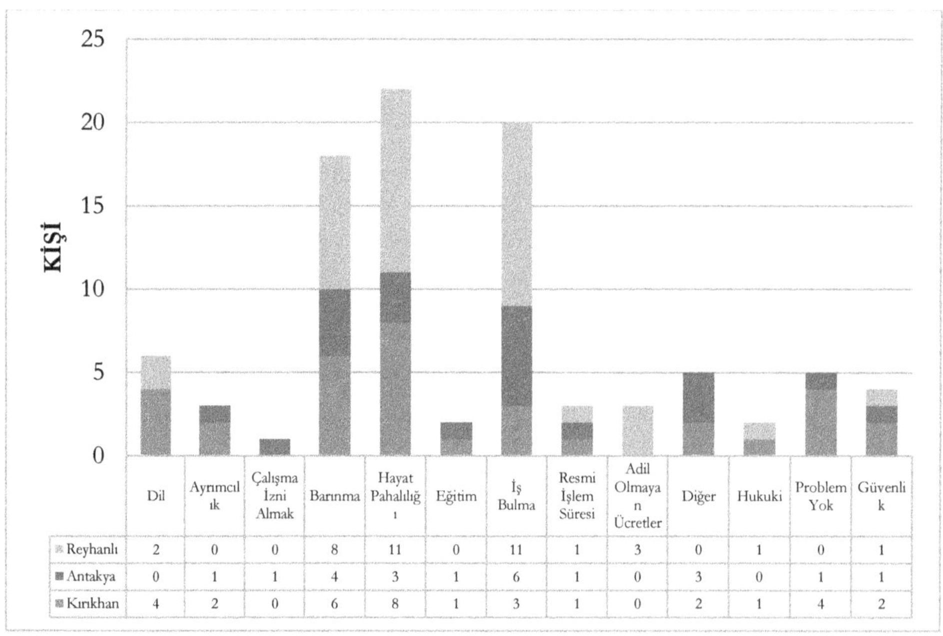

KİŞİ
25
20
15
10
5
0
Dil | Ayrımcılık | Çalışma İzni Almak | Barınma | Hayat Pahalılığı | Eğitim | İş Bulma | Resmi İşlem Süresi | Adil Olmayan Ücretler | Diğer | Hukuki | Problem Yok | Güvenlik
Reyhanlı | 2 | 0 | 0 | 8 | 11 | 0 | 11 | 1 | 3 | 0 | 1 | 0 | 1
Antakya | 0 | 1 | 1 | 4 | 3 | 1 | 6 | 1 | 0 | 3 | 0 | 1 | 1
Kırıkhan | 4 | 2 | 0 | 6 | 8 | 1 | 3 | 1 | 0 | 2 | 1 | 4 | 2

(**Kaynak:** 117K829 Kodlu Proje Verileri, 2018)

Tüm bu soruların sonunda, mülakata katılan görüşmecilerin duygu durumları da incelenmeye çalışılmış; Türkiye'de bulundukları dönemde Suriyeli mültecilerin umutları artarken; yabancılık, yalnızlık ve korku duygularının da azaldığı sonucuna ulaşılmıştır. Ancak üç ilçede de görüşmeye katılan Suriyeli mülteciler, kaygı duygularının arttığını belirtmişlerdir (Grafik 29).

Grafik 29. Mülakata Katılan Suriyeli Görüşmecilerin Türkiye'de Duygu Durumu Değişimleri

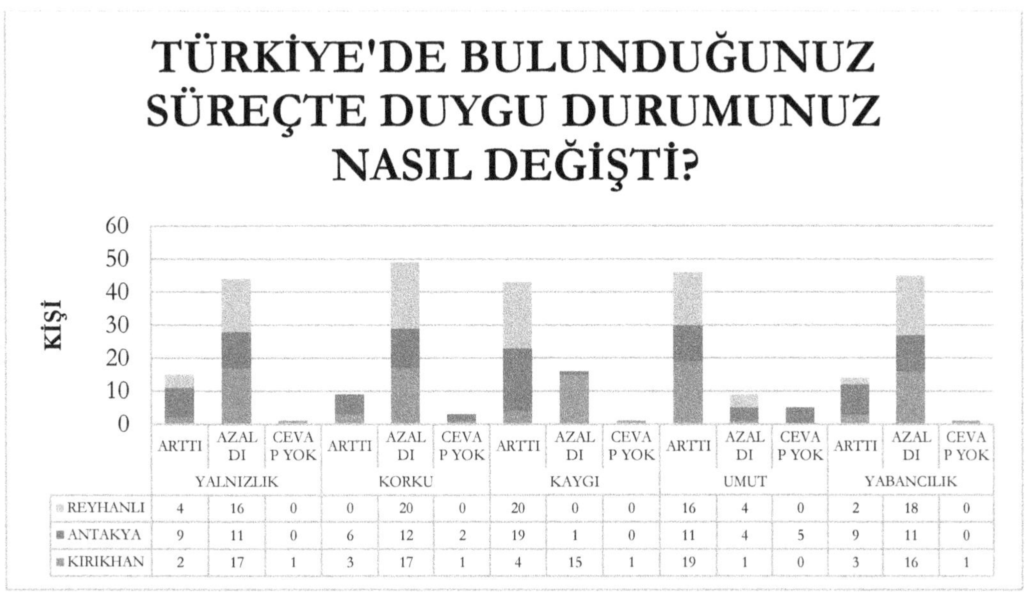

	YALNIZLIK			KORKU			KAYGI			UMUT			YABANCILIK		
	ARTTI	AZALDI	CEVAP YOK	ARTTI	AZALDI	CEVAP YOK	ARTTI	AZALDI	CEVAP YOK	ARTTI	AZALDI	CEVAP YOK	ARTTI	AZALDI	CEVAP YOK
REYHANLI	4	16	0	0	20	0	20	0	0	16	4	0	2	18	0
ANTAKYA	9	11	0	6	12	2	19	1	0	11	4	5	9	11	0
KIRIKHAN	2	17	1	3	17	1	4	15	1	19	1	0	3	16	1

(**Kaynak:** 117K829 Kodlu Proje Verileri, 2018)

Sonuç

Yaşam kalitesini etkileyen temel bir mesele olan göçmenlerin ve mültecilerin konuta erişimi, aynı zamanda göçmenlerin ve mültecilerin yeni yerleştikleri ülkeye ve kente uyum süreçlerinde de etkili olan faktörler arasında başta gelmektedir. Bir kentteki göçmenlerin ve mültecilerin konuta erişimi, ev sahibi toplumla yapısal bütünleşme durumunun önemli bir göstergesi olarak kabul edilmektedir.

İlk kalıcı evlerine taşınmak, mülteciler için önemli bir kilometre taşıdır. Barınmanın ötesinde, nitelikli ve uygun fiyatlı konut, yeni bir ülke ve kentte yeni bir başlangıç için bir dayanak noktasıdır. Hem kente uyumun başarılı bir şekilde sürdüğünün bir göstergesi hem de yerleşim ve uyumun diğer boyutlarında ilerleme kaydetmenin bir yoludur. Bu nedenle, barınmanın sadece uygun maliyetli olması değil, aynı zamanda resmi dil eğitimi, işgücü piyasası eğitimi ve uygun iş fırsatları dahil olmak üzere hizmetlere ve kaynaklara erişilebilen bir yerde ve yeni gelen bazı mültecilerin ihtiyaç duyduğu özel sağlık hizmetlerinin de bulunduğu bir noktada olması gerekir.

Bu araştırmada, göç politikasında konuta erişimin yeri ve konutun mültecilerin uyum sürecindeki önemi gibi konular, yaklaşık on yıldır Türkiye'de yaşayan Suriyeli mülteciler örneğinde irdelenmeye çalışılmıştır. Bu araştırma kapsamında incelenen Hatay ilinin Antakya, Reyhanlı ve Kırıkhan ilçelerinde, Suriyeli mültecilerin uygun konuta erişim ve barınma konusunda sorun yaşadıkları tespit edilmiştir. Bu araştırma kapsamında ayrıca, konuta erişim ve barınma sorununu, Suriyeli mültecilerin yerleştikleri kente uyum sürecine olan etkisi de anlaşılmaya çalışılmıştır. Yapılan mülakatlardan ve saha gözlemlerinden elde edilen bulgular yorumlandığında, tüm dünyada mültecilerin barınma konusunda uğradığı ayrımcılığı, Hatay'ın merkez ilçesi olan Antakya ilçesi ile Reyhanlı ve Kırıkhan ilçelerine yerleşmiş olan Suriyeli mültecilerin de yaşadığı sonucuna varılmıştır. Ayrıca Hatay ilinin ilçelerine yerleşmiş olan ve mülakata katılan Suriyeli mültecilerin aynı zamanda, dünyada yaşanan örneklere benzer olarak, düşük nitelikteki konutlara daha yüksek ücretler ödedikleri tespit edilmiştir. Mültecilerin uyum sürecini etkileyen en önemli etkenlerden biri barınmadır. Araştırma kapsamındaki üç ilçede de Suriyeli mültecilerin yaşadıkları kente uyum sağladıklarını söylemek pek mümkün değildir.

Sonuç olarak, yerel düzeyde uygulanan konut politikalarının, genel sosyal politikanın önemli bir parçası olduğunu ve bu yönüyle konut politikalarının, göçmenlerin, mültecilerin ve sığınmacıların uyum süreçleri üzerinde de güçlü bir etkiye sahip olduğunu söylemek mümkündür. Bu sebeple, göçmenlerin, mültecilerin ve sığınmacıların sayısının çok olduğu ülkelerde, yeni gelenlerin konuta erişimine ve barınma sorununun çözümüne yönelik yerel düzeyde politikaların geliştirilmesi çok önemli bir husustur.

Kaynakça

Avrupa Mülteci ve Sığınmacı Konseyi. (2001). Good Practice Guide on the Integration of efugees in the European Union: Housing. Brussels: ECRE.

Beider, H. (2012). Race, Housing & Community. WILEY-BLACKWELL.

Bier, A., & Siegert, M. (2018). The Housing Situation of Refugees in Germany. Forschungszentrum Migration, 1-12.

Bolzoni, M., Gargiulo, E., & Manocchi, M. (2015). The Social Consequences of the Denied Access o Housing for Refugees in Urban Settings: The Case of Turin, Italy. International Journal of Housing Policy, 15(4), 400-417.

Carter, T. S., Polevychok, C., & Osborne, J. (2009). The role of housing and neighbourhood in the re-settlement process: a case study of refugee households in Winnipeg. The Canadian Geographer (3), 305-322.

Darrow, J. (2015). The (Re)Construction of the U.S. Department of State's Reception and Placement Program by Refugee Resettlement Agencies. ournal of the Society for Social Work and Research, 6(1), 91-119.

Harrison, M. (1995). Housing, 'Race', Social Policy and Empowerment. Aldershot, Avebury.

Hollanda Hükümeti. (tarih yok). VluchtelingenWerk Nederland. Ekim 20, 2020 tarihinde https://www.vluchtelingenwerk.nl/forrefugees/huisvesting?language=tr adresinden alındı

Kreibich, V. (2000). Self-help Planning of Migrants In Rome and Madrid. Habitat International(24), 201-211.

Mattu, P. (2002). A Survey on the Extent of Substandard Housing Problems Faced by Immigrants and Refugees in the Lower Mainland of British Columbia. Multilingual Orientation Service Association for Immigrant Communities. MOSAIC.

Mullins, D., & Jones, P. A. (2009). Refugee Integration and Access to Housing: A Network management perspective. House and Built Environment(24), 103-125.

Murdie, R. A. (2003). Housing affordability and Toronto's rental market: perspectives from the housing careers of Jamaican, Polish and Somali Newcomers. Housing,Theory and Society, 20(4), 183-196.

Netto, G. (2011). Strangers in the City: Addressing Challenges to the Protection, Housing and Settlement of Refugees, Housing and Settlement of Refugees. International Journal of Housing Policy, 11(3), 285-303.

Rose, D. (2019). Creating A Home in Canada:Refugee Housing Challenges and Potential Policy Solutions. Migration Policy Instute.

Sato, H., & Kunutachi, N. (2006). Housing Inequality and Housing Poverty In Urban China In The Late 1990s. China Economic Review, 17(1), 1-33.

T.C. İÇİŞLERİ BAKANLIĞI GÖÇ İDARESİ GENEL MÜDÜRLÜĞÜ. (2020, Aralık 2). İstatistikler. Aralık 14, 2020 tarihinde Göç İdaresi Genel Müdürlüğü: https://www.goc.gov.tr/gecici-koruma5638 adresinden alındı

Taylor-Neumann, L. N., & Balasingam, M. R. (2013). Migratory Patterns and Settlement Experiences of African Australians of Refugee Background in Murray Bridge, South Australia. Australian Geographer, 44(2), 161-175.

Teixeira, C. (2009). New Immigrant Settlement in A Mid-sized City: A Case Study of Housing Barriers and Coping Strategies in Kelowna. The Canadian Geographer, 323-339.

Tümen, S. (2016). The Economic Impact of Syrian Refugees on Host Countries:Quasi-Experimental Evidence from Turkey. American Economic Review, 1-5.

UN-HABITAT. (2003). The Challenge of Slums. London: EARTHSCAN.

UNHCR. (2019). Global Trends Forced Displacement in 2019. UNHCR.

Birleşmiş Milletler Üçüncü İnsan Yerleşmeleri Konferansı. (2016, 10 Haziran). T.C. Çevre ve Şehircilik Bakanlığı Habitat Konferansları. 3 Mayıs 2019 tarihinde T.C. Çevre ve Şehircilik Bakanlığı: https://habitat.csb.gov.tr/habitat-konferanslari-i-5746 adresinden alındı.

EXTENDED ABSTRACT IN ENGLISH

Urban Refugees' Access to Housing in the Case of Hatay

As natural disasters and local, regional and global conflicts increase around the world, the number of forced migrants also increases. In a short time, these forced migrations, in which a large number of people participated, often cause accommodation problems in the cities, which are the first target of migration. In time, discussions about how the immigrants will adapt to the city are starting, especially in the case of mass forced migrations, where the population size is high. The focus of this article is; forced migration come from Syria to Turkey, Hatay population settled in the province, the adjustment process is to examine the role of housing in urban areas. In this direction, the question of the research is: "What is the role of housing in the adaptation process of the transnational population who came by forced migration to the city?"

During the preparation of this article, the findings of the research project titled "A New Perspective on Adaptation and Adaptation Processes of Urban Refugees: Social Innovation Experiment for Inclusive City Building", coded 117K826 and within the scope of TÜBİTAK 1003- Priority Areas R&D Projects Support Program, were utilized. However, in this study, different from the scope of the project; The problems faced by Syrian refugees, who came to the city through forced migration, in access to housing were also tried to be revealed, and the findings obtained from the field were tried to be associated with the focus of housing. In this study, it is aimed to discuss the qualities of the housing policies to be adopted for those who come to the city with forced migration, while examining the effect of housing in the process of adaptation to the urban population.

When the foreign literature on forced migration and access to housing is examined; Mostly, researches come across in the field of Urban Sociology. Although these studies have gained weight in the last two decades, there are more studies investigating this issue between 2010 and 2020. The country where the studies on the access of forced migrants to housing intensify is Canada, where the immigration experience is intense and hosts different immigrant communities (Rose, 2019; Affan, 2016; Dawn, 2017). The research method commonly used in these studies is generally structured or semi-structured interview. These studies show that migrants and refugees, who form disadvantaged groups in the society because of their forced migration, in access to the housing market; it reveals the economic, social and physical difficulties they face in access.

Migrants 'and refugees' access to housing, which is a fundamental issue affecting the quality of life, is also one of the factors affecting the adaptation processes of migrants and refugees to their new country and city. The access of migrants and refugees to housing in a city is regarded as an important indicator of structural integration with the host society.

In this study, the location of access to housing and immigration policy issues such as the importance of the integration process of refugees' housing, for example, has been studied in Syrian refugees living in Turkey for nearly a decade. It was determined that Syrian refugees in Antakya, Reyhanlı and Kırıkhan districts of the province of Hatay, which were examined within the scope of this research, had problems in accessing and sheltering suitable housing. Within the scope of this research, it was also tried to understand the problem of access to housing and accommodation, and its effect on the adaptation process of Syrian refugees to the city where they settled. When the findings obtained from the interviews and field observations were interpreted, it was concluded that the discrimination faced by refugees all over the world in terms of accommodation is also experienced by Syrian refugees who have settled in Antakya district, the central district of Hatay, and Reyhanlı and Kırıkhan districts. In addition, it was determined that Syrian refugees who settled in the districts of the province of Hatay and participated in the interviews also pay higher fees for low quality houses, similar to the examples experienced in the world. One of the most important factors affecting the adaptation process of refugees is accommodation. It is not possible to say that Syrian refugees in all three districts within the scope of the research have adapted to the city they live in.

In conclusion, it is possible to say that the housing policies implemented at the local level are an important part of the general social policy and from this aspect, housing policies have a strong effect on the adaptation processes of immigrants, refugees and asylum seekers. For this reason, in countries where the number of migrants, refugees and asylum seekers is high, it is very important to develop local level policies for the access of newcomers to housing and to solve the housing problem.

Göç Dergisi
Mart 2021
Cilt: 8, Sayı: 1, sf. 79–106
ISSN: 2054-7110 (Basılı) | ISSN 2054-7129 (Çevrimiçi)
www.gocdergisi.com

Makale tarihçesi: Alındı: 17 Kasım 2020 Kabul edildi: 6 Nisan 2021
DOI: https://doi.org/10.33182/gd.v8i1.752

Gaziantep ve İzmir'deki Suriyelilerin Yaşadıkları Dışlanma Deneyimleri[1]

Sait Vesek[2]

Öz

Bu araştırma, Türkiye'de yaşayan Suriyelilerin kentsel alanda yaşadıkları dışlanma deneyimlerine odaklanmaktadır. Bu amaçla Suriyelilerin ekonomik, mekânsal ve kültürel açıdan ne tür dışlanma örnekleriyle karşılaştıkları üzerinde durulmuştur. Ayrıca bu araştırmada dışlanmanın dinamikleri ve katılımcıların dışlanmaya ne gibi cevaplar verdikleri ele alınmıştır. Bu araştırma Gaziantep ve İzmir kent merkezlerinde nitel bir yöntemle yapılmıştır. Gaziantep'te 30 kişi, İzmir'de 27 kişi olmak üzere toplam 57 Suriyeli ile yarı yapılandırılmış görüşme ile Gaziantep'te iki ve İzmir'de bir olmak üzere toplam üç odak grup görüşmesi gerçekleştirilmiştir. Elde edilen verilerin analizinde betimsel yöntem kullanılmıştır. Araştırma verilerinden hareketle hem Gaziantep'te hem de İzmir'de Suriyelilerin kentsel yaşamın hemen hemen her alanında dışlanma ile karşılaştıkları ve bu dışlanmayı en aza indirmek için birtakım baş etme yöntemlerine başvurdukları tespit edilmiştir. Bunun yanı sıra, bir dışlanma türünün diğer bir dışlanma türüyle iç içe geçebildiği, araştırmadan elde edilen bir diğer sonuç olmuştur. Bu araştırma, özellikle sürdürülebilir bir entegrasyon politikası için mevcut engellerin ortaya konulması açısından literatürdeki tartışmalara katkı yapmayı amaçlamaktadır.

Anahtar Kelimeler: *Suriyeliler; Mülteciler; Kent; Dışlanma; Gaziantep; İzmir*

ABSTRACT IN ENGLISH

Exclusion Experiences of Syrians in Gaziantep and Izmir

This research focuses on the lived experience of exclusion in urban areas of Syrians living in Turkey. For this purpose, it was emphasized on what kind of exclusion Syrians face in socioeconomic, spatial and cultural terms. The dynamics of this exclusion and the responses of the participants to exclusion were discussed. The research was carried out with a qualitative method in Gaziantep and Izmir city centres and the descriptive method was used in the analysis of the data. The research is drawn from a fieldwork conducted on 30 semi-depth interviews in Gaziantep and 27 in İzmir. It also makes use of findings gathered from 3 focus group, two in Gaziantep and one in İzmir, carried out during the fieldwork. Based on the research data, it has been determined that Syrians in both Gaziantep and Izmir face exclusion in almost every area of urban life and resort to some methods to minimize this exclusion. In addition to this, another result obtained from the study was that a type of exclusion could be intertwined with others. The research aims to

[1] Bu makale 2020 yılında Anadolu Üniversitesi Sosyoloji Bölümünde tamamlanan doktora tezinden üretilmiştir.

[2] Dr. Sait Vesek, Milli Eğitim Bakanlığı-Öğretmen, Türkiye. E-mail: svesek10@gmail.com.

contribute to the debates in the literature, especially in terms of revealing the current obstacles for a viable integration policy.

Keywords: *Syrians; Refugees; City, Exclusion; Gaziantep; İzmir*

Giriş

Göç, hangi sebeple yapılırsa yapılsın, süresi ve yapısı nasıl olursa olsun kişilerin yer değiştirdiği nüfus hareketleri olarak tanımlanmaktadır. Bireysel, grup halinde veya kitlesel olarak yapılan bu yer değiştirme olayı; ülke içinde olabileceği gibi ülke sınırı dışına doğru da olabilir. Bu duruma siyasi ve ekonomik sebeplerle göç edenlerin ya da aile birleşimi gibi farklı hedeflerle hareket edenlerin göçü de dâhildir (Marshall, 2003, s. 685; IOM, 2013, 35-36).

Göç yazınında uluslararası göçmenlerin hareketlilikleriyle ilgili birtakım tipolojiler söz konusudur. Bunlardan en yaygın olanı gönüllü ve gönüllü olmayan göçmenler şeklinde ortaya çıkmaktadır. Gönüllü göçmenler isteyerek ve bilinçli bir şekilde göç kararı almış olan ekonomik göçmenler olarak tanımlanırken, gönüllü olmayanlar, diğer bir deyişle zorunlu göç mağdurları siyasi mülteciler, sürgün edilenler ile siyasi sığınmacılar olarak ifade edilmektedir.[3] Bu insanların yaşadıkları ülkede maruz kaldıkları iç savaş, baskı ortamı ve şiddet sonucunda farklı bir bölgeye veya ülkeye göç etmek dışında başka seçenekleri kalmamaktadır (Güllüpınar, 2012, s. 57; Şenol Sert, 2016, s. 30).

UNCHR (Birleşmiş Milletler Mülteciler Yüksek Komiserliği) tarafından 2020'de yayınlanan "Küresel Eğilimler" adlı raporda dünyada çatışma, baskı ve savaştan kaçan insan sayısının 2019'da 79,5 milyona ulaştığı açıklanmıştır. Bu sayının, 10 yıl önceki verilerin iki katı, bir yıl önce açıklanan seviyeden yaklaşık 9 milyon daha fazla olduğu vurgulanmıştır. 2019'da mülteci sayısı dünya çapında 29,6 milyondur. Bu raporda, dünya'daki mevcut mültecilerin üçte ikisinden fazlasının kaynak coğrafya olarak beş ülkeden yola çıktığı belirtilmiştir. Bu ülkeler Suriye, Venezuela, Afganistan, Güney Sudan ve Myanmar'dır.[4]

Suriyeliler 2011 yılında ülkelerinde başlayan iç savaşla beraber riskli göç yolculuklarını göze alarak başta komşu ülkeler olmak üzere dünyanın değişik yerlerine göç etmişlerdir. İç savaşın tüm etkilerine maruz kalmış olan Suriyeliler zorunlu göç mağduru olarak güvenli bir yer arayışına girmişlerdir. Bu olağanüstü kitlesel ve zorunlu yer değiştirme süreci sonucunda Türkiye, yaklaşık 3,5 milyonun üzerinde bir Suriyeli nüfusunu kabul etmiştir. Suriyelilerin çoğunlukla yaşamak için büyük kentleri tercih ettikleri görülmektedir. Çalışma alanı olarak seçilen Gaziantep ve İzmir, Türkiye'de en fazla Suriyeli nüfusun yaşadığı kentlerdendir. GİGM[5] (Göç İdaresi Genel Müdürlüğü) verilerine göre Ekim 2020 itibarıyla Gaziantep, 452.420 kişiyle İstanbul'dan sonra en fazla Suriyeliyi barındıran ikinci ildir. İzmir de en fazla mülteciyi barındıran 10 kent arasındadır. 147.047 Suriyeli mültecinin yaşamak için tercih ettiği bir il olarak karşımıza çıkmaktadır. Her iki il Türkiye'de bulunan Suriyelilerin %16.45'ine ev sahipliği yapmaktadır.

Bu araştırmanın yürütüldüğü iki kentin coğrafi konumları da birbirinden farklıdır. Ülkemizin güneydoğusunda yer alan Gaziantep kenti, Türkiye-Suriye sınırına da yakındır. İzmir kenti ise, Türkiye'nin batısında yer alan ve hem gelişmişlik açısından hem de kültürel açıdan farklılaşan

---

[3] Göç ekonomik nedenlerle olabileceği gibi savaş ya da kıtlık gibi gerekçelerle gerçekleşebilmektedir. Çeşitli biçimlerde gerçekleşen göç süreçleri gereksinimleri ve bu gereksinimlerin önceliklerini şekillendirebilmektedir (Sirkeci ve Göktuna Yaylacı, 2019).

[4] https://www.unhcr.org/tr/24189-dunyadaki-insanlarin-1i-yerinden-edilmis-durumda-unhcr-kuresel-egilimler-raporu.html (Erişim tarihi: 30 Aralık 2020).

[5] https://www.goc.gov.tr/gecici-koruma5638 (Erişim Tarihi: 10 Ekim 2020).

bir yapıya sahiptir. Araştırma sahası olarak birbirinden farklı sosyoekonomik, kültürel ve mekânsal özelliklere sahip bu iki kentin seçilmesi, kentsel alanda Suriyelilerin yaşadıkları dışlanma deneyimlerinin Türkiye'nin batısında ve güneydoğusunda bir değişkenlik gösterip göstermediğinin irdelenmesi açısından da önem arz etmektedir.

Kavramsal Çerçeve

Dışlanma genel olarak, bireylerin ekonomik, sosyal, politik ve kültürel yaşama tam olarak katılamadıkları bir durumu tanımlar. Dışlanmayla en çok karşılaşan kesimlerden biri göçmenler/mültecilerdir. Göçmenlere/mültecilere karşı dışlanma, hayatın tüm alanlarında değişik şekillerde ortaya çıkabilmektedir. Dışlanma, yerli ile yabancı işçiler arasındaki ücretlerde, istihdam imkânlarında, sosyal yardımlardan yararlanma konusunda, ev alma, kiralama gibi gündelik hayattaki karşılaşmalarda ve çocukların eğitim-öğretimlerinde kendini gösterebilmektedir (Göker, 2015, s. 121; Tezcan, 2019, s. 192). Diğer bir deyişle göç edilen ülkede ekonomik alanda yaşanılan eşitsizlikler, izole bir sosyal hayat yaşanmasına sebebiyet veren barınma durumu, gündelik hayattaki olumsuz tavır ve davranışlar ile buna benzer yaşam şartları dışlanmanın değişik şekilleri olarak karşımıza çıkmaktadır (Şimşek, 2017, s. 16-17). Dışlanmanın çok boyutlu bir kavram olması onun sınırlarının belirlenmesini zorlaştırmaktadır. Kronauer (1998) altı tür dışlanmadan söz eder: İstihdam piyasasından dışlanma, kültürel dışlanma, mekânsal dışlanma, sosyal dışlanma, ekonomik dışlanma ve kurumsal dışlanma. Özbudun ise (2006) bu dışlanma türlerinin yanı sıra siyasal dışlanmaya da yer verir. Dışlanmanın ekonomik, sosyal ve siyasal olmak üzere üç boyutu olduğunu belirten Hatipler (2019), bunların iç içe geçmiş dinamik bir süreci barındırdığını dile getirir. Adaman ve Keyder de (2006) dışlanmayı ekonomik, kültürel, siyasal ve mekânsal olarak dört başlık altında değerlendirirler. Deniz ve arkadaşları (2016) ise bu dört başlığa söylemsel dışlanmayı ekleyerek bu konuyu beş ayrı perspektiften ele alırlar. Dışlanmanın siyasal, sosyal ve söylemsel boyutu önemli olmakla birlikte bu çalışmada araştırma konusunun sınırlılığı açısından daha çok ekonomik, mekânsal ve kültürel boyutu üzerinde durulmuştur.

Giddens (2005, s. 320), bireyler ve toplulukların hem üretim hem de tüketim bakımından ekonomik faaliyetlerden dışlanmasının onların toplumla bütünleşmelerinin önündeki önemli engellerden biri olduğunu ifade eder. Ona göre üretim faaliyetlerine ve iş gücü piyasasına katılmak, yeterli bir gelire sahip olmak toplumun bir parçası olmak açısından temeldir. Bu noktada ekonomik dışlanma, en somut anlamda insanların geçinmek veya ihtiyaçlarını karşılamak için gerekli gelirden yoksun olmaları şeklinde tanımlanmaktadır (Çakır, 2012, s. 86). Bu dışlanma, yasal kısıtlamalar ve yeterli becerilerin veya diğer geçim kaynağı varlıklarının bulunmaması nedeniyle (UNCHR, 2009) çoğunlukla gündelik işler yoluyla gelir elde etmenin mümkün olduğu enformel sektörde yoğun olarak görülmektedir. Diğer bir deyişle ekonomik dışlanmanın en somut şekilde görüldüğü alanlardan biri enformel sektördür.

Güvencesiz iş ortamında resmi bir kaydı olmayan, işveren tarafından tek taraflı işine rahat bir şekilde son verilebilen kişiler, kayıt dışı sektörün mağduru olabilmektedir. Bu kayıt dışı işleyiş, çalışanların çalışma saatlerini de belirli bir standarda bağlı olmaksızın belirleyebilmektedir. Emek yoğun sektörlerde uzun çalışma saatleri, işverenin kârını ve rekabet gücünü arttırma amacıyla genellikle fazladan ücretsiz çalışma olarak belirmektedir. Her ne kadar çalışma saatlerine ilişkin düzenleme haftalık en fazla 45 saat ile sınırlandırmışsa da bazı yerlerde bunun 70 saate kadar vardırıldığı bilinmektedir (Özatalay, 2016, s. 153-154; Tümtaş, 2018). Enformel sektörde işçi ve işveren arasındaki ilişkinin hukuki bir temele dayanmaması, işverenin lehine bir durum yaratmaktadır. Bu da işçi açısından güvencesiz istihdam şartlarının oluşmasına zemin hazırlamaktadır. Göçmen işçiler de yoğun olarak bu güvencesiz istihdam şartlarının geçerli olduğu sektörde istihdam edilmektedir. Bu sektörün ekonomik açıdan canlandırıcı gücü, devlet ve işverenler nezdinde bilinmektedir (Kara, 2018, s. 86).

Göçmen gruplar, enformel sektörün taşıyıcı unsurlarından biri olarak düzensiz/geçici işlerde düşük ücretlerle çalışırlar ve keyfî işten çıkarılmaya karşı savunmasızdırlar.[6] Bu grupların, iş konusunda yeterliliklerinin tanınmadığı ve emek sömürüsüne maruz kaldıkları ifade edilmiştir (Aygül, 2018, s. 185; Dolan, 1997, s. 24). Gökçek Karaca'nın "ABD'ndeki Türk Göçmen İşçilerin Çalışma Yaşamında Karşılaştıkları Sorunlar" adlı çalışmada (2009, s. 299-302) ortaya koyduğu sorunlar, birçok ülkede göçmen ve mültecilerin deneyimlediği sorunlardır. Bunlar şu şekilde sıralanmaktadır:

a) Kötü Koşullarda Çalıştırılma

b) Yasal Çalışma Süresinin Üzerinde Çalıştırılma

c) Düşük Ücretle Çalıştırılma

d) Sahip Olunan Niteliği Çok Sınırlı Ölçüde Kullanabilme

e) Sigortasız Çalıştırılma

f) İş veya İş Yeri Değiştirmek Zorunda Kalma

g) İşsizlik

Göçmen emeğindeki maddi çıkarlar, işverenlerin göçmenlerin sömürülebilir pozisyonlarından yararlanmasını beraberinde getirmektedir. Göçmenlerin yaygın bir şekilde çalıştıkları işler, emek yoğun ve enformel çalışma şartlarının hâkim olduğu sektörlerdir (Özkarslı, 2015; Kaygısız, 2017; Sunata, 2018). Özellikle göçmen kadınların istihdam olanağı bulduğu ev hizmetleri, küçük ve orta ölçekli firmalardan oluşan tekstil, imalat sektörü, düzensiz göçmenlerin ağırlıkla çalışabilecekleri sektörler olarak bilinmektedir.[7] Mevsimlik çalışmanın yaygın olduğu tarım, turizm ve eğlence sektörü yine göçmenlerin istihdam olanağı buldukları sektörlerdir (Akay Ertürk, 2016; Ekiz Gökmen, 2018; Karabıyık, 2019). Benzer şekilde Türkiye'de inşaat ve yeme-içme sektörleri de hem küçük ölçekli firmaların sayısının fazla ve kayıt dışı istihdamın yaygın olması nedeniyle göçmenlerin çalışması için uygun alanlardır. Bu sektörlerde göçmenler, maaşların hesaplanmasında dikkate alınmayan uzun çalışma saatlerine tabi olabilmektedir. Göçmenler, özellikle yıllık izinlerini kullanma konusunda engellerle karşı karşıya kalmaktadırlar (Lordoğlu, 2015, s. 40; Brown vd., 2018, s. 43-44; Mutlu vd., 2018, s. 81; Kara, 2018, s. 87).

Ekonomik dışlanma; haksız işten çıkarma, ağır çalışma şartları olarak ortaya çıkabildiği gibi çalışanın sağlık ve güvenlik yardımlarından yoksun olması (sağlık, kaza, emeklilik, işsizlik

[6] Türk Kızılayı ile Dünya Gıda Programı tarafından yapılan ve büyük çoğunluğu Suriyeli katılımcılardan oluşan bir araştırmada (Türk Kızılayı ve Dünya Gıda Programı, 2019) Türkiye'de mülteci hanelerinin yüzde 84'ünde en az bir kişinin çalıştığı ortaya konulmuştur. Çalışmada ayrıca mültecilerin sadece yüzde 3'ünün çalışma iznine sahip olduğu ve bunun büyük çoğunluğunun gayrı resmi iş güvencesiyle çalıştırıldığı belirtilmiştir. Veriler, dil becerilerinin istihdam edilebilirliği etkilediğini göstermiştir.

[7] ILO tarafından yayınlanan raporlarda da çalışan Suriyelilerin %91'nin kayıt dışı işlerle geçimlerini sağlamaya çalıştığı ifade edilmiştir. Böylelikle, tarihsel olarak yüksek oranda kayıt dışılık sergileyen imalat, ticaret ve inşaat gibi sektörler, Suriyeli işgücünün ana tercihleri haline gelmektedir. Toplamda, bu üç sektör Suriyeli işçilerin yüzde 79,1'ini teşkil etmektedir (ILO, 2020).

sigortası gibi) şeklinde de karşımıza çıkmaktadır. Güvencesiz çalışma, ekonomik ve sosyal kırılganlığı ifade etmektedir (Aygül, 2018, s. 184; DSP ve İGAM, 2019, s. 26).

Ekonomik dışlanmayı, bazen kendilerinden daha vasıflı olan yabancılarla rekabet etmek zorunda olan yoksul ve vasıfsız yerli halkın tepkisi olarak değerlendirenler de vardır (Hungwe, 2013, s. 45). Mülteciler, bazen iş haklarını kullanamadıkları için içinde bulundukları dezavantajlı durumlarından dolayı tercih edilen işçiler haline gelirler. İşverenlerin onları çalıştırma ve işten çıkarma konusunda esnekliği vardır. Böylece bu durum, işveren tercihini şekillendirebilmektedir.

Mültecilerin düşük ücretle çalışmaları, iş yerindeki diğer işçilerle sorun yaşamalarına sebep olmaktadır. Çünkü diğer işçiler işlerinin ellerinden alınabileceği kaygısı taşımaktadırlar (Güngördü, 2018, s. 191; Kara, 2018, s. 93-95). Bu durum zaman zaman toplumsal gerginliğin kaynağı olabilmektedir.

Mültecilere karşı dışlama, yalnızca işgücü piyasasıyla sınırlı değildir. Dışlanma ekonomik olduğu kadar mekânsal olarak da ortaya çıkabilmektedir. Göçmenlerin/sığınmacıların yerleşime dayalı ayrışma yaşadıkları yerlerden söz eden Castles ve Miller'e (2008, s. 334-335) göre, bu durum, mülk sahiplerinin göçmenlere ev kiralamak istememeleri ya da yüksek fiyatlarla ev kiralamak istemeleri yüzünden ortaya çıkan ayrımcılıkla ilgilidir. Olumsuz barınma koşullarında yaşayan insanlar, kendilerine daha iyi koşullar yaratma durumlarından yoksun kalmaktadır. Dışlanma kavramı, bu durumda bireylerin, nüfusun çoğunluğunun sahip olduğu barınma gibi fırsatlardan yararlanmasını engelleyen bir durum olarak kendini göstermektedir (Giddens, 2005, s. 320-321). Barınma yerlerinin yanı sıra toplu taşıma araçları (Crush vd., 2017, s. 892), meydanlar, sahil şeridi, park ve okul gibi ortak yaşam alanları (Sönmez ve Adıgüzel, 2017, s. 804), mekânsal dışlanmanın görüldüğü yerler arasında olabilmektedir.

Kültürel dışlanma, göç literatüründe yer bulan bir diğer dışlanma türü olarak karşımıza çıkmaktadır. Mültecilerin, gündelik etkileşimde kendilerinden ne beklediğimizi bildiğimiz insanlardan farklı bir şekilde, öngörülemez oldukları için kaygıya sebep olabildiklerinden söz eden Bauman'a (2016, s. 14) göre, mülteciler değer verdiğimiz, aşina olduğumuz ve zor elde edilmiş iyi yaşam şeklimizi zedeleyebilme potansiyeli taşıyanlar olarak algılanmaktadır. Suriyelilerin kitlesel halde komşu ülkelere göç etmesi, yerel halkta, kültürel dokunun bozulacağı, kent kültürünün bir kimliksizliğe sürükleneceği algısı yaratmaktadır. Toplu ulaşım araçlarında, hastanelerde, trafikte yerel halkla karşı karşıya gelinmesi, insanlarda Suriyelilere karşı önyargı ve nefretin yerleşmesine sebep olmaktadır (Erdoğan, 2015, s. 117; Ekinci, 2015, s. 50; Deniz vd., 2016, s. 36). Dolayısıyla mülteci nüfusunun zamanla artması, yerel halkın kendilerine karşı tavırlarının zamanla olumsuz yönde değişmesini beraberinde getirmektedir (Şimşek, 2015).

Göçmenler ve mülteciler; göç edilen yerde etnik farklılıkları, konuşma tarzları ve dış görünümleri nedeniyle de dışlanmaya maruz kalabilmektedirler (Dustmann ve Preston, 2007; Canatan, 2013; Göker, 2015, s. 338-340;). Suriyelilerin dil yeterliliklerinin eksikliği, etkileşim içerisinde bulundukları toplumsal çevre ile olumlu ilişkiler kurmalarının önünde önemli bir engel teşkil etmektedir (Koser Akçapar ve Şimşek, 2018). Suriyelilerin ülkelerinde sahip oldukları giyim tarzına göre giyinmeleri, dışlanmalarına sebep olabilmektedir (İnsamer ve SDC, 2019, s. 5). Suriyelilere yönelik olumsuz tutumların son dönemlerde gittikçe güçlenme eğiliminde olduğu ifade edilmektedir (Istanpol, 2020; Deri, Tekstil ve Kundura İşçileri Derneği, 2020; Acu, 2020). Mülteciler, ekonomik durumla yakından ilişkilendirilen bu ayrımcı tutumlara karşılık birtakım başa çıkma yöntemlerine başvurmaktadırlar. Bunlar; dışlanmayı içselleştirerek veya sessiz kalarak hayatı sürdürmeye çalışmak (İncetahtacı, 2020; Suárez vd., 2009; Tewolde, 2020), sahip olduğu kimliği yeniden tanımlamak (Yalçın, 2004, s. 89), yerel halkla karşılaşmaların muhtemel olduğu yerlerden uzak durmak veya mekânsal olarak belirli bir bölgede yoğunlaşmak (Ünal, 2012, s. 58-61; Oxfam, 2013) olarak belirtilebilir. Mekânsal yoğunlaşma, dayanışma ve güven isteğine cevap veren ve yeni göç etmiş kişilerin kendilerine yetebilmelerine yardımcı olan bilgi paylaşımını sağlama açısından önem arz etmektedir.

Dışlanma ve bununla mücadele için alınacak önlemler üzerine yapılan araştırmaların çoğu iş gücü piyasasına odaklanmıştır (Heath, 2013). İş piyasasındaki uygulamaların dışlanma konusundaki belirleyiciliği kabul edilse de diğer dışlanma dinamiklerinin ortaya konulması, konunun bütün bir şekilde anlaşılması açısından önemlidir. Bu noktada Suriyelilerin Türkiye'de gündelik hayatlarında karşılaştıkları çok yönlü ayrımcılıkların hangi dinamiklerle gerçekleştiği araştırmamız açısından önemli olmuştur. Zira yaklaşık on yıldır Türkiye'de bulunan ve geleceklerini Türkiye'de gören Suriyelilerin uzun vadede entegrasyon süreçlerinin başarılı olabilmesi, bu konuda meydana gelen engellerin bilinmesiyle olanaklıdır. Dolayısıyla kentsel alanda dışlanmaya sebep olan ekonomik, sosyal ve kültürel faktörlerin neler olduğu bu araştırmada ortaya konulmaya çalışılmıştır. Bu amaçla ekonomik, mekânsal ve kültürel dışlanma deneyimleri üzerinde durulmuştur.

Yöntem

Bu araştırma, nitel bir yöntem olarak tasarlanmış ve uygulanmıştır. Bilindiği üzere göç konusu çok boyutlu ve karmaşıktır. Bu durum, göçmenlerin/mültecilerin bakış açılarını, anlatımlarını, kişisel deneyimlerini, motivasyonlarını, kaygılarını ve beklentilerini dikkate almayı zorunlu hale getirmektedir. Bu yaklaşım bize göçmenlerin/mültecilerin içinde yaşadıkları dünyayı hangi açıdan algıladıklarını ve yorumladıklarını değerlendirme fırsatı verir (Berg ve Lune, 2019; Glesne, 2013, s. 33; Kümbetoğlu, 2016, s. 59). Dolayısıyla göç olgusunun bireylerin hayatlarını ne şekilde etkilediği, sığınmacıların varış yerlerinde yaşamlarını nasıl sürdürdükleri, gündelik yaşamda karşılaştıkları dışlanmalara ne gibi anlamlar yükledikleri, dışlanmaların dinamikleri ve dışlanma pratiklerine karşı ne tür stratejiler geliştirdikleri ancak nitel bir çalışma ile ortaya konulabilir. Nitel çalışma, bir yandan araştırmacının belirli bir konuda derinlemesine bilgilere erişmesini sağlarken diğer taraftan da görüşme yapılan bireylerin içinde bulundukları bağlamı ne şekilde ve nasıl algıladıklarını ve anlamlandırdıklarını içeriden kavramaya imkân vermektedir. Çoğu zaman göz ardı edilen durumların, araştırılan kişilerin gözünde ne kadar önem arz ettiğini ortaya koymak bu yolla mümkündür (Neuman, 2014, s. 240-241; Suğur, 2018: 100). Bu araştırmaya konu olan saha çalışması, 2018 yılının Temmuz-Kasım ayları arasında Gaziantep ve İzmir il merkezlerinde gerçekleştirilmiştir. Araştırma için Gaziantep ve İzmir kentlerinin seçilmesindeki nedenlerden bir tanesi, bu iki kentin Suriyelilerin en yoğun olarak yaşadığı ilk 10 kent içerisinde yer almasıdır. Suriyeli nüfusun en fazla barındığı iller sıralamasında Gaziantep ili İstanbul'dan sonra ikinci sırada, İzmir ili ise sekizinci sıradadır. Gaziantep ve İzmir, Suriyelilerin özellikle enformel sektör aracılığıyla ekonomik yaşama dahil olmaya çalıştıkları kentlerdir. Gaziantep ve İzmir, Suriyelilerin sosyal ağları aktif bir şekilde kullanarak, tanıdıkları ve akrabaları aracılığıyla yerleşmek amacıyla yüksek ölçüde tercih ettikleri yerlerdir. Bunun yanı sıra Gaziantep'in Suriye'ye yakın olması, İzmir'in de Avrupa'ya giden rota üzerinde bulunan bir yer olması nedeniyle Suriyelilerin göç tercihlerini etkileyebilecek konumda olmaları saha çalışması bu iki kentin seçilme nedenlerindendir. Bu iki kentte 16'sı kadın, 41'i erkek olmak üzere toplam 57 yarı yapılandırılmış derinlemesine görüşmeler yapılmıştır. Görüşmeler, Gaziantep'te 10'u kadın, 20'si erkek olmak üzere toplam 30 kişiyle, İzmir'de ise 6'sı kadın, 21'i erkek olmak üzere toplam 27 kişiyle gerçekleştirilmiştir. Ayrıca Gaziantep'te iki, İzmir'de bir olmak üzere üç odak grup görüşmesi yapılmıştır. Odak grup görüşmelerinin ilki yalnızca Suriyeli kadınlardan oluşan bir toplulukla, ikincisi üniversite öğrencisi ve üniversite adayı genç bireylerle, üçüncü görüşme de yalnızca erkek bireylerle yapılmıştır. Odak grup görüşmelerinin her biri saha çalışması sırasında görüşme yapılan farklı kişilerin yönlendirmesiyle gerçekleştirilmiştir. Gaziantep'te ilk olarak kadın katılımcılarla yapılan görüşme halka açık bir parkta yapılmıştır. Üniversite'de okuyan ve üniversite adayı bireylerle yapılan görüşme kendilerinin yer olarak uygun gördüğü bir kafede yapılmıştır. İzmir'de yapılan odak grup görüşmesi ise Suriyelilerin genellikle önlerinde oturup sohbet ettikleri bir mahalle bakkalında gerçekleştirilmiştir. Odak grup görüşmelerine 6-11 arası kişi katılmıştır. Yarı yapılandırılmış derinlemesine görüşmeler 30-90 dakika arasında, odak grup görüşmeleri ise 60-90 dakika arasında bir zaman dilimi içerisinde yapılmıştır.

Saha çalışması boyunca Suriyelilerin yoğun bir şekilde yerel halkla iç içe yaşadıkları mahalleler, sahip oldukları iş yerleri, uğradıkları kafeler, çalıştıkları ayakkabı ve tekstil fabrikaları, sokak aralarında dükkân veya depodan bozma atölyeler, tatil günlerinde vakit geçirdikleri parklar ve piknik alanları ziyaret edilmiştir. Bazı katılımcıların evlerine gidilerek, görüşmeler evlerde yapılmıştır.

Saha araştırması sırasında katılımcılara ulaşmak amacıyla kartopu örnekleme yöntemi tercih edilmiştir. Kartopu örnekleme, bir araştırma evreninde konuyla ilgili kişilerin tespit edilmesinde kullanılabilecek elverişli bir örneklem türüdür. Konuyla ilgili özellikleri taşıyan birkaç kişiye ulaşılması ve bu kişilerin ilgili benzer diğer kişilere yönlendirmesiyle katılımcı zinciri oluşur (Berg ve Lune, 2019). Saha çalışması öncelikle Gaziantep'te yapılmıştır. Suriyeli bir tanıdık kişinin referansıyla Gaziantep'te Cumhuriyet Mahallesi'nde oturan bir aile ile görüşme yapılmış, ailenin yönlendirmesiyle bakkal dükkânı işleten bir görüşmeciye ve onun referansıyla da diğer görüşmecilere ulaşılmıştır. İzmir'deki katılımcılara ise Gaziantep'te oturan ve İzmir'de akrabası bulunan katılımcıların yönlendirdiği kişiler aracılığıyla ulaşılmış ve bu durum, çalışmanın daha hızlı yürütülmesi açısından önemli olmuştur.

Bu araştırmada veri toplama aracı olarak yarı yapılandırılmış görüşme formu kullanılmıştır. Yapılandırılmış veya yarı yapılandırılmış soru formuna dayanan görüşme teknikleri sosyal bilim araştırmalarda önemli bir veri toplama aracıdır. Görüşme tekniği, kişilerin deneyimlerine, görüşlerine, şikâyetlerine, duygularına ve inançlarına ilişkin bilgilerin toplanıp, derlenmesinde ve sistemli hale getirilmesinde kullanılan en yaygın veri toplama tekniklerinden biri olarak kabul edilmektedir. Çok çeşitli ve zengin detaylara sahip bir resmin, o resme dâhil insanlar tarafından hangi biçimde yorumlandığını ortaya koyma noktasında derinlemesine görüşme, daha elverişli olarak kabul edilmektedir (Tekin, 2012, s. 103). Görüşmede amaç, görüşülen kişilerin anlam dünyalarını, yorumlamalarını ortaya çıkarmak, detaylı ve karmaşık, dolayısıyla zengin bilgilere ulaşmaktır (Kuş, 2007, s. 125-126; Yıldırım ve Şimşek, 2003, s. 92). Bu noktada dışlanma deneyimlerinin Suriyeli katılımcıların yaşamına nasıl yansıdığını, katılımcıların yerel halk ile karşılaşmalardan nasıl etkilendiklerini, bu karşılaşmaların anlam dünyalarını nasıl şekillendirdiğini ortaya koymak önemlidir.

Saha çalışmasında katılımcılara yöneltilen görüşme sorularının oluşturulması öncesinde konuyla ilgili literatür taraması yapılmış ve araştırma evreninde çalışma grubuna dâhil olma özelliklerine sahip dokuz kişi ile bir pilot çalışma yapılmıştır. Pilot çalışma, araştırma sürecinde uygulanan yöntemin uygulanma imkânını görmek ve ortaya çıkabilecek zorlukları önceden belirlemek açısından önemlidir. Pilot çalışma, araştırmanın nasıl gerçekleştirileceğine yani araştırma planına ilişkin önemli ipuçları sunar (Karaman, 2017, s. 88; Glesne, 2013, 74-76).

Saha çalışması boyunca Arap Dili ve Edebiyatı bölümü mezunu Suriyeli bir kadın tercümandan yardım alınmıştır. Tercüman, Suriye iç savaşı ile Türkiye'ye göç etmiştir. Suriye'de iken Arap Dili ve Edebiyatı bölümünü bitirmiş olması Arapçaya akademik anlamda hâkim olmayı beraberinde getirmiştir. Tercümanın katılımcılarla benzer süreçler yaşayarak Türkiye'ye gelmesi, onların düşünce ve duygu dünyalarını içerden anlamaya yönelik önemli bir avantaj sağlamıştır. Bu sayede, derinlemesine görüşmeler sırasında göç sürecinde ne tür deneyimler yaşandığına ilişkin empati yapılabilmesini sağlamış, karşıdaki kişide bir güven ve rahatlama hissi oluşturmuştur. Bu durum görüşmeler sırasında iletişim, diyalog ve güven bakımından katılımcılara psikolojik açıdan rahat bir ortam sağlamış ve doğru kişilere ulaşma noktasında birçok engelin aşılmasında da etkili olmuştur.

Ses kayıt cihazı ve tercüman bulundurulması araştırmanın güvenirliğine katkı sağlayan unsurlar olarak görülmüştür. Araştırma boyunca katılımcılar ile yapılan görüşmeler; tercüman eşliğinde, ses kayıt cihazı kullanılarak kayıt altına alınmıştır. Kayıt cihazı, veri kaybını önlemek ve bilgilerin güvenirliliğini sağlamak için tercih edilmiştir (Yağar ve Dökme, 2018). Araştırma sırasında tercüman desteği, Türkçe yeterliliği olmayan katılımcıların aktaracakları bilgilerin güvenirliliği ve görüşmeler esnasında bilgi kaybı olmaması açısından önemli olmuştur. Çalışmada betimsel analiz yöntemi kullanılmıştır. Görüşme sorularından ve mevcut teorik tartışmalardan yola çıkılarak, Suriyelilerin Gaziantep ve İzmir'deki dışlanma deneyimleri tema olarak belirlenmiş ve veriler bu tema altında analiz edilmiştir. Bu temalar altında "Dışlanmanın Ekonomik Boyutu ile İlgili Bulgular", "Dışlanmanın Mekânsal Boyutu ile İlgili Bulgular" ve "Dışlanmanın Kültürel Boyutu ile İlgili Bulgular" kategoriler olarak belirlenmiştir. Bu kategoriler altında Suriyelilerin Gaziantep ve İzmir'de karşılaştıkları dışlanma deneyimleri ve bu dışlanmaları en aza indirme amaçlı geliştirdikleri yöntemler ele alınmıştır.

Bulgular

Dışlanmanın Ekonomik Boyutu ile İlgili Bulgular

Göçmenler ve mülteciler üzerinde yapılan çalışmalar (Dedeoğlu ve Ekiz, 2011, s. 110-113; DSP ve İGAM, 2019, s. 29; İslamoğlu ve Yıldırımalp, 2016, s. 262 ; Leghtas, 2019) işgücü piyasasında karşılaşılan en belirgin ayrımcı deneyimlerin; kayıt dışılık, belirsiz iş tanımı ve uzun iş saatleri, fiziksel ve sözlü şiddet, genellikle benzer işler için yerlilerden çok daha düşük ücret ödenmesi, ücretlerinin kesilmesi, istihdam durumlarının keyfi olarak sona erdirilmesi ve iş kazaları sonucunda yaralanma ile vefat durumunda güvencesiz kalma ve tazminatların ödenmemesi şeklinde ortaya çıktığını göstermektedir. Mülteciler, bu yönüyle enformel sektörün tüm olumsuzluklarıyla karşılaşmaktadırlar. Araştırma boyunca ekonomik dışlanma, katılımcıların en fazla vurgu yaptıkları ve yakındıkları dışlanma türü olarak karşımıza çıkmaktadır. Gerek Gaziantep'te gerekse İzmir'deki katılımcılar, uzun çalışma saatlerinden ve işyerinde emeklerinin karşılığını alamamaktan şikâyetçi olmuşlardır. Çalışma ortamındaki baskıya dikkat çeken katılımcılar, memleketlerinde çalışma saatlerinin az, molaların fazla olduğunu, Türkiye'deki uzun çalışma saatleri yüzünden kendilerine ve ailelerine zaman ayıramadıklarını ifade etmişlerdir. Ekonomik alanda yaşadıkları dışlanmaya ilişkin olarak katılımcılar şu ifadeleri kullanmışlardır:

"Boya badana işi yapıyorum. Çalışma saatleri değişebiliyor. Ortalama 10 saat çalışıyorum. İş sahipleri çoğu zaman paramı eksik veriyorlar. Bir gün Aliağa'da su dağıtım işi yapan bir adamın yanında çalıştım. Üçüncü haftadan sonra o da paramı vermedi. Bilet param olmadığı için 20 kilometre yolu yürüyerek eve geldim." (Yusuf, 30 yaş, İzmir).

"Burada uzun çalışma saatlerine karşılık düşük ücretler alıyoruz. Suriye'de iken günün tamamını işte geçirmiyordum. İyi ücret alıyordum ve boş zamanım vardı. Bu boş zamanlarda sosyal hayatıma devam ediyordum. Burada işyerinde tüm gün hem bedenen hem psikolojik olarak yoruluyoruz." (Süleyman, 19 yaş, Gaziantep).

Katılımcılar, ülkelerindeki çalışma şartlarının Türkiye'dekinden farklı olduğunu belirtmişlerdir. Suriyeli mülteciler uzun saatler boyunca ağır tempoyla çalışmalarına rağmen aynı ortamda çalıştıkları yerel halka mensup insanlardan daha düşük ücret aldıklarını anlatmışlardır. Kendileriyle aynı yeterliliklere sahip bir yerli çalışanın hem daha fazla ücret aldığını hem de özlük haklarının daha iyi düzeyde olduğunu, bu tarz örneklere çok rastladıklarını ifade etmişlerdir. Çalışmadıkları zaman geçinemediklerini, hemen borçlanmak zorunda kaldıklarını belirten katılımcılar, enformel sektörün tüm olumsuzluklarına maruz kalmaktadırlar. Bir kısım işverenlerin de bu çalışma sisteminden azami düzeyde faydalanmak için Suriyeli işçi talebinde bulundukları bilinmektedir. Suriyeli katılımcılar uzun çalışma saatleri ve çalışma ortamındaki düşük ücretlere ilişkin şunları dile getirmişlerdir:

"Benim kardeşim bir fabrikada günde 12 saatten fazla çalışıyor. Ayda 900 TL alıyor. Bir Türk asla bu maaşı kabul etmez. Müfettişler bir gün fabrikaya gelmiş. Fabrika sahibi, Türk işçilere talimat vermiş: 'Gidin Suriyelilere söyleyin, eğer müfettişler maaşlarını sorarlarsa, 1.500 TL aldıklarını söylesinler.' Hâlbuki kardeşim 900 TL alıyor. Hiçbir zaman 12 saatten az çalıştığını görmedim. Daima daha fazla saat çalışıyor. Aynı parayı alıyor. O kadar çalışan bir insanın sigortasının olması gerekir ama kardeşim sigortasız çalıştırılıyor." (Derya, 21 yaş, Gaziantep).

"12 saatten az çalışabileceğin bir iş yok zaten. 12 saatten sonra mesaiye kalma durumu da var. O da zorunlu. Kalmazsan işten atılma tehlikesi var. Kaldığında da fazla mesai parası almıyorsun. Mesai saatlerinde her saat işkencedir. Çünkü mesai çıkışında yeme içme, duş alma ve uykuya vakit kalmıyor. Zaten bir saatte ancak eve varıyorsun." (Naim, 21 yaş, Gaziantep).

"İlk başlarda bir inşaatın elektrik işinde çalışıyordum. Patronla beraber üç kişi çalışıyorduk. Sabah sekizden akşam sekize kadar normal mesai yapıyorduk. Akşam sekizden gece saat üçlere kadar ek mesai yapıyorduk. Patron biz gece ayrılırken, sabah sekizde yine iş başında olmamızı istiyordu. Ben işin zor olduğunu, yorgun olduğumu söylememe rağmen, kendisi binanın elektrik işlerinin kısa sürede bitmesi gerektiğini söylüyordu. En sonunda ek mesai parasını vermedi. Normal mesai parasını bile zor aldım. Tatilimiz de yoktu. Tam bir sömürü yaşadım. 25 saat karşılığında çoğu zaman 100 TL veriyordu. Haftalığım 350 TL idi. Yakındığım zamanlarda adam bana dönüp 'Beğenmiyorsan Suriye'ye dönebilirsin.' diyordu. Patron sürekli bana Suriyeli işçi bulmamı istiyordu. Amacı kendi işinde olabildiğince kâr etmekti. Ama yine de halkın çoğunluğu vicdanlı, diğer milletlere göre iyi insanlar. Kendi Arap coğrafyamız bize merhamet göstermedi. Türkler çok daha iyi." (Faysal, 27 yaş, İzmir).

Bazı durumlarda göçmenler, menşe ülke göçmenleri tarafından yönetilen işyerlerinde de ayrımcılığa maruz kalabilmektedir (Suárez vd., 2009; Kesici, 2016). Katılımcılardan bazıları yanlarında işçi olarak çalıştıkları Suriyeli işletme sahiplerinin kendilerini uzun saatler boyunca, çoğu zaman düşük ücret karşılığında çalıştırdıklarını, işletme sahiplerinin kendi kırılgan durumlarını bildiği için bundan yararlandıklarını, adeta bir emek sömürüsüne maruz kaldıklarını anlatmışlardır. Bir katılımcı, yaşadığı bu duruma ilişkin şunları ifade etmiştir:

> "Burada Suriyeli bir iş sahibi Suriyeli olduğumdan dolayı bu durumu kullandı. Çok saat çalıştırıp, bana az para verdi. Nasıl olsa çalışıyor, sigorta istemez diye bizzat Suriyeli işveren tarafından suistimal edildim." (Kasım, 21 yaş, Gaziantep).

Yukarıdaki örnekten hareketle, bazı Suriyeli işverenlerin de çalıştırdıkları Suriyelilerin savunmasız konumlarını değerlendirerek, ekonomik dışlanmaya zemin hazırladıkları söylenebilir.

Yerel halka kıyasla, istihdamda saygınlık ya da adaletli muamele eksikliğine dikkat çeken göçmenler için sigortasız çalışmak, iş hayatının en zor taraflarından biridir (Gurtzweier-Herrin, 2018, s. 152). "Suriyeli Göçmen İşçilerin İstanbul Ölçeğinde Tekstil Sektörü Emek Piyasasına Eklemlenmeleri ve Etkileri" adlı çalışmanın (Mutlu vd., 2018, s. 81) ortaya koyduğu sonuçlara göre, tekstil sektöründe çalışan Suriyeli işçilerin tamamı, Türkiyeli işçilerin ise %50'si sigortasız olarak çalıştırılmaktadır. İş olmadığı zaman işçilerin ücretsiz olarak izne gönderilmesi uygulamasıyla karşı karşıya kalan işçilerin oranı %70'tir. Sigortasız çalışma, katılımcıların en fazla dikkat çektikleri dışlanma örneklerindendir. İzmir'de kendisiyle görüşme yapılan bir katılımcı, ayakkabı sektöründeki çoğu Suriyelinin sigortasız çalıştırıldığını ifade etmiştir. Gaziantep'te görüşülen bir başka katılımcı, bir terlik fabrikasında üç bin Suriyelinin çalıştığını ve büyük çoğunluğunun sigortasız olduğunu dile getirmiştir. Katılımcılar, güvencesiz çalışma koşullarına ilişkin şunları söylemişlerdir:

> "Bir terzilik atölyesinde bazen 12, bazen de 15 saat çalışıyorum. Çalıştığım yer üç katlıdır. Sahibi Türk'tür. Sigorta yok, para az, patron ne derse onu yapıyoruz. Mecbur çalışmak zorundayız. Haftalık 350-400 TL. Bazen iş olmadığı gerekçesiyle bu parayı bile kısıyorlar." (Ali, 23 yaş, İzmir).

> "2 yıldır buradayım. Ne sigortam var ne de iyi bir ücret alıyoruz. Sigortadan bahsettiğimizde patron konuyu hemen değiştiriyor. 'Sen Suriyelisin sana yasal olarak sigorta yapamayız.' diyor. İki yıldır hangi işe girdiysem oradaki çalışanlar bana dönüp 'Sen Suriyelisin, burada ne işin var, burada yerin yok, hemen ülkene dön.' diyorlar. Bu durumu sık sık yaşıyorum. İyi insanlar da var ama bu dışlanmayla çok karşılaştım." (Faysal, 27 yaş, İzmir).

Göçmenlerin yerli işgücünün aldığı ücretten daha düşük seviyelerdeki ücretlere razı olması, bazı sektörlerde vasıflılık düzeylerinin nispeten yüksek olması, daha çalışkan olarak kabul edilmeleri onları işverenler nezdinde tercih edilir kılmaktadır. Özellikle ekonomik kriz zamanlarında küçük ve orta boy işletmelerde kimi işverenlerce, göçmenleri çok düşük ücretlerle ve son derece elverişsiz koşullarda uzun saatler çalıştırmak, krizden çıkışın bir yolu olarak benimsenebilmektedir (Toksöz, 2008, s. 99-100). Bu noktada ekonomik dışlanma, yerli halkın ücretlerdeki düşüşün sebebini Suriyelilere bağlaması ile ilgili olduğu ifade edilmektedir. Göçle gelenlerin daha düşük ücretlerle çalışmaya razı olması, yerli halkın iş bulma konusunda

güçlüklerle karşılaşması, göçmenlerin dışlanması ve ötekileştirilmesi ile sonuçlanmaktadır (Gültekin, 2019; Deniz vd., 2016, s. 33-36; Yıldız ve Uzgören, 2016, s. 8-10).

Diğer bir deyişle, ücretler, işgücü maliyetinin azalması nedeniyle kayıt dışı piyasada düşüş eğilimi göstermektedir. Suriyeliler tarafından sağlanan ucuz emek, işverenleri yerlilere nazaran mültecileri tercih etmeye itmektedir. Bu rekabet, kayıt dışı pazarda yerlilerin yerinden edilmesine yol açmakta ve bu da toplumsal gerginliğin artmasına neden olmaktadır (İçduygu ve Diker, 2017, s. 32; Dadush ve Niebuhr, 2018, s. 11; Güngördü ve Kurtarır, 2016; Saraçoğlu ve Bélanger, 2019). Gerginlikler, iş yerlerinde, genellikle yerel halk arasında yayılan ve Suriyelilerin çalışma fırsatlarını azalttığına dair algılar nedeniyle meydana gelmektedir. Gerginliklerin; Suriyelilerin küçük ölçekli tekstil, ayakkabıcılık veya mobilya atölyelerinde düşük ücretlere vasıfsız iş bulmaya karar verdikleri yerleşim bölgelerinde daha ciddi olduğu bildirilmektedir (İCG, 2018, s. 6).

Bunun en somut örneği, İzmir'de ana ayakkabı ve deri üreticilerine ev sahipliği yapan ve Suriyeli işçilerin, büyük ölçüde Kürt kökenli vatandaşların yaptığı işlere talip olduğu Bornova semtinde bulunan Işıkkent'te meydana gelen olaylardır. Yerel Kürtlerin, Suriyeli Türkmenlerin ve Arapların Işıkkent'te iş için rekabet halinde olmasının etnik sürtüşmeyi arttırdığı bildirilmiştir. Bu da 2013'te ve 2014'te çoğunlukla işlerini kaybeden Kürtlerin iki büyük çaplı protesto gösterisine neden olmuştur. Benzer bir olay da yerel genç grupların Afganlar ve Pakistanlılar da dâhil olmak üzere mültecilere saldırdığı İstanbul Sultangazi semtinde meydana gelmiştir (İCG, 2018, s. 6).

Buna benzer bir olayın 2018 yılında yaşandığını, İzmir'de odak grup görüşmesi yapılan katılımcılar aktarmışlardır. Katılımcıların anlattığına göre, Bornova Yeşilçam Mahallesi'nde çocuklar arasında başlayan kavga, büyüklerin de karışması sonucu büyümüş ve kavga sırasında Suriyelilerin arabalarına ve evlerine saldırılar gerçekleşmiştir. Katılımcıların anlattığına göre, Suriyeliler, o gün ciddi bir şekilde fiziksel ve sözlü saldırıya maruz kalmışlardır. Pınarbaşı Mahallesi'nde Suriyelilerin pazara çıkmamaları yönünde camilerden anonslar yapılmıştır. Kavga sonrasında Yeşilçam'da bulunan bazı Suriyeli aileler başka mahallelere taşınmıştır. Gaziantep'te Suriyeli esnafın yoğun olduğu ve market, dövizci, kuyumcu hatta fast food mekânları işlettiği İnönü Caddesi'nde yerel halk ile Suriyeliler arasında da gerginlikler yaşanmıştır. Suriyeli esnaf da bu durumdan olumsuz etkilenmiştir. İzmir ve Gaziantep'teki katılımcılar, bu gerginlikler hakkında şunları söylemişlerdir:

> "İki kişi kavga etti diye Suriyelilerin bütün arabalarına saldırdılar. Arabadan ne istiyorsun? Evlere ya evlere saldırdılar, kadınlara küfrettiler. Siz kendi aranızda kavga ediyorsunuz, senin arabayla ne alıp veremediğin var? Oradaki Suriyeliler de kahırlarından terk ettiler orayı." (Zekeriya, 35 yaş, İzmir).

> "Arabalara çok zarar verdiler. Suriyeliler orada çok dayak yediler o gün. O gün cami hoparlöründen anons yaptılar. Suriyeliler pazara çıkmasın diye. Polis geldi ama ne yapsın polis. Büyük bir kavgaydı." (İbrahim, 30 yaş, İzmir).

> "Yerel halk İran Pazarı'ndaki Suriyelilerin dükkânlarına büyük gruplar halinde üç defa saldırdı. Bütün camları indirdiler, etrafı darmadağın ettiler." (İdris, 21 yaş, Gaziantep).

İzmir Karabağlar'da görüşme yapılan bir katılımcı, bulundukları mahallede yerel halktan birkaç gencin Suriyeli bir hurdacıya şiddet uyguladıklarını ve Suriyelinin hurda toplamakta kullandığı seyyar arabasına el koyduklarını ifade etmiştir. Katılımcı, gençlerin kendi işlerini ellerinden aldıkları gerekçesiyle Suriyeli hurdacıya bu şekilde davrandıklarını ileri sürmüştür. Yukarıda verilen örnekler, ekonomik dışlanma ile mekânsal dışlanmanın iç içe geçtiğini bir alanda oluşan mağduriyetin diğer bir alanda dışlanmaya yol açabileceğini göstermektedir.

Saha çalışması sırasında katılımcılar, yerel halk ile Suriyeliler arasında özellikle seçim dönemlerinde yaşanan gerilimlerden de söz etmişlerdir. Görüşmeler, 2018 Cumhurbaşkanlığı seçiminden hemen sonra yapıldığı için yerel halkın Suriyelilere yönelik dışlayıcı tavırlarının seçim atmosferinden dolayı arttığı, katılımcılar tarafından dile getirilmiştir. Bir Türkmen katılımcı, bu duruma ilişkin şunları dile getirmiştir:

> "Bizde ayakkabıcılarda bir olay oldu. İş arkadaşım 'Seçimi kazansaydık, atölyede sopayla kovalardık sizi.' dedi. Gün boyu beraber çalıştığımız adam bunu söyledi bana. Ailemizden fazla birbirimizin yüzünü görüyoruz." (İbrahim, 30 yaş, İzmir).

Katılımcının bu ifadeleri, dışlanmanın hedef ülkedeki politik iklime göre artış gösterebileceğini ortaya koymaktadır. Bunun yanı sıra ekonomik rekabetin ortaya çıktığı durumlarda etnik ve kültürel unsurların maddi kazançların gölgesinde kalabileceği söylenebilir.

Yukarıda ifade edilen dışlanma örnekleri gerçekleşmekle beraber, yerel halk ile Suriyeliler arasındaki tüm karşılaşmalar dışlanma ile sonuçlanmamaktadır. Özellikle işletme sahipleri açısından ekonomik ilişkiler, kültürel karşılaşmalara imkân tanıması nedeniyle toplumsal kabulün sağlanması konusunda önemli bir faktör olarak görülmektedir (Koyuncu, 2020). Bazı katılımcılar özellikle ekonomik çıkar temelli ilişkilerde dışlanma ile karşılaşmadıklarını aksine iletişim kanallarının ortaya çıkmasında bu ekonomik ilişkilerin önemli bir araç olduğunu dile getirmişlerdir:

> "Ticari ilişkilerde mesela mal aldığımızda karşıdaki ile iletişimimiz gayet iyi. Bizi seviyorlar, kimliğimize bakmıyorlar. Çünkü adamın çıkarı var bu işin içinde. Senin faydan dokunuyor. Onun için önemli olan alışveriş oluyor. Kanaatimce bu tarz insanlar, Suriyelilerin ekonomiye katkılarının farkındalar." (Halim, 24 yaş, Gaziantep).

> "Dışlanma ile karşılaşmadım. Çünkü burada paranız varsa işlerinizi yürütüyorsunuz. İşyerim için malzemeler alıyorum. Bu açıdan yerel halkla iletişimimiz iyi." (Hasan, 36 yaş, İzmir).

Ekonomik dışlanma, iç savaşın olumsuz etkilerini üzerinde taşıyan ve yeni bir ülkede yeni bir hayat kurma sorumluluğu ve çabasında olan kadınların iş gücü piyasasındaki pozisyonlarını tehdit edebilmektedir. Suriyeli kadınların çalışma koşullarına ilişkin yapılan araştırmalardan (Kaya ve Demirağ, 2016, s. 169; IRC, 2019) elde edilen verilere göre, yoğun göçle beraber belirli ölçülerde bir göç ekonomisi oluşmuştur. Buna bağlı olarak kayıt dışı istihdam, ucuz işgücü, emek sömürüsünün yanı sıra iş sürecinde şiddet ve cinsel istismar gibi durumların da yaşandığı saptanmıştır. Kadınların özellikle bu noktada savunmasız, dezavantajlı ve kırılgan bir konumda olduğu bildirilmiştir. Bir kadın katılımcı, bu konuda şu görüşleri aktarmıştır:

> "Baklava yapan bir dükkânda iş buldum. Dükkân sahibi iyi bir insandı. Herkes bana karşı saygılıydı. Son dönemlerde şef değişti. Yeni gelen şef sürekli bana sataşıyordu. Burada sanki Suriyeli bir kadın çalıştığında kötüymüş gibi bir intiba var. Sanki Suriyeli kadın çalıştığında her şeye boyun eğecekmiş gibi bir fikir var. Çünkü paraya ihtiyacı var. Şef sürekli beni rahatsız ediyordu. Patrona söyledim. Patron bana 'Şef benim için önemli bir personel, onu çıkarırsam bu işyeri çalışmaz, burası benim rızık kapım,

senin için kapatamam.' dedi. Şikâyetten sonra şef bana 'Kim oluyorsun da gidip beni şikâyet ediyorsun. Sen kötü bir kadın olmasaydın buraya gelip çalışmazdın.' dedi. Kahrımdan sinir krizi geçirdim." (Şükran, 28 yaş, Gaziantep).

Ekonomik dışlanma başlığı altında, bu dışlanmanın en yoğun görüldüğü alan olan enformel sektörün dünyadaki ve Türkiye'deki dinamiklerine değinilmiş; ekonomik dışlanmanın katılımcılar bağlamında ne şekilde ortaya çıktığı üzerinde durulmuştur. Bu noktada katılımcıların emek yoğun iş kollarında zor şartlarda, düşük vasıflı, güvencesiz, sömürüye açık bir şekilde çalıştırılması; ekonomik dışlanmanın en açık örnekleri olarak ortaya çıkmaktadır. Ekonomik dışlanma, katılımcıların düşük ücretlerle ve uzun saatler boyunca çalışmaları şeklinde de kendini göstermektedir. Bu durum hem yerli hem de Suriyeli işverenlerin başvurduğu bir mekanizma olarak sürmektedir. Ekonomik dışlanma, yerli halkın ücretlerdeki düşüşün ve iş bulmadaki güçlüklerin sebebini Suriyelilere bağlaması ile de ilgili olabilmektedir. Bu noktada, ekonomik dışlanmanın diğer dışlanma türleriyle de iç içe geçebileceği unutulmamalıdır.

Dışlanmanın Mekânsal Boyutu ile İlgili Bulgular

Mekânsal dışlanma, çeşitli nedenlerden dolayı belirli mekânlara ulaşımda veya yaşam alanlarından yararlanmada sorun ve engellerle karşılaşılması durumu olarak tanımlanmaktadır (Adaman ve Keyder, 2006). Mekânsal dışlanma, en belirgin ve en çok barınma alanında kendisini göstermektedir. Söz gelimi, Suriyelilerle komşu olmak istemeyen apartman sakinleri ve mültecilere ev vermeme konusunda karar alan site yönetimleri yer almaktadır. Suriyelilerin aile bazında çok nüfusa sahip olmaları, kiralık ev bulmalarını zorlaştırmaktadır. Yaşam masraflarını azaltmak için birkaç ailenin aynı evde yaşaması, yerli halkın tepkisine sebep olmuş; kentlerin nispeten yoksul mahallelerine yerleşen Suriyeliler, buradaki dokuyu bozdukları gerekçesiyle mekânsal bir dışlanmaya maruz kalmışlardır (Biamer, 2014; Ekinci vd., 2016, s. 26). Erdoğan (2020) tarafından yapılan bir çalışmada yerel halkın büyük oranda Suriyelilerle aynı kent ortamında yaşama konusunda olumsuz görüş içerisinde olduğu ortaya konulmuştur. Aynı çalışmada ayrıca yerel halktan katılımcıların, Suriyelilerin oluşturulacak güvenli bölgelerde ve kamplarda yaşamaları gerektiği yönünde görüş bildirdiklerine yer verilmiştir. Istanpol (2020) tarafından yapılan bir başka çalışmada, katılımcıların önemli bir bölümü Suriyelilerle komşu olmayı bir sorun olarak kabul etmiştir. Bu noktada, yerel halkın kişiler arası ilişkilerde ve ortak yaşam konusunda Suriyelilere karşı olumsuz bir tutum içerisinde olduğu söylenebilir. Bu olumsuz tutum, bazen gündelik yaşamı aksatan bir düzeye varabilmektedir. Mekânsal dışlanma deneyimleriyle ilgili katılımcılar şu ifadeleri aktarmışlardır:

> "Arkadaşım bir ev kiralamış, eşyalarını taşımış. Gece üç sıralarında bina içinde oturan dört genç kapıyı çalmış. Arkadaşıma 'Suriyeli misin?' diye sormuşlar. 'Evet.' deyince, gençler 'Bu daireyi gecenin bu saatinde hemen boşaltacaksın.' demişler. Arkadaşım 'Ben daireyi ev sahibinden kiraladım.' demiş. 'Biz anlamayız, Suriyelilerle aynı binada oturmak istemiyoruz.' demişler. Arkadaşım 'Yarın sabaha kadar bana zaman verin.' demiş, kabul etmemişler. Gecenin o vaktinde asla evi boşaltamayacağını söylemiş. İçlerinden biri biraz anlayışlı çıkmış. 'Bir dinleyelim bakalım ne diyecek.' demiş. Arkadaşım da 'Ben problemli bir insan değilim, bir ay zaman verin, eğer bir sorun görürseniz ben kendim çıkacağım.' demiş. Gençler o şekilde oradan ayrılmışlar." (Samet, 39 yaş, Gaziantep).

> "Orda beş tane evimiz vardı. Bir evin tepesinde de terasımız vardı, yazlık gibi kullanıyorduk. Şimdi burada gelip oturduğumuz evi görüyorsunuz. Banyo, mutfak, tuvalet aynı mekânda aha gördünüz. Bu, sorun değil mi? 15 tane sıçan tuttuk, son 15 gün içerisinde, yapıştırma var ya onunla. Bir de bir komşum var. Ondan muzdaribim. Gidip geliyor, 'Suriyeliler pislik ediyorlar, Suriyeliler kötüdürler.' diyor. Suriye Türkiye meselesi yok, insanlık var." (Cemal, 76 yaş, Gaziantep).

Göçmenlerin ve sığınmacıların gündelik yaşamlarını konu alan çalışmalarda (Karakuş Yetkin, 2017; Dedeoğlu ve Ekiz, 2011, s. 110-111; Kaya, 2020) yerel halkın göçmenlere ve sığınmacılara kiralık ev verme konusunda isteksiz davrandığı, kalabalık oldukları gerekçesiyle ev sahiplerinin kendilerine dışlayıcı bir tavırla yaklaştığı ortaya konulmuştur. Çalışmalarda ayrıca arkadaş veya tanıdık desteğinden yoksun olan sığınmacıların barınma konusunda büyük güçlükler çektikleri tespit edilmiştir.

İzmir'de saha çalışması sırasında katılımcılar, kiralık ev konusunda ev sahipleriyle ciddi sorunlar yaşadıklarını anlatmışlardır. Katılımcılar, ev sahiplerinin dışlayıcı söz ve davranışlarıyla sık sık karşılaştıklarını, uygun bir ev bulmanın uzun bir süreç gerektirdiğini vurgulamışlardır. İnsanın sahip olduğu kimlikten dolayı dışlanmasının kabul edilebilir bir durum olmadığını belirten katılımcılar, karşılaştıkları dışlayıcı tavırları şu şekilde anlatmışlardır:

> "Bir Suriyeli olarak ev değiştirene kadar ciddi sıkıntılar yaşıyoruz. 'Taşındığımız yeni evin komşuları acaba nasıl olacak?' diye kara kara düşünüyoruz. Suriyeli biri yeni bir ev bulana kadar çok zorlanıyor. Ev sahipleri veya komşular, taşınacak Suriyeli aileyi kabul etmiyorlar. Kiralık ev aradığımızda bize ev vermek istemeyen çok kişiyle karşılaştık. Gerekçe olarak 'Suriyeliler pis onlara kiralık ev yok.' diyorlardı." (Hüseyin, 45 yaş, İzmir).

> "Şu anda ev arıyoruz, nereye gitsek 'Biz Suriyelilere ev vermiyoruz.' deyip bizi geri çeviriyorlar. Bazı Türkler, karşıdaki iyi olduğunda onlar da iyi davranıyor. Bazıları da kafalarında çok ciddi önyargıyla hareket ediyorlar. Ne kadar iyi davransan da Suriyeli deyip kötü karşılık veriyorlar." (Emel, 22 yaş, Gaziantep).

Benzer dışlanma örneklerinin Cumhuriyet döneminde Balkanlar'dan, özellikle de 1924 yılında Türkiye ile Yunanistan arasında gerçekleştirilen Nüfus Mübadelesi ile Anadolu'ya yerleştirilen göçmenler tarafından deneyimlendiği bilinmektedir. Clark, (2008, s. 210-212) Yunanistan ile Türkiye arasında yapılan nüfus mübadelesi ile Anadolu'ya göç eden ve Tuzla'ya yerleştirilen Balkan Türkleriyle yerel halk arasında cereyan eden dışlama durumlarını aktarır. Clark, Tuzla bölgesinde yerel halkın ve yeni gelenlerin farklı camileri tercih ettiklerini, farklı çeşmeler kullandıklarını, birbirleriyle temas etmekten kaçındıklarını anlatır. Yerli halkın, gelen insanları kıyafetlerinden tanıyıp değerlendirdiğini vurgulayan Clark'a göre, 1970'li yıllara kadar hissedilen bu ayrışmanın temelinde, kısıtlı ekonomik kaynaklar dolayısıyla yaşanan rekabet yatmaktadır. Bu dışlayıcı deneyimler, Suriyeliler hakkında yapılan çalışmalarda da ortaya konulmuştur. Suriyelilerin başta parklar olmak üzere kentte ortak kullanılan yerlerde uygun olmayan davranışlar sergiledikleri, parklarda yerli halkı rahatsız edecek şekilde eğlendikleri bizzat Gaziantepliler tarafından dile getirilmiştir. Suriyelilerin yoğun olarak yaşadığı yerlerde ikamet edenler, fırsat bulduklarında Suriyelilerin olmadığı mahallelere taşınmak istedikleri belirtilmektedir. Bir kısım Gaziantepli ise, bu rahatsızlığı "Gitseler de rahatlasak." sözüyle ifade etmişlerdir (Sönmez ve Adıgüzel, 2017, s. 804). Gaziantep'te karşılaştığımız bir taksi şoförünün anlattıkları, yukarıdaki dışlanma deneyimlerine benzerlik teşkil etmektedir. Bu kişi, kaldığı evin yakınlarında iki tane park bulunduğunu, son zamanlarda bir tanesine artık uğramama kararı aldıklarını zira Suriyeli ailelerin kalabalık sayılarla gelip etrafı rahatsız ettiklerini, bu durumdan muzdarip olduklarını ifade etmiştir.

Toplu taşıma araçları, sokak, park, meydan, sahil boyu ve nehir boyu gibi kamusal yerler; yerli halk ile Suriyeli mültecilerin en çok karşılaştığı ortamlardır. Bu gibi yerlerde, katılımcıların dışlanmayla karşılaştıkları durumlar olmuştur. Zaman zaman sokak ve oyun parkı gibi yerlerde çocuklar yüzünden aileler arasında sık sık gerginlikler yaşandığı, katılımcılar tarafından aktarılmıştır. Bir katılımcı, çocukların oyun oynamak için dışarı çıktıkları zamanlarda yerli halktan insanların hemen tepki gösterdiğini anlatmıştır. Katılımcı, bu durumu "Onların da çocukları çıkıyor, oyun oynuyorlar, ses çıkarıyorlar. Fakat bizimkiler çıktığında problem oluyor. Suriyeli olduğumuz için bu muameleyi görüyoruz." şeklinde dile getirmiştir. Katılımcılar, mekânsal dışlanma örnekleriyle ilgili şunlar aktarmışlardır:

> "Küçük kızıma hamileydim. Otobüse bindim. O gün çok hastaydım. Yolculardan biri inmek için koltuğundan kalktı. Boş koltuğa oturmak istedim. Bitişik koltukta oturan bir kadın, bana bakarak koltuğu eliyle kapattı. Benim oraya oturmama engel oldu. Yerel halktan biri oraya oturana kadar elini çekmedi. Bunu görünce o gün çok ağladım." (Semra, 31 yaş, Gaziantep).

> "Sürekli karşılaştığımız bir olayı aktarayım. Çocuklarla parka gittiğimizde oradaki görevli kişi, bizim oturacağımızı anlar anlamaz, bunu önlemek amacıyla hemen hortumla tüm bankları, oturma yerlerini ve çimleri suya tutuyor." (Sinem, 47 yaş, Gaziantep).

> "Başka bir şehre gitmek amacıyla bilet almaya gidiyorum. İki gün önceden de gitsem sürekli bana arka koltuklardan yer veriyorlar. Önlerden koltuk olmasına rağmen vermiyorlar. Sadece ben değil, çevremdeki Suriyeliler de aynı şeyi söylüyorlar. Bir gün İstanbul'a gidecektim. 22 numaralı koltukta bilet aldım. Otobüs tam hareket edecekti ki bir personel geldi, yerimden kalkmamı ve en arkaya gitmemi istedi ve yerime bir Türk yolcuyu oturttu." (Arif, 47 yaş, İzmir).

> "Bence Gaziantep'in yarısından fazlası Suriyelilerin mevcudiyetinden rahatsız. Mesela herhangi bir kuyrukta sıraya girmiş bir Suriyeli olduğunda, hemen önüne geçip, onu arkaya atmaya çalışıyorlar. 'Burası benim yerim senin değil.' anlayışı var. Suriyeliler de bu davranışa karşı seslerini çıkarmıyorlar." (Selve, 51 yaş, Gaziantep).

Bazı katılımcılar, çocuklarının okulda dışlanmayla karşılaştıklarını belirtmişlerdir. Bir katılımcı, bu dışlanmanın zaman zaman fiziksel şiddete varacak düzeye ulaştığını şu şekilde anlatmıştır:

> "Buraya geldiğimizde çocuğumu özel bir okula yazdırdım. Okulda öğlene kadar Türkçe, öğleden sonra da Arapça dersler görüyordu. Türkçe derslerden çıktıktan sonra eve gelip ağlıyordu. Türk çocuklarla çok kavga ediyormuş. Ona çok küfür ediyorlarmış. Eve gelirken benzi soluk geliyordu. Bir gün yüzüne sıcak su fırlatmışlar. Çok defa hırpaladılar. Biz de onu teselli ettik. Burada zorunlu olarak durduğumuzu, okula devam etmesi gerektiğini söyledik. Çocuğum bir yıl boyunca bunun mücadelesini verdi. Şimdi biraz Türkçe öğrendi. Kendisini ifade ediyor. Ama ilk başlarda çocuklar benim oğluma dönüp 'Sen Suriyelisin burada ne işin var memleketine dön.' deyip küfrediyorlarmış." (Zeynep, 39 yaş, Gaziantep).

Hem Gaziantep hem de İzmir'deki bazı katılımcılar; Suriyelilere yönelik olumsuz tutum ve davranışların mahalleden mahalleye değişebildiğini, bazı yerlerde ciddi olumsuzluklarla karşılaşılmadığını fakat belirli mahallelerde Suriyelilere oldukça dışlayıcı bir şekilde yaklaşıldığını dile getirmişlerdir. Katılımcılar bu konuda şu ifadeleri aktarmışlardır:

> "Türkiye'de yaşam biçimleri semtten semte değişebilmektedir. Tümünü aynı kefede ele almak imkânsız. Bazı semtlere gittiğinizde çok iyi davrandıklarını, konuştuklarını görebilirsiniz. Fakat bazı mahallelerde de insanlar çok çabuk sinirlenebiliyorlar, küfredebiliyorlar, kavga çıkarabiliyorlar." (Zehra, 37 yaş, Gaziantep).

> "Bütün mahalleler aynı değildir. Dayım Türklerin yoğun olarak yaşadığı başka bir mahallede oturuyor. Komşuları ona çok kibar davranıyor. Buradaki komşular sürekli 'hak, hukuk sizin için işliyor' diye sataşıyorlar." (Nurullah, 48 yaş, İzmir).

Dışlanma neticesinde göçmenler; kendi aralarındaki bağları sıkı tutmak, birbirlerine maddi ve manevi anlamda destek olmak, kendi dillerini ve kültürlerini korumak amacıyla bir araya gelmekte ve baskın toplumun ayrımcı tutumları nedeniyle belirli yerlerden uzak durmanın yollarını arayabilmektedir. Menşe ülke insanlarıyla ilişki kurmak, gündelik yaşamda dışlanmaya karşı koruyucu bir mekanizma görevini görebilmektedir (Pérez vd., 2008; Castles ve Miller, 2008, s. 334-335). Gaziantep'te kadın kuaförü olan bir katılımcı, yerel halkın dışlayıcı tavırlarına maruz kalmamak için temastan kaçınma yoluna başvurduğunu belirtmiştir. Tanıdık ve arkadaş çevresi sayesinde kendisini rahat hissettiğini ifade etmiştir. Bu noktada bazı Suriyeliler için sahip olunan dayanışma ağları, hem sosyal hem de ekonomik anlamda tutunabilmelerinin anahtarıdır:

> "Yerel halkla temasım en az düzeyde olduğu için ne olumlu ne olumsuz herhangi bir şey yaşamadım. Müşterilerim daha çok Suriyeli. Türk olan Türklerin yanına gidiyor. Mesela ben Suriyeliyim, Suriyelinin yanına gitmek isterim. Suriyeliler dükkâna geldiğinde sohbet ortamı oluşuyor. Kendimi Suriye'de gibi hissediyorum. Ama bir Türk geldiğinde onunla konuşacak bir şey bulamıyoruz. O da bizimle ne konuşacak? Türkler zaten Suriyelileri sevmiyor. Gelmedikleri zaman da rahatsız olmuyoruz." (Gülçin, 36 yaş, Gaziantep).

> "Yerel halkla hiçbir şekilde temas kurmuyorum. O yüzden bir dışlanma yaşamadım. Her zaman Suriyeli esnaftan alışveriş yaparım." (Ekrem, 50 yaş, İzmir)

Yukarıdaki örneklerden anlaşılacağı üzere göçmenler, yaşadıkları zorlukların üstesinden gelme için "kümelenme" yoluna gidebilmektedirler. Bu noktada göçmenler, oturdukları bölgeyi; dayanışma isteği, bu durumun sağladığı güven duygusu ve ekonomik sebepler nedeniyle seçebilmektedir. Göçmenler, aynı mahallede ve çevrede oturmayı bir güven hissi oluşturması ve diğer göçmenler tarafından oluşturulan destek ağının devam ettirilmesi açısından önemli görmektedirler (Ünal, 2012, s. 58-61).

Mekânsal dışlanma, en yaygın biçimde barınma alanında ortaya çıkmaktadır. Suriyelilerin kalabalık şekilde bir arada yaşamaları ve gündelik yaşam alışkanlıklarının yerel toplumdan farklı olması halkın tepkisine sebep olmaktadır. Bunun yanı sıra toplu taşıma araçları, park, meydan veya oyun alanları gibi ortamlar, dışlanmanın yoğun olarak yaşandığı yerlerdir. Bu dışlanma örnekleri yerel halk ile katılımcılar arasında zaman zaman gerilimlerin ortaya çıkmasına sebep olmuştur.

Dışlanmanın Kültürel Boyutu ile ilgili Bulgular

"Sosyolojik Düşünmek" adlı eserinde Bauman (2017, s. 82), yabancılarla olan iletişimin iş ilişkisine indirgendiği bir sosyal bağlamda zorunlu temas durumlarında bile yakınlaşmaya neden olabilecek ihtimallerden sakınıldığını anlatır. Bu noktada, karşıdakine duyulan hınç ve nefret, bu mesafenin kapanmasını engelleyecek etmenlerdir. Kirlenme korkusu, yabancıya karşı tetikte olma durumunun nedenlerinin başında gelmektedir:

> "Yabancıların bulaşıcı hastalıklar ve parazitler taşıdıklarına, temizlik kurallarına uymadıklarına ve dolayısıyla sağlık için tehlike oluşturduklarına ya da zararlı fikirler ve alışkanlıklar yaydıklarına, ahlaksızlık ve iffetsizlik yaydıklarına inanılır. Yabancıların yürüme biçimlerine, kılık kıyafetlerine, dinsel ritüellerine, aile hayatlarına, hatta sevdikleri yemeklerin kokusuna bile hınç duyulur." (Bauman, 2017, s. 82).

Türkiye'de Suriyeliler hakkında oldukça genellemeci ve onları suçlu gösteren yaklaşımlarla damgalayıcı, ötekileştirici bir iklim yaratıldığı bilinmektedir. Suriyeliler; toplum yaşamının kurallarına uzak, toplumun ahlaki yapısını bozan, temizlik alışkanlıkları olmayan, gürültücü, kavgacı ve buna benzer ifadelerle nefretin ve dışlanmanın nesnesi haline gelmişlerdir (Deniz vd., 2016, s. 36; Koçak ve Çelik, 2018, s. 237-238; Kurtoğlu, 2016, s. 25). Suriyelilerin hemen hepsinin devletin kendilerine büyük olanaklar sağladığına ilişkin ifadeler üzerinden yükseltilen ayrımcılık söylemlerine maruz kaldıkları bildirilmiştir (Bora 2017, s. 66).

Türkiye kamuoyunda Suriyelilere yönelik dışlayıcı ifade ve tartışmaların katılımcılar tarafından ne ölçüde takip edildiği ve nasıl değerlendirildiği, araştırma sırasında üzerinde durulan hususlardan olmuştur. Katılımcıların büyük çoğunluğu, kamuoyundaki bu tartışmaları takip etmektedir. Tartışmalara sık sık şahit olduklarını belirten katılımcılar, bu tartışmalar yüzünden Suriyelilerin istenmeyen kesim haline geldiğini ve bu durumdan rahatsız olduklarını dile getirmişlerdir. İzmir'de bir katılımcı; toplu taşıma araçlarını her kullandığında Suriyelilerle ilgili bir sohbetle karşılaştığını, İzmir halkı nezdinde çok yanlış bilgiler dolaştığını söylemiştir. Bir katılımcı, kamuoyunda kendilerine yönelik tartışmalar hakkında şu değerlendirmeleri yapmıştır:

> "Türkler bizi nerede görseler 'Devlet olmasaydı siz açlıktan ölecektiniz. Devlet size maaş veriyor yoksa barınamazdınız. Bu krizin sebebi sizsiniz, bütün paramızı siz alıyorsunuz, devlet sizin yüzünüzden bu kadar borçlandı.' diyorlar. Özellikle işyerinde bununla karşılaşıyorum. Dönüp onlara 'Devlet bana maaş vermiyor ben kendi alın terimle kazanıyorum.' diyorum. Ne kadar söylesem de ikna edemiyorum. Onların gözünde bütün toplumsal sorunların kaynağı Suriyelilerdir." (Faysal, 27 yaş, İzmir).

Goffman (2014); ırk, ulus ve dine ilişkin ve bireyin mensup olduğu toplumsal grubun tüm üyelerini kapsayan bir damga türünden söz ettiği eserinde, bireyin sahip olduğu damganın insanların o bireyi ne olarak tanımlayacağı ve ona nasıl bir kimlik atfedeceği hususundan bağımsız olmadığını belirtir. Üstelik bu tanımlama, bireyin içinde yaşadığı toplumun kendisi hakkında oluşturduğu bir standart halini alabilir. Suriyelilere yönelik ifadelerde dikkat çeken önemli bir unsur, yerel halkın ülkelerinden ayrılıp Türkiye'ye sığınan Suriyelileri "vatan haini" olarak nitelemesidir. "Arap etnik kimliğine" yönelik geliştirilen negatif yöndeki düşünceler, ayrımcı ve dışlayıcı tutumları besleyebilmektedir. Bunlar dışında "Suriyelilerin ülkeden gitmeleri gerektiğini" öne çıkaran ötekileştirici ifadelerin de oldukça yaygın olduğu bilinmektedir (Ünal, 2014, s. 81-82). Görüşme yapılan katılımcılar, yerel halkın kendilerine hain gözüyle baktığını fakat Suriye'de savaşacakları bir düşmanın olmadığını, zorunluluktan dolayı Türkiye'de bulunduklarını belirtmişlerdir. Bir katılımcı, kendilerine yönelik yaratılan bu dışlayıcı tutum ve davranışlardan oldukça rahatsız olduklarını şu şekilde dile getirmiştir:

> "Dün adamın biri bana 'Siz vatan hainisiniz, namazınız kılınmaz. Türkler kaçmaz, sen Türkmen olsan kaçmazdın.' dedi. Ben ona 'İnsan dini ile övünür. Türkçülük veya Kürtçülükle övünmez.' dedim. O demek istiyor ki sen hainsin korkaklığından buraya kaçtın, geldin. Ben de 'Suriyelilerin hepsi mi korkak? Bu insanlar zor durumda kaldı ki kaçtılar.' dedim." (Mustafa, 25 yaş, İzmir).

Göçmenler veya mültecilere yönelik dışlanma, mevcut kimliğin zarar görmesi veya kültürel homojenliğin bozulması korkusundan beslenebilir (Dustmann ve Preston, 2007). Türkiye'deki birçok kentte Suriyeli nüfusun zamanla artış göstermesi, yerel halkın bakışında bir değişim yaratmıştır. Türkiye'deki yaşamlarının ilk dönemlerinde halktan maddi ve manevi olarak çok büyük destek gördüklerini anlatan katılımcılara göre bu destek, Suriyelilerin artması ile yavaş yavaş azalmaya başlamıştır. İlk yıllarda gelenlere karşı kucaklayıcı davranan yerel halkın tavrı, 2013'ten sonra değişmiş ve her konuda çok reddedici bir tavra dönüşmüştür. 2009 yılında Konya'da Somali ve Sudan uyruklu siyahî çocuk öğrenci sayısının bir okulda çok az olduğu dönemde, bu öğrencilere tüm öğrenciler, öğretmenler ve velilerce çok yakınlık gösterildiği görülmüştür. Farklı ve özellikle siyahî olmaları, onları ilgi odağı yapmıştır. Ancak kısa bir süre sonra okuldaki yabancı öğrenci nüfusunun artması ile bu ilgi, bir anda tersine dönerek yerini bu öğrencilere karşı olumsuz düşüncelere ve davranışlara bırakmıştır. Yerel halktan ve hatta çocuklarından, Somalili, Sudanlı çocuklara karşı tepkiler gözlenmeye başlanmıştır (Aydıngül, 2016, s. 433). Lübnan'daki Suriyeliler üzerine yayınlanan bir rapora[8] göre de Suriyelilerin göç akışının yoğunlaşmasıyla birlikte yerel halkta Suriyelilere karşı başlangıçtaki olumlu yaklaşım, yerini tepkilere bırakmıştır. Bir katılımcı, Türkiye'de Suriyelilere karşı zamanla değişen tavır hakkında şunları belirtmiştir:

> "Devlet ve millet ilk başlarda Suriyelilere çok iyi davranıyordu. Suriyeli nüfusta meydana gelen artış sonucunda maalesef muamelede zamanla bir değişiklik oldu. Devlet kurumlarında bile eskisi gibi davranılmıyor. Kurumlara gittiğimiz zaman Arapça konuştuğumuzu gördüklerinde seviniyorlardı. 'Biz de Arapça öğrenelim.' diyorlardı. Şimdi bundan eser kalmadı." (Leyla, 21 yaş, İzmir).

Görüşme yapılan Suriyeli mültecilerin tamamına yakını Türkiye'de yaşadıkları dönemde Suriyeli kimliklerinden dolayı kamu kurumlarında, iş görüşmelerinde, pazarda, trafikte, alışveriş merkezlerinde ve park gibi kamusal yerlerde dışlanmaya maruz kaldıklarını belirtmişlerdir. Bu yüzden çoğu Suriyeli, yerel halkla yüzeysel ilişkilere sahip olmuş ötekileştirici muamele görme korkusuyla yerel halkla mesafelerini korumuşlardır. Gaziantep'te bir katılımcı; trafikte Suriye plakalı aracıyla seyir halinde iken kural hatası yapan bir sürücüyü uyardığını, uyarı sonrasında bu kişinin önce arabasına daha sonra kendisine fiziksel ve sözlü saldırıda bulunduğunu, bu gibi vakaların son yıllarda gittikçe arttığını anlatmıştır. Benzer dışlanma vakalarını diğer katılımcılar şu şekilde anlatmışlardır:

> "Eşim bir gün hastaneye gitmiş. Orada bir Suriyeli kadınla karşılaşmış. Kadın, eşimin Türkçe bildiğini öğrenince tercüman olması için rica etmiş. Muayene için doktorun yanına gitmişler. Doktor onlara 'Başımıza bela oldunuz, beyniniz ancak çocuk

---

[8] https://www.refugeesinternational.org/reports/2020/1/28/lebanon-crossroads-growing-uncertainty-syrian-refugees?format=amp&__twitter_impression=true#_ftnref01 (Erişim tarihi: 30 Ocak 2020).

yapmak için çalışıyor. Ben çocuk doktoru değil, Suriyeli doktoru olmuş durumdayım.' demiş. Eşime 'Senin kaç çocuğun var?' diye sormuş. 'İki tane çocuk sahibiyim.' demiş. Buna karşılık 'Sen de yarın diğerleri kadar çocuk yaparsın.' diye cevap vermiş. Çocuğum da okulda aynı dışlanmalarla karşılaşıyor. Diğer çocuklar ona 'Siz Suriyelisiniz burada ne işiniz var, memleketinize niye dönmüyorsunuz ki?' diyorlar. Ana babalar evde ne konuşuyorlarsa çocuklar da okulda onları konuşuyor." (Semir, 37 yaş, Gaziantep).

"İzmir Suriyeliler arasında dışlanma konusunda meşhur bir yer. Bir örnek vereyim. Otogarda arkadaşlarla oturuyorduk. Bir dilenci çocuk geldi, para istedi. Hemen akabinde 'Abi yanlış anlaşılmasın ama ben Suriyeli değilim.' dedi. Bunun üzerine çok kızdım 'Ben Suriyeliyim ne olmuş?' diye sordum. Çocuk, Suriyelilerin bedava maaş aldıkları, bedavadan geçindikleri tarzında birkaç cümle söyledi. Ayağa kalktım. Kendimi orada zor tuttum. Arkadaşlarım beni teselli etmeye çalıştı." (Nidal, 28 yaş, İzmir).

"Bazı işverenler karşındakinin Suriyeli olduğunu anlayınca elinin tersiyle reddediyor, 'Suriyelilere iş yok.' diyor." (İdris, 21 yaş, Gaziantep).

"Bizim binada temizlik personeli çöpleri alırken gözlemledik ki, sıra Suriyeli ailelerin olduğu dairelere geldiğinde isteksiz davranıyor. O yüzden çoğu zaman eşim bizzat kendisi bizim çöpleri alıp çöplüğe bırakıyor. Sesimizi çıkarmıyoruz. Sorun olmamasına dikkat ediyoruz." (Samiye, 50 yaş, Gaziantep).

Dilsel farklılıklar ve giyim tarzı, ev sahibi toplumda dışlanmaya sebebiyet verebilmektedir. Suriyeli göçünde de bu dışlanmayla yaygın olarak karşılaşılmaktadır (Biamer, 2014, s. 39; Deniz vd., 2016, s. 33-36; İnsamer, 2019, s. 5). Suriyeliler; bu dışlanmanın önüne geçebilmek için birtakım yöntemlere başvurmuşlardır. Yalçın, (2004, s. 89) Mason'a dayanarak, yeni bir sosyal ortama giren bir göçmen için kimliği bir engel teşkil ediyorsa o kişinin kimliğini yeniden tanımlama ve yorumlama konusunda esnek davranabileceğini belirtir. Ona göre, yeni ortamdaki olanaklara kavuşmak veya karşıdakinin güvenini kazanmak amacıyla kişi gerekirse eski kimliğini değiştirmeye kadar giden bir taktik geliştirebilir. Giyim kuşam ve dil yetersizliğinden dolayı dışlanmayla karşılaşan katılımcılar; buna önlem olarak Türkçe konuşmakta, yerel halkın giyim tarzını taklit etmektedirler. Gaziantep'te odak grup görüşmesi sırasında üniversite öğrencisi bir katılımcı, çevresinde dikkat çekmemek için Gaziantep şivesiyle konuştuğunu belirtmiştir. Bazı katılımcılar, yerel halkla karşılaşmalarında kendilerini Lübnanlı olarak tanıtmakta ve bu şekilde dışlanmanın önüne geçmeye çalışmaktadırlar. Katılımcılar, bu konudaki deneyimlerini şu şekilde aktarmışlardır:

"Türkler Arapça konuştuğumu duyduklarında bana hakaret ediyorlar. O yüzden Arapça konuşmuyorum. Bir gün takım elbise giydim. Otobüse bindim. Telefonum çaldı. Normalde dışarıda hiç Arapça konuşmam. O gün arkadaşıma Arapça cevap verdim. Otobüstekilerin hepsi bana hakaret etmeye başladı. 'Suriye'den gelmiş, takım elbise giymiş, biz bu giysileri giyemiyoruz. Adamın haline bak, bizden daha iyi yaşıyor.' gibi sözler sarf ettiler. O anda onlara cevap verseydim saldırıya uğrayabilirdim. Telefonu arkadaşımın yüzüne kapattım." (Nihat, 18 yaş, Gaziantep).

"Bir dizi film projesi için başvurdum. Mesela kimliğim yüzünden oraya kabul edilmedim. Kimliğim yüzünden Türk arkadaşlarım bile benden uzaklaşıyordu eskiden. Hani sevmiyorlar yani. Suriyeli dediğin zaman iğrenç bir şey geliyor akıllarına. Mesela ben sokakta arkadaşlarımla Arapça konuşamıyorum. Niye, hani ters gözle bakmasınlar diye. Ben bu yüzden kültürümü değiştirdim. Mesela ben böyle giyinmezdim. Daha eski tarzda giyiniyordum." (Hamdi, 22 yaş, Gaziantep)

"Parka gidiyorum. Yerel halktan insanlarla sohbet ediyorum. Sohbetin bir yerinde Suriyeli olduğumu söyler söylemez hemen kalkıp gidiyorlar. Ben arkadaşlık kurmak istiyorum, onlarda bu istek yok. Bir gün parkta spor aletleri ile kültürfizik hareketleri yaptığımız sırada akrabam yere düştü. Çevredekiler yardımımıza koştu. Çok özen gösterdiler. Suriyeli olduğumuzu anladıktan sonra kadının biri kalabalığa dönüp 'Bunlar Suriyeli, bırakın ilgilenmeyin.' dedi. Sonra yardım için gelenler bizi bırakıp gittiler. Bu olay üzerine ablam da kalabalığa dönüp yüksek sesle bu durumu eleştirdi." (Leyla, 21 yaş, İzmir).

Dil becerilerinin eksikliği, ayrıca sağlık hizmetlerine erişimi aksatabilir ve günlük yaşamda çok önemli olan idari prosedürlerin anlaşılmasını engelleyebilir (IOM, 2015, Erdoğan, 2020). Dil engeli bu noktada resmi hizmetlere ulaşmada bir bariyerdir. Bir katılımcı bununla ilgili şunları dile getirmiştir:

"Hastaneye gittiğimizde sürekli bizi geri çeviriyorlar. 'Gidin randevu alın ondan sonra gelin.' diyorlar. Randevu almayı internet üzerinden bilmiyorum. Sıra alırken Suriyeliler sürekli sona kalıyor." (Yahya, 36 yaş, İzmir).

İzmir'deki bazı katılımcılar, yerleşim yeri olarak Güneydoğu Anadolu Bölgesi'nden gelen ve Arapça bilen vatandaşların yaşadığı Basmane ve Tepecik gibi semtleri tercih etmişlerdir. Katılımcılar, yerli halktan olan bu kişilerle sahip oldukları ortak dil avantajının kendi gündelik yaşamlarını olumlu etkilediğini şu şekilde belirtmişlerdir:

"Burada muhtar bana her konuda çok yardımcı oluyor. Mahalle sakinleri de beni çok seviyorlar. Çoğunluğu, Arapça bilen Türkiye Cumhuriyeti vatandaşlarıdır. O yüzden dil konusunda çok sorun yaşamadım. Onlarla Arapça konuşuyoruz." (Halil, 52 yaş, İzmir).

"Türklerle hiç iletişimim yok. Çünkü Türkçe bilmiyorum. Sadece ev sahibi ile, o da Mardinli olduğu için Arapça konuşabiliyor. O şekilde iletişim kuruyorum. İnsanlarla iletişim kurduğumuzda bizim için iyi oluyor. İşlerimiz yürüyor. Psikolojimiz düzeliyor." (Asime, 28 yaş, İzmir).

Türkiye'de kültürel dışlanma, Suriyeli nüfusunun artmasıyla ivme kazanmıştır. Katılımcılar, genelleyici ve damgalayıcı birtakım ifadeler üzerinden kültürel dışlanmanın hedefi haline gelmişlerdir. Katılımcılar, yerel toplumdan insanlar tarafından, iç savaşla beraber vatanlarını terk etmekle suçlanmışlardır. Suriyeli kimliklerinden dolayı dışlandıklarını belirten katılımcılar, Türkçe konuşma konusundaki yetersizlikleri ve giyim tarzları yüzünden de ötekileştirici tavırlarla karşılaştıklarını belirtmişlerdir.

Sonuç

Bu çalışmada Suriyelilerin Türkiye'de yaşadıkları dışlanma deneyimleri, dünyada ve Türkiye'de daha önce göçmenlerin ve mültecilerin yaşadığı benzer örnekler ışığında analiz edilmeye çalışılmıştır. Bu araştırmada, katılımcıların yaşadığı dışlanma deneyimleri; ekonomik, kültürel ve mekânsal dışlanma olarak ayrı ayrı ele alınmıştır. Daha önce de ifade edildiği gibi dışlanmanın siyasal, sosyal ve söylemsel boyutu önemli olmakla beraber araştırma konusunun sınırlılığı ve araştırma sırasında elde edilen bulguların bu üç alanda yoğunlaşması nedeniyle daha çok ekonomik, mekânsal ve kültürel boyutlarına odaklanılmıştır.

İç savaş nedeniyle ülkelerini terk eden Suriyelilerin yarısından fazlası Türkiye'de yaşamaktadır. Son derece zor koşullarda hayatta kalma mücadelesi veren Suriyelilerin, özellikle 2016 yılından sonra mülteci hareketliliğinin geniş ölçüde kısıtlanmasıyla Avrupa'ya gitme imkanları da oldukça azalmıştır. Öte yandan Suriyeliler, Suriye'deki derin istikrarsızlıktan ve savaşın devam etmesinden dolayı ülkelerine de dönememektedirler. Bu faktörlerin etkisiyle Suriyelilerin büyük çoğunluğu geleceklerini Türkiye'de görmektedir (Jauhiainen, 2018; Tümtaş, 2018; Doğan ve Tanrıkulu, 2020). Fakat Suriyeli mülteciler, uzun süreden beri Türkiye'de yaşamalarına rağmen, günümüzde hâlâ büyük sorunlarla karşı karşıya kalmaktadırlar. Bu sorunların en önemlilerinden biri dışlanmadır. Nitekim bu çalışma boyunca hem Gaziantep'teki hem de İzmir'deki katılımcılar, çok boyutlu dışlanma ile karşılaştıklarını belirtmişlerdir. Katılımcıların hem Gaziantep'te hem de İzmir'de benzer dışlanma deneyimleri yaşadıkları söylenebilir.

Katılımcıların en çok dile getirdikleri dışlanma türü ekonomik dışlanmadır. Ekonomik dışlanma; uzun çalışma süresi, düşük ücretler ve sosyal güvence yokluğu gibi istihdam uygulamaları olarak karşımıza çıkmaktadır. Katılımcılar hem iş verenler hem de iş arkadaşları tarafından psikolojik ve sözlü olarak da dışlanmaya uğramaktadırlar. Bu araştırmada elde edilen en dikkat çekici sonuçlardan bir tanesi de, ekonomik dışlanmaya sebep olan çalışma koşullarının Suriyeli işverenler tarafından kurulan işletmelerde de mevcut olduğudur. Bunların yanı sıra Suriyeli sayısının artması, araştırmanın yürütüldüğü kentler olan İzmir'de ve Gaziantep'te yerel halkta gözle görülür bir tutum değişikliği yaratmıştır. Katılımcılar; menşe ülke kimliklerinden ve giyim tarzlarından dolayı pazarda, trafikte, alışveriş merkezi, meydan ve park gibi ortak yaşam alanlarında Arapça konuşmalarından dolayı dışlanmayla karşılaşmışlardır. Yerel halkın, Arap etnik kimliğine karşı duyduğu olumsuz bakış ile Suriyelileri "ülkelerinden kaçan vatan hainleri" olarak yaftalaması bu dışlanmanın arka planında yer alan nedenlerdendir. Mekânsal dışlanma ise en belirgin şekilde barınma olanaklarının dışında tutulma şeklinde kendini göstermektedir. Araştırmaya katılan Suriyeliler, özellikle kiralık ev bulma sürecinde bu dışlanmanın çok yaygın olduğunu bildirmişlerdir.

Katılımcılar karşılaştıkları dışlanmaların olumsuz etkilerini en aza indirmek için birtakım yollara yani dışlanmayla baş etme yöntemlerine başvurmuşlardır. Bunlardan en belirgin olanları; menşe kimliğini gizleyerek kendini başka ülke mensubu olarak tanıtma, dışlanmaya karşı sessiz kalma, yerel halkın giyim tarzında giyinme, kamusal alanlarda Arapça konuşmama, yaşadıkları kentte yerel halkın şivesine yakın konuşmaya çalışma, dil yetersizliği nedeniyle tercümana başvurma, menşe ülke insanlarının işlettiği yerlerden alışveriş yapma, mekânsal olarak aileye ve akrabalara yakın yani etnik ağlara yakın olmayı tercih etmedir. Çalışma hayatının yanı sıra sosyal-kültürel hayatta da dışlanmayla karşılaşmaları Suriyelilerin yerel halkla iletişimini en az düzeyde tutmalarına sebep olmaktadır. Bu durum da Suriyelilerin kendi içlerine kapanmalarına ve yerel halktan uzaklaşmalarına zemin hazırlamaktadır. Dil yetersizliği de dışlanmayı arttıran bir unsurdur. Daha önce de belirtildiği gibi, katılımcıların çalışma saatlerinin günün tümünü kapsamasından dolayı Türkçeyi öğrenmek için zaman kalmaması, bu engelin aşılmasını zorlaştırmaktadır. Diğer yandan tüm Suriyelilerin yerel halka teması sırasında her zaman dışlanmayla karşılaştıkları söylenemez. Özellikle ekonomik temelli karşılaşmalarda, toplumsal kabulün yüksek olduğu, yerel toplumla herhangi bir sorun yaşanmadığı; girişimci ve işyeri sahibi katılımcılar tarafından dile getirilmiştir. Ayrıca yerel düzeyde oluşturulan entegrasyon programları için seçilen ve eğitim seviyesi yüksek gruplar arasında da toplumsal kabul derecesinin yüksek olduğu katılımcılar tarafından ifade edilmiştir. Öte yandan İzmir'de Güneydoğu Anadolu Bölgesi'nden kente göç edip belirli mahallelerde ikamet eden ve Arapça bilen yerli nüfusun varlığı, İzmir'deki bazı Suriyelilerin hayatını kolaylaştırıcı bir etken olarak görülmüştür. Bu durum, kentin zorlu şartlarında tutunmalarında destekleyici bir unsur olmuştur. Nitekim katılımcılar, dil sorununun aşılması noktasında bu ortak dil avantajına vurgu yapmışlardır.

Bununla birlikte araştırmadan çıkan bir diğer sonuç, ekonomik rekabetin gerçekleştiği durumlarda maddi kaygıların daha baskın olduğu ve bir alandaki mağduriyetin katılımcılara karşı başka bir dışlanma şeklinde kendini gösterebildiğidir. Din ve kültürel benzerlik, mültecilerin topluma entegrasyonu sürecinde bir rol oynasa da ev sahibi toplumda mevcut olan dışlayıcı tutumlar, genellikle bu unsurların olumlu katkılarını geçersiz kılabilir (Grabska, 2006). Dışlanmanın entegrasyon potansiyelini zayıflatan bir düzeye ulaşmaması için gerekli tedbirlerin alınması, üzerinde durulması gereken önemli bir noktadır. Bu konuda ülkemizde hem yerel düzeyde hem de merkezi düzeyde birtakım önlemlerin alınması şarttır. Zira ortak bir dine ve benzer kültürel özelliklere sahip olunsa da bu unsurlar, gelecekte yerel toplumun Suriyelilere karşı dışlayıcı tavırlarını hafifletmedeki rolünü yitirebilir. Zira araştırmadan elde edilen bulgular, özellikle ekonomik kazanç konusunda rekabetin olduğu yerlerde ekonomik çıkarların yukarıda ifade edilen ortak veya benzer özelliklere baskın geldiğini göstermektedir.

Bu araştırmadan elde edilen sonuçların ışığında; Suriyelilerin ekonomik ve toplumsal üretkenliklerini görünür hale getiren ve yerel halkla ortak çıkar birliği sağlayan ekonomik, sosyal ve kültürel faaliyet alanlarının yaratılması gerektiğini söylemek mümkündür. Ayrıca sürdürülebilir bir entegrasyon politikasının oluşturulabilmesi, bu konudaki engellerin bilinmesine bağlıdır. Bu noktada Suriyelilere karşı dışlayıcı tutum ve davranışların hangi durumlarda arttığına yönelik çalışmaların yapılmasına ihtiyaç vardır.

Kaynakça

Acu, C. (2020). Why Hate Crimes Against Syrian Refugees Rise in Turkey. https://ahvalnews-com.cdn.ampproject.org/c/s/ahvalnews.com/hate-crimes/why-hate-crimes-against-syrian-refugees-rise-turkey?amp (Erişim Tarihi: 13 Ekim 2020).

Adaman, F. ve Keyder, Ç. (2006). Türkiye'de Büyük Kentlerin Gecekondu ve Çöküntü Mahallelerinde Yaşanan Yoksulluk ve Sosyal Dışlanma. Rapor. https://ec.europa.eu/employment_social/social_inclusion/docs/2006/study_turkey_tr.pdf (Erişim Tarihi: 27 Haziran 2019).

Akay Ertürk, S. (2016). Tarımsal Faaliyetlerde Çalışan Suriyeli Sığınmacılar: Altınözü (Hatay) Örneği. *TÜCAUM Uluslararası Coğrafya Sempozyumu*, 13-14 Ekim 2016. s. 469-486.

Aydıngül, K. (2016). İnsani Bir Süreç Olarak Göç. *1. Uluslararası Göç ve Kültür Sempozyumu Bildirileri Cilt-1*, Ankara: Kibatek Yayınları, s. 425-438.

Aygül, H. H. (2018). Mültecilerin İşgücüne Katılımı ve Piyasaya Dair Deneyimleri. H. H. Aygül ve E. Eke (Editörler), *21. Yüzyılda Uluslararası Göç ve Mülteciler Bir Türkiye Perspektifi* içinde (s. 179-210). Ankara: Nobel Yayınları.

Bauman, Z. (2016). *Kapımızdaki Yabancılar*, İstanbul: Ayrıntı Yayınları.

Bauman, Z. (2017). *Sosyolojik Düşünmek*, İstanbul: Ayrıntı Yayınları.

Berg, B. L. ve Lune, H. (2019). *Sosyal Bilimlerde Nitel Araştırma Yöntemleri.* (Çev. Ed: A. Arı). Konya: Eğitim Kitabevi Yayınları.

BİAMER. (2014). Suriyeli Göçmenlerin Sorunları Çalıştayı, Mersin Üniversitesi, Mersin. http://www.madde14.org/images/b/b0/MersinUnivSuriyeCalistay.pdf (Erişim Tarihi: 12 Aralık 2018).

Bora, T. (2017). Yardımseverlik, Hayırseverlik Yerine Dayanışma. *Birikim Dergisi.*, Sayı:335, 61-67.

Brown vd. (2108). Urban Refugee Economies: Addis Ababa, Ethiopia. https://www.cardiff.ac.uk/__data/assets/pdf_file/0003/1231914/urban-refugee-economies.pdf (Erişim Tarihi (22 Haziran 2019).

Canatan, K. (2013). Avrupa Toplumlarının Göç Algıları ve Tutumları: Sosyolojik Bir Yaklaşım. *Sosyoloji Dergisi*, 3 (27), 317-332.

Castles, S. ve Miller, M. J. (2008). *Göçler Çağı: Modern Dünyada Uluslararası Göç Hareketleri.* (Çev: B. U. Bal ve İ. Akbulut). İstanbul: İstanbul Bilgi Üniversitesi Yayınları.

Clark, B. (2008). *İki Kere Yabancı. Kitlesel İnsan İhracı Modern Türkiye'yi ve Yunanistan'ı Nasıl Biçimlendirdi?* (Çev: Müfide Pekin). İstanbul: İstanbul Bilgi Üniversitesi Yayınları.

Crush, J. vd. (2017). The Owners of Xenophobia: Zimbabwean Informal Enterprise and Xenophobic Violence in South Africa. AHMR., 3 (2) 879-909.

Çakır, Ö. (2002). Sosyal Dışlanma. Dokuz Eylül Üniversitesi Sosyal Bilimler Enstitüsü Dergisi., 4 (3), 83-104.

Dadush, U. ve Niebuhr, M. (2016). The Economic Impact of Forced Migration. Ocp Policy Center Resarch Paper. https://carnegieendowment.org/files/RP-_16-03_Final.pdf (Erişim Tarihi: 18 Ağustos 2020).

Dedeoğlu, S. ve Ekiz Ç. (2011). Göç ve Sosyal Dışlanma: Türkiye'de Yabancı Göçmen Kadınlar. Ankara: Efil Yayınları.

Deniz, A. Ç, vd. (2016). *Bizim Müstakbel Hep Harap Oldu-Suriyeli Sığınmacıların Gündelik Hayatı: Antep-Kilis Çevresi.* İstanbul: İstanbul Bilgi Üniversitesi Yayınları.

Deri, Tekstil ve Kundura İşçileri Derneği. (2020). Deri Tekstil ve Kundura İşkolunda Çalışan Mülteci İşçilerin Yaşadığı Hak İhlalleri Raporu. file:///C:/Users/sait/Downloads/M%C3%BClteci%20 deriayakkab%C4%B1%20i%C5%9F%C3%A7ileri%20izmir.pdf (Erişim Tarihi: 20 Mayıs 2020).

Doğan, S. ve Tanrıkulu, F. (2020). Syrian Asylum Seekers and The Question of Living in Turkey or Returning to Their Home Country. *Liberal Düşünce Dergisi.*, 25 (99),105-123.

Dolan, C. (1997). The Changing Status of Mozambican Refugees in South Africa and The Impact of This on Repatriation to and Re-Integration in Mozambique, Final Report to Norwegian Refugee Council, Maputo.

DSP Durable Solution Platform ve İGAM İltica ve Göç Araştırmaları Merkezi. (2019). Kendi Kendine Yeterliliğe Yönelik Çalışmalar: Türkiye'deki Suriyeli Mültecilerin Ekonomiye Katılımı. Rapor.

Dustmann, C. and Preston, I. (2007). Racial and Economic Factors in Attitudes to İmmigration. The BE Journal of Economic Analysis & Policy 7, 62.

Ekinci, Y. (2015). Misafirlik Dediğin Üç Gün Olur!: Suriyeli Sığınmacılar ve Sosyal Dışlanma. *Birikim Dergisi.*, Sayı:311, 48-54.

Ekinci, Y. vd. (2016). Suriyeli Sığınmacıların Karşılaştığı Sosyal Dışlanma Mekanizmaları. *SBARD.*, 14 (27), 17- 40.

Ekiz Gökmen, Ç. (2018). Turizm Sektöründe Göçmen Emeği: Nitelikli Emek mi? Ucuz Emek mi? *Çalışma ve Toplum.*, Sayı:56, 139-166.

Erdoğan, M. M. (2015). *Türkiye'deki Suriyeliler-Toplumsal Kabul ve Uyum.* İstanbul: İstanbul Bilgi Üniversitesi Yayınları.

Erdoğan, M. M. (2020). Suriyeliler Barometresi-2019: Suriyelilerle Uyum İçinde Yaşamın Çerçevesi. Ankara: Orion Kitabevi.

Giddens, A. (2005). *Sosyoloji.* (Çev: H. Özel vd.). Ankara: Ayraç Yayınevi.

Glesne, C. (2013). *Nitel Araştırmaya Giriş.* (Çev. Ed: A. Ersoy ve P. Yalçınoğlu) Ankara: Anı Yayınları.

Goffman, E. (2014). *Damga, Örselenmiş Kimliğin İdare Edilişi Üzerine Notlar.* (Çev: Ş. Geniş, L. Ünsaldı, S. N. Ağırnaslı). Ankara: Heretik Yayınları.

Gökçek Karaca, N. (2009). Türk Göçmen İşçilerin Çalışma Yaşamında Karşılaştıkları Sorunlar: Giresun'dan ABD'ne Göç Etmiş Türk Göçmen İşçiler Üzerinde Bir İnceleme. *İstanbul Üniversitesi Sosyal Siyaset Konferansları Dergisi*, 0 (56), 288-306.

Göker, G. (2015). Göç, Kimlik, Aidiyet: Kültürlerarası İletişim Açısından İsveçli Türkler. Konya: Literatürk Academia.

Grabska, K. (2006). Marginalization in Urban Spaces of the Global South: Urban Refugees in Cairo. Journal of Refugee Studies, 19(3).

Gurtzweier-Herrin, L. (2018). Experiences of Transnationalism and Forced Migration Grounded for Female Syrian Refugees in Turkey: A Theory Approach, Yayımlanmamış Doktora Tezi.

Güllüpınar, F. (2012). Göç Olgusunun Ekonomi-Politiği ve Uluslararası Göç Kuramları Üzerine Bir Değerlendirme. *Yalova Sosyal Bilimler Dergisi.*, 2 (4), 53-85.

Gültekin, M. N, (2019). Kent ve Yeni Sosyal Etkileşimler: Gaziantep'teki Suriyelilerin Genel Örüntüsü, Mevcut Durumu ve Muhtemel Geleceği, *Gaziantep University Journal of Social Sciences.,* 18(1), 162-176.

Güngördü, F. N. (2018). Processes and Factors of Social Exclusion in Arrival Cities: Attitudes towards Syrians under Temporary Protection in Tarlabaşı, Istanbul. *GRID-Mimarlık Planlama ve Tasarım Dergisi.,* 1 (2), 177-198.

Güngördü, Z. ve Kurtarır, E. (2016). Mülteciler ve Hatay'da Geleceğin Plansız İnşası. *Göç Dergisi, 3* (1), 83-98.

Hatipler, M. (2019). Boyut ve Etkenleriyle Sosyal Dışlanmanın Yoksullukla Karşılaştırmalı İlişkisi. *Bilgi.,* 21 (1), 39-77.

Heath, A. vd. (2013). Discrimination Against Immigrants – Measurement, Incidence and Policy Instruments International Migration Outlook 2013, OECD Publishing, Paris.

Hungwe, C. (2013). Surviving Social Exclusion: Zimbabwean Migrants in Johannesburg, South Africa, University of South Africa. Yayımlanmamış Yüksek Lisans Tezi.

ICG International Crisis Group. (2018). Turkey's Syrian Refugees: Defusing Metropolitan Tensions. Reporthttps://www.crisisgroup.org/europe-central-asia/western-europemediterranean/turkey/248-turkeys-syrian-refugees-defusing-metropolitan-tensions. (Erişim Tarihi: 22 Mayıs 2019).

ILO International Labour Organization. (2020). Syrian Refugees in the Turkish Labour Market. Report. http://www.ilo.org/ankara/publications/WCMS_738602/lang--en/index.htm (Erişim Tarihi: 9 Kasım 2020).

IOM Uluslararası Göç Örgütü. (2013). Göç Terimleri Sözlüğü.

IOM Uluslararası Göç Örgütü. (2015). Migrants and Cities: New Partnerships to Manage Mobility. https://publications.iom.int/system/files/wmr2015_en.pdf (Erişim Tarihi: 22 Ağustos 2018).

IRC International Rescue Committee (2019). Ruled Out of Work: Refugee Women's Legal Right to Work. Report. (Erişim Tarihi: 2 Ocak 2020). https://www.rescue.org/sites/default/files/document/4312/ruledoutofworkpolicybriefv3.pdf

ISTANPOL-İnsanı ve Toplumsal Kalkınma Programı. (2020). İstanbul'da Suriyeli Sığınmacılara Yönelik Tutumlar. Rapor. https://www.istanpol.org/post/i%CC%87stanbul-da-suriyeli-s%C4%B1%C4%9F%C4%B1nmac%C4%B1lara-y%C3%B6nelik-tutumlar (Erişim Tarihi: 12 Haziran 2020).

İçduygu, A. ve Diker, E. (2017). Labor Market Integration of Syrian Refugees in Turkey: From Refugees to Settlers. *The Journal Of Mıgratıon Studies,* 3 (1), 12-35.

İncetahtacı, N. (2020). Gaziantep'teki Suriyeli Ailelerin Baş Etme Stratejileri. *Gaziantep Üniversitesi Sosyal Bilimler Dergisi.,* 19 (2) 499-525.

İnsamer ve SDC Suriye Dialogue Center. (2019). Tension Between Neigbors: The Societal Adaptation Problems Between Turks and Syrian Asylum Seekers. https://insamer.com/en/tension-between-neighbors-the-societal-adaptation-problems-between-turks-and-syrian-asylum-seekers_2474.html (Erişim Tarihi: 12 Şubat 2020).

İslamoğlu, Ö. ve Yıldırımalp, S. (2016). Geçici Koruma Altındaki Suriyelilerin Sakarya İli İşgücü Piyasasına Etkileri: Sakarya Halkının Görüşleri Üzerine Bir Değerlendirme. *1. Uluslararası Göç ve Kültür Sempozyumu*, Ankara: Kibatek Yayınları. s. 253-266.

Jauhiainen, J. S. (2018). Refugees and Migrants in Turkey. https://urmi.fi/wp-content/uploads/2018/10/Refugees-and-Migrants-in-Turkey-2018-Jussi-S.-Jauhiainen.pdf Erişim Tarihi: 1 Ekim 2019).

Kara, M. A. (2018). *Göç Yazıları*. Ankara: Sonçağ Yayıncılık Matbaacılık.

Karabıyık, E. (2019). Bereketli Topraklar Zehir Gibi Yaşamlar. *Yaşar Üniversitesi Tarımda Mevsimlik Göçmen ve Mülteci İşçiler Çalıştay Raporu* (iç). s. 17-22. Yayına Hazırlayanlar: Ayselin Yıldız ve Ahmet Bartan. (Erişim Tarihi: 20 Mayıs 2020).

Karakuş, Y. M. (2017). Sığınmacıların Günlük Yaşam Deneyimleri, Temel Sorunları ve Sorunlarla Baş Etme Stratejileri: Eskişehir Örneği. Yayımlanmamış Doktora Tezi. Eskişehir: Anadolu Üniversitesi, Sosyal Bilimler Enstitüsü.

Karaman, A. (2017). İlaç Sektöründe Dijital Tanıtım Faaliyetlerinin Hekimlerin Nezdinde Ürün Bilinirliliği ve Tercih Edilme Davranışına Etkisi: Adıyaman ve Şanlıurfa İllerinde Bir Durum Çalışması. Yayımlanmamış Doktora Tezi. Gaziantep: Hasan Kalyoncu Üniversitesi, Sosyal Bilimler Enstitüsü.

Kaya, A. (2020). Turkey – Country Report: Reception RESPOND Working Papers No. 2020/37. https://zenodo.org/record/3665809#.YEFPC05xdPY (Erişim Tarihi: 20 Eylül 2020).

Kaya, M. ve Demirağ, E. H. O. (2016). Türkiye'deki Suriyeli Kadın Sığınmacıların İş Piyasasındaki Çalışma Koşullarına Sosyolojik Bir Bakış: Şanlıurfa Örneği. *II. Ortadoğu Konferansları: Ortadoğu'daki Çatışmalar Bağlamında Göç Sorunu*, Kilis. s. 155-171.

Kaygısız, İ, (2017). Suriyeli Mültecilerin Türkiye İşgücü Piyasasına Etkileri. http://www.fes-tuerkei.org/media/pdf/D%C3%BCnyadan/2017/Du308nyadan%20-%20Suriyeli%20Mu308ltecilerin%20Tu308rkiye%20I307s327gu308cu308%20Piyasasina%20Etkileri%20.pdf (Erişim Tarihi: 18 Mayıs 2019).

Kesici, M. R. (2016). Londra'da Türkiyeli Göçmenlerin Emek Piyasalarında Ayrımcılık Deneyim ve Algıları. *Göç Dergisi*, *3*(2), 261-281.

Koçak, H. ve Çelik, A. (2018). Göç ve Mekân Geçici Koruma Statüsündeki Suriyeliler: Sakarya İli Örneği. R. Şimşek (Editör), *Göç Sosyolojisi Farklı Boyutlarıyla Göç* İçinde (s. 217-241). Ankara: Akademisyen Kitabevi.

Koser Akçapar, Ş. ve Şimşek, D. (2018). The Politics of Syrian Refugees in Turkey: A Question of Inclusion and Exclusion through Citizenship. *Social Inclusion.*, 6 (1), 176-187.

Koyuncu, A. (2020). Toplumsal Kabulde Ekonominin İmkânı Konya'daki Suriyeli Girişimciler. *İnsan ve Toplum*, 10 (3) 100-131.

Kronauer, M. (1998). 'Social Exclusion' and 'Underclass'-New Concepts for the Analysis of Poverty. Edited By Hans Jurgen Andreß. Empirical Poverty Research in a Comparative Perspective. 51-76.

Kurtoğlu, M. (2016). Bu Eller Utandırmaz Adamı Göçler Mülteciler ve Suriye Savaşı. Konya: Çizgi Yayınları.

Kuş, E. (2007). *Nicel-Nitel Araştırma Teknikleri*. Ankara: Anı Yayıncılık.

Kümbetoğlu, B. (2016). Göç Çalışmalarında "Nasıl' Sorusu". Editörler: Suna Gülfer. Ihlamur. Öner ve N. Aslı Şirin Öner, *Küreselleşme Çağında Göç* içinde (s. 49-85). İstanbul: İletişim Yayınları.

Leghtas, I. (2019). Insecure Future: Deportations and Lack of Legal Work for Refugees in Turkey. Rapor. https://www.refugeesinternational.org/reports/2019/9/18/insecure-future-deportations-and-lack-of-legal-work-for-refugees-in-turkey (Erişim Tarihi: 29 Ağustos 2020).

Lordoğlu, K. (2015). Türkiye'ye Yönelen Düzensiz Göç ve İşgücü Piyasalarına Bazı Yansımalar. *Çalışma ve Toplum.*, Sayı: 44. 29-44.

Marshall, G. (2003). *Sosyoloji Sözlüğü*. Ankara: Bilim Sanat Yayınları.

Mutlu, P., *Mısırlı, K. Y., Kahveci, M., Akyol, A. E., Erol, E., Gümüşcan, İ., Pınar, E., ve Salman, C.* (2018). Suriyeli Göçmen İşçilerin İstanbul Ölçeğinde Tekstil Sektörü Emek Piyasasına Eklemlenmeleri ve Etkileri. *Çalışma ve Toplum.*, Sayı: 56, 69-92.

Neuman, W. L. (2014). Toplumsal Araştırma Yöntemleri Nitel ve Nicel Yaklaşımlar 2. Cilt. (Çev: S. Özge). Ankara: Yayınodası Yayıncılık.

Oxfam. (2013). Survey on The Livelihoods of Syrian Refugees in Lebanon. Report. https://www-cdn.oxfam.org/s3fs-public/file_attachments/rr-bric-livelihoods-syrian-refugees-lebanon-211113-en_0.pdf (Erişim Tarihi: 22 Ekim 2019).

Özatalay, K. C. (2016). Neoliberalleşen Türkiye'de İşçi Sınıfının Parçalanması. L. Sunar (Editör), *Türkiye'de Toplumsal Tabakalaşma ve Eşitsizlik* içinde (s.139-161). Ankara: Matbu Kitap.

Özbudun, S. (2006). Bir Ayrımcılık Aracı ve Tarzı Olarak Yoksulluk. *Felsefelogos*, Sayı: 29. 65-78.

Özkarslı, Fatih. (2015). Mardin'de Enformel İstihdamda Çalışan Suriyeli Göçmenler. *Birey ve Toplum.*, 5 (9), 175-191.

Pérez, D. J. vd. (2008). Prevalence and Correlates of Everyday Discrimination Among U.S. Latinos. Journal of Community Psychology., 36 (4), 421-433.

Saraçoğlu, C. ve Bélanger, D. (2019). The Syrian Refugees and Temporary Protection Regime in Turkey: A Spatial Fix for Turkish Capital. Gaye Yılmaz, İsmail Doğa Karatepe, Tolga Tören (Eds.). Integration through Exploitation: Syrians in Turkey. 96-109.

Sert, D. Ş. (2016). Uluslararası Göç Yazınında Bütünleyici Bir Kurama Doğru. Editörler: Suna Gülfer. Ihlamur. Öner ve N. Aslı Şirin Öner, *Küreselleşme Çağında Göç* içinde (s. 29-47). İstanbul: İletişim Yayınları.

Sirkeci, İ. ve Göktuna Yaylacı. F. (2019). Küresel Hareketlilik Çağında Göç Kuramları ve Temel Kavramlar. Filiz Göktuna Yaylacı (der.) *Kuramsal ve Uygulama Boyutları ile Türkiye'de Sığınmacı, Mülteci ve Göçmenlerle Sosyal Hizmetler* içinde (s.15-39) Londra: Transnational Press London.

Sönmez, M. E. ve Adıgüzel, F. (2017). Türkiye'de Suriyeli Sığınmacı Algısı: Gaziantep Şehri Örneği Turkey: Case of Gaziantep City. *Gaziantep Üniversitesi Sosyal Bilimler Dergisi.*, 16 (3), 797-807.

Suárez vd., (2009). Discrimination, Work and Health in Immigrant Populations in Spain. *Social Science & Medicine.*, 68, 1866–1874.

Suğur, N. (2018). Sosyolojik Araştırmanın İmkânı ve Sınırlılıkları. Melike Akbıyık (Editör), *Sosyoloji ve Yöntem* içinde (s. 85-116). İstanbul: Alfa Yayınları.

Sunata, U. (2018). Suriyeli Sığınmacıların Emek Piyasasına Katılımları. *Beklenmeyen Misafirler: Suriyeli Sığınmacılar Penceresinden Türkiye Toplumun Geleceği.*, Derleyenler: Bilhan Kartal ve Ural Manço, Transnational Press London, 169-196.

Şimşek, D. (2015). Anti Syrian Racism in Turkey. Retrieved from https://www.opendemocracy.net/north-africa-west-asia/dogus-simsek/antisyrian-racism-in-turkey (Erişim Tarihi 20 Ağustos 2020).

Şimşek, D. (2017). Göç Politikaları ve İnsan Güvenliği: Türkiye'deki Suriyeliler Örneği. *Toplum ve Bilim.*, Sayı:140, 11-26.

UNCHR. (2009). Designing Appropriate Interventions in Urban Settings: Health, Education, Livelihoods, and Registration for Urban Refugees and Returnees. https://www.unhcr.org/4b2789779.pdf (Erişim Tarihi 16 Kasım 2019).

Ünal, S. (2014). Türkiye'nin Beklenmedik Konukları: "Öteki" Bağlamında Yabancı Göçmen ve Mülteci Deneyimi. *Zeitschrift für die Welt der Türken Journal of World of Turks.*, 6 (3), 65-89.

Tekin, H. H. (2006). Nitel Araştırma Yönteminin Bir Veri Toplama Tekniği Olarak Derinlemesine Görüşme. *Sosyoloji Dergisi.*, 3 (13), 101-116.

Tewolde, A. I. (2020). 'Passing' as Black South African: Identity Concealment Tactics of Eritrean Refugees in The Face of Xenophobia. *Social Identities.*, 1-13.

Tezcan, T. (2019). Return Home? Determinants of Return Migration Intention Amongst Turkish Immigrants in Germany. *Geoforum.*, Sayı: 98, 89-201.

Toksöz, G. (2008). Enformel İşgücü Piyasaları ve Göçmen İşçilere Talep: Karşılaştırmalı Perspektiften Türkiye'nin Durumu. B. Ergüder vd. (Editörler), *Türkiye İşçi Sınıfı ve Emek Hareketi Küreselleşiyor mu?* İçinde (s. 89-108) İstanbul: Stratejik Araştırmalar Vakfı ve Türkiye Sınıf Araştırmaları Merkezi.

Tümtaş, M. S. (2018). Toplumsal Dışlanmadan Vatandaşlık Tartışmalarına Suriyeli Kent Mültecileri. *Akdeniz İİBF Dergisi*, 18 (37), 26-47.

Türk Kızılayı ve Dünya Gıda Programı. (2019). Refugees in Turkey: Livelihoods Survey Findings. Ankara. https://reliefweb.int/report/turkey/refugees-turkey-livelihoods-survey-findings-2019-entr (Erişim Tarihi: 24 Mart 2020).

Yağar, F. ve Dökme, S. (2018). Niteliksel Araştırmaların Planlanması: Araştırma Soruları, Örneklem Seçimi, Geçerlik ve Güvenirlik. *Gazi Sağlık Bilimleri Dergisi.*, 3 (3): 1-9.

Yalçın, C. (2004). *Göç Sosyolojisi.* Ankara: Anı Yayınları.

Yıldırım, A. ve Şimşek, H. (2003). Sosyal Bilimlerde Nitel Araştırma Yöntemleri. Ankara: Seçkin Yayınları.

Yıldız, A. ve Uzgören, E. (2016). Limits to Temporary Protection: Non-Camp Syrian Refugees in İzmir, *Southeast European and Black Sea Studies*, *Online Journal.*, 16 (2), 195-211.

https://www.unhcr.org/news/press/2019/6/5d03b22b4/worldwide-displacement-tops-70-million-un-refugee-chief-urges-greater-solidarity.html? (Erişim tarihi: 21 Haziran 2019).

https://www.refugeesinternational.org/reports/2020/1/28/lebanon-crossroads-growing-uncertainty-syrian-refugees?format=amp&__twitter_impression=true#_ftnref01 (Erişim tarihi: 30 Ocak 2020).

https://www.goc.gov.tr/gecici-koruma5638 (Erişim Tarihi: 10 Ekim 2020).

https://www.un.org/esa/socdev/rwss/2016/chapter1.pdf (Erişim Tarihi: 10 Ekim 2020).

EXTENDED ABSTRACT IN ENGLISH

Exclusion Experiences of Syrians in Gaziantep and Izmir

Syrians have immigrated to different parts of the world, especially to neighbouring countries, by risky migration journeys with the civil war that started in their country in 2011. Syrians, who have been exposed to all the effects of the civil war, have sought a safe place as victims of forced migration. As a result of this extraordinary and massive forced displacement process, Turkey has adopted a Syrian population of over 3.5 million. It is observed that Syrians, most of whom are women and children, prefer large cities to live. Gaziantep and İzmir, which are the subjects of the study, are among the cities with the highest Syrian population. But Acu has noted that (2020) as Syrian refugees even though they live in Turkey, the Turkish community in the process of inclusion still remain today faced with a big problem. One of the most important of these problems is exclusion.

This research focuses on the lived experience of exclusion in urban areas of Syrians living in Turkey. For this purpose, it was emphasized on what kind of exclusion Syrians face in economic, spatial and cultural terms. The dynamics of this exclusion and the responses of the participants to exclusion were discussed. The research was carried out with a qualitative method in Gaziantep and Izmir city centres, and the descriptive method was used in the analysis of the data. The research is drawn from fieldwork conducted on 30 semi-depth interviews in Gaziantep and 27 in İzmir. It also makes use of findings gathered from 3 focus group, two in Gaziantep and one in İzmir, carried out during the fieldwork.

According to the research findings, the most common exclusion is in the economic field. Studies on immigrants and refugees (Dedeoğlu & Ekiz, 2011, p.110-113; DSP & İGAM, 2019, p.29) job descriptions and long working hours, physical and verbal violence show that they are usually much lower than the locals for similar jobs, cut wages, and arbitrary termination of employment situations. Spatial exclusion manifests itself most clearly and mostly in the area of accommodation. Participants faced significant obstacles, especially in renting a house/shop. This exclusion has sometimes resulted in tensions. As a result of exclusion, immigrants come together to keep their ties tight, support each other financially and morally, protect their language and culture, and seek ways to stay away from certain places due to the discriminatory attitudes of the dominant society. Establishing relationships with the people of the country of origin can serve as a protective mechanism against exclusion in daily life (Pérez et al., 2008; Castles & Miller, 2008, pp. 334-335). Apart from that, the participants sometimes stated that they faced exclusion due to their ethnic identity, daily life habits, dressing style and the language they speak. In order to minimize the negative consequences of this exclusion, they resort to strategies such as imitating the indigenous dressing style, not speaking Arabic in public, hiding one's identity and staying silent.

On the other hand, it cannot be said that all Syrians face exclusion when contacting local people. Participants who are entrepreneurs/business owners expressed that social acceptance is high, especially in economic shopping-based encounters, and there are no problems with the local community. In addition, it was stated by the participants that the social acceptance level was high among the groups selected for integration programs created at the local level and with high education level. Language proficiency is also a factor that reduces exclusion. The working conditions of the participants make it difficult to overcome this obstacle.

It is necessary to create economic, social and cultural activity areas that make the economic and social productivity of Syrians visible and ensure common interest with the local people. In addition, creating an executable integration policy depends on knowing the obstacles in this matter. At this point, there is a need to carry out studies on the circumstances in which exclusion practices against Syrians are increase.

Göç Dergisi
Mart 2021
Cilt: 8, Sayı: 1, sf. 107–128
ISSN: 2054-7110 (Basılı) | ISSN 2054-7129 (Çevrimiçi)
www.gocdergisi.com

Makale tarihçesi: Alındı: 6 Ağustos 2020 Kabul edildi: 13 Nisan 2021
DOI: https://doi.org/10.33182/gd.v8i1.722

Suriyeli Mültecilere Karşı Kabullenici ve Reddedici Kültürleşme Stratejilerinin Belirleyicileri: Hatay Örneği [1]

Esen Yangın Kiremit[2] ve Serap Akfırat[3]

Öz

Birden fazla grubun teması sonucunda gerçekleşen kültürel ve psikolojik değişimleri ifade eden kültürleşme, hem ev sahibi hem de göçmen grupları ilgilendiren bir süreçtir (Berry, 2005). Ev sahibi topluluğun belirli bir göçmen grup için benimsediği ve göçmenler tarafından belirli bir ev sahibi grup içinde benimsenen kültürleşme stratejileriyse kültürleşmenin anahtar kavramlarındandır (Bourhis ve diğerleri, 1997). Bu stratejiler, ev sahibi topluluklar açısından göçmen grupla uyumlu şekilde birlikte yaşamaya yönelik ilişkileri kabullenici ya da reddedici yönde seyredebilmektedir. Bu çalışmada Hatay'da yaşayan Arap ve Alevi kimliğe mensup yerli topluluğun, Suriyeli mültecilerle ilgili kültürleşme yönelimleri, tehdit algısı ve kendi gruplarıyla özdeşleşme değişkenleri çerçevesinde incelenmektedir. Bu amaçla 252 katılımcıyla bir anket çalışması yürütülmüştür. Hatay'da yaşayan yerli halkın etnik, dini/mezhepsel ve ulusal kimliklerle özdeşleşmesinin bağımsız; kabullenici ve reddedici kültürleşme stratejilerini benimsemenin bağımlı ve algılanan tehdidin aracı değişken olarak ele alındığı altı farklı model analiz edilmiştir. Bulgular, iç gruplarla özdeşleşmenin kültürleşme yönelimlerini hem doğrudan hem de tehdit algısı aracılığıyla yordadığını göstermektedir.

Anahtar Kelimeler: *Kültürleşme; Tehdit algısı; Ulusal özdeşleşme; Etnik özdeşleşme; Suriyeli mülteciler*

ABSTRACT IN ENGLISH

Determinants of Welcoming and Rejecting Acculturation Strategies Against Syrian Refugees: Hatay Sample

Acculturation referring to cultural and psychological changes that occur as a result of contact between two or more social groups is a process including both the host and the immigrant groups (Berry, 2005). Acculturation strategies adopted by the host community for a particular group and adopted by immigrants within a receiving society are key concepts of acculturation (Bourhis et al., 1997). These strategies, with regards to host groups, can be welcoming or rejecting to living in harmony with immigrants. The aim of this study is to explore the acculturation orientations of Turkish host society living in Hatay, who are from Arab ethnic origin and Alevi religious section, toward Syrian refugees. For this aim, a survey study was carried out with 252 participants. Six different models were analyzed in which identification with national, ethnic and religious/denominational identities were considered as independent variables, welcoming or rejecting acculturation strategies as dependent variables, and threat perception as mediator

[1] Bu makale birinci yazarın, Dokuz Eylül Üniversitesi, Sosyal Bilimler Enstitüsü, Psikoloji Anabilim Dalı'nda hazırlanan "Suriyeli Göçmenlere Yönelik Kültürleşme Stratejilerini Etkileyen Sosyal Psikolojik Faktörlerin İncelenmesi: Hatay Örneği" başlıklı yayınlanmamış yüksek lisans tezi kapsamında yapılmış çalışmaların bir kısmından yararlanılarak hazırlanmıştır (Bknz. Yangın, 2017).

[2] Uz. Psikolog Esen Yangın Kiremit, Dokuz Eylül Üniversitesi Psikoloji Bölümü Doktora Öğrencisi.
E-posta: yangin.esen@gmail.com.
[3] Doç. Dr. Serap Akfırat, Dokuz Eylül Üniversitesi Psikoloji Bölümü Öğretim Üyesi. E-posta: serap.akfirat@deu.edu.tr.

variable. Results showed that in-group identification predicts acculturation strategies both directly and through threat perception. Findings are discussed in the light of the literature.

Keywords: *: Acculturation strategies; Threat perception; National identification; Ethnic identification; Religious identification; Syrian refugees*

Giriş

En genel anlamıyla "insan hareketliliği" olarak tanımlanabilecek göç olgusu, yalnızca mekânsal bir değişimi değil, pek çok sosyal, psikolojik, kültürel dinamiği de içinde barındıran uzun soluklu bir süreci ifade eder. Göç sürecinin en temel unsurlarından biri olan *kültürleşme* (*acculturation*) kavramı "iki ya da daha fazla kültürel grubun ve bu grupların üyelerinin teması sonucunda gerçekleşen karşılıklı kültürel ve psikolojik değişimleri ifade eden süreç" olarak tanımlanmaktadır (Berry, 2005, s.698-699). Belli bir kültürel bağlam içerisine dâhil olan göçmen grup ve ev sahibi topluluk arasında uzlaşmacı ya da çatışmalı ilişkiler kurulabilmektedir (Bourhis ve diğerleri, 1997). Ev sahibi grup açısından kültürleşme süreci, göçmenlerle kurulacak uyum sürecini reddetme ya da kabul etme yönünde seyredebilmektedir.

Berry'nin kültürleşme tanımındaki önemli kavramlardan biri de bireylerin benimsedikleri kültürleşme stratejileridir. Kültürleşme stratejileri, göçmenler açısından ev sahibi topluluğun kültürüyle ilişki kurmaya ve sahip olunan miras kültürü sürdürmeye yönelik isteklerin birbiriyle kesişiminden doğmaktadır. Bu çerçevede Berry (2001) asimilasyon (*asimilation*); ayrılma (*seperation*); bütünleşme (*integration*) ve marjinalleşme (*marginalization*) olmak üzere göçmenlerin benimseyebileceği dört farklı kültürleşme stratejisi tanımlamaktadır. Bir diğer taraftan Berry, kültürleşmenin hem göçmen hem de ev sahibi topluluk üyelerini kapsadığını ifade ederek, bu sürecin azınlık grup kadar ev sahibi topluluğun yaklaşımından da etkilendiğini vurgulamaktadır.

Benzer şekilde Bourhis ve diğerleri. (1997) geliştirdikleri Etkileşimli Kültürleşme Modeli (*Interactive Acculturation Model*) ile ev sahibi topluluk ve göçmen gruplar arasındaki bu ilişkileri açıklamaktadırlar. Bu yaklaşım "karşılıklılık" dinamiğinden hareketle kültürleşmeyi: a) ev sahibi topluluğun belirli bir göçmen grup için benimsediği, b) göçmenler tarafından belirli bir ev sahibi grup içinde benimsenen kültürleşme stratejileri; c) göçmen ve ev sahibi grupların kültürleşme yönelimlerinin etkileşiminden doğan gruplar arası ilişkiler olmak üzere üç açıdan ele almaktadır. Berry'nin (2001) göçmenler için tanımlamış olduğu kültürleşme stratejilerine benzer şekilde Bourhis ve diğerleri (1997), ev sahibi topluluk üyelerinin benimseyebileceği kültürleşme stratejilerini şu şekilde açıklamaktadır: Ev sahibi topluluk üyeleri belirli bir göçmen grup için asimilasyon stratejisini benimsediğinde bu yönelim erime potası (*melting pot*); ayrılma stratejisini benimsediğinde ayırma (*segregation*); marjinalleşme stratejisi benimsendiğinde ise bu durum dışlama (*exclusion*) olarak adlandırılmaktadır (Bourhis ve diğerleri, 1997). Bir sosyal bağlamda kültürel çeşitliliğin ev sahibi topluluk tarafından desteklendiği karşılıklı uyum ise "çok kültürlülük" kavramıyla ifade edilmektedir (Berry, 2001). Bu dört yönelimin yanı sıra Bourhis ve diğerleri ev sahibi topluluk için bireycilik (*individualism*) (1997) ve dönüşerek-bütünleşme (*transformation-integrationism*) (Bourhis ve Montreuil, 2016) olarak adlandırdıkları yeni stratejiler tanımlamışlardır. Bu model çerçevesinde geliştirmiş oldukları Ev Sahibi Topluluk Kültürleşme Ölçeğinde (ETKÖ- Host Community Acculturation Scale) ev sahibi grubun göçmen topluluk için benimseyebilecekleri altı kültürleşme yönelimine yer vermişlerdir. *Bütünleşme* stratejisi ev sahibi topluluk üyelerinin, göçmen grubun hem kendi miras kültürlerini sürdürmeleri hem de dâhil oldukları ev sahibi kültürün temel özelliklerini benimseme isteğini ifade etmektedir. *Bireycilik*, göçmenlere bir grup üyesinden çok bir birey gözüyle bakıldığı, etnik, dini ya da herhangi bir sosyal sınıf kimliğine dayanmayan ve kişisel değerlendirmeleri esas alan bir yönelimdir. Bireycilik göçmenlerin özgün kültürü sürdürmelerinin ya da ev sahibi kültüre uyum göstermelerinin önemsizleştiği bir stratejidir. *Asimilasyon*, ev sahibi topluluğun göçmen gruptan bütünüyle ev sahibi kültürü benimseyerek, miras kültürü terk etmeleri isteğini ifade etmektedir. Asimilasyon ayrıca, göçmenlerin zamanla birer ev sahibi topluluk üyesine dönüşmesi fikrini barındırmaktadır. *Ayırma*, göçmen gruptan ev sahibi topluluk kültürünü benimsemelerini değil, yalnızca kendi öz kültürlerini sürdürmeleri beklentisini yansıtmaktadır. Asimilasyon stratejisinin tam aksine, göçmenlerin gelecekte ev sahibi topluluk üyesine dönüşmesinden endişe duyulmaktadır. *Dışlama* stratejisinde göçmenlerin ne kendi miras kültürlerini ne de ev sahibi topluluk kültürünü benimsemesi desteklenir. Bu yönelimde göçmenlere kendi kültürlerini sürdürme hakkı tanınmazken, ev sahibi topluluğa da uyum sağlayamayacaklarına inanılmaktadır (Bourhis ve diğerleri, 1997). Son olarak *dönüşerek-bütünleşme*, ev sahibi grubun göçmen grupla bütünleşmek için kendi kültürünün bazı yönlerini değiştirmesi gerektiği görüşünü yansıtmaktadır. Modelde bütünleşme, dönüşümcü-bütünleşme ve bireycilik stratejileri *kabullenici* (*welcoming*); asimilasyon, dışlama ve ayırma stratejileri ise *reddedici* (*rejecting*) yönelimler olarak ikiye ayrılmıştır (Bourhis ve Montreuil, 2016).

Bütün bunlardan hareketle bu çalışma, Türkiye'deki Suriyeli mülteciler bağlamında, ev sahibi topluluğun benimseyeceği kültürleşme yönelimlerini, tehdit algısı ve iç grupla özdeşleşme değişkenleri çerçevesinde incelemektedir. Ev sahibi ve göçmen grup üyelerinin etnik ve dini kimlikleri, gruplar arası ilişkileri ve bu eksende dış gruba yönelik tutumları etkileyebilmektedir (Verkuyten ve Martinoviç, 2012). Bu anlamda, kültürleşme çalışmalarında göçmen ve ev sahibi topluluğun sosyal kimlik özelliklerinin araştırma sürecine dahil edilmesi önemlidir. Ev sahibi topluluk ve göçmen grup arasında ortaklaşan ve farklılaşan kimliklerin kültürleşme stratejilerine etkisini inceleyebilmek konusunda elverişli bir bağlam sunması bakımından araştırma örneklemi olarak Hatay ilinde yaşayan Arap Alevi yerli halk seçilmiştir. Resmi verilere göre 1.628.894 nüfusa sahip olan Hatay ili, 434.420 kayıtlı Suriyeli mülteciye ev sahipliği yapmaktadır ve kayıtlı Suriyeli nüfusunun il nüfusu içerisindeki payı %26.67 olarak bildirilmektedir (Göç İdaresi Genel Müdürlüğü, 2021). Bu anlamda Hatay ili, Türkiye genelinde Suriyeli nüfusun en yoğun bulunduğu üçüncü il olma özelliğini taşımaktadır. Bu araştırma kapsamında, veri toplama işlemi Hatay ilinde Arap Alevilerin ağırlıklı olarak yaşadıkları Antakya, İskenderun, Samandağ ve Arsuz ilçelerinde gerçekleştirilmiştir. Doğruel'in aktardığı kesin olarak tespit edilememiş nüfus verilerine göre, Hatay'da çoğu Antakya ve Samandağ'da olmak üzere yaklaşık 400.000 civarında Arap Alevi yaşamaktadır (2013, s.31). Bir başka kaynakta yer alan ilçe bazındaki verilere göre ise, Arap Alevi nüfus oranının Samandağ'da %90, Antakya'da %60-70, İskenderun'da ise %40 olduğu ileri sürülmüştür (Sertel, 2005, s.179) (Arsuz, 2012 yılı itibariyle İskenderun'dan ayrılarak, ilçe statüsü kazanmıştır). Örneklemin sosyal kimlik profiline uygun olarak iç grupla özdeşleşme değişkeni, ulusal düzeyde Türkiye Cumhuriyeti, etnik düzeyde Araplık ve dini/mezhepsel düzeyde Alevilikle özdeşleşme boyutlarında ele alınmıştır.

Kültürleşme Çalışmalarında Tehdit Algısı ve Özdeşleşme Faktörü

Farklı sosyal bağlamlarda yürütülmüş çok sayıda çalışmada, göçmen ve ev sahibi gruplar arasındaki kültürleşme sürecine etki edebilecek çok sayıda sosyal ve psikolojik faktör ortaya konmuştur (Callens ve diğerleri, 2018; Florack ve diğerleri, 2003; Pehrson ve diğerleri, 2009;

Verkuyten ve Martinovic, 2012). Ev sahibi topluluğun belirli bir göçmen gruba yönelik benimseyeceği kültürleşme stratejisinin kabullenici ya da reddedici olmasında algılanan tehdit ve iç grupla özdeşleşme belirleyici rol oynayabilmektedir.

Tehdit Algısı

Gruplar arası tehdit, bir grubun eylem, inanç ya da özelliklerinin başka bir grubun kendi hedefine ulaşmasına ya da o grubun refahına meydan okuduğunda ortaya çıkmaktadır; gruplar arası yanlılık ve ön yargıya kaynaklık eden bir dinamik olarak tanımlanmaktadır (Riek ve diğerleri, 2006). Şerif'in Gerçekçi Grup Çatışması Kuramı (Realistic Group Conflict Theory), somut ya da soyut bir kaynak için karşı karşıya gelen iki gruptan birinin kazanımlarının, diğerinin iyi oluşunu olumsuz yönde etkileyeceğini savunur (Riek ve diğerleri, 2006). Gruplar arası ilişkilerde algılanan tehdidin kaynağına ilişkin çerçeveler sunan temel kuramlarda, göçmenlere yönelik yanlılıklara da açıklamalar getirildiği görülmektedir. Göçmenlere yönelik olumsuz tutumların ele alındığı çalışmalarda, ev sahibi grubun kaynak paylaşımı konusunda algıladığı rekabete yer verildiği görülmektedir (Esses ve diğerleri, 2001; McLaren, 2003; Zarate ve diğerleri, 2003). Söz gelimi göçmenlerin ucuz iş gücü sağlayarak, ülkedeki işsizliğin sebebi olduğu yönündeki görüşler, bu yaklaşımın varsayımlarını karşılayan iyi bir örnek olabilmektedir. Gruplar arasındaki çatışma, her zaman somut kaynakların paylaşımı üzerinden ilerleyen bir tehdit algısı sonucunda oluşmayabilir. Gerçekçi Çatışma Kuramı'nın değindiği somut ve gerçek nedenler dışında, çatışmanın kaynağı olarak sembolik kaynaklara işaret eden yaklaşımlara göre (Kinder ve Sears, 1981) gruplar arası yanlılığın temelinde, kültürel değerlerin tehdit edilmesi bulunmaktadır. Stephan ve Stephan (2000) Bütünleşmiş Tehdit Kuramı'nda (Integrated Threat Theory) farklı çatışma nesnelerini merkezine alan bu iki tehdit yaklaşımını bir araya getirmekte ve tehdit türlerini dört kategoride sınıflamaktadır. *Gerçekçi tehdit*, iç grubun ekonomik ve fiziksel iyi oluşuna yönelik, *sembolik tehdit* ise gruplar arasındaki uyuşmaz inanç ve değerlerden kaynaklanan bir tehdit türü olarak tarif edilmektedir. Gruplar arası anksiyete dış grubun nasıl davranacağının öngörülememesinin iç grup üyelerinde kaygı yaratması; olumsuz kalıp yargılar ise dış grup üyelerinden olumsuz beklentilerin yarattığı kaygı olarak açıklanmıştır.

Alanyazındaki pek çok çalışma, tehdit algısının gruplar arası ilişkilerde göçmenlere yönelik olumsuz tutumların yordayıcısı olduğunu göstermektedir. Bu tutumlar kimi zaman göçmenlerle ne türde bir "birlikte yaşam" beklentisi içerisinde olunduğunu yansıtan kültürleşme yönelimlerini de kapsayabilmektedir. Göçmenlerden yüksek düzeyde tehdit algılayan ev sahibi topluluğun, çok kültürlülüğü daha az, asimilasyonu daha çok desteklemesi (Callens ve diğerleri, 2018); kültürleşme tutumlarında etnosentrik yaklaşımlara yönelmesi (Florack ve diğerleri, 2003); tehdit algıladığı durumlarda ev sahibi topluluğun göçmen gruba yardım niyetinin azalması (Güler, 2019) gibi örnekler, tehdit algısının kültürleşme sürecindeki önemini ortaya koymaktadır. Göçmen ve ev sahibi topluluk ilişkilerinin araştırıldığı farklı çalışmalarda tehdit algısının kültürleşme tercihlerinin yordanmasında aracılık rolü üstlendiği (Rodriguez ve diğerleri, 2013) gözlenmektedir. Ev sahibi topluluğun benimsediği kültürleşme yöneliminin, araştırma bağlamında göçmen gruba isnat edilen yönelimden farklı olmasının da ev sahibi grup tarafından tehdit edici olarak değerlendirilmesi dikkat çekmektedir (Rohmann ve diğerleri, 2006; Rohmann ve diğerleri, 2008; Piontkowski ve diğerleri, 2002).

İç Grupla Özdeşleşme

Sosyal kimlik ve sosyal kategorizasyon kavramlarıyla sıkı sıkıya ilişki içerisinde olan grupla özdeşleşme "belirli bir zaman diliminde belirli bir gruba üye olmaktan duyulan memnuniyet ve kendini o gruba ait hissetme düzeyi" olarak tanımlanmıştır (Silver, 2002; akt. Moskalenko ve diğerleri, 2006, s.82). O halde öncelikli olarak grup kavramına ilişkin bir bakış açısı yerleştirmek yerinde olacaktır. Tajfel ve Turner (2004, s.283), grup kavramını tanımlarken, kendini aynı sosyal kategorinin üyesi olarak algılama, duygu paylaşımında ortaklaşma, grubu ve grup mensubiyetini değerlendirme konusundaki fikir birliği hususlarını ön plana çıkarmaktadır. Sosyal kategorizasyon yine Tajfel ve Turner (2004, s.283) tarafından, "sosyal çevreyi parçalara ayıran, sınıflayan ve düzene sokan, böylelikle bireylerin farklı biçimlerdeki sosyal eylemleri üstlenmesine olanak veren bilişsel araçlar" olarak tanımlanmaktadır. Bireyin aidiyet duyduğu sosyal kategoriden kaynaklanan benlik kavramı ise"sosyal kimlik" olarak tanımlanmakta ve bu kavrama ilişkin birtakım varsayımlarda bulunulmaktadır (Tajfel ve Turner, 2004). Buna göre, insanlar olumlu bir benlik inşa etme, benlik saygılarını koruma ve yüceltmeye dönük bir çaba içerisindedirler. Sosyal grubun taşıdığı değerin bireyin benlik değeriyle yakından ilişkisi, bireyleri olumlu atıflar aracılığıyla iç grubun değerini arttırmaya sevk etmektedir. Özetle, iç-dış grup karşılaştırmasında bireylerin iç grubu daha olumlu değerlendirme eğilimi sosyal grupları birbirinden farklılaştırmaktadır.

İnsanlarda temel yaşamsal ihtiyaçların yanı sıra kimlik edinme gibi psikolojik ihtiyaçların da bulunduğu yaklaşımından yola çıkan Güdülenmiş Kimlik Yapısı Kuramı (Motivated Identity Construction Theory) (Easterbrook ve Vignoles, 2012), grupla özdeşleşme sürecinin altı farklı güdü tarafından sağlandığını ileri sürmektedir. Bunlardan *benlik saygısı* (*self- esteem*) kendini olumlu değerlendirme; *aidiyet* (*belonging*) gruba bağlılık; *etkililik* (*efficacy*) çevreyi etkileyebilme kapasitesi; *anlam* (*meaning*) yaşamın anlamlı olduğu duygusu; *ayırtedicilik* (*distinctiveness*) diğerlerinden farklı olma duygusu ve *süreklilik* (*continuity*) geçmiş, bugün ve gelecek arasında bağ kurma olarak tanımlanmaktadır. Yani insanların kendilerini belirli bir iç grupla aynı kategorinin bir parçası olmak bakımından bağlantılı, fakat ilgili bir dış gruptan ayrı görebileceği; benlik saygısına anlamlı katkılar sunan ve tarihsel olarak bir devamlılık sağlayabilecek; söz konusu sosyal ve psikolojik güdüleri en iyi karşılayan gruplarla özdeşleşme eğiliminde oldukları ifade edilmektedir.

İç grupla yüksek düzeyde özdeşleşme ve dış gruba yönelik olumsuz tutumlar arasındaki ilişkiyi destekleyen çalışmalar da mevcuttur (Bourhis ve Perreault, 1999). Ancak farklı türdeki gruplarla özdeşleşme aynı sonuçlara yol açmayabilir. İnsanların mensup oldukları etnik, ulusal veya dini gruplarla özdeşleşmesinin yol açtığı sonuçlar farklı olabilir. Söz gelimi Hindriks ve diğerleri (2014), Hollanda örnekleminde yürüttükleri çalışmada ulusal özdeşleşmesi yüksek olan ev sahibi grup üyelerinin çok kültürlülüğü daha çok benimsediği ve azınlık gruplara karşı daha az sosyal mesafe geliştirdikleri sonucuna ulaşmaktadır. Benzer şekilde gruplar arası ilişkilerde iç grubun nasıl tanımladığının etkisini araştırdığı çalışmasında Pehrson ve diğerleri (2009), ulusal özdeşleşmenin göçmenlere yönelik olumsuz tutumları tek başına yordamakta yetersiz kalabileceğini, ulus kavramının vatandaşlık üzerinden ya da paylaşılan etnik kimlik üzerinden tanımlanmasının ortaya çıkarabileceği farklara odaklanmaktadır. Bir diğer taraftan, bireyler aynı anda birden fazla sosyal kimliğe sahip olabilmekte ve mensup oldukları bu farklı etnik, dini ve ulusal kimlikten her birine değişen ölçülerde bağlanabilmektedirler. Bu süreç Dommelen ve diğerleri (2015) tarafından "çoklu kimlikler" olarak tanımlanmaktadır. Gruplar arası ilişkilerde sosyal kimlikle özdeşleşmenin dış gruba yönelik tutumları nasıl etkilediği incelenirken, özellikle etnik gruplar söz konusu olduğunda, sahip olunan çoklu kimliklerden hangisinin ön plana çıkarıldığı önem kazanmaktadır (Verkuyten ve Martinovic, 2012). Çalışmamızda özdeşleşme değişkeni, örneklemin etnik özellikleri itibariyle "Araplıkla Özdeşleşme" , "Alevilikle Özdeşleşme" ve "Türkiye Cumhuriyeti ile (Ulusal) Özdeşleşme" olarak üç farklı kimlik düzeyinde ele alınmıştır.

Literatürdeki bilgiler, tehdit algısı ve iç grupla özdeşleşme değişkenlerinin kültürleşme çalışmalarında önemli bir yere sahip olduğunu göstermektedir. Kabullenici ve reddedici yönelimleri benimsemenin altında yatan sosyal psikolojik profili inceleyen Bourhis ve Dayan (2004), kabullenici kültürleşme stratejilerinin göçmen gruptan daha düşük düzeyde tehdit algılamayla ve daha seküler-ulusalcı bir özdeşleşme eğilimiyle ilişkisini vurgulamaktadır. Bir diğer taraftan reddedici stratejileri benimsemede yüksek tehdit algısının rolüne işaret etmektedir. Özdeşleşme ve tehdit algısının birlikte ele alındığı bir çalışmada ise tehdit algısının iç grupla özdeşleşmeyi arttırabileceği yönünde bulgulara rastlanmaktadır (Moskalenko ve diğerleri., 2006).

Araştırmanın Amacı ve Beklentiler

Bu araştırmada, Hatay ilinde yaşayan Arap Alevi yerli halkın Suriyeli mültecilerden algıladıkları tehdidin ve iç grupla özdeşleşme düzeylerinin, onların benimsediği kültürleşme stratejilerini nasıl etkilediği incelenmektedir. Çalışmamızın örneklemi Arap olma bakımından Suriyelilerle ortaklaşmakta ancak mezhebi kimlik ekseninde Sünni mezhebe mensup Suriyelilerden ayrışmaktadır. Bu örneklem seçimi, çoklu kimliklerin benimsenen kültürleşme stratejilerine etkisini kuramsal açıdan ele almaya olanak tanımaktadır. Literatürdeki bilgiler ışığında; etnik, dini ve ulusal kimliklerle özdeşleşmenin kabullenici ve reddedici kültürleşme stratejilerini algılanan tehdit aracılığıyla yordayacağı beklenmektedir. Bu beklentinin test edilmesi amacıyla Hatay'da yaşayan Arap ve Alevi topluluğa mensup yerli halk örnekleminde, ulusal özdeşleşme, Araplıkla özdeşleşme ve Alevilikle özdeşleşmenin kabullenici ve reddedici stratejileri, hem doğrudan hem de tehdit algısı aracılığıyla yordadığı altı farklı model Jamovi (2020) istatistik programı aracılığıyla analiz edilmiştir.

Yöntem

Örneklem

Hatay'ın Arsuz, İskenderun, Antakya ve Samandağ ilçelerinde yaşayan 130 kadın ve 119 erkek bireyden oluşan toplam 252 (3 katılımcı cinsiyet belirtmemiştir) kişi çalışmaya gönüllü olarak katılmıştır. Katılımcıların yaş ortalaması 33.6 (SS=10.83)'dır.

İşlem

Çalışmaya ilişkin etik onay Dokuz Eylül Üniversitesi Edebiyat Fakültesi Etik Kurulu'ndan alınmıştır. Veri toplama işlemi, Kasım-Aralık 2016 tarihlerinde, bireysel olarak kağıt-kalem yöntemiyle gerçekleştirilmiştir. Uygulamaların öncesinde, tüm katılımcılara araştırma hakkında bilgi verilmiş ve katılım için gönüllü onayları alınmıştır. Katılımcıların ölçekleri cevaplama işlemi yaklaşık 20 dakika sürmüştür. Çalışmaya katılım karşılığında katılımcılara herhangi bir ödül verilmemiştir. Anket formunun ilk sayfasında yer alan katılımcı bilgilendirme formunda, katılımcılara, Suriyelilere yönelik tutumlarına ilişkin bir tarama (anket) çalışmasına katılacakları bilgisi verilmiştir. Ölçeklerin üzerinde yer alan yönergelerde ise katılımcılardan Türkiye'de yaşamakta olan Suriyeliler hakkındaki fikirlerini değerlendirmeleri istenmiştir.

Ölçüm Araçları

Ev Sahibi Topluluk Kültürleşme Ölçeği

Ev sahibi topluluk üyelerinin göçmen grup üyelerine yönelik benimsedikleri farklı kültürleşme stratejilerini belirlemek amacıyla geliştirilmiştir (Bourhis ve Montreuil, 2016). 18 maddeden oluşan bu ölçeğin üçer maddeden oluşan altı boyutu bulunmaktadır. Bu boyutlar, *Bütünleşme, Asimilasyon, Ayırma, Dışlama, Bireycilik ve Dönüşümcü-bütünleşme*'dir. Bu altı boyutun her birindeki maddeler "kültür, değer ve gelenek" bileşenlerinden oluşmaktadır. Bu maddelerde ev sahibi topluluğun, göçmenlerin sahip oldukları miras kültürün, değerlerin ve geleneklerin sürdürülmesi gerektiği fikrine ne kadar katıldıkları ve göçmenlerin ev sahibi topluluğun kültürüne, değerlerine ve geleneklerine uyum sağlamalarını dileyip dilemedikleri üzerinde durmaktadır. Maddeler orijinal ölçekte 7'li likert tipindedir (1= Hiç katılmıyorum, 7=Tamamen katılıyorum). Ölçek Türkçe'ye Akfırat ve Yangın (2018) tarafından uyarlanmıştır. Elde edilen bu bulgular, maddelerin kuramsal olarak beklenen özgün faktörlere yüklendiğini göstermiştir. Ölçeğin Türkçe uyarlamasındaki bu altı faktör toplam varyansın %77'sini açıklamaktadır. Ölçeğin her bir faktörüne ilişkin Cronbach alfa katsayıları asimilasyon için .82; entegrasyon için .81; ayırma için .81; dışlama için .89; bireycilik için .88; dönüşümsel bütünleşme için ise .84 olarak bulunmuştur. Bu araştırmada Bourhis ve Montreuil'in (2016) tanımladığı kabullenici (bütünleşme, bireycilik, dönüşümcü-bütünleşme) ve reddedici (ayırma, dışlama, asimilasyon) stratejilerin kendi aralarında aritmetik ortalamaları hesaplanmıştır. Stratejiler bu iki kategoride ele alınarak, modeldeki ilgili değişkenlerin kabullenici ve reddedici stratejilerle ilişkisi analiz edilmiştir.

Tehdit Algısı Ölçeği *(Threat Perception Scale)*

McLaren (2003) tarafından bireylerin ait oldukları gruba yönelik dış gruptan algıladıkları tehdit düzeyini ölçmek amacıyla geliştirilmiştir. 5 maddeden oluşan ölçek 5'li likert tipindedir (1= Hiç Katılmıyorum, 5= Tamamen Katılıyorum). Ölçekten alınan yüksek puanlar yüksek tehdit algısına, düşük puanlar ise düşük tehdit algısına işaret etmektedir. Ölçeğin orijinali üç maddeden oluşan ekonomik temelli tehdit ve iki maddeden oluşan sembolik/kültürel tehdit alt boyutlarından oluşmaktadır. Bu ölçek maddelerinden esinlenerek, araştırmacılar tarafından duruma özgü yeni maddeler üretilmiştir. Ölçeğin orijinalindeki 2 faktörlü yapı üretilen yeni ölçekte ortaya çıkmamış, bütün maddeler tek bir faktör altında toplanmıştır. Tek faktör, toplam varyansın % 46.70'ini açıklamaktadır ve özdeğeri 2.34'tür. Maddelerin faktör yükleri .80 ile .32 arasında değişmektedir. Ölçeğin Cronbach alfa katsayısı .68'dir. Ölçek maddeleri Ek1'de sunulmuştur.

Ulusal Özdeşleşme Ölçeği *(National Identification Scale)*

Sindic ve Reicher (2009) tarafından geliştirilen dört maddeli ölçek 5'li likert tipindedir (1=Hiç Katılmıyorum, 5= Tamamen Katılıyorum). Ölçekten alınan yüksek puanlar yüksek düzeyde, düşük puanlar ise düşük düzeyde ulusal özdeşleşmeye işaret etmektedir. Bu ölçek maddelerinden esinlenerek, araştırmacılar tarafından duruma özgü yeni Türkçe maddeler üretilmiş, mevcut örneklemden elde edilen verilere faktör analizi uygulanmıştır. Analizlere göre ölçek maddeleri tek bir faktör altında toplanmış ve varyansın % 73'ünü açıklamıştır. Faktörün özdeğeri 2.92 olarak bulunmuştur. Maddelerin faktör yükleri .91 ile .82 arasında değişmektedir. Ölçeğin Cronbach alfa katsayısı .88'dir. Ölçeğe ilişkin maddeler Ek1'de sunulmuştur.

Araplıkla Özdeşleşme Ölçeği

Sindic ve Reicher (2009) tarafından bireylerin sahip oldukları ulusal kimlikle özdeşleşme düzeylerini ölçmek amacıyla geliştirilmiş olan Ulusal Özdeşleşme Ölçeği maddelerinden esinlenerek, araştırmacılar tarafından duruma özgü yeni maddeler üretilmiştir. Bu ölçeğin amacı etnik kimliğini Arap olarak tanımlayan bireylerin, Araplık ile özdeşleme düzeylerini ölçmektir. Maddeler 5'li likert tipindedir (1=Hiç Katılmıyorum, 5=Tamamen Katılıyorum). Ölçekten alınan yüksek puanlar yüksek düzeyde özdeşleşmeye, düşük puanlar ise düşük özdeşleşmeye işaret etmektedir. Maddelerin faktör yükleri .89 ile .87 arasında değişmektedir. Gerçekleştirdiğimiz Varimax rotasyonlu faktör analizinde tek faktörlü bir yapı gösteren bu ölçeğin toplam varyansının %77'si bu tek faktör tarafından açıklanmaktadır. Faktörün özdeğeri 3.12 olarak bulunmuştur. Mevcut örneklemde ölçeğin toplam güvenirlik katsayısı .90 olarak bulunmuştur. Ölçek maddeleri Ek1'de sunulmuştur.

Alevilikle Özdeşleşme Ölçeği

Sindic ve Reicher (2009) tarafından bireylerin sahip oldukları ulusal kimlikle özdeşleşme düzeylerini ölçmek amacıyla geliştirilmiş olan Ulusal Özdeşleşme Ölçeği maddelerinden esinlenerek, araştırmacılar tarafından duruma özgü yeni maddeler üretilmiştir. Bu ölçeğin amacı dini kimliğini Alevi olarak tanımlayan bireylerin, Alevilik ile özdeşleme düzeylerini ölçmektir. Maddeler 5'li likert tipindedir (1=Hiç Katılmıyorum, 5=Tamamen Katılıyorum). Ölçekten alınan yüksek puanlar yüksek düzeyde özdeşleşmeye, düşük puanlar ise düşük özdeşleşmeye işaret etmektedir. Maddelerin faktör yükleri .94 ile .91 arasında değişmektedir. Gerçekleştirdiğimiz Varimax rotasyonlu faktör analizinde tek faktörlü bir yapı gösteren bu ölçeğin toplam varyansının %84'si bu tek faktör tarafından açıklanmaktadır. Faktörün özdeğeri 3.39 olarak bulunmuştur. Mevcut örneklemde ölçeğin toplam güvenirlik katsayısı .94 olarak bulunmuştur. Ölçek maddeleri Ek1'de sunulmuştur.

Bulgular

Veri, çalışma kapsamında gerçekleştirilen analizlere uygunluğu bakımından değerlendirilmiştir. Uç değerler ve örneklem büyüklüğünün yeterliliği kontrol edilmişir. Basıklık ve çarpıklık değerleri, çoklu ortak doğrusallık, varyans homojenliğiincelenmiş ve doğrusal analizlere uygun olduğu görülmüştür (Tabachnick ve Fidell, 2013). Araştırmada kullanılan değişkenlere ait korelasyon tablosu Tablo 1'de sunulmuştur.

Tablo 1. Değişkenler Arası Korelasyon Tablosu

	Ort. (SS)	1	2	3	4	5	6
1.Kabullenici Stratejiler	2.67 (.63)	1					
2.Reddedici Stratejiler	2.89 (.70)	.25**	1				

3.Tehdit Algısı	3.68 (.80)	-.21**	.36**	1			
4.Araplıkla Özdeşleşme	3.12 (1.21)	-.035	.20**	.20**	1		
5.Ulusal Özdeşleşme	3.67 (1.06)	.10	.28**	.16**	.083	1	
6.Alevilikle Özdeşleşme	3.85 (1.23)	.055	.30**	.36**	.62**	.12	1

Not: ** p < 0.01; Ort. = Ortalama değeri; SS = Standart sapma değeri

Model 1. Araplıkla özdeşleşmeyle kabullenici stratejileri benimseme arasındaki ilişkide algılanan tehdidin aracı rolü

Araplıkla özdeşleşmeyle kabullenici stratejileri benimseme arasındaki ilişkinin hem doğrudan hem de tehdit algısı aracılığıyla incelendiği modelde, Araplıkla özdeşleşme tehdit algısını olumlu yönde (B = .13, SE = .04, p < .01), tehdit algısı ise kabullenici stratejileri olumsuz yönde yordamaktadır (B = -.17, SE = .06, p < .01). Araplıkla özdeşleşme ve kabullenici stratejiler arasındaki ilişkininse istatistiksel olarak anlamlı olmadığı görülmektedir (B = .00, SE = .04, p = .919). Önerdiğimiz aracılık ilişkisinin istatistiksel olarak anlamlı olduğu da görülmüştür [B = -.02, CI = (-.05, -.00), SE = .01, p < .05]. Bu bulgulardan hareketle, Araplıkla özdeşleşme düzeyi arttıkça tehdit algısının da arttığı, tehdit algısı arttıkça da kabullenici stratejileri benimseme olasılığının azaldığı söylenebilir. Modelde yer alan bütün anlamlı yolların beta katsayıları Şekil 1'de yer almaktadır. Anlamsız ilişkileri gösteren yollar "-" ile ifade edilmiştir.

Şekil 1. Araplıkla özdeşleşme ve kabullenici stratejiler arasında ilişkide algılanan tehdidin aracılık etkisi modeli

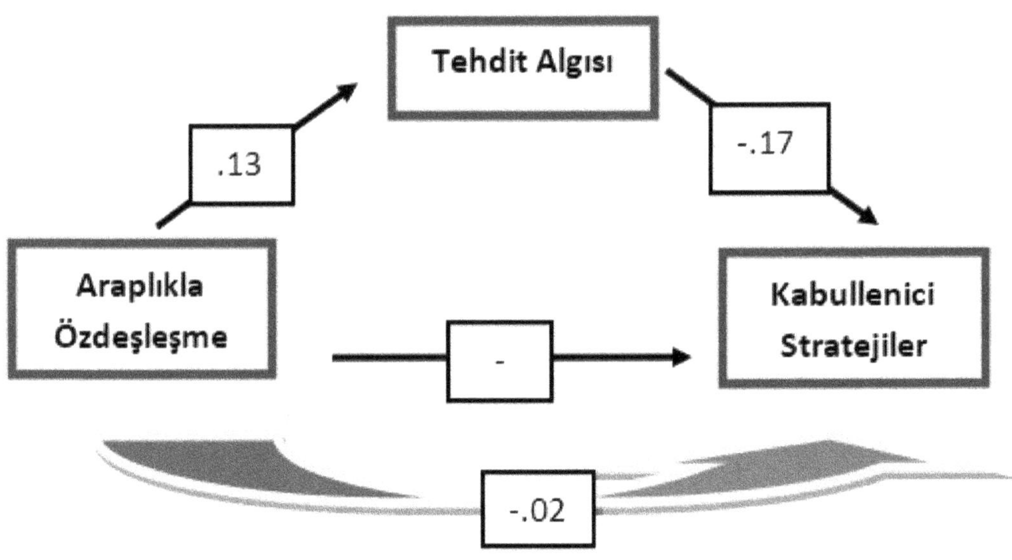

Model 2. Araplıkla özdeşleşmeyle reddedici stratejileri benimseme arasındaki ilişkide algılanan tehdidin aracı rolü

Araplıkla özdeşleşmeyle reddedici stratejileri benimseme arasındaki ilişkinin hem doğrudan hem de tehdit algısı aracılığıyla incelendiği modelde, Araplıkla özdeşleşmenin tehdit algısını (B = .13, SE = .04, $p < .01$) ve reddedici stratejileri (B = .08, SE = .04, $p < .05$) olumlu yönde; tehdit algısının ise reddedici stratejileri olumlu yönde (B = .29, SE = .05, $p < .01$) yordadığını ortaya koymaktadır. Önerdiğimiz aracılık ilişkisinin de istatistiksel olarak anlamlı olduğu görülmüştür [B = .04, CI = (.01-.07), SE = .01, $p < .05$]. Doğrudan ilişkileri saptamak amacıyla yapılan analizlerde ise bu verilere göre Araplıkla özdeşleşme düzeyi arttıkça tehdit algısı düzeyinin ve reddedici stratejileri benimseme düzeyinin de arttığı; tehdit algısı arttıkça da reddedici stratejileri benimseme olasılığının arttığı sonucuna varılabilir. Modelde yer alan bütün anlamlı yolların beta katsayıları aşağıdaki Şekil 2'de yer almaktadır.

Şekil 2. Araplıkla özdeşleşme ve reddedici stratejiler arasında ilişkide algılanan tehdidin aracılık etkisi modeli

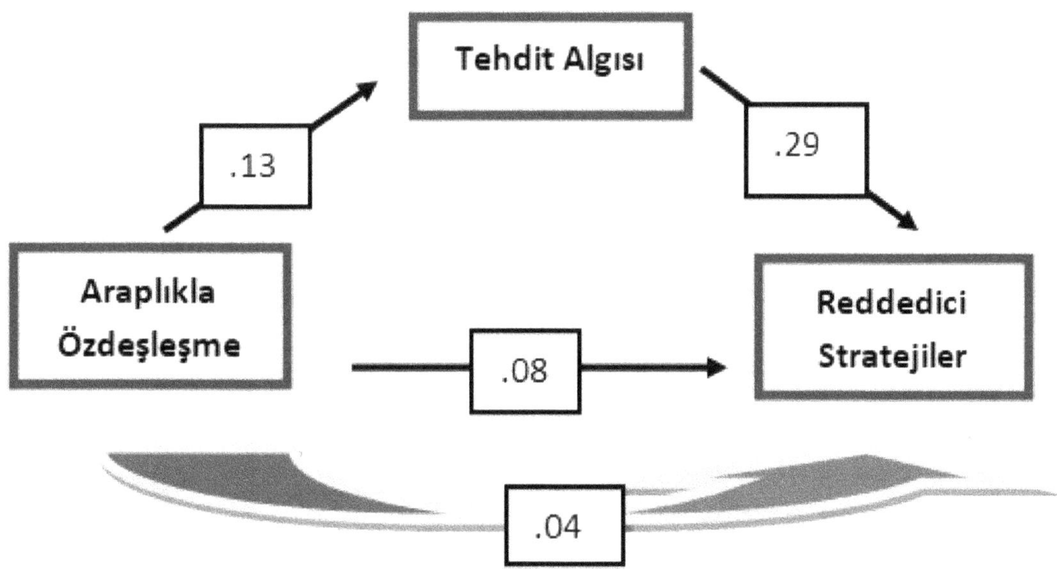

Model 3. Ulusal özdeşleşmeyle kabullenici stratejiler arasındaki ilişkide algılanan tehdidin aracı rolü

Ulusal özdeşleşmeyle kabullenici stratejileri benimseme arasındaki ilişkide tehdit algısının aracılık ilişkisini incelemek amacıyla önermiş olduğumuz modelin istatistiksel olarak anlamlı olmadığı bulunmuştur[B = -.02, CI = (-0.05, -0.00), SE = .01, p = 0.070]. Analiz sonuçları, ulusal özdeşleşmenin kabullenici stratejileri olumlu yönde yordadığını (B = .85, SE = .04, p < .05) ancak bu ilişkilere tehdit algısının aracılık etmediğini göstermektedir. Ulusal özdeşleşmenin tehdit algısını olumlu (B = .12, SE = .05, p < .05); tehdit algısının kabullenici stratejileri olumsuz şekilde (B = -.18, SE = .05, p < .05) yordadığı görülmektedir.

Şekil 3. Ulusal özdeşleşme ve kabullenici stratejiler arasındaki ilişkide tehdit algısının aracılık etkisi modeli

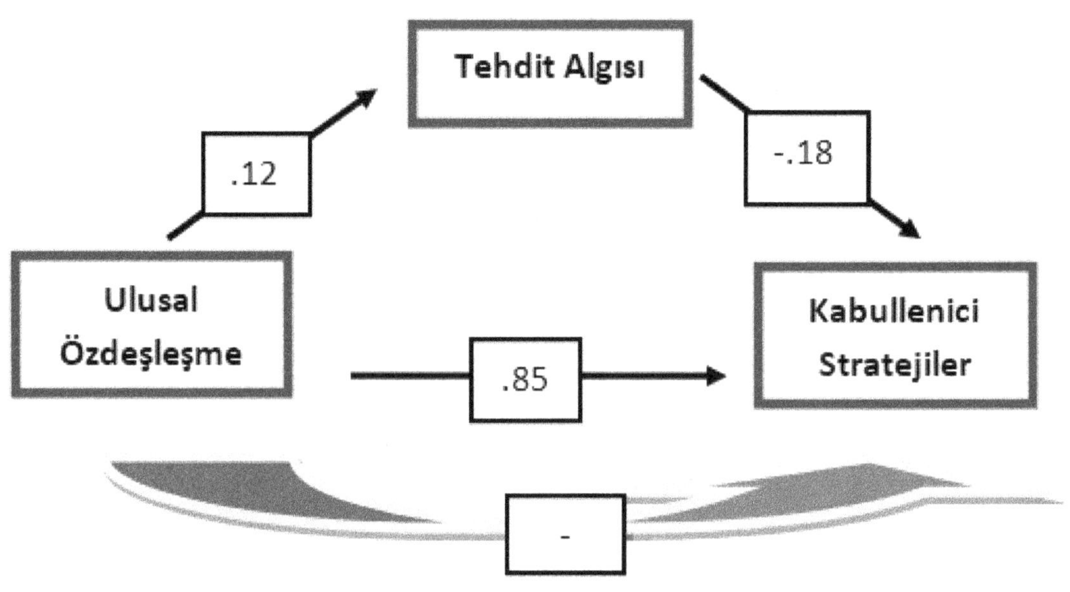

Model 4. Ulusal özdeşleşmeyle reddedici stratejiler arasındaki ilişkide algılanan tehdidin aracı rolü

Ulusal özdeşleşmeyle reddedici stratejileri benimseme arasındaki ilişkinin hem doğrudan hem de tehdit algısı aracılığıyla incelendiği modelde, ulusal özdeşleşme tehdit algısını ($B = .12$, $SE = .05$, $p<.05$); tehdit algısı reddedici stratejileri ($B = .28$, $SE = .05$, $p < .01$) ve ulusal özdeşleşme reddedici stratejileri ($B = .15$, $SE = .04$, $p < .01$) olumlu şekilde yordamaktadır. Ayrıca önerdiğimiz aracılık ilişkisinin de istatistiksel olarak anlamlı olduğu görülmüştür [$B = .03$, $CI = (0.00 - 0.07)$, $SE = .01$, $p < .05$]. Buna göre, ulusal özdeşleşme düzeyi arttıkça tehdit algısı, tehdit algısı arttıkça reddedici stratejileri benimseme olasılığı ve ulusal özdeşleşme düzeyi arttıkça reddedici stratejileri benimseme olasılığı da artmaktadır. Modelde yer alan bütün anlamlı yolların beta katsayıları Şekil 3'te yer almaktadır.

Şekil 4 . Ulusal özdeşleşme ve reddedici stratejiler arasındaki ilişkide tehdit algısının aracılık etkisi modeli

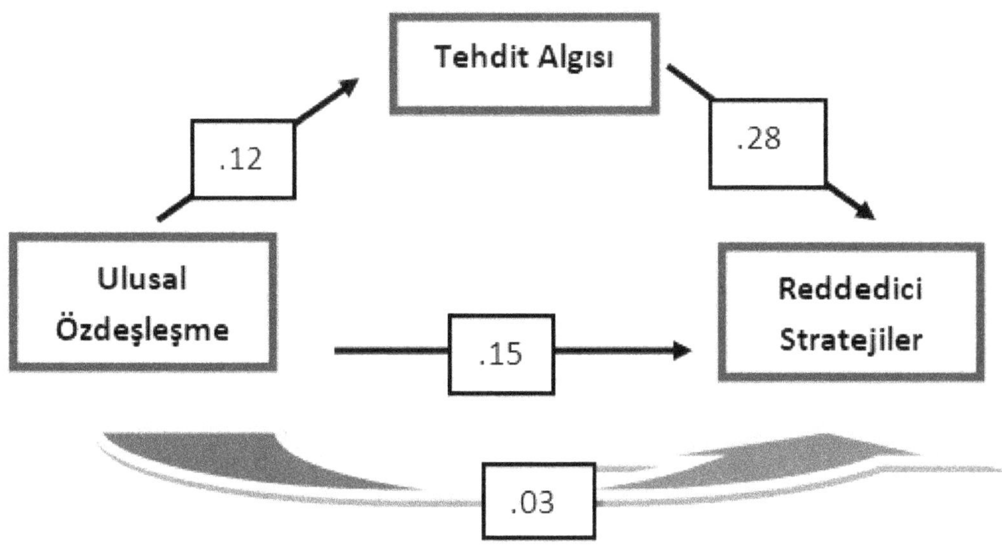

Model 5. Alevilikle özdeşleşmeyle kabullenici stratejiler arasındaki ilişkide algılanan tehdidin aracı rolü

Alevilikle özdeşleşmeyle kabullenici stratejileri benimseme arasındaki ilişkinin hem doğrudan hem de tehdit algısı aracılığıyla incelendiği modelde Alevilikle özdeşleşmenin tehdit algısını olumlu yönde (B = .23, SE = .04, $p < .01$), tehdit algısının kabullenici stratejileri olumsuz yönde (B = -.21, SE = .05, $p < .01$) yordadığı görülmektedir. Ancak Alevilikle özdeşleşme ve kabullenici stratejiler arasındaki ilişkinin istatistiksel olarak anlamsız olduğu görülmektedir (B = .08, SE = .04, p = 0.05) Ayrıca önermiş olduğumuz aracılık ilişkisinin istatistiksel olarak anlamlı olduğu görülmüştür [B = -.05, CI =-.08 , -.02, SE = .02, $p < .01$]. Bir diğer ifadeyle, Alevilikle özdeşleşmenin tehdit algısını artırdığı ve tehdit algısı arttıkça kabullenici stratejilerin benimsenme olasılığının azaldığı söylenebilir. Modelde yer alan bütün anlamlı yolların beta katsayıları Şekil 4'te yer almaktadır. Anlamsız ilişkileri gösteren yollar "-" ile ifade edilmiştir.

Şekil 5. Alevilikle özdeşleşme ve kabullenici stratejiler arasındaki ilişkide algılanan tehdidin aracılık etkisi modeli

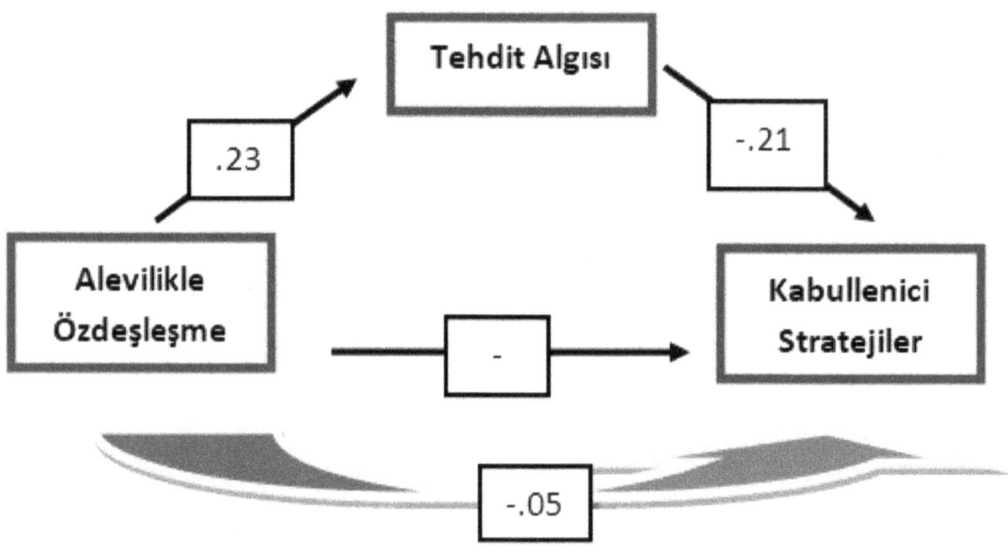

Model 6. Alevilikle özdeşleşmeyle reddedici stratejiler arasındaki ilişkide algılanan tehdidin aracı rolü

Alevilikle özdeşleşmeyle reddedici stratejileri benimseme arasındaki ilişkinin hem doğrudan hem de tehdit algısı aracılığıyla incelendiği modelde, Alevilikle özdeşleşme tehdit algısını (B = .23, SE = .04, $p < .01$) ve reddedici stratejileri (B = .11, SE = .04, $p < .01$), tehdit algısı ise reddedici stratejileri (B = .25, SE = .05, $p < .01$) olumlu yönde yordamaktadır. Önerdiğimiz aracılık ilişkisinin istatistiksel olarak anlamlı olduğu görülmektedir [B = .06, CI = (.03 - .09), SE = .02, $p < .01$]. Aynı zamanda bu sonuçlara göre, Alevilikle özdeşleşme arttıkça tehdit algısının ve reddedici stratejileri benimseme olasılığının arttığı, tehdit algısı arttıkça da reddedici stratejilerin benimsenme olasılığının arttığı söylenebilir. Modelde yer alan bütün anlamlı yolların beta katsayıları Şekil 5'te yer almaktadır.

Şekil 6. Alevilikle özdeşleşme ve reddedici stratejiler arasındaki ilişkide algılanan tehdidin aracılık etkisi modeli

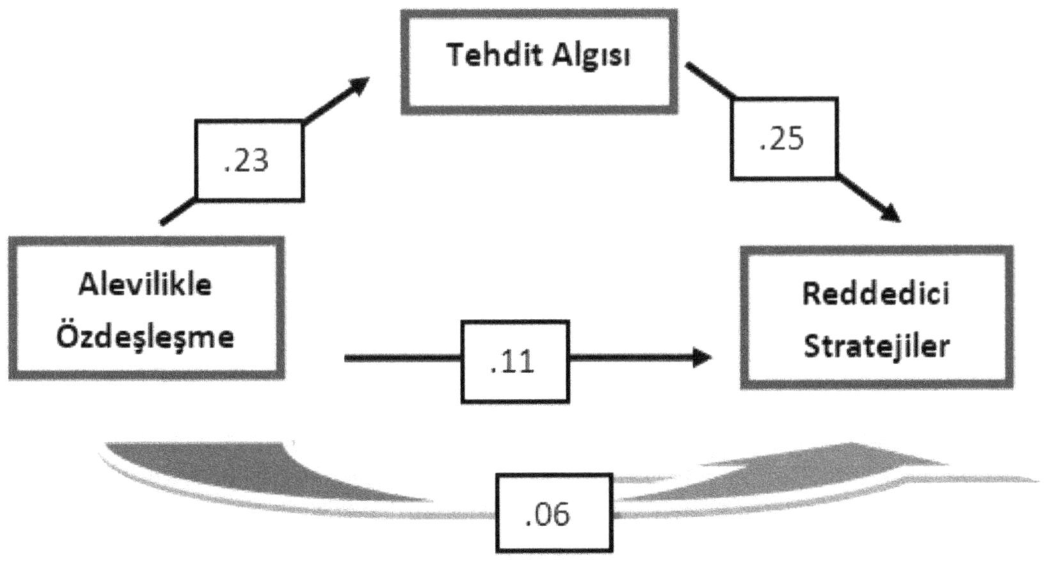

Tartışma

Kültürleşme sürecinde "karşılılık" ve "iki taraflılık" vurgusu, göçmenler kadar ev sahibi grup üyelerinin de benimsediği tutumların önemine işaret etmektedir (Berry, 2005). Bourhis ve diğerleri geliştirdikleri Etkileşimli Kültürleşme Modelinde (1997) kültürleşme stratejileri, göçmen grup için ev sahibi grup üyelerinin nasıl bir kültürleşme süreci arzuladıklarını tanımlayan altı farklı yönelimle tanımlanır. Bu çalışmada, ev sahibi grup üyelerinin belirli bir göçmen grup için benimseyeceği yönelimlere etki eden önemli değişkenlerden tehdit algısı ve iç grupla özdeşleşme, Hatay yerli halkı örnekleminde ele alınmıştır. Kültürleşmenin sosyal kimliklerle yakından ilişkili doğası, ev sahibi grubun kendi içinde homojen bir yapıda olmadığını göz önünde tutmayı zorunlu kılmaktadır. Çalışmamızın ev sahibi topluluk örneklemi, sosyal kimlik profili bakımından Arap ve Alevi gruba mensup bireylerden oluşmaktadır. Bu nedenle özdeşleşme değişkeni ulusal (Türkiye Cumhuriyeti ile), etnik (Araplıkla) ve dini (Alevilikle) olmak üzere üç farklı düzeyde ele alınmış, her bir düzey ile kültürleşme stratejileri arasındaki ilişkide tehdit algısının aracı rolü incelenmiştir.

Etnik, dini ve ulusal kimlikle özdeşleşmenin, kabullenici (bireycilik, bütünleşme, dönüşerek-bütünleşme) ve reddedici (asimilasyon, dışlama, ayırma) kültürleşme yönelimlerini hem doğrudan hem de tehdit algısı üzerinden yordayacağı altı farklı aracılık modeli önerilmiştir. Bulgular, önermiş olduğumuz altı modelden beşinin istatistiksel olarak anlamlı olduğunu, ancak üçüncü modelde önerdiğimiz ulusal özdeşleşme ile kabullenici stratejiler arasındaki ilişkinin tehdit algısı tarafından yordanacağı beklentisinin doğrulanmadığını göstermektedir. Yani, Alevilikle ve Araplıkla özdeşleşme düzeyi arttıkça tehdit algısı da artmakta; tehdit algısı arttıkça kabullenici kültürleşme stratejileri benimseme olasılığı azalmakta, reddedici stratejileri benimseme olasılığı ise artmaktadır. Ulusal özdeşleme ile kabullenici yönelimleri benimseme ilişkisinin tehdit algısı aracılığıyla yordanıp yordanmadığının test edildiği üçüncü modelde, aracılık ilişkisinin istatistiksel olarak anlamlı olmadığı görülmüştür. Ancak bu iki değişken arasındaki doğrudan ilişkiye bakıldığında, etnik ve dini iç grupla özdeşleşme ilişkisinden farklı olarak, ulusal özdeşleşme arttıkça kabullenici stratejileri benimseme olasılığının arttığı görülmektedir. Tehdit algısı, ulusal özdeşleşme ile kabullenici stratejileri benimseme arasındaki ilişkiye aracılık etmezken, ulusal özdeşleşme ile reddedici stratejileri benimseme arasındaki ilişkide tehdit algısının aracılık etkisi anlamlı çıkmıştır. Bir diğer ifadeyle, Suriyeli mültecilerin varlığını tehdit olarak algılayan ev sahibi grup üyelerinin reddedici, tehdit algılamayanlarınsa kabullenici kültürleşme stratejilerine yöneldiği söylenebilir. Bu bilgi, ulusal özdeşleşme arttıkça çok kültürlülüğü benimseme yönündeki eğilimin de arttığı bulgusunu destekler niteliktedir (Hindriks ve diğerleri, 2014). Modele dâhil edilen değişkenlerin arasındaki doğrudan ilişkilere bakıldığında tehdit algısının kabullenici stratejileri olumsuz, reddedici stratejileri olumlu yordadığı; bir diğer deyişle tehdit algısı arttıkça kabullenici stratejilerden uzaklaşıldığı görülmektedir. Benzer şekilde iç grupla özdeşleşme ile benimsenen stratejilerin niteliği arasındaki ilişkileri incelediğimizde, herhangi bir kimlik grubuyla özdeşleşme arttıkça reddedici stratejileri benimseme olasılığı artmaktadır. Ancak kabullenici stratejiler söz konusu olduğunda yalnızca ulusal özdeşleşmenin kabullenici stratejileri benimseme olasılığını artırdığını; Alevilik ve Araplıkla özdeşleşmenin kabullenici stratejilerle ilişkisinin anlamlı olmadığı görülmektedir. Son olarak, etnik, dini ya da ulusal kimlik grubuyla fark etmeksizin, sosyal gruplarla özdeşleşme düzeyi arttıkça tehdit algısının da arttığı görülmektedir. Araplıkla özdeşleşmenin hem tehdit algısı hem de reddedici yönelimlerle olumlu yönde ilişkili olması, katılımcıların Arap kimliğiyle özdeşleşse bile, Suriyelileri Arap kimliğine mensup olmaları bakımından bir iç grup üyesi olarak görmedikleri ya da Arap kimliği üzerinden bir ortaklık algısı oluşmadığını göstermektedir. Yine, ulusal özdeşleşmenin hem kabullenici stratejileri hem de göçmenlerden algılanan tehdidi yordadığı şeklindeki bulgu, bazı moderatör değişkenlerin varlığına işaret ediyor olabilir. Örneğin ulusal kimlikle yüksek düzeyde özdeşleşen herkes için değil ama yalnızca belirli bir ideolojik yönelime sahip veya sadece belli eğitim seviyesindeki kişiler Suriyeli mültecileri tehdit olarak algılıyor olabilir. Bu durumda ulusal özdeşleşmesi yüksek ancak mültecileri tehdit olarak algılamayan katılımcıların aynı zamanda kabullenici stratejileri benimsemedikleri söylenebilir. Tehdit algısı düzeyi, katılımcıların ideolojik yönelimlerine bağlı olarak artıyor veya azalıyor olabilir. Bu bulgular, daha sonra yapılacak çalışmaların bu tür karıştırıcı değişkenleri de dikkate alması gerekliliğine işaret etmektedir.

Göç ve kültürleşme, sadece göç eden grupları değil, göç edilen ülkede yaşayan farklı sosyal grupları da yakından ilgilendirmektedir. Kültürleşme süreçlerinin daha iyi anlaşılması, kapsamlı bir bakış açısı geliştirmeyi gerektirmektedir. Göçle birlikte etkileşime giren sosyal grupların birbirine göre konumunun ve özelliklerinin göz önünde tutulması, tarif edilmesi ve araştırma sürecine dâhil edilmesi önemlidir. Bu anlamda iç gruplarla özdeşleşmenin kültürleşme yönelimlerine etkisinin, ortaklaşan ve farklılaşan kimlikler çerçevesinde ele alınması, çalışmamızın kuramsal katkısını genişletmektedir. Kültürleşme kavramının daha doğru ve kapsamlı anlaşılması için, hem göçmen hem de ev sahibi grubun benimsediği kültürleşme tutumlarının ve gruplar arası temaslardan doğan ilişkisel çıktıların aynı bağlam içerisinde, bir arada ele alınması gerekmektedir. Yalnızca ev sahibi grubun kültürleşme beklentilerinin ele alındığı bu çalışmanın, mülteci grubun da dâhil edildiği bir araştırmayla daha kapsamlı ve çok yönlü analiz edilebilecektir.

Mülteciler Derneği'nin Temmuz 2020 itibariyle açıkladığı verilere göre, Türkiye'de bulunan yaklaşık 3.5 milyon Suriyeli'den 110 bini vatandaşlık statüsü almıştır. Suriye'de devam eden savaş, geri dönüş koşullarının sağlanıp sağlanamayacağı ya da Türkiye'ye yerleşmiş Suriyelilerin yasal statüsünün değişip değişmeyeceği gibi konular belirsizliğini korumaktadır. Ancak Suriyeli mültecilerin Türkiye'deki varlıklarının geçici olmadığı ve toplumun kalıcı etnik unsurlarından biri haline geleceği düşünülmektedir. Bu nedenlerle yaşanabilecek toplumsal kabul ve sosyal uyum sorunlarının çözümüne ve gelecekte inşa edilebilecek birlikte yaşama katkı sağlayacak çalışmalara ihtiyaç duyulmaktadır. Göç ve kültürleşme süreci, hukuki ve politik olduğu kadar sürecin özneleri olan gruplar açısından sosyal ve psikolojik bir meseledir. Bu anlamda mülteciler ve yerleştikleri ülkedeki toplum arasında kurulan ilişkilerin arka planında yer alan unsurlara sosyal psikoloji perspektifinden bakmaya çalıştığımız bu çalışmanın, akademik alana katkı sunacağını düşünmekteyiz.

EXTENDED ABSTRACT IN ENGLISH

The aim of this study is to explore the acculturation orientations of Turkish host society living in Hatay, who are from Arab ethnic origin and Alevi religious section, toward Syrian refugees. Bourhis et al., (1997) define six acculturation strategies that can be adopted by host community towards immigrants. Three of them are welcoming orientations so-called *integrationism*, *transformation-integrationism*, *individualism* and three are rejecting orientations which are *assimilationism*, *segregationism* and *exclusionism*. According to the results of the studies acculturation process between host and immigrant groups is influenced by various social psychological factors (Callens et al., 2018; Florack et al., 2003; Pehrson et al., 2009). The findings provide support for the relationship between ingroup identification and negative attitudes towards outgroups (Bourhis and Perreault, 1999). However, identification with different types of social groups may bring differential consequences (Hindriks et al., 2014). Moreover, individuals usually have more than one social identity at the same time, and some of these identities may be common across host society and immigrant groups. Thus, it would be important that how ingroup members share some aspects with outgroup members (Pehrson et al., 2009; Verkuyten and Martinovic, 2012). Therefore, present study takes into account different types of social identities and threat perceptions from the refugees, and try to explain acculturation orientations of Turkish people living in Hatay toward Syrians.

Method

A survey study was conducted to test the model in which identification with different social groups predicts acculturation orientations toward Syrians through threat perception. The host community living in Hatay/Turkey are mostly come from Arab ethnic origin and Alevi religious section. The sample of the study consists of 252 participants. Therefore, we measured in-group identification as "identification with Arabs", "identification with Alevis" and "identification with Turkish Republic". *Host Community Acculturation Scale* (Bourhis and Montreuil, 2016), adapted to Turkish by Akfirat and Yangın, 2018); *Threat Perception Scale* (McLaren, 2003) and *In-group Identification Scale* (Sindic and Reicher, 2009) were included in the questionnaire. The data were analyzed with Jamovi statistic program (2020) in order to test six different models in which acculturation strategies predicted by national, ethnic and religious identification directly and through threat perception.

Results

The results indicated that threat perception mediates the relationship between social identification and acculturation orientation for five of six proposed models. Accordingly, when the level of identification with religious (i.e. Alevi) and national (i.e. citizen of Turkey) groups increase, threat perception also increases; and when the threat perception increases, the level of adopting welcoming strategies decreases, but the level of adopting rejecting strategies increases. In another words the host members who perceived outgroup as a collective threat adopted rejecting strategies; and when they perceive little or none threat from Syrian refugees they adopt welcoming strategies. On the other hand, identification with Arab (common identity between Syrians and Hatayians) did not predict welcoming acculturations strategies.

Disscusion

The study showed that identification with different social groups has differential effects on adopting acculturation strategies towards Syrian refugees in Hatay. Moreover, perceiving outgroup as a collective threat seems as a crucial factor. Having a common identity with Syrians in terms of being Arab did not emerge as a factor that causes adopting welcoming strategies for Arab host group members.

Kaynakça

Berry, J.W. (2001). A Psychology of Immigration. Journal of SocialIssues, 57(3): 615-631.

Berry, J.W. (2005). Acculturation: Living Successfully in Two Cultures. International Journal of Intercultural Relations. 29(6): 697-712.

Bourhis, R. V., & Dayan, J. (2004). Acculturation orientations towards Israeli Arabs and Jewish immigrants in Israel. International journal of psychology, 39(2), 118-131.

Bourhis, R. Y. ve Perreault, S. (1999). Ethnocentrism, Social Identification, and Discrimination. Society for Personality and Social Psychology. 25 (1): 92-103.

Bourhis, R.Y. & Montreuil, A. (2016). Methodological issues related to the Host Community Acculturation Scale (HCAS) and the Immigrant Acculturation Scale (IAS): An update. UQAM Working Paper, Département de Psychologie, Université du Québec à Montréal. (Updated: January 2016).

Bourhis, R.Y., Moise, L.C. ve Perreault, S. (1997). Towards an Interactive Acculturation Model: A Social Psychological Approach. International Journal of Psychology 32(6): 369-386.

Callens, M. S., Meuleman, B., & Marie, V. (2018). Contact, perceived threat, andattitudes toward assimilation and multiculturalism: Evidence from a majority and minority perspective in Luxembourg. Journal of Cross-Cultural Psychology, 50(2), 285-310.

Doğruel, F. (2013). İnsaniyetleri benzer (3. Baskı). İstanbul: İletişim Yayınları.

Easterbrook, M. ve Vignoles, V.L. (2012). Different Groups, Different Motives: Identity Motives Underlying Changes in Identification with Novel Groups. Personality and Social Psychology Bulltein. 38(8): 1066-1080.

Esses, V. M., Dovidio, J. F., Jackson, L. M., & Armstrong, T. L. (2001). The immigration dilemma: The role of perceived group competition, ethnic prejudice, and national identity. Journal of Social issues, 57(3), 389-412.

Florack, A., Piontkowski, U., Rohmann, A., Balzer, T., & Perzig, S. (2003). Perceived intergroup threat and attitudes of host community members toward immigrant acculturation. The Journal of social psychology, 143(5), 633-648.

Göç İdaresi Genel Müdürlüğü (13.01.2021) Geçici Koruma Altındaki Suriyelilerin İllere Göre Dağılımı. Erişim Tarihi: 23 Ocak 2021, https://www.goc.gov.tr/ adresinden edinilmiştir.

Güler, M. (2019). Ortak İç-grup Kimliği, Gruplararası Temas ve Algılanan Tehditlerin Suriyeli Bireylere Yardım Etme Niyeti Üzerine Etkisi. Itobiad: Journal of the Human & Social Science Researches, 8(2).

Hindriks, P., Verkuyten, M., & Coenders, M. (2014). Interminority attitudes: The roles of ethnic and national identification, contact, and multiculturalism. Social Psychology Quarterly, 77(1), 54-74.

Kinder, D. R., & Sears, D. O. (1981). Prejudice and politics: Symbolic racism versus racial threats to the good life. Journal of Personality and Social Psychology, 40, 414-431.

López-Rodríguez, L., Zagefka, H., Navas, M., & Cuadrado, I. (2013). Explaining majority members' acculturation preferences for minority members: A mediation model. International Journal of Intercultural Relations, 38, 36-46.

McLaren, L. M. (2003). Anti-immigrant prejudice in Europe: Contact, threat perception, and preferences for the exclusion of migrants. Social forces, 81(3), 909-936.

Moskalenko, S., McCauley, C., & Rozin, P. (2006). Group identification under conditions of threat: College students' attachment to country, family, ethnicity, religion, and university before and after September 11, 2001. Political Psychology, 27(1), 77-97.

Mülteciler Derneği (2020, 23 Temmuz). Türkiye'deki Suriyeli Sayısı Temmuz 2020. Erişim Tarihi: 25 Temmuz 2020, https://multeciler.org.tr/turkiyedeki-suriyeli-sayisi/adresinden edinilmiştir.

Pehrson, S., Brown, R., &Zagefka, H. (2009). When does national identification lead to the rejection of immigrants? Cross-sectional and longitudinal evidence for the role of essentialist in-group definitions. British Journal of Social Psychology, 48(1), 61-76.

Piontkowski, U., Rohmann, A., & Florack, A. (2002). Concordance of acculturation attitudes and perceived threat. Group processes & intergroup relations, 5(3), 221-232.

Riek, B. M., Mania, E. W., & Gaertner, S. L. (2006). Inter group threat and out group attitudes: A meta-analytic review. Personality and social psychology review, 10(4), 336-353.

Rohmann, A.,Florack, A., & Piontkowski, U. (2006). The role of discordant acculturation attitudes in perceived threat: An analysis of host and immigrant attitudes in Germany. International Journal of Intercultural Relations, 30(6), 683-702.

Rohmann, A., Piontkowski, U., & van Randenborgh, A. (2008). When attitudes do not fit: Discordance of acculturation attitudes as an antecedent of intergroup threat. Personality and Social Psychology Bulletin, 34(3), 337-352.

Sertel, E. (2005). Dini ve etnik kimlikleriyle Nusayriler (1. Baskı). Ankara: Ütopya Yayınevi.

Sindic, D., & Reicher, S. D. (2009). 'Ourway of life is worth defending': testing a model of attitudes towards superordinate group membership through a study of Scots' attitudes towards Britain. European Journal of Social Psychology, 39(1), 114-129.

Stephan,W. G., & Stephan, C. W. (2000). An integrated theory of prejudice. In S. Oskamp (Ed.), Reducing prejudice and discrimination: The Claremont Symposium on applied social psychology (pp. 23-45). Mahwah, NJ: Lawrence Erlbaum Associates, Inc.

Tajfel, H., & Turner, J. C. (2004). The Social Identity Theory of Intergroup Behavior. Key readings in social psychology. In J. T. Jostand J. Sidanius, (Eds.), Political psychology: Key readings, Key readings in social psychology (pp. 276-293). New York, NY: Psychology Press.

Tabachnick B. &Fidell, L. S. (2013). Using multivariatestatistics. USA : Pearson.

The jamovi project (2020). Jamovi (Version1.2) [Computer Software]. Retrieved from https://www.jamovi.org.

Van Dommelen, A.,Schmid, K., Hewstone, M., Gonsalkorale, K., & Brewer, M. (2015). Construing multiple ingroups: Assessing social identity inclusiveness and structure in ethnic and religious minority group members. European Journal of Social Psychology, 45(3), 386-399.

Verkuyten, M. (2009). Support for multiculturalism and minority rights: The role of national identification and out-group threat. Social Justice Research, 22(1), 31-52.

Verkuyten, M., & Martinovic, B. (2012). Social identity complexity and immigrants' attitude toward the host nation: The intersection of ethnic and religious group identification. Personality and social psychology bulletin, 38(9), 1165-1177.

Yangın, E. & Akfırat, S. (2018). Ev Sahibi Topluluk Kültürleşme Ölçeği (ETKÖ) Türkçe formunun psikometrik özelliklerinin üniversite öğrenci örnekleminde incelenmesi. Sobider: Sosyal Bilimler Dergisi 29(5), 499-519.

Zárate, M. A., Garcia, B., Garza, A. A., & Hitlan, R. T. (2004). Cultural threat and perceived realistic group conflict as dual predictors of prejudice. Journal of experimental social psychology, 40(1), 99-105.

EK 1

Ev Sahibi Topluluk Kültürleşme Ölçek Maddeleri

1. Suriyeli göçmenlerin bizim kültürümüze uyum sağlayabilmeleri için kendi öz kültürlerinden vazgeçmeleri gerekmektedir.

2. Suriyeli göçmenler hem getirdikleri miras kültürü sürdürmelidirler hem de bizim kültürümüzü benimsemelidirler.

3. Suriyeli göçmenler kendi öz kültürlerini bizim kültürümüzle karıştırmadıkları müddetçe sürdürebilirler.

4. Suriyeli göçmenler ne kendi öz kültürlerini sürdürmelidir ne de bizim kültürümüzü benimsemelidir, çünkü her halükarda Türkiye'de çok daha az sayıda Suriyeli göçmen olmalıdır.

5. Suriyeli göçmenlerin kendi getirdikleri kültürü sürdürmeleri ya da bizim kültürümüzü benimsemeleri bir fark yaratmaz; çünkü her birey kendi seçtiği kültürü benimsemekte özgürdür.

6. Suriyelilerin kültürüyle gerçekten bütünleşmek için kendi kültürümüzün bazı yönlerini değiştirmeliyiz.

7. Suriyeli göçmenlerin kendi değerlerini sürdürmeleri ya da bizim kültürümüzü benimsemeleri bir fark yaratmaz; çünkü her birey kendi seçtiği değerleri benimsemekte özgürdür.

8. Suriyeli göçmenler kendi değerlerini bizim değerlerimizle karıştırmadıkları müddetçe sürdürebilirler.

9. Suriyeli göçmenler hem kendi değerlerini sürdürmelidirler hem de bizim değerlerimizi benimsemelidirler.

10. Suriyeli göçmenlerin bizim değerlerimize uyum sağlayabilmeleri için kendi öz değerlerinden vazgeçmeleri gerekmektedir

11. Suriyeli göçmenler ne kendi değerlerini sürdürmelidir ne de bizim değerlerimizi benimsemelidir, çünkü her halükarda Türkiye'de çok daha az sayıda Suriyeli göçmen olmalıdır.

12. Suriyelilerin değerleriyle gerçekten bütünleşmek için kendi değerlerimizin bazı yönlerini değiştirmeliyiz.

13. Suriyeli göçmenler kendi geleneklerini bizim geleneklerimizle karıştırmadıkları müddetçe sürdürebilirler.

14. Suriyelilerin gelenekleriyle gerçekten bütünleşmek için kendi geleneklerimizin bazı yönlerini değiştirmeliyiz.

15. Suriyeli göçmenler hem kendi geleneklerini sürdürmelidirler hem de bizim geleneklerimizi benimsemelidirler

16. Suriyeli göçmenlerin kendi gelenekleri sürdürmeleri ya da bizim geleneklerimizi benimsemeleri bir fark yaratmaz; çünkü her birey kendi seçtiği gelenekleri benimsemekte özgürdür.

17. Suriyeli göçmenlerin bizim geleneklerimize uyum sağlayabilmeleri için kendi geleneklerinden vazgeçmeleri gerekmektedir.

18. Suriyeli göçmenler ne kendi geleneklerini sürdürmelidir ne de bizim geleneklerimizi benimsemelidir, çünkü her halükarda Türkiye'de çok daha az sayıda Suriyeli göçmen olmalıdır.

Tehdit Algısı Ölçek Maddeleri

1. Çok sayıda Suriyeli göçmen çocuğun gittiği okullarda eğitim kalitesi düşmektedir.

2. Suriyeli göçmenler devletin sosyal hizmet olanaklarını (sağlık, eğitim, barınma vs.) suistimal etmektedir.

3. Suriyeli göçmenlerin varlığı ülkedeki işsizlik oranını artırmaktadır.

4. Suriyeli göçmenler ülkemizdeki kültürel hayatı zenginleştirmektedir.

5. Suriyeli göçmenlerin dini uygulamaları bizim yaşam tarzımızı tehdit etmektedir.

Ulusal Özdeşleşme Ölçek Maddeleri

1. Türkiye Cumhuriyeti vatandaşı olmak benim için çok önemlidir.

2. Diğer Türkiye Cumhuriyeti vatandaşlarıyla aramda güçlü bağlar hissediyorum.

3. Kendimi Türkiye Cumhuriyeti vatandaşı olarak görüyorum.

4. Türkiye Cumhuriyeti vatandaşı olmayan biri Türkiye Cumhuriyeti vatandaşlarını eleştirdiğinde kişisel olarak kendimi eleştirilmiş hissediyorum.

Araplıkla Özdeşleşme Ölçek Maddeleri

1. Arap olmak benim için çok önemlidir.

2. Diğer Araplarla aramda güçlü bağlar hissediyorum.

3. Kendimi Arap olarak görüyorum.

4. Arap olmayan biri Türkiye Cumhuriyeti vatandaşlarını eleştirdiğinde kişisel olarak kendimi eleştirilmiş hissediyorum.

Alevilikle Özdeşleşme Ölçek Maddeleri

1. Alevi olmak benim için çok önemlidir.

2. Diğer Alevilerle aramda güçlü bağlar hissediyorum.

3. Kendimi Alevi olarak görüyorum.

4.Alevi olmayan biri Türkiye Cumhuriyeti vatandaşlarını eleştirdiğinde kişisel olarak kendimi eleştirilmiş hissediyorum.

Göç Dergisi
Mart 2021
Cilt: 8, Sayı: 1, sf. 129–154
ISSN: 2054-7110 (Basılı) | ISSN 2054-7129 (Çevrimiçi)
www.gocdergisi.com

Makale tarihçesi: Alındı: 14 Ağustos 2020 Kabul edildi: 13 Nisan 2021
DOI: https://doi.org/10.33182/gd.v8i1.727

Göç Yönetiminde Yerelleşmenin İzlerini Aramak: Ankara Mamak Belediyesi Örneği

Hacı Çevik[1]

Öz

Göç yönetimi, farklı aktörlerin iş birliğine ihtiyaç duyan, çok boyutlu bir sürece işaret etmektedir. Farklı politik alanlarda olduğu gibi, merkezden yerele doğru yetki ve sorumluluk aktarımı, göç yönetiminde de rekabet alanlarını bünyesinde barındırmaktadır. Merkezi yönetimlerin konjonktürel ekonomik ve politik çıkarları, göçün yönetiminde uygulanacak politikaların perspektifini doğrudan etkilemektedir. Bu bağlamda göç yönetiminde yerel yönetimlerin konumu giderek daha önemli bir tartışma zemini haline gelmektedir. Ancak, Türkiye'de göç yönetiminde yerel yönetimlerin yetki ve sorumluluk alanları kısıtlıdır. Kamu politikaları üzerinde giderek daha hegemonik bir kapsayıcılığa sahip olan merkezi iktidarın yürüttüğü tek boyutlu göç politikaları, çeşitli sorunları bünyesinde barındırmaktadır. Bu tür bir göç yönetiminde, yerel yönetimlerin konumu, mevcut sorunların kaynağına yönelik önemli bir izlek sunmaktadır. Yerel yönetimlerin önemli birimlerinden olan belediyeler, farklı sivil toplum örgütleriyle kurulan ortaklıklar aracılığıyla göçmen ve mültecilere yerelden hizmet sunmaktadır. Bu çalışmada da önemli bir göç ülkesi haline gelen Türkiye'de, Ankara Mamak Belediyesi ile ortak çalışma protokolüne sahip olan Mamak Sığınmacı Danışma ve Koordinasyon Merkezi örneğinde göç yönetiminde yerel yönetimlerin konumu ele alınacaktır.

Anahtar Kelimeler: *Göç Yönetimi; Yerel Yönetimler; Yerellik; Mamak Belediyesi; Mamak Sığınmacı Danışma ve Koordinasyon Merkezi*

ABSTRACT IN ENGLISH

Looking For Traces of Localization in Migration Management: Example of Ankara Mamak Municipality

Migration management points to a multidimensional process that requires the collaboration of different actors. As in different political areas, the transfer of authority and responsibility from the center to the local area also includes different areas of competition in migration management. The cyclical economic and political interests of the central governments directly affect the perspective of the policies to be applied in the management of migration. Sharing powers and responsibilities with local governments, which are an important actor in migration management, has long been discussed in the field of Social Sciences with their different dimensions. The position of local governments in migration management is becoming an increasingly important basis for debate. However, in Turkey, the areas of authority and responsibility of local authorities in migration management are limited. One-dimensional migration policies carried out by the central government, which have increasingly hegemonic inclusivity over public policies, contain various problems. In this type of migration management, the position of local authorities provides an important track to the source of current problems. Municipalities, which are important units of local governments, provide local services to immigrants and refugees through partnerships established with different non-governmental organizations. In this study, the position of local authorities in migration management will be discussed in the example of Mamak Asylum Seeker Consultation and Coordination

[1] Arş. Gör. Hacı Çevik, Hacettepe Üniversitesi Sosyal Hizmet Bölümü, Ankara, Türkiye. E-mail: hacicevik@hacettepe.edu.tr.

Center, which has a joint working protocol with Ankara-Mamak Municipality in Turkey, which has become an important migration country.

Keywords: *Migration Management; Local Authorities; Mamak Municipality; Locality*

Giriş

Yönetim olgusunun merkezden yerele doğru aktarılması, "kendi" hakkında karar verme arzusu, uzun yıllardır farklı sosyal bilimlerin çalışma alanları arasında yer almaktadır. Yönetim kavramının kendi içinde barındırdığı "merkez", "tek", "erk" gibi kavramsal algıların karşısında, uzun yıllardır farklı toplumsal alanlarda yönetimin merkezden yerele, "tek"ten "herkese" doğru aktarılması için çeşitli mücadele alanları oluşturulmuştur. Merkez ve yerel arasında yetki paylaşımına konu olan önemli alanlardan birisi de göç yönetimidir.

Dünyanın farklı bölgelerinde göç yönetimi genellikle merkezi iktidarın kontrolünde gerçekleşen bir olgudur. Küresel olarak son yıllarda artan göç eğilimleri, farklı iktidarlar tarafından "göç krizi" olarak adlandırılmaktadır. "Kriz" yönetimi perspektifinde ve merkezi karar mekanizmaları içerisinde ele alınan göç yönetimi, farklı toplumsal gruplar için çeşitli sorunları bünyesinde barındırmaktadır. Göç yönetiminin içinde barındırdığı sorunlara yönelik son dönemlerde yerelleşme politikaları, giderek tartışma zemini genişleyen yeni bir perspektif olarak ele alınmaktadır.

Bu çalışmada, Türkiye'de yerel yönetimlerin yasal konumu ve göç yönetimindeki konumuna odaklanılacaktır. Kamu politikaları üzerinde giderek daha fazla hegemonik bir kapsayıcılığa sahip olan merkezi iktidarın yürüttüğü tek boyutlu göç politikaları, çeşitli sorunları bünyesinde barındırmaktadır. Türkiye'de göç yönetiminin "merkeziliği" bağlamında, yerel yönetimlerin yetki ve sorumluluklarının konumları da bahsedilen sorunların kaynağına yönelik önemli ipuçlarını içermektedir. Bu bağlamda, çalışma boyunca önemli bir aktör olmasına karşın, yetki ve sorumluluğu kısıtlanmış yerel yönetimlerin göç politikalarındaki mevcut konumu, Ankara Mamak Belediyesi bünyesinde kurulmuş olan Mamak Sığınmacı Danışma ve Koordinasyon Merkezi (MSDM) örneğinde ele alınacaktır.

Türkiye'de Göç Yönetiminin Belirsizliği

Birleşmiş Milletler Küresel Eğilimler Raporu'nun son verilerine göre sadece 2019 yılında dünya genelinde 79 milyon 500 kişinin zorla yerinden edildiği tespit edilmiştir. Bu sayının büyük çoğunluğunun da Ortadoğu ve Afrika coğrafyalarından olduğu bilinmektedir. Diğer taraftan, Uluslararası Göç Örgütü'nün (IOM) 2020 yılındaki Dünya Göç Raporuna göre, uluslararası göçmen sayısı yaklaşık 272 milyon ile dünya nüfusunun yüzde 3,5'ine ulaşmıştır (IOM Online Bookstore, 2020). Savaşların ve çatışmaların yoğun olarak görüldüğü bölgelere olan yakınlığı ve farklı biçimlerde dahil olduğu savaşların sonucunda Türkiye, dünyada en çok göçmenin ve mültecinin[2] bulunduğu ülkelerin başında gelmektedir. Geçici koruma statüsünde bulunan 3,6 milyonun üzerindeki Suriyeli ile birlikte çeşitli ülkelerden gelen 330 bin kişi de farklı hukuki statülerde Türkiye'de bulunmaktadır. Bu rakamlara ek olarak, çeşitli uluslararası kuruluşların da kabul ettiği resmi kayıt sisteminde yer almayan kişilerin de hesaba katılması ile Türkiye 5 milyona yaklaşan göçmen ve mülteci sayısı ile dünyadaki önemli göç ülkelerinin başında gelmektedir (UNHCR, 2020). Bu nedenle göç yönetimi, önemli sayıda insan grubunu

[2] Bu çalışmada mülteci kavramı, ulusal yasal düzenlemeler bağlamında tanımlanan bir statü olarak kullanılmamaktadır. Çalışma boyunca mülteci kavramı, ulusal düzenlemelerdeki yasal statülerden bağımsız olarak, 1967 Protokolü sonucunda yaygın olarak kabul edilen mülteci tanımına dahil olan kişileri ifade etmek üzere kullanılmıştır.

etkilemesi bağlamında daha da kritik bir öneme sahip olmuştur. Uluslararası kurumlar ve devletler, mevcut göç hareketliliğine yönelik, kendilerine özgü yönetim politikaları geliştirmektedirler. Son yıllarda giderek standartlaştırılmış bir göç yönetimi politikası üretme çabalarına rağmen, farklı ülkelerde çeşitli uygulamaların varlığı, göç yönetiminin bir belirsizlik alanı olmasına neden olmaktadır. Türkiye'nin göç yönetimi de çoğunlukla bağlı olduğu uluslararası sözleşmelere göre şekillenirken, iktidarların ekonomik ve politik çıkarlarına göre farklı uygulamalara da sahne olabilmektedir.

5 milyona yaklaşan göçmen ve mülteci nüfusunun çoğunluğunu oluşturan Suriye vatandaşı insanların "geçici koruma" altına alınması ve diğer ülkelerden gelen kişilerin de mülteci statüsü dışında farklı statülerde bulunması, Türkiye'nin göç politikaları tercihleri ile doğrudan ilişkilidir. Mülteci kavramı, 1951 Cenevre Sözleşmesi olarak bilinen "Mültecilerin Hukuki Statüsüne İlişkin "Sözleşme" kapsamında tanımlanmıştır.[3] Daha sonra Cenevre Sözleşmesi'nin 1967 Protokolü olarak isimlendirilen başka bir uluslararası belge içerisinde tanımın içerdiği *"Ocak 1951'den önce meydana gelmiş olaylar"* ibaresi kaldırılarak tanım genişletilmiştir. Türkiye, 1951 tarihli Cenevre Sözleşmesi'ne 1961 yılında; sözleşmenin kapsamını genişleten 1967 tarihli New York Protokolü'ne de 1968 yılında katılmıştır. Ancak Türkiye sözleşmeye taraf olurken, "coğrafi sınırlama" şerhi koymuş ve bu sınırlamayı günümüze kadar da muhafaza etmiştir. Bahsedilen coğrafi sınırlama, mültecilik statüsünün kimlere, nasıl verileceğine yöneliktir. Türkiye sözleşmeyi imzalarken belirlediği coğrafi sınırlama ile stratejik davranmış ve kendisine yönelen göçleri yönetmek için önemli bir düzenleme yapmıştır. Bu düzenleme *"Avrupa ülkelerinde meydana gelen olaylar nedeniyle;"* ibaresini içerdiği için Türkiye sadece Avrupa ülkelerinden gelen insanlara mülteci statüsünü tanıyacağını, o bölgeler dışından gelenlere ise mülteci statüsünü tanımayacağını yasal olarak düzenlemiştir (YUKK, 2013).

Mültecilik statüsünün, uluslararası sözleşmelerden kaynaklı sorumluluklarından kaçınabilmek adına uygulanan coğrafi sınırlama düzenlemesi, son yıllarda Türkiye'ye Ortadoğu coğrafyasından gelen mültecilerin hukuksal statülerinin belirsiz kalmasına neden olmuştur. Suriye iç savaşının kısa sürede Türkiye'nin beklentileri doğrultusunda sonuçlanmamasının devamında, bugüne kadar sistematik bir göç rejimine sahip olmayan Türkiye, 2013 yılında çıkarılan 6458 sayılı Yabancılar ve Uluslararası Koruma Kanunu (YUKK) ile Suriye'den gelen kitlesel göçün yönetiminin yasal dayanağını oluşturmuştur. YUKK çerçevesinde, 2014 yılında Bakanlar Kurulu Kararı ile Geçici Koruma Yönetmeliği yayınlanmıştır. Yönetmelik Geçici Koruma adı altında yeni bir statü tanımı geliştirmiştir. Buna göre Geçici Koruma; *"ülkesinden ayrılmaya zorlanmış, ayrıldığı ülkeye geri dönemeyen, acil ve geçici koruma bulmak amacıyla kitlesel olarak veya bu kitlesel akın döneminde bireysel olarak sınırlarımıza gelen veya sınırlarımızı geçen ve uluslararası koruma talebi bireysel olarak değerlendirmeye alınamayan yabancılara sağlanan korumayı"* olarak tanımlanmıştır (GKY, 2014).

---

[3] "Mülteci (refugee): 1 Ocak 1951'den önce meydana gelen olaylar sonucunda ve ırkı, dini, tabiiyeti, belli bir toplumsal gruba mensubiyeti veya siyasi düşünceleri yüzünden, zulme uğrayacağından haklı sebeplerle korktuğu için vatandaşı olduğu ülkenin dışında bulunan ve bu ülkenin korumasından yararlanamayan, ya da söz konusu korku nedeniyle yararlanmak istemeyen; yahut tabiiyeti yoksa ve bu tür olaylar sonucu önceden yaşadığı ikamet ülkesinin dışında bulunan, oraya dönemeyen veya söz konusu korku nedeniyle dönmek istemeyen her şahıs" http://www.multeci.org.tr/wp-content/uploads/2016/12/1951-Cenevre-Sozlesmesi-1.pdfErişim tarihi:16.10.2020.

Diğer taraftan göç alanının neredeyse tüm boyutlarını yönetmeye yetkili kılınan Göç İdaresi Genel Müdürlüğü (GİGM), merkez ve taşra yapıları ile birlikte İçişleri Bakanlığı'na bağlı olarak YUKK kapsamında kurulmuştur. Ancak, YUKK ile birlikte, göç alanının sistematik fakat yoğunlaşmış bir şekilde merkezi idarenin tasarruflarına bırakılması, göç yönetiminin diğer aktörlerinin çalışma alanlarını daraltmaktadır. Örneğin, YUKK'un "uyum" başlığını taşıyan 96. Maddesinde, yerel yönetimler sadece *"öneri ve katkılarından"* faydalanmak üzere anılmıştır (YUKK, 2013). Göç alanını düzenleyen böylesine bir yasal düzenlemede, yerel yönetimler doğrudan göç yönetiminin bir paydaşı olarak tanımlanmadığı gibi, yerel yönetim veya belediye gibi kavramlar neredeyse hiç kullanılmamıştır. Göç alanının tüm boyutlarını etki alanına alan bu denli önemli bir yasal düzenleme içerisinde yerel yönetimlerin yer almaması, mevcut iktidarın göç yönetimi perspektifiyle doğrudan ilişkilidir. Türkiye'ye yönelen göç hareketliliği başından itibaren "güvenlik" meselesi olarak görülüp, kontrol edilmesi gereken bir alan olarak ele alındığı için merkezi göç yönetimi ön plana çıkmıştır.

Uluslararası alanda göç yönetiminde yerel yönetimlerin giderek genişleyen konumuna karşılık, Türkiye'de yerel yönetimlerin yetkilendirilmesi sınırlıdır. Bu durum Türkiye'de var olan iktidar mekanizmalarının ideolojik olarak konjonktürel konumuyla doğrudan ilişkilidir. Türkiye'de göç yönetimi bir "güvenlik" sorunu olarak algılandığından, daha çok merkezi yönetimle ilişkili ele alınmaktadır. Türkiye'nin sınırları boyunca yoğun olarak çatışan grupların varlığı ve Türkiye'nin Suriye iç savaşının ilk dönemlerinde "stratejik derinliğe" (Davutoğlu, 2014) sahip olduğu iddia edilen uluslararası politik hamleleri sonucunda, Türkiye'ye doğru yönelen göçün güvenlik boyutu ön plana çıkmaktadır (Sağır, 2019; Telatar, 2019). Bu nedenle, Türkiye'de göçün yönetimi ağırlıklı olarak, merkezi kurumlar tarafından "kontrol" perspektifiyle ele alınmaktadır. Göç yönetimine yönelik yasal düzenlemelerde de merkezi kurumların dışında kalan diğer aktörlerin yetki ve sorumlulukları sadece genel-geçer cümlelerle anılmaktadır. Bu nedenle de göç yönetiminde etkin olması gereken yerel yönetimler ve sivil toplum örgütleri gibi önemli aktörlerin görev alanlarının sınırları belirsiz kalmaktadır.

Bir Mücadele Alanı olarak Yerelleşme

Yerellik ilkesi (subsidiarite), hizmetlerin sunumunda yerelliğin önceliğiyle birlikte toplumun en küçük sosyal biriminden başlayarak, yetki ve sorumlulukların paylaşılması anlamını taşımaktadır. Yerel yönetimler açısından bu ilke, büyük ölçekli birimlerin sorumluluk ve yetkilerin yerelde daha küçük birimlere doğru aktarılmasıdır. Bu yöntemle yönetimin halka daha yakın düzeye getirilmesi arzulanmaktadır (Arıkboğa, 1998). İnsanlara en yakın yönetim birimleri olan yerel yönetimler, ihtiyaç ve sorunların tespitinde, yerinden çalışmalar yürütme gücüne sahiptir. Merkezi iktidarın yapısal olarak kurguladığı meta analizin karşısında yerel birimlerin daha küçük ve karmaşık sorunları ele alması ve çözümlemesi mümkündür. Bu bağlamda göç yönetiminin önemli paydaşlarından birisi de yerel yönetimlerdir. Göçmenlerle ve mültecilerle doğrudan ilişkiler kurabilecek yerel yönetim birimlerinin yetki ve sorumlulukları, dünyadaki birçok ülkede hem yasal düzenlemelerde hem uygulama alanında giderek genişletilmektedir. Örneğin, yerel yönetimlerin yetki ve sorumluluğunun arttırıldığı ülkelerinden başında gelen İsveç'te, göçmen ve mültecilerin dil eğitiminden, alacağı sosyal yardımlara; istihdama yönelik eğitimlerinden, ihtiyaç duyanlar için verilen psikolojik desteğe kadar çeşitli alanlarda yetkili olan yerel yönetimler, göç politikalarının önemli bir aktörü konumundadır (Myrberg, 2017, p. 331). İsveç'e göre daha kapsayıcı bir merkezi hükümetin varlığına rağmen Norveç'te ise merkezi hükümet, mültecilerin yerleşecekleri şehirleri belirleyip, onların ulaşımlarını sağladıktan sonra, bölgenin yerel yönetimler birimleri göçmenlerin ve mültecilerin tüm ihtiyaçlarına cevap verecek yetkilere sahiptir (Steen & Roed, 2018, p. 29). Avrupa ülkelerindeki bu tür uygulamaların yanında farklı uygulamalara da rastlamak mümkündür. Kimi ülkelerde yerel yönetimler daha fazla yetki ve sorumluluk alırken, kimi ülkelerde ise yerel yönetimlerin göç politikaları alanında konumları daha sınırlıdır. Yerel yönetimlerin yetkilendirilmesi ve sorumluluğun paylaşılması, merkezi iktidarların ideolojik ve politik perspektifleriyle doğrudan ilişkili olduğundan; örneğin göçmen karşıtlığı ortak paydasında buluşan sağ partilerin yükselişe geçtiği dönemlerde, yerel yönetimler ile merkezi iktidarlar arasında bütçe ve idari vesayet çerçevesinde çatışmalar yaşanabilmektedir. Bu tür yerel yönetimler göçmenlerin ihtiyaçlarından daha çok "kontrolüne" mesai harcamaktadır (Anagnostou, Kontogianni, Skleparis, & Tzogopoulos, 2016, p. 16). Ülkelere göre farklı uygulamalara rastlamak mümkün olsa da yine de yerel yönetimlerin özellikle Avrupa'da göç politikaları bağlamında giderek daha fazla yetki ve sorumluluğa sahip olduğunu belirtmek mümkündür (Şahin, 2019).

Yerel yönetimlerin yetki ve sorumluluklarının artışının Avrupa Birliği (AB) politikaları aracılığıyla gerçekleştiği belirtilebilir. AB uyum süreçleri, yerel yönetimlerin yönetim perspektifindeki konumuna dair önemli gelişmeleri içinde barındırmaktadır. 1988 yılında Avrupa Konseyi tarafından uygulamaya koyulan Avrupa Yerel Yönetimler Özerklik Şartı, yerel yönetimlerin konumuna dair önemli düzenlemeleri beraberinde getirmiştir (Çevikbaş, 2012). Avrupa Yerel Yönetimler Özerklik Şartı ile Avrupa'da, yerel yönetimlerin, kamu işlerini kendi inisiyatifiyle yapabilmeleri, merkezi yönetimin denetim ve kontrol mekanizmalarının yasayla sınırlandırıldığı, ekonomik olarak yeterli gücün sağlandığı bir yerel yönetim modeli yaratılmak istenmiştir (Çevikbaş, 2012, p. 34). Yaratılmak istenen modelin genel özellikleri arasında katılımcılık, bireye yakın olma, saydamlık, verimlilik, tasarruf edebilirlik ve özerk yönetim bulunmaktadır.

Yerel Yönetimler Özerklik Şartı, aynı zamanda hem AB hem de farklı uluslararası alanlarda demokrasi bağlamında yerelleşen yönetimlere standartlar getirmeyi amaçlamıştır. Özerklik şartını onaylayan devletler (AB Üyesi ve AB üyelik sürecinde olan devletler), belgede öngörüldüğü üzere, yerel yönetimlerin siyasal ve yönetsel özerkliklerini kabul etmiş olmaktadırlar (Mengi & Keleş, 2013, p. 77). Özerklik Şartına göre (1992) özerk yerel yönetim kavramı, "yerel makamların, kanunlarla belirlenen sınırlar çerçevesinde, kamu işlerinin önemli bir bölümünü kendi sorumlulukları altında ve yerel nüfusun çıkarları doğrultusunda düzenleme ve yönetme hakkı ve imkânı" anlamını taşımaktadır. Toplamda 18 maddeden oluşan Avrupa Yerel Yönetimler Özerklik Şartı üç bölümden oluşmaktadır. İlk bölüm, yerinden yönetim kavramının tanımı ile yerel organların görev ve yetkilerinin belirlenmesindeki sınırlamalarla birlikte, merkezi yönetimlerin kontrol ve denetim mekanizmalarının şart ve sınırlarını da içermektedir. İkinci bölüm, devletlerin yükümlülüklerini ele almıştır. Aynı bölüm içerisinde devletlerin çekimser kalabilecekleri koşullar tanımlanırken, bu yükümlülüklerin denetimini gerçekleştirecek herhangi bir organdan bahsedilmemektedir. Avrupa Konseyi Bakanlar Komitesi aracılığıyla denetimin gerçekleştirilebileceğine dair görüşler mevcuttur (Mengi & Keleş, 2013, p. 78). Özerklik şartının son bölümünde de uygulama ve yürürlüğe dair kurallar bulunmaktadır. Avrupa Birliği'nin demokrasinin temellerinden birisi olarak gördükleri yerel yönetimlerin siyasi ve ekonomik olarak merkezi yönetimlerden özerkleşmesi ise ayrı bir önemde ele alınmıştır. Bu bağlamda, özerk yerel yönetim ilkesi Avrupa Yerel Yönetimler Özerklik Şartı için büyük önem taşımaktadır.

Yerel Yönetimler Özerklik Şartı, Avrupa Konseyi üyesi devletler tarafından farklı yerel yönetim modellerine sahip oldukları ileri sürülerek uzun bir süre onaylanmamıştır. Yerel Yönetimler Özerklik Şartı ulusal mevzuat ve politikalarda önemli değişikliklerin yapılmasını zorunlu hale getirmiştir. Bu nedenle kabul sürecinde birçok ülke Yerel Yönetimler Özerklik Şartı'nı çekincelerle imzalamıştır. Bu çekincelerin, Özerklik Şartının uygulama alanlarında bazı problemler yaratma ihtimalinin yüksek olması nedeniyle ortaya çıktığını belirten görüşler de mevcuttur (Acar, 2019, p. 289).

Diğer Avrupa Konseyi ülkeleriyle benzer şekilde Türkiye, 1992 yılında imzaladığı Avrupa Yerel Yönetimler Özerklik Şartının belirli kısımlarına çekinceler koymuştur. Çekince koyulan maddeler arasında, yerel yönetimlerin merkezi iktidardan bağımsız olarak tüm konularda planlama yapma, karara bağlama, iç idari örgütlenmelerinin bulunması, idari denetimin sınırlandırılması, seçilmiş yerel yöneticilerin görev ve yetkisinin sınırlarının belirsizliği ile birlikte ekonomik özerkliğe vurgu yapan maddeler bulunmaktadır (Acar, 2019; Avrupa Konseyi, 1992). Çekince koyulan maddelere bakıldığında, Türkiye'de güçlü merkezi iktidarın yerel yönetimlerle yetki ve sorumluluk paylaşımı konusunda isteksiz olduğu anlaşılmaktadır.

1990'lı yılların başlarında Yerel Yönetimler Özerklik Şartının içerdiği düzenlemeler bugüne kadar önemi giderek artan yerel yönetimlere bakış açısını geliştirmiştir. Türkiye, Özerklik Şartını çekincelerle imzalamış olmasına rağmen, sonraki süreçte yerel yönetimleri kapsayan birtakım yasal düzenlemeler yapmıştır. 2004 yılında Yeni Büyükşehir Belediye Kanunu çıkartılarak, önceki yerel yönetim mevzuatının içerdiği denetim ve kontrol mekanizmaları bir nebze hafifletilmiştir. 2005 yılında ise İl Özel İdaresi Kanunu ve Belediye Kanunu'nda yapılan değişikliklerle söylemsel olarak "yerel özerklik" kavramı üzerinde daha fazla durulmuştur. 2004 yılı sonrasında yapılan düzenlemeler, genel olarak AB uyum süreciyle bağlantılı olarak yerel yönetimlerin üzerindeki idari vesayetin yumuşatılması amacını taşımaktadır. AKP iktidarının ilk dönemlerinde gündeminde tuttuğu AB uyum süreci, sonraki dönemlerde vesayet altına alınacak olan yerel yönetimlere bakış açısını o dönemlerde olumlu yönde etkilemiştir. Bu bağlamda, AKP iktidarı döneminde çıkarılan 5393 sayılı Belediye Kanunu, Avrupa Yerel Yönetimler Özerklik Şartının imzalanmasından sonra yapılan ilk revizyon kanun olarak gösterilebilir. Bu Kanun belediyelere kayyum atanmasıyla ilgili merkezi idareye önemli bir güç sağlıyor olsa da özellikle belediyelerin hizmet alanlarının genişletilmesi ve karar verme süreçlerinin kısaltılması gibi alanlarda düzenlemeleri içermektedir (Alodalı, Özcan, Çelik, & Usta, 2007: 6–8). Türkiye'de Belediye Kanunu ile Avrupa Yerel Yönetimler Özerklik Şartının öngördüğü ilkelere yönelik düzenlemeler yapılmaya çalışılsa da güçlü bir merkezileşme eğilimi içerisinde olan AKP iktidarının yerel yönetimleri büyük oranda idari vesayet altında tutmaya devam ettiği, mevcut yasal düzenlemelerden anlaşılmaktadır. Bu bağlamda göç yönetiminde yerel yönetimlerin yetkilendirilmesi ve sorumluluk paylaşımı bir belirsizlik alanı olarak varlığını hala korumaktadır.

Yerel yönetimlerin merkezi iktidardan ayrı olarak örgütlenme zemininin giderek genişlemesine rağmen özellikle göç yönetiminin kendi içinde taşıdığı "hassaslık" bağlamında yerel yönetimler, dünyada önemli oranda dışarıda bırakılmaktadırlar. Bu bağlamda Türkiye'nin göç yönetiminde yerel yönetimlerle yetki ve sorumluluk paylaşımının sınırlılığı farklı oranlarda, yerelleşmede en başarılı ülkelerde bile görülmektedir. Yukarıda bahsedilen olumlu örneklerin dahi son yıllarda bir "kriz" ve "güvenlik" meselesi haline gelen uluslararası göç sonrasında değişmeye başladığını vurgulamak gerekmektedir. Avrupa Birliği'ndeki farklı ülkelerde göç alanında yetki ve sorumluluk paylaşımında yaşanan ilerlemelere rağmen, merkez ve yerel arasındaki "rekabetin" varlığını akılda tutmak gerekmektedir (Genç, 2018).

Yerel Yönetimler Mevzuatından Göç Yönetimi "Çıkarmak"

Yerel yönetimler, göçmenlerle ve mültecilerle doğrudan iletişim kurabilecek kamu bürokrasisiyle ilişkili yapılardır. Sorunların tespiti ve çözümü konusunda doğrudan işlevi olabilecek yerel yönetimler, merkezileşen göç yönetimi içerisinde kendisine yer bulamamaktadır. Fakat yerel yönetimler, aynı zamanda yasal düzenlemelerin "farklı yorumlanması" sayesinde göçmenlere ve mültecilere yönelik çalışmalar yürütmektedirler.

Türkiye'de yerel yönetim birimlerinden en önemlisi belediyelerdir. Belediyelerin yetki ve çalışma alanları ulusal mevzuatta düzenlenmiştir. Bu bağlamda kendi gelir kaynaklarına sahip olsalar da belediyeler, idari teşkilatlanma içerisinde merkezi idareye bağlıdırlar ve en önemli mali kaynakları da merkezi idareden alınan bütçelerdir. Belediyelerin, merkezi idare içindeki hiyerarşik pozisyonuyla bağlantılı olarak yaptıkları çalışmalar da merkezi idarenin denetimi altında gerçekleşmektedir. Belediyelerin göçmenlere yönelik hizmetleri, özellikle Suriyeli mültecilerin yoğun gelişleri sonrasında, göçe yönelik mevcut güvenlik perspektifi bağlamında sınırlandırılmaktadır. Merkezi idarenin denetimi altında olan göç yönetiminde, belediyelere mali olarak herhangi bir yetki tanımayan ulusal mevzuat, aynı zamanda belediyelerin faaliyet alanlarını da sınırlandırmaktadır (Akman, 2018).

Türkiye'de yerel yönetimlerle ilgili yasal düzenlemeler, yabancılara ve göçmenlere yönelik açık ifadeler içermemektedir. Yine de bu yasal düzenlemelerde, göçmenlere ve yabancılara yönelik olarak uyarlanabilecek bir takım yasa maddeleri bulunmaktadır. 5393 sayılı Belediye Kanunu'nun "Hemşehri Hukuku" başlıklı 13. maddesinde *"Herkes ikamet ettiği beldenin hemşehrisidir. Hemşehrilerin, belediye karar ve hizmetlerine katılma, belediye faaliyetleri hakkında bilgilenme ve belediye idaresinin yardımlarından yararlanma hakları vardır… Belediye, hemşehriler arasında sosyal ve kültürel ilişkilerin geliştirilmesi ve kültürel değerlerin korunması konusunda gerekli çalışmaları yapar"* denmektedir (ResmiGazete, 2005). Her ne kadar, yasal olarak beldede ikamet eden yabancıların bu kapsama girebildiği savunulabilse de 14. maddede geçen *"Belediye hizmetleri, vatandaşlara en yakın yerlerde ve en uygun yöntemlerle sunulur"* ifadesi, hizmet kitlesini "vatandaş" olarak belirlemektedir (Daoudov, 2015: 49).

Diğer yandan, "Belediyenin görev ve sorumlulukları" başlıklı 14. maddesindeki *"Hizmet sunumunda özürlü, yaşlı, düşkün ve dar gelirlilerin durumuna uygun yöntemler uygulanır"* ifadesi mevcuttur. Yani bazı göçmenlerin, özellikle mültecilerin "düşkün" ve "dar gelirli" olarak değerlendirilmeleri ve böylece hizmetin hedef kitlesi oldukları düşünülebilir; ancak uygulamada böylesi esnek bir yorum her zaman kabul görmeyebilir. Belediyeler, merkezi idariye karşı sorumludurlar ve belediyeler Sayıştay'ın yürüttüğü finansal denetimlerden geçirilmektedirler. Bu denetimler, çeşitli yasal düzenlemelerin "yorumlanması" ile gerçekleştirilen kimi faaliyetlerin usulsüz olarak görülmesine neden olmaktadır. Örneğin, yakın geçmişte, göçmen ve mültecilere yönelik önemli faaliyetleri bulunan İstanbul Zeytinburnu Belediyesinin mültecilere sunduğu yemek hizmeti, belediye bütçesinden yapıldığı için denetimlerde usulsüz harcama olarak görülmüştür (Daoudov, 2015: 49).

Mevcut yasal düzenlemelerdeki yerel yönetimlerin belirsiz konumlarının bilgisinden hareketle, 2018 yılında kamu idaresinin göç perspektifini yansıtan önemli bir politika belgesi yayınlanmıştır. "Göç Uyum Strateji Belgesi ve Ulusal Eylem Planı" olarak isimlendirilen bu politika belgesinde, AKP iktidarının ve yetkilendirilmiş kurumların göç alanındaki bakış açısı hakkında ipuçlarını bulmak mümkündür. 2018-2023 yılları arasını kapsayan Eylem Planı, İçişleri Bakanlığı ve Göç İdaresi Genel Müdürlüğü tarafından "etkin bir uyum politikasının temellerini oluşturmak" amacıyla hazırlanmıştır (GİGM, 2018). Göç ve entegrasyon konusunda politik bağlamda en kapsamlı çalışma olan bu belgenin hazırlanışında belediyelerin, üniversitelerin ve sivil toplum örgütlerinin katkılarının olduğu belirtilmektedir (TBMM, 2019).

Bu Belgenin hazırlanmasında uyum çatısı altında toplumsal uyum, bilgilendirme, eğitim, sağlık, işgücü piyasası ve sosyal destek (sosyal hizmet ve yardımlar) başlıklarında altı tematik alan belirlenmiştir. Bu Planın hazırlanması sürecinde, kamu kurum ve kuruluşlarının taşra teşkilatları, yerel yönetimler, sivil toplum kuruluşları, uluslararası kuruluşlar ve göçmen topluluklarıyla beş ilde dokuz toplantı yapıldığı belirtilmektedir. Eylem Planının, göç yönetimindeki farklı aktörlerin katılımıyla gerçekleştirildiği bilgisi de paylaşılmıştır (GİGM, 2018).

Bu Eylem Planı, entegrasyon politikalarını bütüncül olarak ele almış hem uygulama alanlarını hem de iş birliği içinde olunacak kurum ve kuruluşları tanımlamıştır. Bu çerçevede yerel yönetim birimlerinden olan belediyelerin, göç yönetimindeki konumuna yönelik bir tarama yapıldığında, *"yerel düzeyde birlikte yaşamın ve karşılıklı diyaloğun geliştirilmesi"* ifadesiyle stratejik bir amacın belirlendiği görülmüştür. Bu stratejik amaca yönelik olarak stratejik hedef, faaliyet, süre, sorumlu kurum, ilgili kurum ve sonuç/gösterge başlıklarında farklı detaylara yer verilmiştir. *"Belediyelerin toplumsal uyuma ilişkin rollerinin güçlendirilmesi için gerekli yasal, idari ve kurumsal düzenlemelerin yapılması"* olarak ifade edilen stratejik hedefin faaliyetleri arasında "*belediyelerin göçe ilişkin görev, yetki ve sorumluluklarına açıklık getirilmesi amacıyla gerekli mevzuat değişikliğinin yapılması*" hedeflenmiştir (GİGM, 2018). Ayrıca farklı bağlamlarda tanımlanan diğer stratejik hedeflerde ilgili ve yetkili kurumlar arasında belediyeler sıklıkla anılmaktadır. Eylem Planında belediyelerle ilgili bölümlere genel olarak bakıldığında, belediyelerin göç yönetimindeki konumlarının genişletilmesinin ve buna yönelik gerekli yasal düzenlemelerin yapılması gerektiğine dair bir perspektif değişikliği olduğunu görmek mümkündür. Bu perspektif değişikliğine rağmen, bu çalışmanın yapıldığı döneme kadar, uygulama ve yasal düzenlemelerde belediyelerin yetki ve sorumluluklarının artmasını sağlayan herhangi bir düzenleme yapılmamıştır. Bu bağlamda bir bakış açısı değişikliği olmasına rağmen, belediyelerin göç yönetimindeki belirsiz konumu devam etmektedir.

Göç Yönetiminde "Kendiliğinden" Yerelleşme Uygulamaları

Türkiye'de göç yönetiminde yerel yönetimlere yetki veren herhangi bir ulusal mevzuatın olmamasına rağmen, yerel yönetimler son yıllarda artan göç dalgası karşısında tepkisiz kalmamıştır. Suriye'de yaşanan çatışmalardan kaynaklı olarak, çok fazla sayıda Suriyelinin Türkiye'ye giriş yapması sonucunda, merkezi idarenin yukarıdan aşağıya düzenlemelerinin yetersiz kalması, yerel yönetimlerin "bir şekilde" göç yönetimine dahil edilmesini zorunlu kılmıştır. Suriyelilerin yoğun olarak yerleştiği bazı kentlerde, belediyeye bağlı olarak çalışan ve doğrudan mültecilere yönelik hizmet veren bazı birimler ve merkezler kurulmuştur. Türkiye'de bu merkezlerin sayıları her geçen gün artmaktadır.

Göçmenlere ve mültecilere yönelik çeşitli hizmetler sunan belediye yönetimlerinin bütçelerinin, doğrudan göçmenlere ve mültecilere yönelik hizmetlere aktarımı, yasal kısıtlamalardan dolayı oldukça sınırlıdır. Mültecilere hizmet veren bu kurumların çalışmaları çoğunlukla uluslararası alanda faaliyet gösteren farklı kurumlardan alınan hibelerle gerçekleşmektedir (Alvanoğlu & Ateş, 2020).

Türkiye'de göçmenlere ve mültecilere hizmet sunma konusunda, bağlayıcı ulusal bir mevzuatın olmaması, yerel yönetimlerin hizmet sunumlarını farklılaştırmaktadır. Göçmenlere ve mültecilere sunulan hizmetler, her yerel yönetimin kendi iç dinamiklerine göre şekillenmektedir. İstanbul'un farklı ilçe belediyeleri ve Hatay, Gaziantep, Kilis, Adana gibi göçmen nüfusun yoğun olduğu illerdeki belediyelerde, göçmenlere ve mültecilere yönelik hizmetler çeşitli biçimlerde ve düzeylerde sunulmaktadır. Belediyelerin çeşitli sivil toplum örgütleriyle sistematik olmayan ve "kendiliğinden" kurdukları ortaklıkların sonucunda ortaya çıkan göç politikaları ve hizmetleri, neredeyse her belediyede farklılaşmaktadır.[4]

Göç yönetimindeki yasal konumlarını genişletmek amacıyla sivil toplum örgütleriyle iş birliği kurup, göç alanında daha fazla sorumluluk alma "taktiğinin" Türkiye'deki öncülerinden birisi İstanbul Sultanbeyli Belediyesidir. Sultanbeyli Belediyesi, çeşitli ulusal ve uluslararası kurumlardan fonlanan projeler kapsamında, farklı yerel, ulusal ve uluslararası sivil toplum örgütleriyle ortaklıklar kurarak faaliyetler yürütmektedir.

Suriyeli mültecilerle ilgili başlangıçta var olan bürokratik karmaşa, emniyet sistemine kayıtta yaşanan yığılma, mültecilerin sayılarının her geçen gün artması ve ihtiyaçlarıyla ilgili nereye başvurulacağına dair var olan belirsizlik, Sultanbeyli'de Suriyeli mülteciler konusunda tüm sorunlara adım adım temas eden organize bir yapının oluşturulması gerekliliğini ortaya çıkarmıştır. Geçici önlemlerle çözülemeyecek boyutta olan Suriyeli mülteciler meselesinin çözümüne yönelik Sultanbeyli'de ciddi adımlar atılmış ve mültecilere farklı alanlarda desteklerin verileceği bir merkezin kurulması planlanmıştır. Sultanbeylileri ve Suriyelileri etkileyen sorunları minimuma indirmek çalışmaların ana hedefini oluşturmaktadır. Sultanbeyli ilçesinde yaşayan Suriyeli mültecilere yönelik daha verimli çalışmalar yapabilmek ve yardım hizmetlerinin daha geniş bir tabana yayılmasını sağlamak için kamu kurum ve kuruluşları ile STK'ların ortak değer üretebileceği "Mülteciler ve Sığınmacılar Yardımlaşma ve Dayanışma Derneği" hayata geçirilmiştir. Yardım ve destek çalışmalarının yürütülmesi için, "Mülteciler ve Sığınmacılar Yardımlaşma ve Dayanışma Derneği" ile Sultanbeyli Belediyesi arasında bir protokol imzalanmıştır. Sultanbeyli Belediyesi, ilçede kamu kurumları, STK'lar, üniversiteler ve gönüllülerle ortak çalışmalar yürütmekte ve mültecilere yönelik çalışmalarda var olan kıt kaynakları etkin kullanarak, insani yardım çalışmalarını koordine etmektedir. Belediye, web tabanlı yazılım oluşturarak, tüm Suriyeli mültecilerin demografik verilerini kayıt altına alarak koordinasyonu sağlamaktadır (Erdoğan, 2017: s. 16).

Sultanbeyli Belediyesi ve Mülteciler Derneği tarafından verilen hizmetler çoğunlukla sosyal yardım temelli olmaktadır. "Mülteciler ve Sığınmacılar Yardımlaşma ve Dayanışma Derneği", Dünya Açlıkla Mücadele Vakfı (Welthungerhilfe) ve GIZ'in destekleriyle Sultanbeyli'de çeşitli projeler gerçekleştirerek, faaliyetler başlatmıştır. Bu faaliyetlerle birlikte "Sultanbeyli Çok Amaçlı Mülteciler Toplum Merkezi" sadece ilçenin değil, İstanbul'un ve Türkiye'nin önemli Mülteci Merkezlerinden bir tanesi haline gelmiştir (Erdoğan, 2017:17). Bu Merkezde yapılan faaliyetler, belediyenin çalışmaları olmaktan ziyade, farklı kurumlardan fonlanan proje

[4] Farklı belediye örneklerinde, yerel yönetimlerin göçmenlere ve mültecilere sundukları hizmetler bağlamında, göç yönetiminde yerel yönetimlerin konumunu çeşitli perspektiflerde tartışan çok fazla akademik araştırma mevcuttur. Daha fazlası için bkz. (Alvanoğlu & Ateş, 2020; Atmaca, 2018; Küçük & Alan, 2019; Özipek, 2019).

faaliyetleri olarak yapılmaktadır. Sultanbeyli Belediyesi ile Mülteciler Derneğinin vermiş oldukları hizmetler, göçmenlere yönelik bütüncül hizmetlere kapsamlı örnekler arasındadır.

Çalışmanın Yöntemi ve Kapsamı

Türkiye'de yerel yönetimlerin göç yönetimindeki konumlarının sınırlılığına rağmen, çeşitli belediyelerde farklı yöntemlerle kurulan göçmenlere ve mültecilere hizmet sunan yerel birimler ve merkezler mevcuttur. Yerel yönetimlerin göç yönetiminde yer bulma çabaları, yukarıda ayrıntılarına değinilen çeşitli "taktiklerle" gerçekleşmektedir. Bu bağlamda, çalışmanın problemi, yasal sınırlılıklarına rağmen belediyelerle ortak çalışma protokollerine sahip olan birimlerin ve merkezlerin yerel birimler olarak ne tür hizmetler sundukları ve bu çerçevede belediyelerin göç yönetimindeki konumlarına yönelik nasıl bir katkı yaptıklarıdır. Bu problem çerçevesinde, bu araştırmada Türkiye'de göç yönetiminde yer almaya çabalayan yerel yönetim birimlerinden birisi olan Ankara Mamak Sığınmacı Danışma ve Koordinasyon Merkezi'nin (MSDM) sunduğu hizmetler bağlamında göç yönetimde yerel yönetimlerin konumu, hizmetlerin etkililiği ve göç yönetimini yeniden şekillendirmeye zorlayan yerel ilişkiler gibi konulardaki etkisi ele alınmaya çalışılmaktadır.

Ankara'da Suriyeli mültecilerin yoğun olarak yerleşmiş bulunduğu ilçelerden bir tanesi de Mamak ilçesidir. Suriyeli mültecilere yardım ve destek hizmetleri sunabilmek için MSDM, UNHCR'nin finansal desteğiyle 2018 yılının sonlarında, Mamak Belediyesi ile iş birliği protokolü imzalayarak kurulmuştur. MSDM, Türkiye'de diğer yerel yönetimlerin uyguladığı yönteme benzer şekilde, Mamak Belediyesi ile beraber, fakat ayrı bir yapı olarak çalışmaktadır.

Bu araştırmanın verileri, yerel yönetimlerin göç yönetimindeki yetki ve sorumluluk alanlarının belirsiz olmasıyla ilişkili olarak, nitel araştırma yönetimi ile MSDM'de çalışan uzmanlarla gerçekleştirilen derinlemesine görüşmelerden elde edilmiştir. Bu çalışma kapsamında, MSDM'nin faaliyetlerini yürüttüğü Mamak Belediyesi'ne ait olan binada, toplam altı uzman ile yarı yapılandırılmış derinlemesine görüşmeler yapılmıştır.

Creswell (2013) görüşmelerin, çalışmayla ilgili bilgilerin iyi bir şekilde aktarılmasına sunacağı katkı açısından fenomenolojik çalışmalarda en önemli veri toplama yöntemi olduğunu belirtmiştir. Fenomenolojik yaklaşım, nitel araştırma yönteminin temel yaklaşımlarından biridir ve bu yaklaşımda belirli bir grup insanın belirli bir konuya yönelik deneyimleri ele alınmaktadır. Creswell'e göre fenomenolojik çalışma, birkaç kişinin bir fenomen veya kavramla ilgili yaşanmış deneyimlerinin ortak anlamını tanımlamaktadır ve neyin nasıl deneyimlendiğini bütünleştiren, bireylerin deneyimlerinin özünün tartışıldığı betimleyici bir çalışmadır (Creswell, 2013: 77–81). Fenomenolojik araştırmalarda daha derin ve öznel bilgilere ulaşılması beklenmektedir.

Bu çalışmada, Merkez'in çalışanlarının sayısı ile paralel olarak görüşmeci sayısı azdır. Çalışmanın yürütüldüğü dönem, MSDM'nin kuruluş aşamasına denk geldiği için görüşmecilerden alınan bilgilerin derinliği arzulandığı oranda olamamıştır. Kuruluş sürecinde henüz tam yerine oturmamış bir çalışma ortamının varlığı, görüşmecilerin düşüncelerinin de paralel olarak olgunlaşmadığını göstermiştir. Merkez'de çalışan uzmanların, sorulan sorulara verdikleri yanıtlardan, derinlikli analizleri yapabilecekleri kadar deneyime sahip olmadıkları anlaşılmıştır. Daha sonraki süreçlerde MSDM'nin çalışmaları hakkında, kişisel ilişkiler aracılığıyla bilgiler edinilmiştir. Çalışmaların ilerlemesi ve uzmanların deneyimlerinin artmasıyla birlikte, uzmanlarla yeniden derinlemesine görüşmeler yapılması düşünülmüş olsa da mevcut pandemi koşulları, bu çalışmanın yapılmasını engellemiştir.

Bu araştırma kapsamında yürütülmüş olan yarı yapılandırılmış derinlemesine görüşmelerde sorulan sorular çeşitli kategorilerde organize edilmiştir; (1) görüşülen uzmanın Merkez'deki kişisel pozisyonu ve göç alanındaki çalışma tecrübeleri, (2) yerelden sunulan hizmetlerin niteliğinin, sahip olunan uzmanlık bağlamında değerlendirilmesi, (3) göçmenlerin ve mültecilerin Merkez'in hizmetlerine ve uzmanlara bakış açısının değerlendirilmesi, (4) Mamak Belediyesi ile ilişkiler ve mevcut göç yönetimindeki yerel yönetimlerin konumunun uzmanlık alanları bağlamında değerlendirilmesi kategorilerinde görüşmecilere çeşitli sorular yöneltilmiştir. Belirlenen kategorilerde görüşmenin seyrine göre yaklaşık 1,5 saat süren görüşmelerde ortalama 40'ar soru yöneltilmiştir. Yapılan görüşmeler, katılımcıların onayı alınarak ses kayıt cihazına kaydedilmiştir. Bu kayıtlar hiçbir değişikliğe uğratılmadan, çözümlemesi yapılarak yazıya aktarılmıştır.

Yarı yapılandırılmış görüşme formu aracılığıyla elde edilen veriler, betimsel analize tabi tutulmuştur. Betimsel analizde veriler, araştırma sorularının ortaya koyduğu temalar ve gözlem sürecindeki deneyimler göz önünde bulundurularak değerlendirilmiştir. Betimsel analiz; nitel çözümlemelerdeki verilerin özgün biçimlerine sadık kalınarak, kişilerin söylediklerinden, yazdıklarından ve dokümanların içeriklerinden doğrudan alıntılar yaparak, betimsel bir yaklaşımla verilerin sunumudur. Ayrıca betimsel analiz, nitel çözümlemelerde yer alan kelimelere, ifadelere, kullanılan dile, diyalogların yapısına ve özelliklerine, kullanılan sembolik anlatımlara ve benzetmelere dayanarak tanımlayıcı bir analiz yapılması olarak da tanımlanabilir (Denzin & Lincoln, 2018; Doucet & Mauthner, 2008; Kümbetoğlu, 2005). Bu araştırmada verilerin analiz sürecinde çeşitli kategoriler belirlenmiştir. Verilerin içeriğinden üretilen bu kategoriler şu şekildedir:

Sunulan hizmetlerin mevcut uzmanlıklar bağlamında değerlendirilmesi

Kamu gücü olarak yerel yönetimlerde göç hizmetleri

Yerel yönetimlerin ulaşılabilirliği bağlamında "yakın ilişki"

Bir Uygulama Örneği Olarak "Mamak Sığınmacı Danışma ve Koordinasyon Merkezi"

Ankara'nın toplam nüfusu 5.6 milyondur. Aralık 2020 verilerine göre Ankara'da 99 bin 502 Suriyeli mülteci yaşamaktadır. Buna göre, Suriyeli mültecilerin nüfusu, Ankara'nın toplam nüfusunun %1,7'sine denk gelmektedir (Mülteciler Derneği, 2020). Ankara'da yaşayan göçmenlerin ve Suriyeli mültecilerin çoğunluğu, ekonomik şartların etkisiyle ve göçmen İlişkiler Ağı Kuramının da (Abadan-Unat, 2002; Gurak & Caces, 1992) öngördüğü şekilde benzer bölgelere yerleşmişlerdir. Mamak ilçesinde Suriyeli mültecilere ek olarak, Afganistan ve Irak'tan gelen göçmenler de yoğun olarak yaşamaktadır. Ankara'da göçmenler ve Suriyeli mülteciler, yoğun olarak Ankara'nın merkez ilçeleri olan Altındağ, Keçiören ve Mamak gibi ilçelerde yaşamaktadırlar. Göç İdaresi Genel Müdürlüğü tarafından yayınlanan istatistiklerde, bu ilçelerde yaşayan mültecilerin sayısına yönelik herhangi bir veri bulunmamaktadır. Ankara'daki mültecilere yönelik farklı boyutları ele alan çalışmalarda 2017 yılındaki verilerine göre Mamak ilçesinde toplam nüfusun %0,80 oranında, Geçici Koruma statüsünde 5008 kişinin yaşadığı tespit edilmiştir (Savran, 2020: 130).

Ankara'da mültecilerin yoğun bulunduğu ilçelerin başında gelen Mamak Belediyesi, doğrudan göçmenlere ve Suriyeli mültecilere yönelik herhangi bir sistematik hizmet sunmamaktadır. Fakat 2018 yılının sonunda kurulmuş olan MSDM, göçmenlere ve Suriyeli mültecilere yönelik hizmetler vermeye başlamıştır. MSDM, kuruluş amaçlarını ve çalışma alanlarını şu şekilde tanımlamaktadır: "Mamak Sığınmacı Danışma ve Koordinasyon Merkezi, *Mamak ilçesinde yerel yönetimlerin göçmenlere yönelik hizmetlerinin bölge bazında koordineli bir şekilde verilmesine odaklanan sosyal bir projedir."* Bir proje çalışması olarak faaliyetlerine başlayan bu Merkez'in de yerel yönetimlerin ulusal mevzuat anlamında var olan kısıtlamaları aşmak üzere kullandıkları "taktiği" kullandığı görülmektedir. Merkez, Mamak Belediyesi, Kültür Sosyal İşler Müdürlüğü'ne bağlı olarak faaliyetlerine başlamıştır. Yapısal konumu belirsiz olan Merkez'in bağlı olduğu Müdürlük ile ilişkilerini tanımlayan herhangi bir yasal düzenleme bulunmamaktadır. Merkez ile Mamak Belediyesi arasında ortak bir çalışma protokolü bulunmasına karşın, kurumsal ve yapısal bir düzenleme mevcut değildir. Bu nedenle iki yapı arasındaki ilişkilenmenin sınırları belirsiz kalmaktadır.

Merkez'de yapılan görüşmelerden edinilen bilgilere göre MSDM, Mamak Belediyesi sınırları içinde ikamet eden Suriyeli mültecilere ve göçmenlere hizmet sunmak için kurulmuştur. Fakat bu sınırların keskin bir ayrıma sahip olmadığı açıktır. Farklı belediyelerin sınırlarında yaşayan göçmen ve mültecilerin de az sayıda olsa da bu Merkez'e yaptıkları başvurularının mevcut olduğu, yapılan görüşmelerde uzmanlarca ifade edilmiştir. Diğer taraftan Merkez'in bulunduğu yer, Mamak bölgesi dışında kalan yerlerden ulaşılabilirlik açısından kısıtlıdır. Bu nedenle Merkez'in Mamak dışındaki bölgelerde yaşayan göçmenler ve Suriyeli mülteciler tarafından tercih edilmediği görüşmeciler tarafından belirtilmiştir.

Merkez hakkında bilgiler içeren broşürde, Merkez'in çalışma alanı şu şekilde tarif edilmektedir: *"UNHCR'ın desteği ile 2018 yılı Aralık ayında kurulan Merkezde uzmanlar tarafından eğitim, sağlık, hukuk, iş-meslek, psiko-sosyal destek alanlarında danışma ve yönlendirme hizmetlerinin yanı sıra kadın-aile sağlığı, mesleki eğitim, travma yönetimi, çocuk gelişimi, kültürel ve sosyal uyum vb. temalı kursların organizasyonunda yereldeki kamu kurum ve STK'lara destek verilmektedir."* Merkez'in çalışma alanları, göç yönetiminin önemli boyutlarını kapsamaktadır. Merkez'in çalışma alanlarının da içinde yer aldığı bu faaliyetlerde, genellikle Türkiye'de merkezi yönetim yetkilidir. Fakat uluslararası kurumlar aracılığıyla fonlanan birtakım projelerle, göç yönetimi kapsamına giren bu alanlarda faaliyetler yürütebilmektedir. Türkiye'deki merkezi yönetim ile rekabeti de içerisinde barındıran bu çalışma alanları, sivil toplum örgütleri ile kurulan ilişkiler sayesinde kimi zaman yerel yönetimler tarafından da yürütülmektedir. MSDM'nin göçmenlere ve Suriyeli mültecilere yönelik sunulacak hizmetlerdeki amaçları ise şu şekilde tarif edilmektedir:

> *"Göçmenlerin toplumsal hayata, kamu düzenine ve yerel toplumla karşılıklı uyumunun desteklenmesi*
>
> *Yerel toplum ile sığınmacılar arasında sağlıklı karşılaşma alanları oluşturulması*
>
> *Yerel yönetimlerin hassas gruplar ile çalışma becerisinin arttırılması*
>
> *Yerel yönetimlerin göç yönetimi konusundaki kapasitesinin, uzmanlıklarının ve koordinasyon becerisinin arttırılması*
>
> *Göç alanında çalışan kamu kurumları, üniversiteler ve STK'lar ile iş birliğinin güçlendirilmesi*

Göç yönetimi ve sosyal uyum uygulamalarına ilişkin iyi örnekler, sürdürülebilir politikalar ve mevzuat için altyapı desteği sağlanması"

MSDM iki koordinatör, bir koordinatör yardımcısı ve farklı uzmanlıklara sahip beş çalışan ile faaliyetlerini yürütmektedir. Ayrıca, göç alanında en önemli sorunlardan birisi olan dil bariyerinin çözümüne yönelik olarak, Merkez'de Arapça ve Farsça bilen tercümanlar da istihdam edilmektedir.

Göçmenlerin ve Suriyeli mültecilerin ikamet izinleri konusundaki denetimlerin merkezi idare tarafından yoğun olarak takip edilmesi sonucunda, Türkiye'de iller arasındaki göçmen hareketliliği azalmış olmasına rağmen hala devam etmektedir. Bu bağlamda Mamak ilçesi de Ankara'ya gelen göçmenler ve Suriyeli mülteciler tarafından, yerleşmek için yoğun olarak tercih edilmektedir. Bu tercihte, göçmen ve mültecilerin mevcut ilişkileri etkili olmaktadır.

Sosyal Yardım ve Sosyal Hizmet Danışmanlığı

MSDM, Mamak bölgesinde yaşayan göçmen ve mültecilere yönelik çeşitli başlıklarda hizmetler sunmaktadır. Sunulan hizmetler, Kültürel-Sosyal Etkinlikler Koordinatörlüğü, Sosyal Yardım ve Hizmetler Danışma Birimi, Hukuki Destek Birimi, Sağlık ve Psiko-sosyal Destek Danışma Birimi, İş-Meslek Danışma Birimi olarak isimlendirilen birimler altında verilmektedir.

Merkez'e ilk kez başvuru yapacak kişinin kısaca bilgilerinin alındığı ve sorun alanına uygun olarak çeşitli danışmanlık birimlerine yönlendirmesinin yapılması, Sosyal Yardım ve Sosyal Hizmet Danışmanlığı Birimi üzerinden gerçekleşmektedir. İlk görüşmeyi yapan bu Birim, göçmenlerden ve Suriyeli mültecilerden aldığı bilgileri sisteme kaydetmekle yükümlüdür. Yapılan bu ilk görüşmede Suriyeli mültecilere hangi konularda sorular yöneltildiği ve hangi açılardan değerlendirmeler yapıldığı görüşmecilerden bir tanesi tarafından şu şekilde aktarılmıştır:

"Telefon numarası, isim soy isim, adres, herhangi bir sosyal yardım alıp almadığı. Bir de görüşme sırasında danışan çok fark etmese de onunla hassasiyet değerlendirmesi odaklı görüşme de yapıyorum. Mesela ailenizde ciddi sağlık problemi olan var mı, ailesinde engelli var mı diye. O da bahsediyor. BM'de hassasiyet kodları var, bazı alanlarda cinsiyete dayalı şiddet mesela, bu tür danışanlarımız da oluyor. Boşanma sürecinde ya da şiddete uğradığında nereye başvuracakları konusunda danışmanlık veriliyor. Bazen danışan burada hassasiyetini belli etmeyebiliyor, diğer arkadaşlarla yaptıkları görüşmelerde söyleyebiliyorlar. O yüzden iletişim içinde oluyoruz" (Görüşmeci 2, 26.03.2019, Ankara).

Hukuki Konularda Danışmanlık

Türkiye'deki göçmenlere ve mültecilere yönelik ulusal mevzuatın henüz derinlikli bir çalışma bağlamında ele alınmamış olmasından kaynaklı olarak, birçok hukuki sorun mevcuttur. Bu hukuki sorunların çözümünde özellikle dil bariyerinin varlığı göçmenleri ve Suriyeli mültecileri zor durumda bırakmaktadır. Merkez'in Hukuk Danışmanlığı Birimince verilen hizmetler şu şekilde tarif edilmektedir;

"Kayıt, ikamet ve kimlik sorunlarına ilişkin destek
İnsan hakları, mülteci hakları, Türk hukuk sisteminin temel özellikleri, mahkemelerin yapısı ve yargısal süreçler
İşyeri açma, sigortasız çalıştırma, iş kazası, ücretin ödenmemesi gibi iş hukukuna ilişkin konular
Evlilik, boşanma, evlat edinme gibi aile hukukuna ilişkin konular

Yaralama, mala zarar verme, dolandırıcılık gibi ceza hukukuna ilişkin her türlü soruşturma ve dava konuları

Kadına yönelik şiddet, çocuk ihmal ve istismarı, bakıma muhtaç çocuk, engelli bakımı gibi konular

Gayrimenkul alım ve satımı gibi konular

Mahkemelere erişim hakkı ve avukat temini için baroya başvuru konuları"

Merkez'in Hukuk Danışmanı ile yapılan görüşmede, Merkez'in faaliyet alanları içerisinde olan ikamet ve kimlik sorunlarına yönelik başvuruların yoğunlaştığı belirtilmiştir.

"Buraya gelen vakalarla ilgili anlatırsam çok genelleme yapamıyorum, çeşitli konularda geliyor. Vatandaşlık ile ilgili başvurular oluyor. Mesela bize gelen bir vakada üst soyu Türk olan ama annesi öldüğü için başvuru yapamayan birisi için araştırmalar yapıyoruz. Suriye'de kayıp olan yakınları için gelenler oluyor" (Görüşmeci 3, 02.04.2019, Ankara).

Türkiye'deki Suriyeliler, kayıt altına alındıkları illerde yaşamakla yükümlüdürler. Yani Suriyeli mültecilerin ikamet kentleri, Yönetmelik çerçevesinde düzenlenmesinden dolayı mültecilerin kentler arası hareketliliği kısıtlanmıştır. MSDM'ye gelen başvurular içerisinde ikamet kenti ile ilgili başvuruların yoğunlaştığı da uzmanlarla yapılan görüşmelerde belirtilmiştir.

"Mesela kişi Batman'da kayıtlı ama aylardır Ankara'da yaşıyor. Bununda nedenleri şu oluyor genelde; kayıtlı oldukları şehirlerde iş bulamıyorlar, çok fazla yoksulluk yaşıyorlar onun dışında ayrımcılık gibi nedenlerle dışlanıyorlar. Bir de burası daha kozmopolit olduğu için çok daha fazla yabancı olduğu için burada daha rahat ettiklerini düşünüyorlar" (Görüşmeci 3, 02.04.2019, Ankara).

MSDM'de sunulan hukuki hizmetler daha çok, göçmenlerin ve mültecilerin başvuru yapıp, ardından onların sorunlarına yönelik çeşitli ulusal kurumlarla irtibat sağlanması üzerinden işlemektedir. Bu bağlamda, Merkez'e hukuk alanında gelen başvuruların; iller arası nakiller, aile hukuku, kimlik bilgileri ve veri güncelleme ile ilgili farklı başlıklar altında olan başvurular olduğunu belirtmek mümkündür. Özellikle ikamet gibi merkezi yönetimin mutlak kontrolü altında olan yasal durumlarla ilgili olarak, Suriyeli mülteciler, Mamak Sığınmacı Danışma ve Koordinasyon Merkeziyle iş birliği içerisinde olsalar bile, bu yönde bir değişimin sağlanması için şans oldukça düşüktür. Bu nedenle Merkez sadece, kendilerine yapılan başvurularla ilgili olarak, merkezi kurumlarla nasıl iletişim kurulacağı, nereye başvurulacağı ve hukuksal olarak haklar konusunda danışmanlık hizmeti sunmaktadır.

İş ve Meslek Hizmetleri

Türkiye'de yaşayan göçmenlerin ve Suriyeli mültecilerin çeşitli yardım sağlayıcılarından aldıkları sosyal yardımlar, ailelerin geçiminin sağlanmasında yeterli değildir. Bu nedenle göçmenler ve mülteciler çalışmak zorundadırlar. Bu insanların Türkiye iş piyasasına girişi birçok ekonomik ve sosyal sorunu da beraberinde getirmektedir. Göç literatüründe de sıklıkla vurgulandığı gibi, göçmenlerin ve mültecilerin ucuz iş gücü olarak algılanması, göçmenlerin emeğinin karşılığının verilmemesine, onların kayıtsız ve güvencesiz olarak çalıştırılmasına neden olmaktadır. Bu sebeplerden dolayı, işe alımlarda Suriyeliler tercih edildiği için yerel halktan tepkiler doğmaktadır. Yani bu durum, başta iş için rekabet olmak üzere birçok sorunu da içinde barındırmaktadır. Bu bağlamda, Merkez'de İş Meslek Danışmanlığı Birimi kurulmuştur. Bu danışmanlık biriminin genel olarak verdiği hizmet, göçmenlerin iş piyasasında yer bulabilmelerine yardımcı olmaktır. Türkiye'de iş piyasalarında söz sahibi olan kamu kurumu olan İş-Kur ile kurulan yoğun ilişkilerle, Merkez göçmenlerin ve Suriyeli mültecilerin iş ve meslek edinme süreçlerine aktif bir katkı sunmaktadır. İş ve meslek danışmanlığı biriminde genel olarak verilen hizmetler şu şekildedir:

> *"Çalışma izni alma süreçlerinde destek*
> *İş arama ve istihdam edilme süreci*
> *İş yeri açma, iş kurma süreci*
> *Mesleki eğitim ve meslek edindirme kursları"*

Bu araştırma kapsamında, İş Meslek Danışmanıyla yapılan görüşmede Merkez'de sunulan hizmet, ilgili uzman tarafından şu şekilde tarif edilmiştir:

"Genel olarak, hukuki olarak çalışma hakkına sahip olan, uydu ili Ankara olan göçmenin iş arama süreci, çalışma izni, meslek edinmesi, meslek edinme kurslarına erişimi, yoğun olarak iş piyasasına erişimi konusunda her türlü iş ve işlemde kolaylık sağlamayı amaçlıyoruz. Bu bazen CV yazmak oluyor, bazen patronu ile görüşme oluyor bu bazen evi uzak olduğu için taşınamadığını kira sözleşmesinin hazırlanması sorunu. Bu aslında göçmenin talebi ile gelişen bir süreç. Bir göçmenin benim karşıma oturabilmesi için en temelde işi ile ilgili bir sorunu olması gerekiyor. Bu yüzden işle ilgili olan her şeyi görüşüyoruz" (Görüşmeci 4, 13.05.2019, Ankara).

Göçmenlerin ve Suriyeli mültecilerin iş ve meslek alanlarında yaşadıkları sorunları, kamu kurumları ile ilişkili bir biçimde çözmeye çalışan Merkez uzmanları, kamu kurumlarının çözüm üretme noktasında kendi kurumsal tecrübeleriyle hareket ettiklerini belirtmektedirler. Uzmanların belirttiğine göre, göçmenlerle ve mültecilerle teması daha yoğun olan kamu kurumları ya da kamu kurumlarının çeşitli birimleri, Merkez'den yönlendirilen talepleri çözme aşamasında daha fazla işbirlikçi olurken, göçmen ve mülteci nüfusla teması daha kısıtlı olan kurumlar çözüm aşamasında dirençli davranabilmektedirler. Bu birimdeki uzmanlardan bir tanesiyle yapılan görüşmelerde, uzman şu bilgileri vermiştir;

"Çankaya İŞKUR biz ilk gittiğimizde çok vahim durumdaydı. Çankaya'da göçmenlerle ilgili hiçbir çalışma yürütmediklerini gördük. Çalışanları özellikle bizden iyi Türkçe biliyorlar haklarını biliyorlar diye yaklaşımları vardı. Buna nasıl kani oldunuz diyorum. Cevap vermiyor. Dil bilmeyen biri sizin forumlarınızı dolduramaz dedim. Daha sonra olayı genel müdürlük düzeyine taşımak zorunda kaldık. İŞKUR Genel Müdürlüğü'nden Çankaya'ya yönlendirme yapıldı. Öyle olunca daha az direnç gösterdiler. Göçmenle beraber oraya gitmemizi gerektiren vakalar oldu" (Görüşmeci 4, 13.05.2019, Ankara).

Sağlık ve Psiko-Sosyal Destek Hizmetleri

Merkez'de göçmenlere ve Suriyeli mültecilere yönelik verilen sağlık ve psiko-sosyal destek hizmetleri, Merkez'in verdiği hizmetler içerisinde önemli bir alan kaplamaktadır. Burada verilen hizmetlerde amaç, göçmen ile mültecilerin sağlık sistemi içerisine entegre edilmesidir. Sağlık ve Psiko-Sosyal Destek Danışmanlığı Biriminde verilen hizmetler şu şekildedir:

> *"Sağlık sistemine entegrasyonla ilgili yardım*
> *Sağlık sorunları ile ilgili en uygun sağlık kuruluşu konusunda bilgi verme*
> *Kadın ve aile sağlığı*
> *Psikolojik sorun ve ihtiyaçlar*
> *Yetişkin, kadın ve çocuklara yönelik psikolojik destek*

Kadına yönelik şiddet, çocuk ihmal ve istismarı, bakıma muhtaç çocuk, engelli bakımı vb. konularda destek"

MSDM'de bu konularda uzman olan kişiyle yapılan görüşmelerde, göçmenlerin ve Suriyeli mültecilerin Merkez'e daha çok, hastane randevularının alınması ve hastalıklarıyla ilgili gidecekleri sağlık birimlerinin tespit edilmesi noktasında başvurdukları belirtilmiştir:

"Sağlık konusunda genelde hastane randevusu alma ya da hastalıkları var ama hangi birime gideceklerini bilmiyorlar, bu konuda nereye gideceklerini bilmiyorlar bu konuda yönlendirme yapıyorum. Yeri geldiğinde hastane randevularını ben alıyorum. 182'yi arayıp randevularını ben alıyorum. Hangi birime gideceklerini bilmedikleri için ben alıyorum. Sağlık konusunda protez ve medikal ihtiyaçlar olduğunda bunu sağlayan sivil toplum kuruluşlarına yönlendiriyorum" (Görüşmeci 5, 09.04.2019, Ankara).

Eğitim Danışmanlığı Hizmetleri

Özellikle genç yaştaki göçmenlerin ve Suriyeli mültecilerin Türkiye'de kuracakları yaşamın niteliğini arttırmak, eğitim sistemi içerisinde yer bulabilmeleriyle mümkün olmaktadır. Türkiye'de Geçici Koruma altındaki Suriyeli çocuklar, Türkiye'ye geldikleri ilk yıllarda, geçici eğitim merkezlerinde Suriye müfredatı ile eğitim görmüşlerdir. Daha sonra ise Türkiye'de ilgili devlet kurumlarının aldığı kararla, Suriyeli çocukların ve gençlerin Türk eğitim sistemine entegrasyonu çalışmaları başlatılmıştır. Bu bağlamda, Merkez'de Eğitim Danışmanlığı kapsamında verilen hizmetler, Suriyeli gençlerin ve çocukların eğitim sistemi içerisinde yaşadıkları sorunlara yönelik çözüm üretme amacı taşımaktadır. Merkez'de verilen Eğitim Danışmanlığı hizmetleri şu şekilde tarif edilmektedir:

"Yetişkinler ve çocuklara yönelik Türkçe dil kursları
Okul kayıtları
Millî Eğitim Bakanlığına bağlı okullarda yaşanan sorunlar
Yabancı Öğrenci Sınavı (YÖS) hazırlık kursları
Üniversite ve yüksek lisans eğitimine dair, denklik, eğitim bursu vb. konularda soru ve sorunlar
Çocuklar için kültürel-sosyal etkinlikleri
Engelli bireyler için çeşitli kurs ve eğitimler
Sığınmacı hakları ve kültürlerarası arabuluculuk eğitimleri"

Yukarıdaki hizmetlere yönelik yürütülen çalışmalar, yoğunluklu olarak okullara kayıt sorunu çerçevesinde ortaya çıkmaktadır. Eğitim danışmanı ile yapılan görüşmede, bu durum genel olarak uzman tarafından şu şekilde tarif edilmiştir:

"Burada eğitim danışmanı olarak çalışıyorum. Şöyle mesela okul kayıt problemleri yaşayan göçmenler oluyor çünkü mesela göçmen aileler çocuklarını okula yazdırmak istiyor müdür diyor ki okulda yer yok diğer okul müdürü de aynı şeyi söylüyor bu gibi sorunlar yaşayan aileler gelip bize başvuruyor, mesela okul kayıt prosedürlerini hiç bilmeyenler oluyor, onlara yardımcı oluyorum. Şartlı eğitim yardımı almayan aileler oluyor, onlara bilgi veriyorum. Burslar hakkında bilgi veriyorum. Denklik işlemleri oluyor mesela. Çok fazla YÖS talebi oluyor. YÖS ücretli kurslar, birçok aile bunu karşılayamıyor. Danışan YÖS talebi ile gelince ben nerede kurs var diye araştırıyorum oradan arayıp bilgi alıyorum daha sonra oraya yönlendirmesini sağlıyorum" (Görüşmeci 6, 09.04.2019, Ankara).

Okul kayıt sorunları, eğitim bursları, YÖS ile ilgili talepler, Mamak bölgesinde yaşayan göçmenlerin ve Suriyeli mültecilerin Merkez'e yoğun olarak başvurduğu alanlardır.

Göçmenlerin ve Suriyeli mültecilerin okula kayıt sorunları yaşaması, ulusal mevzuata uygun bir şekilde davranılmadığını göstermektedir. Aslında bu durum, bireysel müdahaleler sonucunda bir sorun haline dönüşebilmektedir. Özellikle okul idarecilerinin kişisel ve kurumsal sebeplerle, göçmen ve mülteci çocukları kaydettirmek istememeleri bir ayrımcılık sorunu olarak ortaya çıkmaktadır. Merkez'deki başvurulara göre, eğitim danışmanının birebir giderek okul müdürü ile görüşmesi, yerel yönetim kurumsallığı bağlamında mümkün olabilmektedir. Okul idarecileriyle yaşanan sorunların çözümüne yönelik iş birliği, danışmanın ancak yerel yönetimlere bağlı bir birimden geliyor olmasıyla mümkün olabilmektedir. Bir sivil toplum örgütü görünümünde olan ve bir yerel yönetime bağlı olarak çalışan MSDM, faaliyetlerinde "kamu kurumu" ile iş birliği içerisinde olmanın gücünden yararlanmaktadır.

Kamu Gücü Olarak Yerel Yönetimlerde Göç Hizmetleri

Yerel yönetimler, yerelde yaşayan halka yakın duran/durması gereken kamu gücü taşıyan örgütlenmelerdir. Yerelden örgütlenen yönetimler, kamunun sorunlarına daha yakından temas edebilecek pozisyondadır. Bu nedenle, göç yönetiminde yerel yönetimlerin inisiyatif kullanabilmesi önem taşımaktadır.

Belediyelerin bünyesinde örgütlenen ve göç yönetiminde söz sahibi olmaya çalışan MSDM gibi birimler, sivil toplum örgütlerinin yaptıkları hizmetleri sunarak, aynı zamanda kamu gücünü kullanmaktadırlar. Bu birimler, özellikle koordinasyon anlamında, sivil toplum örgütlerinden daha hızlı sonuç alabilmektedirler. Bu birimlerin, kamu gücünü elinde bulundurmalarından dolayı, merkezi idareye bağlı kamu kurumlarıyla iletişimleri de kuvvetlidir. Bu durumu, görüşmecilerden bir tanesi şu şekilde ifade etmiştir;

"Aslında yerel yönetimlerde olması iyi bence. Yerel yönetimlerde olursa belli noktalarda merkezileşecek. Belirli bölgelerde birçok kuruluş aynı hizmetleri verebiliyor ama ihtiyaç olan başka hizmetler es geçilebiliyor. Bunun yerine bir bölgede bir merkez olarak kapsam alanı çok genişlemeden belirli bölgelere hitap eden, sosyal hizmet merkezleri gibi kafamda idealize ettiğim bu şekilde" (Görüşmeci 2, 26.03.2019, Ankara).

Türkiye'de merkezi idarenin göç yönetiminde yerel yönetimlere yetki verme konusunda hala dirençli davrandığını söylemek mümkündür. Merkezi idarenin göç idaresi dışında kalan kamu kurumları, güçleri oranında hizmetlerin dağıtımına yardımcı olmaya çalışsalar da bu durum genelleştirilebilir bir olgu değildir. Bu bağlamda, MSDM gibi merkezlerin, belediyelere bağlı birimler olarak çalışmalarıyla görece avantaj sağladıkları belirtilebilir.

"Belediyeden geliyoruz dediğiniz zaman 1-0 önde oluyorsunuz, onu net bir şekilde söyleyebilirim" (Görüşmeci 4, 09.04.2019, Ankara).

"Tabi ki, daha önce STK'da çalışırken bir yere gittiğimizde siz nereden geliyorsunuz vs. soruyorlardı. Ama Mamak Belediyesi deyince yardımcı olmaya çalışıyorlar. Tavırları değişiyor. Sonuçta devlete bağlılık var o yüzden daha çok yardımcı olmak istiyorlar, daha açık oluyorlar. Onu hissedebiliyorum" (Görüşmeci 6, 09.04.2019, Ankara).

Türkiye'de yerel yönetimlere bağlı olarak çalışan göçmen ve mülteci birimleri, bir sivil toplum kuruluşunun verdiği hizmetlere benzer hizmetleri sunmaya çalışmaktadırlar. Fakat sivil toplum örgütlerinden farklı olarak, bu birimlerden bir tanesi olan MSDM'deki uzmanlar, yapılan görüşmelerde, kamu gücünü sürekli olarak vurgulamışlardır. Görüşmeciler kendi tecrübelerinden hareketle, Merkez'in sivil toplum örgütünden farklarını şu şekilde tarif etmektedirler:

"Farkımız şu, biz burada daha koordinasyon yapıyoruz. Burada biz kamu kurumları ile daha iç içeyiz. Kamuda çalışan kişilerin de bakış açılarını değiştirmek için etkinlikler düzenliyoruz, bazen onları ikna etme durumunda buluyoruz kendimizi. Benim burada inanılmaz bir kamu deneyimim oldu. İlçe milli eğitimle, müdürlerle içli dışlı oldum. STK olunca daha az güveniyorlar. Kamu kurumu olunca ya da belediye olunca daha kolay oluyor. Yerel yönetimlere daha fazla yetki verilmeli, göç idaresi yetişemiyor" (Görüşmeci 6, 09.04.2019, Ankara).

Uzmanlar, verdikleri hizmetler esnasında, kamu kurumlarıyla ilişki kurma sırasında, belediyeden geldiklerini belirttiklerinde, daha hızlı çözümler üretilebildiklerini belirtmişlerdir. Uzmanlar kendi deneyimlerine dayanarak merkez olarak, sivil toplum örgütünden farklı bir biçimde kamu kurumlarıyla aralarında eşit bir ilişkinin ortaya çıktığını belirtmektedirler:

"Şöyle sadece belediye üzerinden değil de bir kamu kurumu olması itibariyle, sivil alanda yaşadığımız zorluğu çok ciddi oranda aşan bir durum. Örnek veriyorum Mamak İlçe Milli Eğitime gidip göçmen çocuklara ilgili bir mesleki eğitim vermeye çalıştığınızda bunu sivil toplum olarak yapınca bizimle görüşmüyor, belediye olarak gidince tüm imkanları açıyor" (Görüşmeci 4, 13.05.2019, Ankara).

"Bu gücü doğrudan kullanabiliyor muyuz bilmiyorum ama bir STK'ya göre daha çok kabul görüyoruz. Bir STK bir göçmeni taşımak için benden araç talep etti. Oysa teorik olarak ikimiz aynı işi yapıyoruz ama benim aynı zamanda onun dışında kullanabileceğim sürdürülebilir bir durumum var yerele hizmet sunduğum alt yapım var. Ben bu alt yapıyı kullanabiliyorum. Ben eğitim vermek için otel tutmak zorunda değilim, çünkü Mamak Belediyesinin zaten hali hazırda yeri var. Ben mesleki eğitim vermek istediğimde bir eğitmen bulmak zorunda değilim, bir eğitim materyali bulmak zorunda değilim sadece Ankara Büyükşehir'in Mamak Belediyesine açtığı 12 tane BELMEK kursu var. Zaten olanaklarımız var. Bu önemli bir şey" (Görüşmeci 4, 13.05.2019, Ankara).

Bir sivil toplum örgütünden farklı olarak, yerel yönetimlere bağlı hizmet yürüten MSDM gibi göç merkezleri, arkalarındaki kamunun gücünün farkındalığından dolayı, kendilerini daha güçlü hissetmektedirler. Mamak Belediyesi ile kurulan ilişki ve kamu gücü kimliği, Merkez'in çalışmalarının kolaylaşmasına katkı sağlamaktadır. Yerel yönetimlerin yasal olarak, göç yönetiminde yetkilendirilmesi sınırlı olsa da MSDM gibi merkezlerin yerel yönetim kimliği, kamu kurumlarında, sivil toplum örgütlerine oranla daha işlevseldir. Katılımcılardan bir tanesi, bu durumu aşağıdaki sözleriyle belirtmiştir:

"Bence Merkez'in eli daha güçlü. STK'lara bakış daha sorunlu, kamu kurumu olduğumuz için bir iş yapılacaksa insanlar daha korkmadan iş birliğine daha açık duruyorlar. Bize daha kolay güveniyorlar, okullarla vs. daha kolay iş birliği yapabiliyoruz" (Görüşmeci 5, 09.04.2019, Ankara)

Ancak, Mamak Belediyesi ile kurulan ilişkinin belirsizliği, kimi zaman Merkez ile Belediye arasındaki ilişki biçimini de etkilemektedir. Yerel yönetimlerle iş birliği içerisinde kurulan göç merkezleri, çoğu zaman doğrudan belediyelerin bir birimi olmamaktadır. Bu durum, aynı zamanda yetki ve imkanların sınırlarının belirsiz kalmasına neden olmaktadır. MSDM uzmanları da kimi zamanlarda, Belediye ile kurulan ilişkinin belirsizliğinin yarattığı sorunlara vurgu yapmaktadırlar:

> *"Bu ilişkiyi temsilcilik anlamda yürütenlerden biri olmadığım için detaylı bir bilgim yok. Ancak ben kurumumuzun hukuk danışmanı olarak BMMYK'nin ya da belediyenin ellerini üzerimde neredeyse hiç hissetmedim. Kurum olarak oldukça yalnız bırakıldığımızı düşünüyorum. Mamak Belediyesi de bizim ne yaptığımızı tam olarak bilmiyor. Bir çalışma ya da aktivite yapacağımız zaman ya da bir başka kurumla bir çalışma ya da aktivite yapacağımız zaman Belediyenin hangi*

olanaklarından faydalanacağımızı, hangi hizmetlerinin sağlandığını bilmiyoruz" (Görüşmeci 3, 02.04.2019, Ankara).

Yerel Yönetimlerin Ulaşılabilirliği Bağlamında "Yakın İlişki"

Göç yönetimi, göçmenlerin ve mültecilerin acil insani ihtiyaçlarının karşılanmasının ardından daha uzun erimli ve çok boyutlu bir alanı da içermelidir. Göç eden kişilerin yerleştikleri bölgelerdeki yerel halkla kuracakları ilişkiler bağlamında, Türkiye'de merkezi yönetimin "uyum" faaliyetleri olarak tanımladığı politikaların uygulanmasında yerel yönetimlerin önemi giderek daha da artmaktadır. Göç yönetiminin önemli aşamalarından birisi olan toplumsal kabul ve sosyal uyum veya entegrasyon gibi farklı kavramlarla tanımlanan süreç hem göçmenlerin ve mültecilerin hem de yerel toplumun karşılıklı olarak beraber yaşama pratiklerine vurgu yapmaktadır. Göç eden insanların gittikleri ülkede yaşamlarını ele alan çalışmaların ilk dönemlerinde kullanılan uyum (adaptation) kavramı, meseleyi çoğunlukla göçmen ve mülteci grupların yeni topluma uyum göstermesi üzerinden tek taraflı ele almıştır. Uyum, Kuzey Amerika ve Avustralya gibi göçmen ülkeleri olarak tanımlanan bölgelere ulaşan göçmenlerin, yaşamlarını sürdürebilmeleri için gerekli olan psikolojik, sosyo-kültürel ve ekonomik alana yönelik "kuralların" öğrenilmesi üzerine kurulmuş bir kavramdır (John W. Berry & Sam, 1997, p. 6).

Entegrasyon kavramı ise, göç literatüründe üzerinde uzlaşılmış bir tanıma sahip olmayan sınırları belirsiz bir kavramdır (Çevik, 2020; Göksel, 2018; Hamberger, 2009; Rusinovic, 2006). Uyum kavramının aksine entegrasyon, göçmen gruplarının kendi kültürel yapılarını koruyarak, yeni topluma uyum sağlamasına vurgu yapmak üzere kullanılmaktadır. Göç Terimleri Sözlüğü'nde entegrasyon, "göçmenlerin hem birey hem de grup olarak toplumun bir parçası olarak kabul edildiği süreç" olarak tanımlanmış olup, genellikle göçmenler ve ev sahibi toplumlar arasında iki yönlü bir sürece atıfta bulunur (IOM, 2019).

Merkezi yönetim tarafından teorik olarak belirlenen entegrasyon politikaları, göçmenlerin ve mültecilerin sosyo-ekonomik, kültürel ve politik farklılıklarını yok sayan ve homojen bir perspektifle belirlenmektedir. Yerel yönetimlerin hem göçmenler ve mültecilerle hem de yerel toplumla kurdukları yakın ilişkide, entegrasyon politikalarını etkileyecek doğru dinamiklerin belirlenmesi daha olasıdır. Görüşmecilerden bir tanesi, toplumsal kabul ve sosyal uyumla ilgili Merkez'de yapılan faaliyetleri ve hedefleri aşağıdaki sözleriyle belirtmiştir;

"Aslında yerel yönetimlerin temel hedefi bu. Bu danışma yönlendirme Göç İdaresi'nin yığılmasını yerelden hafifletmek için, ama bizim asıl hedefimiz kültür merkezlerinde yerel gruplarla kültürel ve sosyal faaliyet etkinlikleri yapmaktır. Piknik, bahar şenlikleri gibi etkinliklere göçmenleri de dahil ederek kaynaştırma çalışması yürütmek adına yapıyoruz. Pikniklerimiz, şenliklerimiz olacak yerel halkla beraber ortak etkinlikler yapacağız. Sosyal içerme, sosyal uyum belediyelerde en çok yürütülen şeyler zaten" (Görüşmeci 1, 12.03.2019, Ankara).

Entegrasyon politikalarının uygulama aşamasında ortaya çıkan farklılıkların bilincinde olarak faaliyetlerin yürütülmesi, bu politikaların etkililiğinin önemli oranda artmasına katkı sunacaktır. Yerel yönetimlerin, MSDM gibi merkezlerle göçmenlere ve mültecilere "yakın" olması, daha sıcak ilişkilerin kurulmasıyla birlikte güven ilişkisini de beraberinde getirmektedir. Görüşmeci 2 bu durumu aşağıdaki ifadeleriyle belirtmiştir;

"Tabi sığınmacılar için de geçerli bu. Daha önce farklı konuda hizmet aldıkları yerde daha kolay başvurabiliyor, bir kere o güven kurulduktan sonra küçük problemler için de size gelebiliyorlar. Sosyal uyum

politikalarından yerel yönetimlere sorumluluk verilirse bu işleri kolaylaştırır" (Görüşmeci 2, 26.03.2019, Ankara).

Yerel yönetimlerin özellikle entegrasyon politikalarında yetkilendirilmesi, göçmenlerle ve mültecilerle kurulan yakınlıkla daha etkili sonuçlar elde edilmektedir. Merkezi yönetimin göçmenlere ve mültecilere ulaşılabilirliğinin, yerel yönetimlere oranla daha zor olması, göçmenlerin ve mültecilerin entegrasyon motivasyonlarını da etkilemektedir. MSDM örneğinde görüldüğü gibi, göçmenlerin ve Suriyeli mültecilerin daha kolay ulaşabileceği yerel yönetim birimleri, yakın ilişkileri geliştirebilecek potansiyele sahiptir. Görüşmecilerden bir tanesi, bu durumu şu sözleriyle belirtmiştir;

"Yerel yönetim sahadaki kişiyi her yönüyle görür, o kişinin evini, yolunun asfaltını, öldüğünde cenazesini, her şeyini karşılar. Belediye bu açıdan merkezi hükümete oranla çok daha yumuşak bir el. Göçmen zaten kamudan kaçamıyordur. Çünkü kamu, göçmene her zaman bir sınır koyar ve göçmenin aleyhinde olur. Kayıt dışılığın önüne geçebilecek en temel unsur belediye olabilir. Göç İdaresi yetişemiyor ve üstünden atmaya çalışıyor. Bunu belediyelerle yapması muazzam olur" (Görüşmeci 4, 13.05.2019, Ankara).

Türkiye'de bulunan göçmenlerin ve Suriyeli mültecilerin sayısı zorunlu olarak merkezi yönetimlerin iş yükünü arttırmaktadır. Merkezden teorik olarak planlanan göç politikaları, göçmenlerin ve Suriyeli mültecilerin sosyo-ekonomik, kültürel ve politik farklılıklarının bilincinde olmayabilir. Göçmen ve mültecilerle daha yakın ilişki kurabilecek yerel yönetim birimleri ise, bahsedilen farklılıkların da bilincinde olarak, merkezi yönetimin ulaşamadığı alanlarda faaliyet yürütebilme gücüne sahiptir. Türkiye'de yerel yönetimlerin, göç yönetimi konusunda yetkisinin ve sorumluluğunun arttırılması, hem merkezi kurumların iş yükününün azalmasına hem de daha etkili politikaların uygulanmasına önemli bir katkı sunacaktır. Katılımcılardan bir tanesi de bu konudaki görüşlerini şu şekilde belirtmiştir;

> *"Yerel yönetimler bu anlamda oldukça önem teşkil ediyorlar. Merkezi hükümetin elini uzatamayacağı ve farkında olmadığı yerel topluma ait dinamiklerin, problemlerin nabzı, gerçek ve etkili bir şekilde, sadece yerel yönetimlerce tutulabilir. Yerel yönetimler bu anlamda güçlendirilmeli. Kamunun yereldeki temsilcisi olarak yerel yönetimler, mültecilerin hikayelerini ilk elden dinleyen birimler. Acil durumlarda başvurulacak ilk nokta. Bu ilk seviyede başvurular ve sorunlar doğru bir şekilde yönetilebilir ve çözüm bulunabilirse, merkezi hükümetteki bürokrasi ve iş yoğunluğu da azaltılabilir" (Görüşmeci 3, 02.04.2019, Ankara).*

Sonuç ve Öneriler

Toplumların ekonomik, politik, sosyal ve kültürel olarak önemli bir değişim geçirmesine neden olan göçe yönelik, nitelikli bir göç yönetiminin hayata geçirilmesi giderek daha fazla önem kazanmaktadır. Önemli bir göç ülkesi haline gelen Türkiye'de de göç meselesinin çeşitli etkilerinin araştırılması ve göçün ortaya çıkardığı sorunların çözümüne yönelik çalışmalar artmaktadır. Kamu bürokrasisinin her geçen gün göçle ilgili meselelere ayırdığı mesainin artmasına rağmen, mevcut belirsizliğin devam ettiği görülmektedir.

Suriye iç savaşının ardından "açık kapı" politikası uygulayan Türkiye'deki mevcut iktidarın, ilk dönemlerde sınır bölgelerinde insani ihtiyaçların karşılanması bağlamında ele aldığı göç yönetimi, ilerleyen dönemlerde mültecilerin sayısının artması ve Suriyeli mültecilerin Türkiye'nin farklı bölgelerine yerleşmeleriyle karmaşık ve çok boyutlu bir hal almıştır. Bu bağlamda, merkezi idare, göçün yönetiminin yasal zeminini büyük oranda YUKK çerçevesinde belirlemiştir. YUKK, ülke içindeki hareketlilik, işgücü piyasasıyla ilişkilenme, eğitim hakkı, sosyal ve kültürel hayatın düzenlenmesi gibi çok geniş bir çerçevede hazırlanmıştır. Suriye'den Türkiye'ye göç eden kişilerin yasal statülerini de belirleyen YUKK, göç yönetimini gerçekleştiren aktörlerinin yetki ve sorumluluklarının sınırlarını da belirlemiştir. Bir "güvenlik" sorunu olarak görülen göçün yönetimi, Türkiye'de yoğunluklu olarak merkezi kurumlar tarafından gerçekleştirilmektedir.

YUKK ile birlikte göç yönetiminin merkezi kurumu olarak faaliyete geçen Göç İdaresi Genel Müdürlüğü, İçişleri Bakanlığı'na bağlı olarak yukarıdan aşağı yönde uygulanan politikalarla, göçmenleri ve mültecileri çoğunlukla homojen gruplar olarak ele almaktadır. Bu durum, göç politikaları alanında birçok sorunun ortaya çıkmasına neden olmaktadır. Türkiye'deki göçmenler ve mülteciler farklı sosyo-ekonomik, kültürel ve politik özelliklere sahip heterojen gruplardan oluşmaktadır. Bu heterojenlik, hizmetlerin ve ihtiyaçların da çeşitlenmesine neden olmaktadır. Bu çeşitliliğin tespiti, göçmenlerle ve mültecilerle kurulan yakın ilişkiyle mümkün olmaktadır.

Sonuç olarak, Ankara'da Mamak Sığınmacı Danışma ve Koordinasyon Merkezi örneğinde yürütülen bu araştırmayla, ilçe bazında daha az sayıda göçmenle ve mülteciyle yakın ilişki içerisinde olan yerel yönetim birimlerinin bu gibi merkezler aracılığıyla, yeni gelenlere daha etkili hizmetler sunulabildiği belirlenmiştir. Yerel yönetimlerin merkezi idareye oranla, vatandaşlar ve mültecilerle arasındaki mesafesinin daha az oluşu, göç yönetimiyle ilgili politikaların sahada uygulanmasında çeşitliliği gözeten bir pozisyonda olma kapasitesini arttırmaktadır. Yerel yönetimlerin göç yönetiminin bir aktörü olarak tanımlanması, göçmenlerin ve yerel halkın ihtiyaçlarının tespitini kolaylaştırmaktadır. Mamak ilçesi örneğinde olduğu gibi, yerelde çözüm üretme açısından önemli bir avantajı olan yerel yönetimler, ayrıca göç yönetiminde merkezi idarenin iş yükünü paylaşabilecek önemli paydaşlardan da bir tanesidir.

Araştırmanın diğer önemli sonuçlarından birisi de yerel yönetim birimlerinden olan ve kamu gücünü elinde bulunduran belediyelere bağlı göç merkezlerinin sivil toplum örgütlerine oranla daha geniş bir yetki alanına sahip olduğudur. Göç yönetiminin yasal mevzuatında belediyelerin yetkileri sınırlıdır. Buna karşın, belediyelerin farklı yöntemlerle kurdukları göç merkezleri, diğer kamu kurumlarıyla olan ilişkilerinde belediye kimliğinin yarattığı kamu gücünü kullanmaktadırlar. Bu sebeple belediyelerle iş birliği içinde olan bu göç merkezleri, farklı merkezi kurumlarla ilişkilerini de daha kolay kurabilmektedirler. Ancak yine de merkezi kamu kurumlarındaki çalışanların inisiyatifine bağlı olarak gelişen bu ilişkiler, belediyelerin göç yönetimindeki hizmetlerini kesintiye uğratma ihtimalini de sürekli olarak içinde taşımaktadır.

Göç yönetiminin önemli boyutlarından birisi olan entegrasyon politikaları konusunda da yerel yönetimlerin önemli bir avantajı bulunmaktadır. Entegrasyon politikalarının merkezi olarak planlaması, uygulama alanında bulduğu karşılığın etkililiğini düşürmektedir. Bu yüzden yerel yönetimlerin göçmen ve mültecilerle kurduğu yakın ilişki, entegrasyon politikalarının çeşitlenmesi konusunda da faydalıdır.

Türkiye'de yoğunluklu olarak bir "güvenlik" sorunu olarak ele alınan göç yönetiminde yerel yönetimlerin yetkileri sınırlıdır. 2018-2023 yılları arasını kapsayan "Göç Uyum Strateji Belgesi ve Ulusal Eylem Planı" ile birlikte, belediyelerin yetki ve sorumluluk alanlarına yönelik bir bakış açısı değişikliği olmasına rağmen, bu sınırlılık mevzuat ve uygulama alanlarında varlığını devam ettirmektedir.

Türkiye'deki belediyelerin bir kısmı, çeşitli yöntemlerle göç yönetimi alanında hizmetler sunmaya çalışmaktadırlar. Ancak göç yönetiminde yerel yönetimlerin sunabileceği katkıdan yeteri kadar yararlanılmamaktadır. Bu konuyla ilgili olarak farklı ülkelerdeki örneklere bakıldığında, göç yönetiminde çok çeşitli aktörlerle yetki ve sorumluluk paylaşımı yapan merkezi iktidarların daha etkili göç politikalarına sahip oldukları görülmektedir. Bu bağlamda Türkiye'de yerel yönetimlerin göç yönetimi konusunda, önündeki yasal engellerin kaldırılması, göç yönetiminin daha nitelikli, daha etkili ve sürdürülebilir olmasına katkı sunacaktır.

Kaynakça

Abadan-Unat, N. (2002). Bitmeyen Göç Konuk İşçilikten Ulus-Ötesi Yurttaşlığa. İstanbul: İstanbul Bilgi Üniversitesi Yayınları.

Acar, A. (2019). Avrupa Yerel Yönetimler Özerklik Şartı ve Türkiye' ye Yansımaları. BEÜ SBE Dergisi, 8(1), 277–293.

Alodalı, M. F., Özcan, L., Çelik, F., & Usta, S. (2007). Avrupa Birliği Yerel Yönetimler Özerklik Şartı ve Türkiye'de Belediyelerde Özerklik. Selçuk Üniversitesi Karaman İ.İ.B.F. Dergisi, Yerel Ekonomiler Özel Sayısı, 1–11.

Alvanoğlu, S., & Ateş, H. (2020). Yerel Yönetimlerin Mültecilere Yönelik Yenilikçi Uygulamaları: Gaziantep Büyükşehir Belediyesi Örneği. TESAM Akademi Dergisi, 7, 375–400.

Anagnostou, D., Kontogianni, A., Skleparis, D., & Tzogopoulos, G. (2016). Local Government and Migrant Integration in Europe and in Greece. www.eliamep.gr adresinden alındı. Erişim Tarihi: 22.12.2020.

Arıkboğa, E. (1998). Yerel Yönetimler, Katılım ve Mahalle Muhtarlığı (Yayınlanmamış Yüksek Lisans Tezi). Sosyal Bilimler Enstitüsü: Marmara Üniversitesi.

Avrupa Konseyi. (1992). Avrupa Yerel Yönetimler Özerklik Şartı. Ankara.

Berry, John W., & Sam, D. L. (1997). Acculturation and Adaptation. In J. W. Berry, M. H. Segall, & C. Kagitcibasi (Eds.), Handbook of Cross-Cultural Psychology: Social Behavior and Applications (s. 291–326). Boston: Allyn & Bacon.

Çevik, H. (2020). Göç "Nereye", "Nasıl", "Kim Tarafından" Yapılarak Hangi "Sonuçları" Doğurur: Göç ve Entegrasyon Çalışmaları Bağlamında Kavramsal Bir Analiz. In S. Buz & H. Çevik (Eds.), Göç ve Entegrasyon: Uygulama Alanları, Politikalar ve Paydaşlar. Ankara: Nika Yayınları.

Çevikbaş, R. (2012). Avrupa Yerel Yönetimler Özerklik Şartı ve Türkiye'de Uygulanabilirliği. Türk İdare Dergisi, 475, 33–62.

Creswell, J. W. (2013). Nitel Araştırma Yöntemleri. Ankara: Siyasal Kitabevi.

Davutoğlu, A. (2014). Stratejik Derinlik Türkiye'nin Uluslararası Konumu. İstanbul: Küre Yayınları.

Denzin, N. K., & Lincoln, Y. S. (2018). The SAGE Handbook of Qualitative Research. London: SAGE Publications.

Doucet, A., & Mauthner, N. (2008). Qualitative Interviewing and Feminist Research. In P. Alasuutari, L. Bickman, & J. Brannen (Eds.), The SAGE Handbook of Social Research Methods (s. 328–343). London: SAGE Publications.

Erdoğan, M. (2017). 6. Yılında Türkiye'deki Suriyeliler: Sultanbeyli Örneği. İstanbul.

Genç, H. D. (2018). Responding to irregular migration: High potential of local governments in Turkey. International Migration, 56(3), 73–87.

GİGM. (2018b). Uyum Strateji Belgesi ve Ulusal Eylem Planı 2018-2023. https://www.goc.gov.tr/uyum-strateji-belgesi-ve-ulusal-eylem-plani adresinden alındı. Erişim tarihi: 06.12.2020.

GKY. (2014). Geçici Koruma Yönetmeliği. https://www.mevzuat.gov.tr/MevzuatMetin/21.5.201468 83.pdf adresinden alındı. Erişim tarihi: 12.12.2020

Göksel, G. U. (2018). Integration of Immigrants and the Theory of Recognition. Palgrave Macmillan.
Gurak, D., & Caces, F. (1992). Migration Networks and the Shaping of Migration Systems. In M. M. Kritz, L. L. Lim, & H. Zlotnik (Eds.), International Migration Systems: A Global Approach (s. 150–176). Oxford: Clarendon Press.
Hamberger, A. (2009). Immigrant Integration: Acculturation and Social Integration. Journal of Identity and Migration Studies, 3(2), 2–21.
IOM. (2019). International Migration Law- Glossary on Migration. www.iom.int adresinden alındı. Erişim tarihi: 06.03.2020.
IOM Online Bookstore. (2020). World Migration Report 2020- | IOM Online Bookstore. Geneva. www.iom.int/wmr adresinden alındı. Erişim tarihi: 06.03.2020.
Kümbetoğlu, B. (2005). Sosyolojide ve Antropolojide Niteliksel Yöntem ve Araştırma. İstanbul: Bağlam Yayıncılık.
Mengi, A., & Keleş, R. (2013). Avrupa Birliğinin Bölge Politikaları. İstanbul: Cem Yayınevi.
Mülteciler Derneği. (2020). Türkiye'deki Suriyeli Sayısı Aralık 2020 Mülteciler Derneği. https://multeciler.org.tr/turkiyedeki-suriyeli-sayisi/ adresinden alındı. Erişim tarihi: 19.01.2021.
Myrberg, G. (2017). LocalChallenges And National Concerns: Municipal Level Responses to National Refugee Settlement Policies in Denmark And Sweden. International Review of Administrative Sciences, 82(2), 322–339.
Rusinovic, K. (2006). Paths of Integration. IMISCOE Report. Amsterdam: Amsterdam University Press.
Sağır, A. (2019). Göç, Uyum, Tehdit ve Çöküş: Yeni Toplumsallıklar İnşası Mümkün mü? In G. Telatar & K. Umut (Eds.), Uluslararası Göç ve Güvenlik (s. 113–136). Ankara: Nobel Yayınları.
Şahin, Ş. (2019). Yerel Yönetimlerin Göçmenlere Yönelik Politikaları, İstanbul Sultanbeyli Belediyesi Örneği (Yayınlanmamış Yüksek Lisans Tezi). Sosyal Bilimler Enstitüsü: İstanbul Üniversitesi
Savran, S. (2020). Ankara'daki Geçici Koruma Kapsamındaki Suriyelilerin Farklılaşan Gündelik Yaşam Pratikleri: Altındağ Örneği (Yayınlanmamış Doktora Tezi). Fen Bilimleri Enstitüsü: Gazi Üniversitesi.
Steen, A., & Roed, M. (2018). State Governance or Local Agency? Determining Refugee Settlement in Norwegian Municipalities. Scandinavian Journal Of PublicAdministration, 22(1), 27–52.
TBMM. (2019). İçişleri Bakanı Soylu, "Türkiye'de Göç Yönetimi"ne İlişkin İçişleri Komisyonuna Bilgi Verdi. https://www.tbmm.gov.tr/develop/owa/haber_portal.aciklama?p1=147662 adresinden alındı. Erişim tarihi: 06.12.2020.
Telatar, G. (2019). Göç ve Güvenlik: Kavramsal ve Teorik Bir Analiz. In G. Telatar & U. Kedikli (Eds.), Uluslararası Göç ve Güvenlik (s. 7–38). Ankara: Nobel Yayınları.
UNHCR. (2020). UNHCR Turkey. UNHCR. www.unhcr.org/tr adresinden alındı. Erişim tarihi: 06.03.2020.
YUKK. (2013). Yabancılar ve Uluslararası Koruma Kanunu-6458 Sayılı Kanun. https://www.mevzuat.gov.tr/MevzuatMetin/1.5.6458.pdf adresinden alındı. Erişim tarihi: 12.12.2020.

EXTENDED ABSTRACT IN ENGLISH

Looking For Traces of Localization in Migration Management: Example of Ankara Mamak Municipality

In the most general sense, this study discusses the position of local governments in migration management in Turkey. This discussion was conducted with data from in-depth interviews with experts at the Mamak Asylum Seeker Consultation and Coordination Centre (MSDM), which has a joint working protocol with the Mamak Municipality in Ankara.

Migration management has a multidimensional structure where the cooperation of different actors is needed. One-dimensional migration policies that exclude other actors, such as local governments, non-governmental organizations, international institutions, migrant and refugee organizations, often produce top-down policies. These policies, which largely ignore their socio-economic, political, cultural, etc. differences of immigrants and refugees and address homogeneous groups, cause various problems of different sizes. As an important discussion in this context, the transfer of authority and responsibility from the center to the local area has been discussed in various dimensions by different disciplines of the social sciences for many years.

Sharing powers and responsibilities with local governments is directly related to the economic and political interests of central governments. In different parts of the world, the positions of local governments in migration management are diversifying. In addition, since the area of migration is often intertwined with the issue of "security", central authorities may be reluctant to share powers with local governments. For this reason, even in the most localized countries, it can be said that the sharing of powers and responsibilities with local governments in migration management is limited. Despite this, the areas of authority and responsibility of local governments in migration management are becoming an increasingly important basis for discussion.

Turkey has expanded the position of local authorities in public administration through national legal regulations in the context of the European Union (EU) alignment process and the European charter of Local-Self Government. In particular, Municipal Law No. 5393, the first revision law after the signing of the charter, increased the authority of municipalities compared to the previous regulations and contributed to the expansion of service areas. Despite this change, local governments have continued to be largely under administrative guardianship in Turkey, especially because the current ruling Justice and Development Party (AKP) has a strong centralization trend. In migration management, which is seen as an important "crisis" in this context, the position of local authorities remains an area of "uncertainty".

In Turkey, the areas of authority and responsibility of local authorities in migration management are limited. The one-dimensional migration policies carried out by the AKP government, which have increasingly hegemonic inclusivity over public policies, contain various problems. Although there are significant limitations in the context of the legislation and the perspective of power, local governments have developed various "tactics" to take part in migration management. Local governments in Turkey are mostly able to find a place in migration management thanks to the cooperation they have established with non-governmental organizations or non-municipal entities. In this context, MSDM, a unit that implements the "tactics" mentioned, constitutes the sample of this study.

The problem of this study is what services units/centers that have joint working protocols with municipalities, despite their legal limitations, offer as local units and how they contribute to the position of municipalities in migration management within this framework. As part of this problem, MSDM, one of the local government units that strive to participate in migration management in Turkey, is being addressed. The data of the study was obtained from deepening interviews with experts working in different fields in the building given by Mamak municipality to carry out the activities of MSDM. In this study, in-depth interviews were conducted with a total of six experts at the center through a semi-structured interview form.

It was subjected to descriptive analysis in various categories obtained through the semi-structured interview form.

The results of this research show the importance of local governments taking on authority and responsibility in migration management. According to the results of the study, it can be said that the services of local governments, which are associated with a small number of groups of people in narrower areas, are more effective. On the other hand, the distance between local governments and migrants and refugees is less than the policies imposed by the central government from top to bottom. Therefore, in the implementation of policies, the local authorities are more aware of socio-economic, political, social and cultural, etc. differences in immigrants and refugee groups. Another important result of the study was that the public power that local government units have has been functionalized in solving the problems of immigrants and refugees. On the other hand, access to the services offered by local governments, which have the power to establish "close relations" with migrants and refugees, is easier.

Göç Dergis
Mart 202
Cilt: 8, Sayı: 1, sf. 155–18
ISSN: 2054-7110 (Basılı) | ISSN 2054-7129 (Çevrimiç
www.gocdergisi.co
TRANSNATIONAL PRESS LONDON

Makale tarihçesi: Alındı: 14 Kasım 2020 Kabul edildi: 13 Nisan 2021
DOI: https://doi.org/10.33182/gd.v8i1.751

Bakım Hizmetlerinde Çalışan Kadın Göçmenler: İzmir Kenti Örneği [1]

Hatice Begüm Kamış Aykaç[2] ve Selver Özözen Kahraman[3]

Öz

1991 yılında Sovyet Sosyalist Cumhuriyetler Birliği'nin (SSCB) dağılmasıyla birlikte serbest piyasa ekonomisin geçen ülkelerde ekonomik uyum problemlerine bağlı olarak, büyük bir işsiz sınıf meydana gelmiştir. Özellik özelleştirmeler ve düşük ücret politikaları bu ülkelerde kadın işsizliğini artırmıştır. Kendi ülkelerinde işsiz kala kadınlar bir başka ülkede yine toplumsal cinsiyet eşitsizliğine dayalı işlerde çalışmak için göç hareketi katılmışlardır. 1980'li yıllarda Türkiye'nin serbest piyasa ekonomisine geçişiyle birlikte kadınlar iş hayatında etk rol üstlenmeye başlamıştır. Bu durumun sonucunda özellikle kentlerde cinsiyetçi bakış açısıyla kadınların göre olarak atfedilen çocuk, yaşlı ve hasta bakımı ile ev içi hizmetlerini devredebilecekleri yeni bir çözüm arayışı orta çıkmıştır. Türkiye'de yaşlı nüfustaki ve kadın istihdam oranlarındaki artış sonucunda kadınlara yüklenen çeşi ev içi ve bakım hizmetleri özellikle BDT ülkelerinden gelen göçmen kadınlara devredilmeye başlamıştır. B araştırma kapsamında Özbekistan, Gürcistan, Türkmenistan ve Azerbaycan'dan İzmir'e gelen 18 kadın göçmen derinlemesine ve yüz yüze görüşme yapılmıştır. Göçmen kadınların göç süreçleri, geldikleri ülke ve donanımların göre tercih etme ve edilme durumlarında etkili olan faktörler incelenmiştir. Bu göç hareketinin mekânsal örüntüle ve bu kadınların taşıdığı "göçmen, hizmetçi, bakıcı ve kadın" kimliklerinin, çalışma ve yaşam koşullarında yarattı avantajlar ve dezavantajlar ile karşılaştıkları zorluklarla, tahmini kalış süreleri ve aileleriyle iletişimleri tesp edilmeye çalışılmıştır. Kadın göçmenlerin Türkiye'yi ve İzmir'i tercih etme sebeplerinde ekonomik, kültürel faktörl ile akrabalık ilişkilerinin ve İzmir'in sosyal-kültürel yapısının etkili olduğu görülmektedir. Kadınların çalıştıkla alanlara göre seçilebilirliğini belirleyen faktörler, geldikleri ülke ve sahip oldukları donanımlarıdır. İzmir'in yaş nüfus oranının yüksek olması ve kadınların çalışma hayatında daha fazla yer alması, bu kadınların ev i hizmetlerindeki iş yükünü arttırmış ve yardımcı ihtiyacını ortaya çıkarmıştır. Bu ihtiyaçları karşılamada kamus ve özel desteklerin zayıflığı, bireyleri evde enformel bakıma yönlendirmiştir. Göçmen kadınların İzmir'de ev i hizmetlerde en çok tercih edildikleri alan yaşlı ve yaşlı hasta bakımıdır. Göçmenler, daha çok Konak, Karşıyak Bornova ve Balçova gibi eğitim ve gelir seviyesinin yüksek olduğu ilçelerde çalışmaktadırlar. Bu ilçelerde göçmenler varlığının nedeni, evdeki bireylerin çalışması ve bu bireylerin bakıma ihtiyacı olan kişiler (yaşlı, hasta, çocuk) iç kendilerine yardımcı aramasıdır. Bu sistem, iki taraflı bir anlaşma içinde devam etmekle birlikte göçmen kadınlar genellikle kayıt dışı çalışması onları daha korumasız ve güvencesiz hale getirmiştir.

Anahtar Kelimeler: *BDT; İzmir; Uluslarası Emek Göçü; Göçün Feminizasyonu; Bakım Hizmetleri*

---

[1] Bu çalışma "Eski SSCB Ülkelerinden Kadın Emek Hareketinin Seçiciliği: İzmir İli Örneği" başlıklı yüksek lisans tezi kapmasın hazırlanmıştır.

[2] Hatice Begüm Kamış Aykaç, Çanakkale Onsekiz Mart Üniversitesi - Coğrafya - Yüksek lisans öğrencisi, Çanakkale, Türkiye. E-mail: bgmkam7@gmail.com.

[3] Prof.Dr. Selver Özözen Kahraman, Çanakkale Onsekiz Mart Üniversitesi - Coğrafya Bölümü Beşeri Coğrafya Anabilim Da Çanakkale, Türkiye. E-mail: sozozen@comu.edu.tr.

ABSTRACT IN ENGLISH

Women Immigrants Working in Care Services: The Example of the City Izmir

With the dissolution of the Union of Soviet Socialist Republics (USSR) in 1991, a large unemployed class has emerged in countries that have transitioned to a free market economy due to economic adjustment problems. Especially privatizations and low wage policies increased female unemployment in these countries. Unemployed women in their own countries joined the migration movement in another country to work in jobs based on gender inequality. In the 1980s, with Turkey's transition to a free market economy women have begun to play an active role in business life. As a result of this situation, a search for a new solution has emerged in which they can assign child, elderly and patient care and domestic services, which are attributed to women as the duty of women with a sexist perspective, especially in cities. A variety of domestic and care services loaded to women in Turkey, has started to be transferred to the immigrant women especially from the former CIS countries, as a result of the increase in the elderly population and women employment rate. Within the scope of this research, in-depth and face-to-face interviews were conducted with 18 women immigrants from Azerbaijan, Georgia, Turkmenistan and Uzbekistan, who came to Izmir. With the grounded theory approach, the factors affecting the migration processes of migrant women, their preference and preferability according to their country of origin and their skills were examined. The spatial patterns of this migration movement and the advantages and disadvantages created by the "immigrant, servant, caregiver and female" identities of these women in working and living conditions and the ways to cope with the difficulties they face, estimated length of their stay and their communication with their families have been tried to be determined. Economic, culture and religion, kinship relations and the social - cultural structure of Izmir are seen to be effective in the reasons why women immigrants prefer Turkey and Izmir. the factors that determine the eligibility of women according to the fields they work in are the country they come from and their skills. The high proportion of Izmir's elderly population and the fact that women are more involved in their working lives has increased the workload of these women in domestic services and revealed the need for help. The weakness of public and private support in meeting these needs has led individuals to informal care at home. The most preferred area of immigrant women for domestic services in İzmir is elderly and elderly patient care. Konak, Karşıyaka, Bornova and Balçova, where immigrants work, are the districts where education and income levels are high. The reason for the presence of immigrants in these districts is that individuals at home work and seek help for people in need of care (elderly, sick, children). Although this system continues in bilateral agreement, the informal employment of immigrant women has made them more vulnerable.

Keywords: *CIS; İzmir; International Labor Migration; Feminization of Migration; Care Services*

iriş

ünümüzde uluslararası göçmenlerin yaklaşık yarısını oluşturan kadınlar; erkekler için yazılmış öç kaidelerinin dışına çıkarak, evlilik, annelik, evlatlık, işçilik ve öğrencilik gibi kadınlık kimliği ine sıkıştırılmış rollerini ulusaşırı hareketler içinde yeniden yaşayarak, bilerek veya bilmeyerek inde bulundukları kalıplara meydan okuma süreci başlatmışlardır. Kadınların göç sürecine atılımlarının artması, göç alan ve göç veren ülkeler açısından ekonomik ve sosyal değişimi ızlandırmıştır.

öçmen kadınların sınıf, kimlik, kültür, istihdam, ücret gibi farklı konularda karşı karşıya aldıkları eşitsizlikler ve göçte farklı kadınlık durumları feminist yaklaşımlarla araştırılmaktadır. öç literatüründe 1980'li yıllardan itibaren feminist yaklaşımlarla kadınların emek iyasalarındaki konumları incelenmeye başlanmıştır. 1980'li yılların sonundaki ekonomik önüşümlerle birlikte göç akımlarında kadın sayısının artışı, göç literatürüne de yansımıştır. adınların ücretli işlerde iş gücüne katılma oranı arttıkça, kırdan kente ya da dünyanın başka erlerine olan hareketliliği de artmıştır (Phizackle, 1983; aktaran Demirdizen, 2013:1). eleneksel cinsiyet rollerindeki değişim ve uluslararası yeni iş bölümünün kadın areketliliğinin artmasında etkili olduğu çeşitli araştırmacılar tarafından (Salazar-Parrenas, 000, 2001; Ünlütürk-Ulutaş ve Kalfa, 2009:13) belirtilirken, Kofman vd., (2000:3) ise bunlardan farklı olarak feminist çalışmalarda, göçmen kadınların konumları, heterojen yapıs iş gücü piyasalarındaki varlıkları ve refaha katkıları yanında artan siyasi faaliyetlerine vurg yapmıştır. Uluslararası kadın göçmen sayısındaki artış ile birlikte kadınların göç ettikle ülkelerde uluslararası iş bölümü ve cinsiyetçi rollerin etkisi altında genellikle eğlence, sek işçiliği, tekstil ve ev-bakım işlerinde istihdam edildikleri görülmektedir. Akalın (2014:205) d ev hizmetlerindeki artışın özellikle gelişmiş ülkelerde bakım hizmetlerinde ortaya çıkan iş güc açığına bağlı talepten kaynaklı olduğunu belirtmiştir.

Ev içi hizmetlerde çalışan kadınlar, çalışma izni olmadan çalıştıkları takdirde yasa dışı statüle nedeni ile hem çalışma alanında hem de diğer alanlarda dünyanın diğer yerlerinde olduğu gib ülkemizde de kırılgan ve sömürüye açıktırlar (Çelik, 2005:185-190). Diğer taraftan kad göçmenler genellikle gittikleri ülkelerde sahip oldukları niteliklere göre daha düşük statül işlerde, daha güvencesiz ve düşük ücretle çalışmak zorunda kalmaktadırlar. Bu durum göçme alan ülkelerdeki iş gücü piyasalarının kadın-erkek, yerli-yabancı kadın, gibi cinsiyet ve etni temelli parçalara bölünmüş olması ve göçmenlere genellikle daha düşük nitelikli işlerin kalma ile açıklanabilir.

Kendi ailelerinin ekonomik sorunlarına başka ülkelerde çözüm arayan bu kadınla çocuklarının ya da ebeveynlerinin bakımlarını ülkelerindeki aile yakınlarına bırakarak, ulusaşı annelik yapmak zorunda kalmaktadır. Kadının sömürülen emeği ve ulusaşırı annelik konus göç literatüründe sıkça işlenen konulardan biridir. Parrenas (2000), ABD ve İtalya'daki Filipin kadın göçmenler üzerine yaptığı çalışmada, bakım ve ev hizmetlerinin ırk ve cinsiyet ayrımın dayalı bir hale geldiğini ve bu işlerin genellikle Filipinli kadınlara devredildiğini belirtmişti Hondagneu-Sotelo ve Avilla (2014) ise Los Angeles'a dadılık yapmak ve ev hizmetlerind çalışmak için gelen Latin göçmen kadınlar üzerine yaptığı çalışmada, kadınların göçmen olara yaşadıkları zorluklar dışında, ülkelerinde bıraktıkları çocuklarının temel ihtiyaçlarını sağlama için kısıtlı zaman ve mekân koşullarında ulusaşırı annelik yaptıklarını belirtmiştir. Aynı yaza kadın göçmenlerin bu güçlüklerle başa çıkabilmesi için annelik yapabilmeyi seçme hakkı, ad aile ve çalışma politikalarının başlatılması, cinsiyet eşitsizliklerinin giderilmesi, ırk, sınıf v vatandaşlık statüsünden kaynaklanan eşitsizliklerin iyileştirilmesi gerektiğini önermiştir.

1991 yılı ve sonrasında, SSCB'nin dağılma sürecinde yaşanan işsizlik ve yoksulluk kadınlar başta ev işleri ve seks işçiliği olmak üzere çeşitli işlerde çalışmak için ulusal sınırları aşarak, ail üyelerinden bağımsız biçimde göç etmeye zorlamıştır (Oishi, 2005; Akalın, 2014). Bu süre Türkiye'nin uluslararası nüfus hareketi içindeki konumunu ve gelen yabancıların bileşimi değiştirmiştir (Akalın, 2014:86).

Türkiye 1990'lı yılların ikinci yarısından itibaren aşamalı olarak göç veren bir ülke konumunda göç alan bir ülke konumuna geçmiştir (Sirkeci ve Zeyneloğlu, 2014:82). Bundan dolayı Türkiy dünyanın çok farklı bölgelerinden kadın göçmeni de çekmeye başlamıştır. Türkiye, Bağıms Devletler Topluluğu (BDT) başta olmak üzere Ortadoğu (Suriye, İran ve Irak), Sahra-Al Afrika (Nijerya, Somali, Kongo, Kenya, Uganda ve Eritre) ve Filipinler gibi Asya Pasifi ülkelerinden gelen kadınlar için istihdam alanı olmuştur. Atatimur (2008), 2007 yılınd Türkiye'ye gelen göçmen kadın iş gücü profilini Moldova, Romanya ve Türkmenistan'da gelen kadınların oluşturduğunu ancak 2008'de başta Gürcistan olmak üzere Kafka ülkelerinden gelen kadınların yoğunluk kazandığını ifade etmiştir. Akay-Ertürk'ünd (2015:528) çalışmasında belirttiği gibi 2012 yılından sonra BDT ülkelerinden gelen göçme kadınların çalışma izni alma sayısı erkeklerden daha fazladır. Toksöz ve Ulutaş (2011) v

)emirdizen Çevik (2013) ise kaynak ülkelerin çeşitlenmesinde göç düzenlenmelerinin, yapılan ize anlaşmalarındaki kalış sürelerinin ve vize almadaki kolaylıkların etkili olduğunu elirtmişlerdir. Bu kolaylıklara son yıllarda Türkiye'ye yönelik kadın göçlerini kolaylaştıran racı kurumların varlığını da eklemek mümkündür.

'ürkiye ile ilgili literatür incelendiğinde kadın göçmenlerin özellikle; çeşitli ev içi bakım izmetleri, tekstil, turizm, eğlence, bavul ticareti (Yükseker, 2003) ve fuhuş gibi sektörlerde alıştığı görülmektedir. Daha önce yapılmış olan ve Antalya'nın, Ankara'nın, Marmaris'in ve stanbul'un örneklem alanı olarak seçildiği çalışmalarda, BDT ülkelerinden gelen kadın öçmenlerin Türkiye'de yaşadıkları zorluklar incelenerek, göç süreçlerinde, kadınların imliklerinden dolayı yaşadıkları dışlanma ve baskılar aktarılmıştır (Deniz ve Özgür 2010; ;ebelek 2008; Gökmen 2011; Akalın, 2014; Dedeoğlu, 2011). Türkiye'de ev hizmetlerinde alışan göçmen kadınlarla ilgili literatür, ağırlıklı olarak BDT ülkelerinden gelen kadınlar zerinedir. Sınırlı sayıda çalışma ise Ortadoğu, Afrika ve Filipinler'den gelen kadınlarla ilgilidir. Iristiyan Iraklı göçmenler üzerine gerçekleştirilen araştırmada (Danış, 2007) göçmenlerin, üryani ve Ermeni ailelerinin yanında ev işlerinde çalışmakta olduğu sonucuna ulaşılmıştır. uriyeli kadın göçmenlerle ilgili yapılan çalışmalarda kadınların, daha çok ev temizliği işlerinde, ekstil sektöründe, tarım sektöründe ve küçük ölçekli işletmelerde (kuaför ve terzi vb.) alıştıkları ve evlerinde ucuz maliyetler karşılığında nakış işleri yaptığı aktarılmıştır (Barın, 2015; aya, 2016; Öztürk ve Genç, 2016; Kılınç Canbaz, 2020). Türkiye'de Filipinli dadılar üzerine apılan çalışmada ise, Filipinli kadınların ülkemize 1990'lı yıllarda kendileri bağımsız olarak, 000'lerden itibaren ise ailelere ev hizmetlerinde çalışacak personel sağlayan danışmanlık irketleri aracılığıyla geldikleri belirtilmiştir. İlk olarak İstanbul'da ortaya çıkan bu aracı urumlar, daha sonra İzmir, Antalya ve Ankara gibi metropollerde de artan bakıcı talebinden onra, bu büyük şehirlerde de ofislerini açmışlardır. Bu aracı firmaların ulusaşırı ağlarının enişlemesi ve piyasada hem kadın işveren sayısının hem de göçmen kadın istihdamının rtması, bu aracı firmaların bu alanda çalışma faaliyetlerini arttırdığını göstermektedir (Deniz, 018). Türkiye'nin mevcut göç rejimi içerisinde kayıtsız göçmenler arasında yer alan Afrikalı öçmenlerden Ugandalı göçmen kadınların toplumsal cinsiyete dayalı göç deneyimlerini ktaran Coşkun (2016), kadınların kendi ülkelerinde yaşadıkları baskıdan ve işsizlikten açtıklarını, Türkiye'ye gelmek için borç para aldıklarını, paralarını ödemek için seks işçiliği, emizlik işlerinde, tekstil, deri ve takı atölyelerinde çalıştıklarını ifade etmiştir. Ayrıca Ugandalı adınların kayıtsız olmalarından kaynaklı olarak, çalışma alanlarında uğradıkları ayrımcılık, ciz, düşük ücret ve paralarını alamama gibi sorunlarla karşılaştıklarını tespit etmiştir.

DT ülkelerinden gelen göçmen kadınlar üzerine yapılan araştırmalar, çalışma koşulları (ev ve akım hizmetleri, bavul ticareti, eğlence sektörü), evlilik göçleri ve göç süreçleri üzerine daklanmıştır. Erdem ve Şahin (2009), Türkiye'de ev hizmetlerinde çalışan yabancı iş gücünün alışma koşullarını inceledikleri makalede, ev hizmetlerinde çalışan kadınların büyük oğunluğunun Ukrayna'dan ve Moldova'dan geldiklerini, yatılı olarak ve haftada en az 45 saat alıştıklarını, çalıştıkları evlerde yaşlı ve çocuk bakımı dışında, verilen her işi yaptıklarını, ldıkları ücretlerin aylık 200-250 dolar arasında olduğunu, Türkiye'de tacize uğramadıklarını e kadınların büyük çoğunluğunun ajanslarla anlaşarak çalıştığını aktarmışlardır. Gökbayrak 2009) refah sistemlerindeki dönüşüm ile bakım hizmetlerinde çalışan göçmen kadın ilişkisini raştırdığı çalışmasında, Türkiye'de bakım hizmetlerinde göçmen kadın istihdamının artışını, amusal hizmetlerin nicel ve nitel olarak yetersizliğine bağlamış, işverenler açısından da bu izmetleri daha ucuza almalarını sağlayan bir fırsat olarak değerlendirmiştir. Deniz ve Özgür 2010) özellikle 2000'li yıllarda Antalya'ya gelen Rus kadın göçmenlerle ilgili yaptıkları çalışmada, göçmenlerin niteliklerini ve bir turizm kenti olarak Antalya'nın bu göçlerdeki yerin ortaya koymuşlardır. Antalya'ya gelen bu göçmenlerin çoğunun genç ve kadın olduğunu turizme dayalı işlerde çalıştıklarını, Rus göçmenlerle ilgili genel yargının dışında sonuçlar ulaşıldığını ve göçmenlerin Türkiye'de edindikleri mülklerden göçün kalıcı olacağın belirlemişlerdir. Türkiye'ye ev işlerinde çalışmak için gelen Azeri kadınlar üzerine yaptığ çalışmada Dedeoğlu (2011), bu kadınların ve ailelerinin göçmen oldukları için dışlandıkların yerli çalışana göre daha zor şartlarda çalışmalarına rağmen, daha az para kazandıklarını ifad etmiştir. Diğer çalışmalardan farklı olarak, bu çalışmada Azeri kadınların, Azeri erkeklere gör çalışma olanağının daha yüksek olmasının, kadınların aile içindeki konumunu güçlendirm potansiyeli taşıdığına da dikkat çekilmiştir. Gökmen (2011) ise çalışmasında, Türkiye'y bireysel tercihleri sonucunda BDT ülkelerinden tek başlarına göç ederek, turizm sektöründ çalışan göçmen kadınların deneyimlerini analiz etmiş, göçmen kadınların, masözlük, rehberlil tur operatörlüğü, animatörlük gibi turizm sektöründeki işlerde çalıştığını, ücretlerinin eksi ödendiğini, ücretlerinin zamanında ödenmediğini, fiziksel ve sözlü tacize uğradıklarını v elverişsiz koşullarda güvencesiz olarak çalıştırıldıklarını belirtmiştir. Akalın (2014), BDT'de gelen göçmen ev işçisi kadınların göç etmeye karar vermelerinden itibaren, göç ve iş bulm süreçlerini, Türkiye'ye geliş süreçlerini, Türkiye'de ev işçiliği sektörüne ilişkin eme piyasasındaki varoluşlarını ve finansal faaliyetlerini incelemiştir. Dinçer (2015) Türkiye'del Gürcistanlı kadın emeği araştırmasında, kadınların coğrafi yakınlık, Gürcistan'da istihdar olanaklarının sınırlı olması ve aldıkları ücretlerin düşük olması gibi sebeplerden dolayı, Gürc kadınlar için Türkiye'nin hedef ülke olduğunu belirtmiştir. Bu kadınların, Türkiye'de sadec tanıdık vasıtasıyla değil, özel istihdam büroları ve ajanslar aracılıyla da iş bulabildiklerin zamanlarının çoğunu evlerde geçirdiklerini, izin günlerinde dışarı çıktıklarında ise tacize v erkek şiddetine maruz kaldıklarını belirtmiştir.

Literatürün incelenmesi esnasında, araştırma sahasıyla ilgili olarak iki tane bilimsel çalışmay ulaşılmıştır. Bunlardan ilki, İzmir'in çalışma alanı olarak belirlendiği ancak konunun mekânda bağımsız olarak ele alındığı bir yüksek lisans tezidir. Çalışma Ekonomisi alanındaki bu tezd (Özdemir, 2018) İzmir'de, anketle toplanan verilerle ev hizmetlerinde çalışan yerli ve yaban kadınların çalışma koşulları ve bu istihdamın yasal süreçler açısından durumu araştırılmıştı Diğer araştırma (Nizam-Kahya, 2019) ise, sosyoloji alanında yazılmış olan bir doktora tezidi İzmir'deki Suriyelilerin yerel toplum tarafından kabul düzeylerinin, damgalama teori temelinde ele alındığı bu tezde, eşit sayıda Türk, Arap ve Kürt kadın ve erkek ile mülaka yapılmıştır. İzmir'de damgalamanın, günlük yaşamda en çok, istihdam ve sosyal yardımlarda yararlanmada ortaya çıktığını, yani damgalamanın ekonomik kaynakların paylaşın konusundaki rekabetten kaynaklandığı sonucuna ulaşılmıştır.

Veri ve Yöntem

Bu çalışmada BDT ülkelerinden gelen kadın göçmenlerin son yıllarda görünür hale geldiğ İzmir kenti seçilmiştir. İzmir'in diğer kentsel alanlardan farklı olarak kadınların eme hareketliliğini kolaylaştıran sosyo-ekonomik ve kültürel yapısı, yerli kadın istihdamını arttırmı bu durum bakım hizmetlerinin yerli ve göçmen kadınlara devredilme sürecini beraberind getirmiştir.

Bu araştırma, uluslararası kadın emek göçünün mekânsal farklılıklarının etkilerin değerlendirmesi açışından bir Feminist Coğrafya çalışmasıdır. Bu nedenle, sah araştırmalarında katılımcılara 'göçmen kadın' olarak yaşadıkları 'dezavantajlar' ve 'geldikle lkelere' göre çalışma ve yaşam alanıyla ilgili 'mekânsal tercihlerini' ölçecek sorular orulmuştur. Saha araştırmalarında derinlemesine yapılan yüz yüze görüşmelerle toplanan erilerden, nitel bir araştırma deseni oluşturulmuştur. Bu yaklaşımın seçilmesinin sebebi, elde dilen kategorik verilerle (göç deneyimleri, geldikleri ülkeler, Türkiye'de ve İzmir'de tahmini ulunma süreleri, yaşı, medeni durumu, eğitim durumu, beklentileri, ücretleri ve günlük alışma saatleri) göçmen kadınların mekânsal tercihleri üzerinden, ekonomik fayda dışında örüşmecilerin yeni bir yaşam şekli arayışlarının olup olmadığını ortaya çıkarmaktır.

Bu makalede üç grup veri kullanılmıştır. Bunlar: (i) TÜİK ve Göç İdaresi Genel Müdürlüğü ibi resmi kurumlardan elde edilen İzmir'de kadın istihdam oranları, yaşlı nüfus oranları, lise zeri mezun oranları ve uyruklarına göre kadın göçmen sayılarına ait istatistiki veriler. (ii) 'ürkiye'de yaşayan yabancı uyruklu nüfusun, ilçe ve mahalle düzeyinde demografik verilerine esmi yollardan ulaşılmamaktadır. Bu nedenle bakım hizmetlerinde çalışan yabancı kadın üfusun İzmir'deki dağılışları ile ilgili İzmir'de kadın göçmenlerin istihdamında faaliyet österen aracı kurumlar ve online bakıcı bulma sitelerinde farklı tarihlerde İzmir adresli abancı bakıcı arama ilanlarının taraması ile dolaylı yollardan elde edilen lokasyon verileri ve iii) bakım hizmetlerinde çalışan göçmen kadınlarla ve aracı kurum çalışanlarıyla yapılan nülakatlardan elde edilen verilerdir.

Bu araştırmada, örneklemler belirlenirken Özbekistan, Gürcistan, Türkmenistan ve Azerbaycan'dan İzmir'e çalışmak için gelen, kırsal ve kentsel alan kökenli kadın göçmenler ercih edilmiştir. Aynı zamanda bu ülkeler, Göç İdaresi Genel Müdürlüğü'nden (GİGM) lınan resmi verilere göre de İzmir'e en çok göç veren ülkelerdir. Katılımcıların elirlenmesinde ise şöyle bir yol izlenmiştir: görüşmeler sağlanmadan önce internetten aracı urumlarla ilgili araştırma yapılıp, toplamda yedi aracı şirket belirlenmiştir. Bu 7 şirketten 5'i arklı isimlerle kurulmuş ayrı şirketlermiş gibi görülse de, aslında bu şirketlerin birbiriyle ortak alışan şirketler olduğu, sadece diğer 2'sinin ayrı işletmeler olduğu tespit edilmiştir. Bu 2 şirket se yasal olmadıkları için kadınlarla görüşme sağlamada yardımcı olamayacaklarını belirtmiştir. Bu araştırma kapsamında, beş şubeli olan aracı şirket grubu aracılığıyla, 2019 yılının Ocak ve Mart aylarında, Özbekistan, Gürcistan, Türkmenistan ve Azerbaycan gibi ülkelerden gelen oplam 18 kadın göçmenle mülakat gerçekleştirilmiştir (Tablo 1). Mülakatlar sırasında, yaşça aha büyük olan bazı yabancı uyruklu kadınların, kendi ülkelerinden gelen diğer kadınları aracı irketle tanıştırıp, aracılık yaptıkları da gözlemlenmiştir.

'ablo 1. Katılımcıların Geldikleri Ülkeler ve Uyrukları

	Türkmenistan	Özbekistan	Azerbaycan	Gürcistan
Uyruğu	6	8	3	1
Geldiği Ülke	11	3	3	1

'erilerin toplanması sırasında aracı kurumlardan yardım alınarak, 18 katılımcının 16'sı ile aracı irkette görüşme sağlanırken, 2 katılımcı ile ise tanıdık kişiler vasıtasıyla İzmir'de bir kafede ve alışılan evde görüşme yapılmıştır. Kadın göçmenlerin genellikle çalışma izinlerinin olmaması e yabancılara karşı güven problemi yaşıyor olmaları nedeniyle görüşmeler, katılımcıların endilerini daha rahat hissetmeleri için şirketlerde yapılmış olmasına rağmen, güven sağlamak zun sürmüştür. Bu nedenle de görüşme esnasında, bazı kritik sorular görüşmenin sonuna ırakılmıştır. Bir katılımcının (K 11) Türkçe bilmemesinden dolayı, şirkette Rusça ve Türkçe ilen bir göçmenden çeviri konusunda yardım alınmıştır. Her bir katılımcıyla yüz yüze görüşme yapılmıştır. Görüşme esnasında, ses kaydına izin verilmediği için not alındığında dolayı, tek bir katılımcıyla yapılan mülakat süresi minimum kırk beş dakika ve maksimum ik saat arasında sürmüştür. Katılımcıların hepsine bu bilimsel çalışmanın amacı, açık bir şekild belirtildikten sonra mülakata başlanmıştır. Çekincelerinden dolayı iletişim kurmada en ço zorlanılan grup Gürcüler olmuştur. İletişim kurulan altı Gürcü kadından, sadece bir tanes görüşmeyi kabul etmiştir.

Görüşmelerden elde edilen verilerin değerlendirilmesinde betimsel analiz yöntem kullanılmıştır. Bu analiz türünde araştırmacı görüştüğü ya da gözlemlemiş olduğu bireyleri görüşlerini, etkili bir biçimde yansıtabilmek amacıyla doğrudan alıntılara yer verebilmektedi Bu analiz türünde, temel amaç elde edilmiş olan bulguların okuyucuya özetlenmiş v yorumlanmış bir biçimde sunulmasıdır. Veriler daha önceden belirlenmiş temalara gör sınıflandırılır, özetlenir ve yorumlanır. Aynı zamanda bu analiz türünde, bulgular arasınd neden-sonuç ilişkisi kurulur ve gerekirse olgular arasında karşılaştırmalar yapılır (Yıldırım v Şimşek, 2008:224). Bu araştırma esnasında, mülakat yöntemiyle toplanan veriler ve gözlemle araştırma problemlerimizde belirtilen dört temel konu olan; Bakım hizmetlerinde çalışa göçmen kadınların (i) Göç süreçleri, Türkiye ve İzmir'i tercih etme sebepleri v hareketliliklerinin mekânsal örüntüleri nelerdir? (ii) Geldikleri ülke ve donanımlarına gör istihdamlarında tercih etme ve edilme durumlarında etkili olan faktörler nelerdir? (ii "Göçmen, hizmetçi, bakıcı ve kadın" kimliklerinin, çalışma ve yaşam koşullarında yarattığ dezavantajlar ya da suistimaller nelerdir? ve (iv) Aile bireyleri ve memleketlerinde gerid bıraktıkları kişilerle iletişim yolları nelerdir? sorularıyla detaylandırılmıştır.

İzmir'de Yabancı Uyruklu Kadın Nüfusu

Türkiye'nin son yıllarda göç alan ülke konumu güçlenmiştir. 2007-2019 yılları arasınd Türkiye'deki yabancı uyruklu nüfus 97.870'ten 1.531.180'e çıkmıştır. Aynı yıllarda yabanc uyrukluların cinsiyet dağılımına bakıldığında Türkiye'de oranlar birbirine yakın olmakla birlikt kadınlar erkeklerden daha fazla iken 2019 yılında erkeklerin oranı (%50,8) az farkla kadı oranının önüne geçmiştir. 2019 yılında İstanbul, Ankara, İzmir, Bursa, Antalya ve Samsun e fazla yabancı nüfus barındıran iller olup, bu illerdeki yabancı nüfusun Türkiye'deki toplam yabancı nüfusun içindeki payı % 64,6'dır (Yakar, 2020:52-58). Türkiye'deki cinsiye dağılımdan farklı olarak, İzmir ilinde 2016-2018 yılları arasında yabancı uyruklu erkek oranı fazla iken, 2019 yılında yabancı kadın oranı (%53,2), yabancı erkek oranının (%46,8) önün geçmiştir (Şekil 1-2).

ekil 1. İzmir'e Gelen Yabancı Uyrukluların Yıllara ve Cinsiyete Göre Oransal Dağılımı TÜİK, 2019).

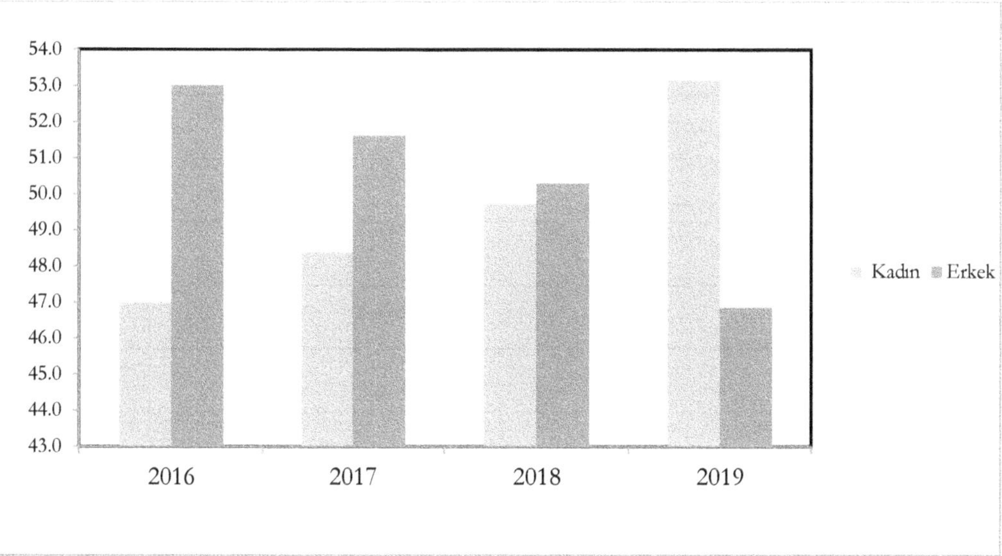

019 TÜİK verilerine göre, hazırlanan haritada kadın göçmen sayısının en fazla olduğu iller ıralamasında İstanbul (131396), Ankara (31019), Antalya (23990) ilk üç sırada yer alırken, ursa (11170) ili dördüncü sırada, İzmir (7941) ise beşinci sırada yer almaktadır (Şekil 2). İGM'den alınan veriye göre, İzmir'de uyruklarına göre kadın göçmen nüfusun fazla olduğu lkeler arasında sırasıyla Suriye, İran ve BDT ülkeleri yer alır (Tablo 2).

ekil 2. Türkiye'de Yabancı Kadın Göçmen Nüfusunun İllere Göre Dağılımı

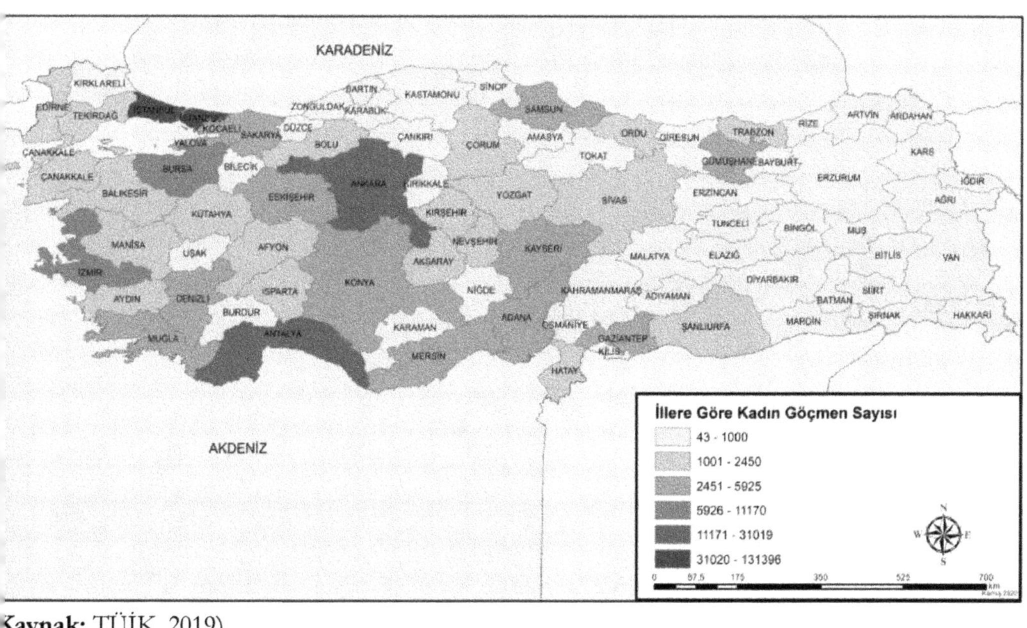

Kaynak: TÜİK, 2019).

Tablo 2. 2018 Yılında Ülkelere Göre İzmir İlinde Yaşayan Yabancı Kadın Göçmen Sayısı

Ülke	**Toplam**
Suriye	143.163
İran	2.919
Azerbaycan	2.211
Türkmenistan	1.401
Gürcistan	1.294
Ukrayna	1.089
Diğer	13.663
Toplam	**165.740**

(**Kaynak:** GİGM, 2018)

Şekil 3. 2018 Yılında İzmir'de İlçelere Göre Yabancı Kadın Göçmen Sayılarının Dağılımı

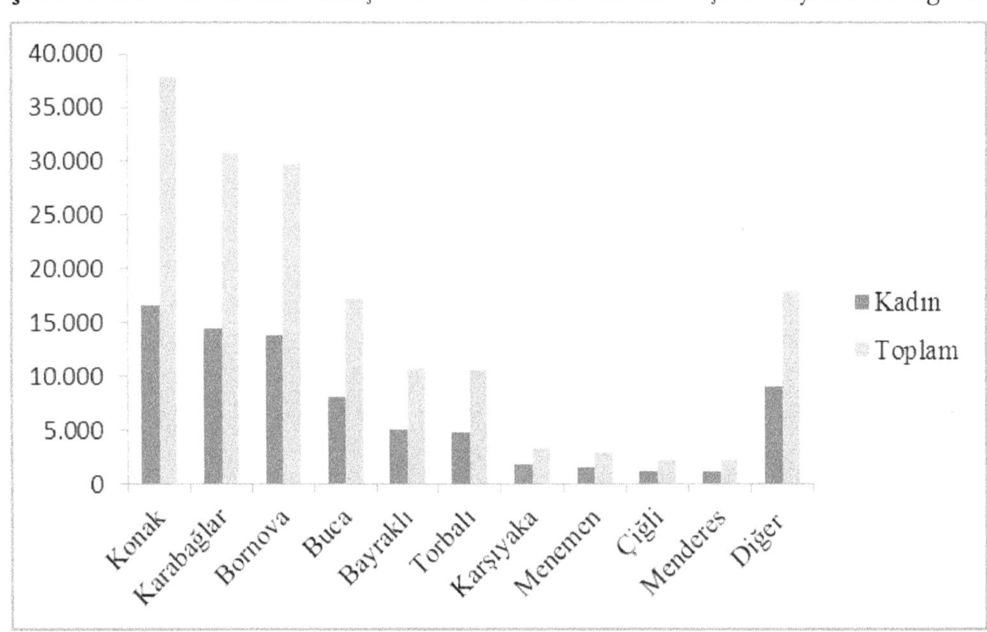

(**Kaynak:** GİGM, 2018).

2018 yılındaki GİGM verilerine göre, İzmir'de kadın göçmen sayılarının en yoğun olduğ ilçeler, İzmir'in merkez ilçeleri olan Konak, Karabağlar ve Bornova'dır. Konak ilçesinde her sosyo-ekonomik seviyesi yüksek (Alsancak ve Altay mahalleleri gibi) hem de düşük grupları

l. Kadriye ve Kadife Kale mahalleleri gibi) yaşadığı mahalleler bulunmaktadır. Nizam-
ahya'nın (2019) belirtiği gibi ilçe sınırları içerisinde yer alan Basmane semti ve Ballıkuyu, ubilay ve Altınordu mahalleleri ağırlıklı olarak İzmir'e iç göçle yerleşmiş olan yoksulların aşadıkları ve uluslararası göçle gelenlerin de eklemlendikleri mekânlardır. İzmir'de Karşıyaka e Bornova gibi eğitim seviyesi ve gelir durumu yüksek bireylerin ikamet ettiği bu ilçelerde öçmen kadın sayısının fazla olduğu görülmektedir (Şekil 3).

zmir'de kadın istihdam oranının ve yaşlı nüfus oranının nispeten yüksek olması, çalışan adınların ev içi hizmetlerde yardımcı ihtiyacını arttırmıştır (Şekil 5 ve Şekil 6). Toplumun adına yüklediği cinsiyetçi roller nedeniyle Memiş ve İzdeş'in (2018) de ifade ettiği gibi, lkemizde evde bakım hizmetleri kadının sorumluluğuna verilmiştir. Ayrıca kadının çalışması e bakım hizmetlerine yetişememesi durumunda bakıcı bulma görevi de yine büyük ölçüde adına yüklenmiştir.

ekil 4. İzmir'de Ev İçi Hizmetlerde Yatılı Olarak Çalıştırılacak Yabancı Kadın Göçmenlerin ulunması İçin Oluşturulan İş Taleplerinin İlçelere Göre Dağılımı (2020)[4]

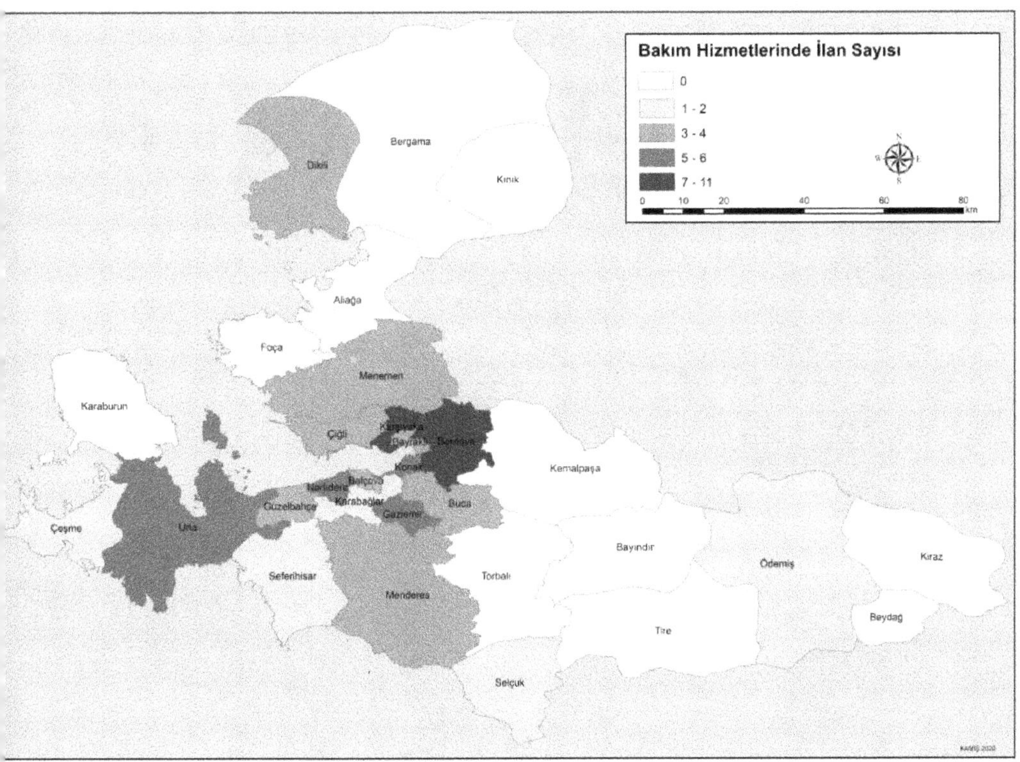

020 yılında ev hizmetlerinde çalıştırılmak üzere yabancı yardımcının bulunması için luşturulan iş ilanlarının yer aldığı web sitelerinde yapılan incelemeye göre, İzmir'deki toplam aşvuru sayısı 76'dır. İlanları incelediğimizde yabancı kadın yardımcı aramalarında yaşlı bakımı e yaşlı hasta bakımının birinci sırada, çocuk bakımının ise ikinci sırada yer aldığını örmekteyiz. İlçelere göre dağılımlar incelendiğinde yaşlı bakımına ve yaşlı hasta bakımına en

Kaynak: Bakiciburada.com, Sahibinden.com, Yardimciara.com, Canbakici.hizmetleri.com, İşinolsun.com (Erişim Tarihi: 18-
7.12.2020)

fazla talebin geldiği ilçeler sırasıyla; Konak, Karşıyaka ve Bornova'dır. Çocuk bakımında is sırasıyla Karşıyaka ve Bornova ilçelerinin tercih edildiği görülmektedir.

İzmir'de Göçmen Kadın İstihdamını Etkileyen Faktörler

İzmir'de bakım hizmetlerinde yabancı iş gücü istihdamının artmasında iki temel demografi göstergenin etkili olduğu varsayılmaktadır. Bunlar: (i) kadınların eğitim oranı ve istihdam orar ile (ii) yaşlanma hızının yüksek olmasıdır.

İzmir'in kentleşme ve kentlileşme seviyesinin yüksek olması istihdam yapısını etkileyip, eme piyasasının farklılaşmasını sağlamaktadır. İzmir'in hinterlandının (art bölgesinin) geniş olmas üretim ve ticaretin her aşamasında, istihdam olanaklarını arttırmaktadır. İzmir'de iş gücün katılım oranı Türkiye ortalamasının üzerinde olmakla birlikte, asıl dikkat çekici husu kadınların iş gücüne katılım oranının 2009-2019 yılları arasında İstanbul ve Ankara illerini ortalamalarının da üzerinde olmasıdır. Türkiye genelinde kadın iş gücü oranı 2019 yılınd %34,4 iken, İzmir'de bu oran %39, Ankara'da %34,5 ve İstanbul'da %37,6'dır (Şekil 5 İzmir'de kadınların ücretsiz aile işçisi olarak çalışma oranı Türkiye oranının yaklaşık yarı kadardır. Bu durum kadınların bilgi, beceri ve eğitim gerektiren diğer sektörlerde çalışm hayatına katılmaları açısından İzmir'in Türkiye geneline oranla daha fazla fırsatl sunmasından kaynaklanmaktadır.

Şekil 5. 2019 yılında Türkiye Genelinde ve İstanbul, İzmir ve Ankara İllerinde Yıllara Gör Kadınların İş Gücüne Katılım Oranları

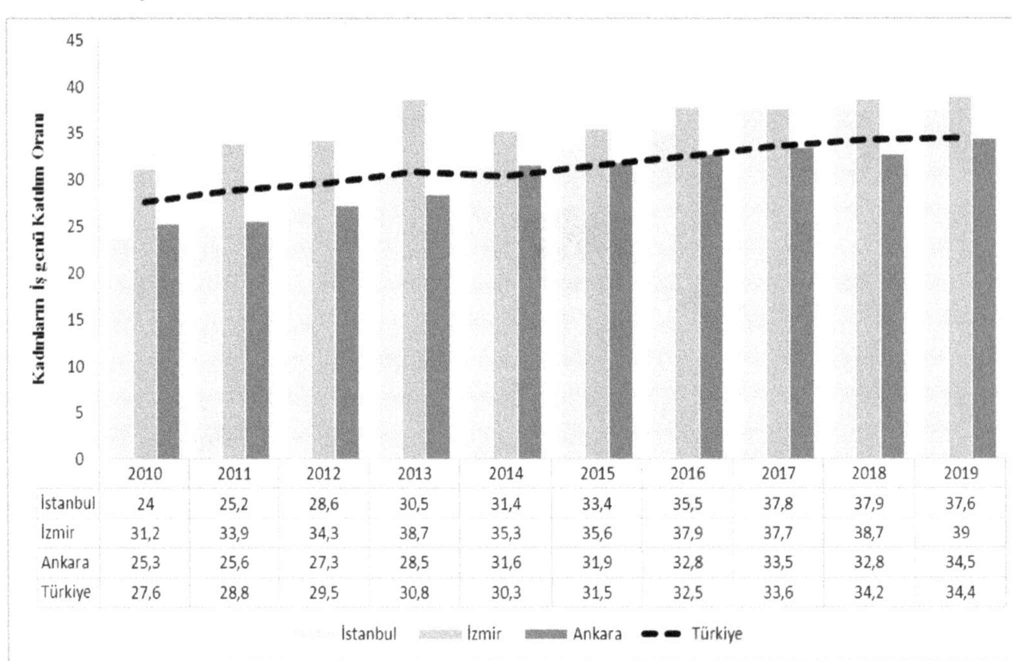

	2010	2011	2012	2013	2014	2015	2016	2017	2018	2019
İstanbul	24	25,2	28,6	30,5	31,4	33,4	35,5	37,8	37,9	37,6
İzmir	31,2	33,9	34,3	38,7	35,3	35,6	37,9	37,7	38,7	39
Ankara	25,3	25,6	27,3	28,5	31,6	31,9	32,8	33,5	32,8	34,5
Türkiye	27,6	28,8	29,5	30,8	30,3	31,5	32,5	33,6	34,2	34,4

(**Kaynak:** TÜİK)

Kadınların iş gücüne katılımı konusunda eğitimin anahtar rol oynadığı bir gerçektir (Ercan v 2010:14). Kadınların daha eğitimli olduğu toplumlarda iş gücüne katılım oranları da yüksekti Özellikle kentlerde lise ve üstü eğitim seviyesine sahip kadınlar, iş gücüne katılma konusun aha istekli olmalarıyla birlikte, onlara yönelik toplumsal baskılar da azalmaktadır (Toksöz, 007:61). İzmir'de kadınların iş gücüne katılım oranlarının Türkiye ortalamasından daha üksek olmasının sebepleri arasında, kadınların eğitim durumlarının yüksek olması ve kadına önelik toplum ve mahalle baskısının daha az hissedilmesidir. İzmir'de kadınların eğitim urumları incelediğinde lise veya dengi okul mezun oranı %23,64 ve yükseköğretim mezun ranı ise %19,3'tür. Türkiye genelinde ise lise ve dengi okul mezun oranı %21,62, ükseköğretim mezun oranı ise %15,4'tür. İzmir ili, lise ve üzeri eğitim oranları açısından diğer üyük illerle yakın oranlara sahiptir (Tablo 3). TÜİK 'in 2019 verilerine göre, ülkemizde ilçeler üzeyinde eğitim seviyesi bakımından ilk sıralarda İstanbul'un ve İzmir'in metropol ilçelerinin er aldığı görülmektedir. Türkiye genelinde eğitim seviyesinin en yüksek olduğu bu ilçeler ırasıyla Beşiktaş-İstanbul (1), Bornova-İzmir (2), Bahçelievler-İstanbul (3), Karşıyaka-İzmir 4), Menteşe-Muğla (5), Kuşadası-Aydın (6), Kadıköy-İstanbul (7), Avcılar-İstanbul (8) ve uca-İzmir (9)'dır.

ablo 3. 2019 Yılında Yabancı Kadın Göçmen Nüfus Açısından İlk Beşte Yer Alan İllerde entte Lise ve Üniversite Seviyesinde Toplamda ve Kadınlar Arasında Cinsiyete Göre)kullaşma Oranları

Yer	Lise ve dengi mezunu (%)/Toplam	Lise ve dengi mezunu (%)/Kadın	Yüksekokul/Fakülte mezunu (%)/Toplam	Yüksekokul/ Fakülte mezunu (%)/Kadın
Ankara	28,86	26,25	23,78	22,28
Antalya	26,71	23,98	18,4	17,98
Bursa	26,43	22,4	16,6	15,61
İstanbul	25,96	23,53	19,93	19,9
İzmir	25,95	23,64	19,78	19,33
Türkiye	24,82	21,62	16,51	15,4

Kaynak: TÜİK)

)rtanca yaşın yükselmesi, yaşam süresinin artması ile doğurganlık ve ölüm oranlarındaki zalmalar, yaşlanma hızını arttırmaktadır. Bu durum, yaşlı nüfus oranının, yaşlı bağımlı ranının, yaşlanma endeksinin yükselmesine, buna karşılık potansiyel destek oranının ise üşmesine neden olmaktadır. İzmir'in yaşlı nüfus oranı ve yaşlı bağımlılık oranı incelendiğinde, u oranların Türkiye'nin ortalamasından ve yabancı göçmen sayısının en yüksek olduğu dört olan İstanbul, Antalya, Bursa ve Ankara illerinin ortalamasının üzerinde olduğu örülmektedir (Şekil 6).

Şekil 6. 2019 Yılında Yabancı Göçmen Kadın Göçmen Nüfusunun Yoğunlaştığı İlk Beş İld
Yaşlı Bağımlılık (YB) Oranı (%) ve Yaşlı Nüfus Oranı (%)

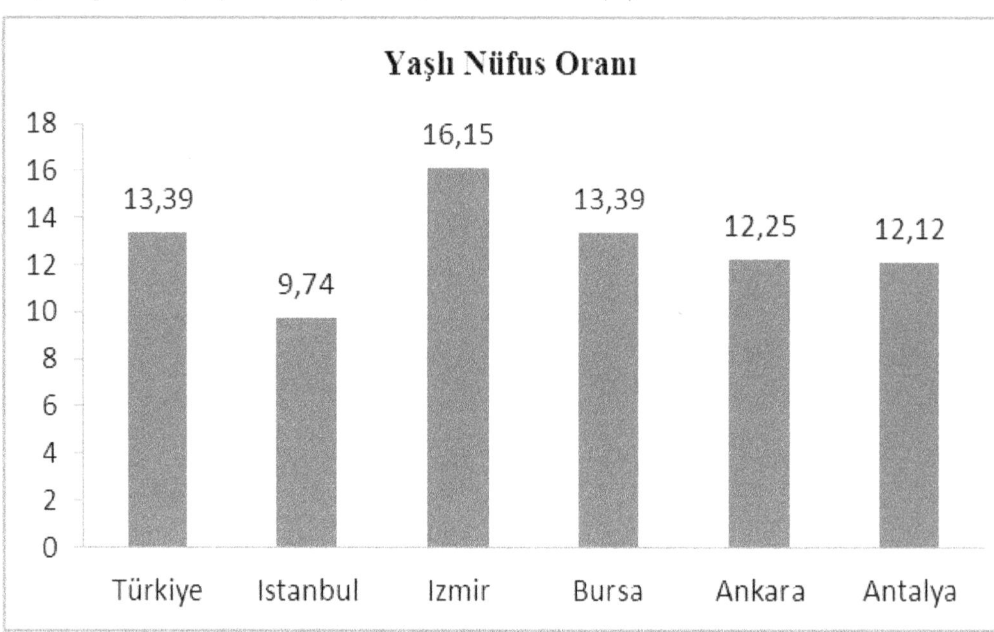

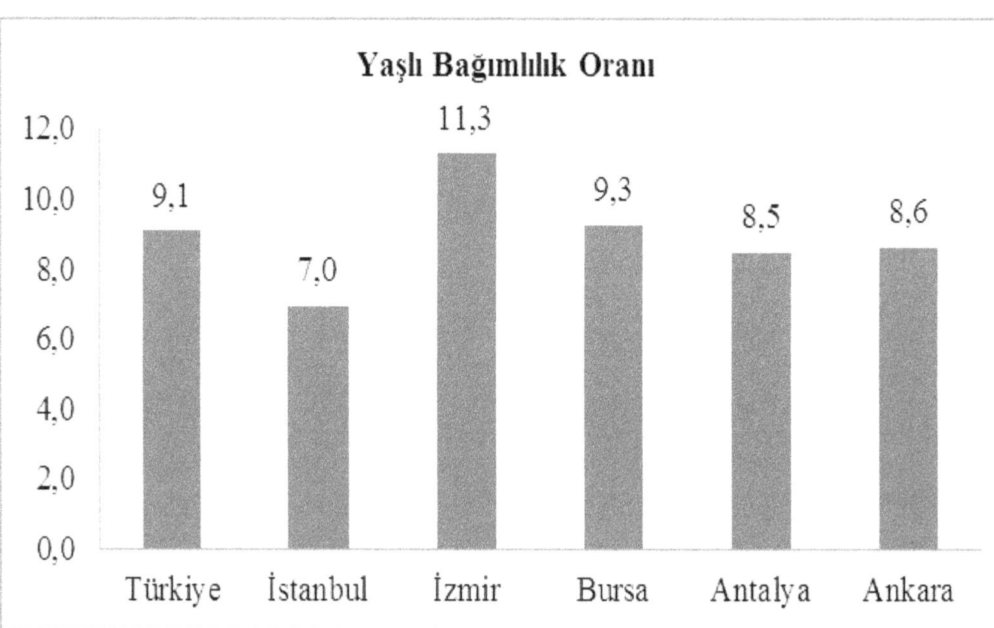

(**Kaynak:** TÜİK) (YB= ((0-14+65+ nüfus)*100/15-64)

ekil 7. Yabancı Kadın Göçmen Nüfusunun Yoğunlaştığı İlk Beş İlde Yaşlanma Endeksi YE), Potansiyel Destek (PDO) ve Ana-Baba Destek Oranı (ABD)

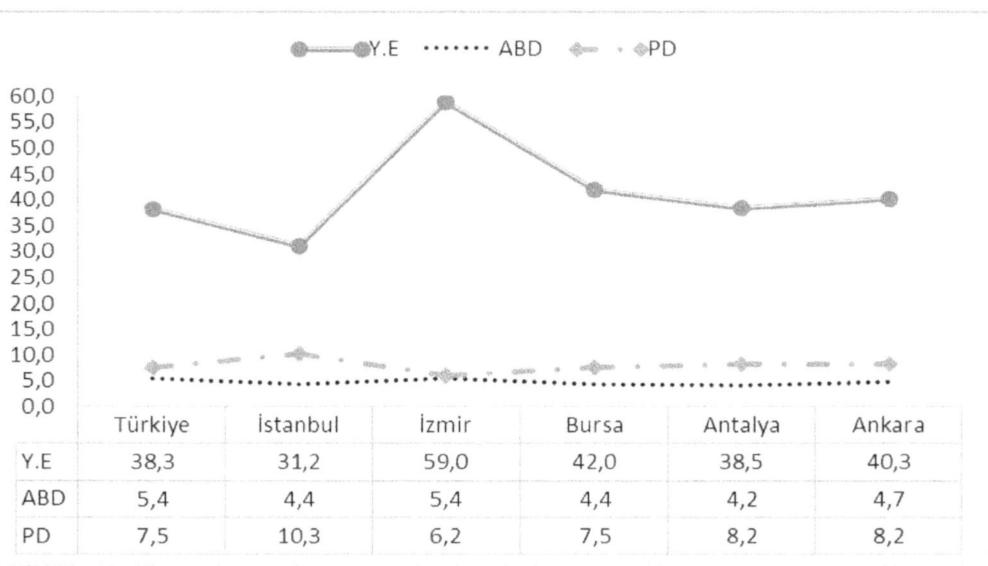

	Türkiye	İstanbul	İzmir	Bursa	Antalya	Ankara
Y.E	38,3	31,2	59,0	42,0	38,5	40,3
ABD	5,4	4,4	5,4	4,4	4,2	4,7
PD	7,5	10,3	6,2	7,5	8,2	8,2

Kaynak: TÜİK, 2019).
.BD= (50-64 nüfus: 85 + nüfus *100), YE= (65+ nüfus:0-14 nüfus) x 100) PDO= (15-64 nüfus:65+ nüfus)

ekil 6 ve 7 incelendiğinde yaşlı bağımlılık oranı ve yaşlanma hızının İzmir'de daha yüksek lduğu görülmektedir. İzmir'in 2019 yaşlanma endeksi %59,0, ana-baba destek %5,4 oranı ve otansiyel oranı %6,2'dir. İzmir'in diğer illerden daha hızlı yaşlandığı görülmektedir. 'otansiyel destek oranı, 65+ yaş grubunda olan her bir kişiye karşılık 15-64 yaş grubunda olan işi sayısını ifade etmektedir. Yaşlı nüfus oranı ve ana-baba destek oranı arttıkça potansiyel estek oranında düşme görülür. Ana-baba destek oranı, 50-64 yaş arası nüfus ile ileri derecede aşlanmış nüfusun (85 yaş üzeri) ilişkisini gösterir. Ana-baba destek oranının artması ileri aşlılığın ve buna bağlı olarak bakıma muhtaç yaşlıların artması ile orta yaş üzerindeki baskının a artacağını göstermektedir.

'aşlanma göstergelerindeki artış ve ülkemizde yaşlı ve çocuk bakımında kamusal hizmetlerin ınırlı olmasından kaynaklı olarak, İzmir'de ev içi bakım hizmetlerine olan ihtiyaç da ırtmaktadır. Bu ihtiyacın artmasıyla birlikte, ev içi bakım hizmetlerinde yabancı kadın öçmenlerin çalıştırılmak üzere tercih edilmesi de artmaktadır. Bu durumun sebepleri Toksöz e Ünlütürk Ulutaş'ın (2012:90)'deki çalışmalarında da belirttiği gibi, kadınların iş hayatına ırmesi, yoğun çalışma temposunun varlığı, çalışma saatlerinin uzaması, kadınların sık sık iş eyahatlerine çıkma gerekliliği, özellikle orta ve üst gelir sınıfından olan çalışan kadınların, akım sorumluluğunu her an hizmet vermeye hazır olan ve yatılı olarak istihdam edilen öçmen emeğiyle karşılamak zorunda kalmaktadırlar.

ulgular

zmir'de Ev Hizmetlerinde Çalışan Göçmen Kadınlar Hakkında Genel Bilgiler

u araştırma kapsamında yapılan mülakatlar sonucunda, göçmen kadınların geldikleri ülkelerin e uyruklarının farklı olduğu tespit edilmiştir. 18 katılımcıdan 11'i Türkmenistan'dan, 3'ü

Özbekistan'dan, 3'ü Azerbaycan'dan, 1'i ise Gürcistan'dan gelmektedir. Bu katılımcıları uyruklarına göre dağılımlarına bakıldığında, Özbek asıllı katılımcı sayısının (8 kadın) daha fazl olduğu görülmektedir. Türkmenistan'dan gelen Özbek asıllı katılımcı (K 1) SSCB dönemind ve sonrasında, Türkmenistan'da Özbek asıllı nüfusun yoğun olarak yaşadığı bölgeden (Lebo ve Taşovuz) geldiğini belirtmiştir (Tablo 4).

Tablo 4. Katılımcıların Uyrukları, Medeni Durumları, Tahmini Kalış Süreleri ve Yaşlar Eğitim Durumları Demografik Özellikleri ve Türkiye'de Tahmini Kalış Süreleri (2019)

Katılımcılar	Uyruk	Medeni Durum		Yaş (Yıl)	Eğitim (Yıl)	Kalış Süresi (Ay)
		Evli	Bekar			
Katılımcı 1	Özbekistan	✔		38	11	6
Katılımcı 2	Türkmenistan	✔		37	0	24
Katılımcı 3	Türkmenistan	✔		45	12	36
Katılımcı 4	Özbekistan	✔		44	0	24
Katılımcı 5	Türkmenistan	✔		41	12	48
Katılımcı 6	Türkmenistan		✔	30	12	120
Katılımcı 7	Özbekistan		✔	40	12	60
Katılımcı 8	Özbekistan		✔	39	0	24
Katılımcı 9	Azerbaycan		✔	35	12	32
Katılımcı 10	Özbekistan	✔		52	10	24
Katılımcı 11	Özbekistan	✔		33	11	12
Katılımcı 12	Özbekistan		✔	35	11	120
Katılımcı 13	Özbekistan	✔		50	8	12
Katılımcı 14	Özbekistan		✔	40	8	72
Katılımcı 15	Azerbaycan		✔	35	10	12
Katılımcı 16	Gürcistan	✔		42	12	36
Katılımcı 17	Azerbaycan	✔		42	12	8
Katılımcı 18	Türkmenistan	✔		25	14	60

GİGM'den alınan verilere göre, İzmir'e gelen kadın göçmenler arasında Gürcistan v Azerbaycan uyruklu göçmenlerin sayısı daha fazladır. Fakat araştırma sırasında Gürcistan göçmen kadınların görüşmeye ikna edilmesi oldukça zor olduğundan sadece bir kişiyl görüşme sağlanabilmiştir.

Katılımcıların demografik özellikleri incelendiğinde 11 katılımcının evli olduğu görülmektedi En genç katılımcı 25 yaşında, en yaşlı katılımcı ise 52 yaşındadır. Yaş gruplarına göre dağılır incelendiğinde 30-40 yaş arasındaki kadın göçmen sayının (9) fazla olduğunu görmekteyiz Eğitim durumları incelendiğinde hiç eğitim almamış 3 katılımcı bulunmaktadır (K 2, K 4, K 8). Katılımcıların eğitim sürelerinin genellikle 12 yıl olduğu ve Özbek uyruklu 5 katılımcını diğerlerine göre daha az eğitimli olduğu görülmektedir. Katılımcıların Türkiye'de kalma süres en kısa 6 ay, en uzun kalma süresi ise 120 aydır (Tablo 4).

ˈürkiye'ye Göç Etme Süreci ve Türkiye'yi Tercih Etme Nedenleri

ˈöçmen kadınlar, geldikleri ülkelere göre ve eğitim durumlarına göre iş bulabilme konusunda ırklı deneyimler yaşamaktadırlar. Örneğin, İngilizce bilen, Rus Koleji mezunu olan ve çok iyi .usça ve İngilizce bilen kadınlar daha çok çocuk bakımı için tercih edilirken, eğitim seviyesi üşük olan kadın göçmenler ise başta temizlik işleri olmak üzere ev işlerinde alıştırılmaktadırlar. Şirket sahibinin ifadesine göre, şirkete başvuran kadınlar arasında Gürcü e Özbek asıllıların daha çok ev işlerinde tercih edilmektedir. Türkmenistan'dan gelen adınların çoğu kırsal alandan geldikleri için, çamaşır ve bulaşık makinesi gibi elektronik şyaların kullanımında yetersiz olmaları sebebiyle temizlik işlerinde daha az tercih edilmekte e daha düşük ücretle çalıştırılmaktadır. Türkmen kadınlar İzmir'de genellikle yaşlı bakımında tihdam edilirken, Azerbaycan'dan ve Gürcistan'dan gelen kadınların ise Türkiye'de devlet urumlarında (GİGM ve Emniyet Genel Müdürlüğe) yeminli tercümanlık yapmaktadırlar.

ˈadın göçmenlerin Türkiye'ye göç etmeye karar verme süreçlerinde etkili olan faktörlerin aşında ekonomik şartların ve kültürel bağların etkili olduğu görülmektedir.

> *"Kültürümüz yakın burada iş var bizde yok" (K 15). "Kardeşiz biz ondan geldim" (K 17) "Buranın (Türkiye) kültürü ve dili yakın olduğu için geldim. Çocuklarıma ev almak için bu memleketteyim"* (K 4).

ˈatılımcıların Türkiye'yi tercih etmelerinde etkili olan faktörlerden bir diğeri de, Türkiye'ye aha önce gelen öncü göçmenlerle olan akrabalık ve arkadaşlık ilişkileridir. Kadınların 13'ü (K , K 3, K 5, K 6, K 8, K 9, K 10, K 11, K 14, K 15, K 16, K 17, K 18) Türkiye'de akrabası lduğunu, kadınların tamamı ise akraba dışında, ülkesinden bir tanıdığının Türkiye'de ulunduğunu belirtmiştir.

> *"Annem ve ablam burada (İzmir) olduğu için memlekette daha az para veriyorlar. Kazandığım yetmediği için geldim" (K 6). "Türkiye'den önce Rusya'ya gidecektim. Türkiye'de akrabam iş bulduğu için geldim. Çocuklarıma ev alacağım bizim memlekette herkesin evi var. Bir de kendime kırmızı araba almak için" (K 1).*

ˈürkiye'nin birçok ülkeye uyguladığı 90 günlük turist vizesi uygulaması, bu ekonomik öçmenlerin Türkiye'ye göç etmeye karar vermelerinde oldukça etkili bir faktördür. Türkiye'de ırist olarak 90 gün kalmaya izin veren bu vize uygulamasıyla, Azerbaycan, Gürcistan, ˈürkmenistan ve Özbekistan'dan gelen kadınlar, bu süre boyunca, sorunsuz bir şekilde ˈürkiye'de kalabilmektedirler. *"Hiçbir sıkıntı yaşamadım"* (K 14). Fakat diğer iki kadın katılımcı ˈK 3, K 6) 2019 yılından itibaren Türkmenistan'dan çıkış yapabilmeleri için 30 yaş sınırlaması etirildiğini belirtmiştir. Ancak bu durum resmi Türkmenistan kaynaklarında teyit dilememiştir.

> *"Hiç sıkıntı olmadı, ama artık galiba kadınlar yaş nedeni ile çıkamıyorlar" (K 6). "Yok, zaten 45 yaşında olduğum için rahat geldim" (K 3).*

ˈöçmen kadınların Türkiye dışında rahatça giriş ve çıkış yapabildikleri bir diğer ülke de .usya'dır. Ancak görüşmeler esnasında, katılımcılar bazı sebeplerden dolayı çalışmak için .usya'ya gitmeyi tercih etmediklerini belirtmişlerdir. Bu sebepler; istihdam olanaklarının .usya'da sınırlı olması, Rusya'da BDT ülkelerinden gelen çok sayıda işsiz göçmenin bulunması e konaklama ile yemek masraflarının Rusya'da yüksek olmasıdır.

> *"Rusya'da 1 sene çalıştım aşçılık yaptım. Kaldığım yerin parasını, yemek parasını kendim karşıladığım için çok para biriktiremedim. Bu yüzden burası daha avantajlı, yere para vermiyoruz. Oturma izni Rusya'da çok pahalıdır" (K 12).*

Şekil 8. Katılımcıların Tanıdıklarının Sayısının İllere Göre Dağılımı (2019)

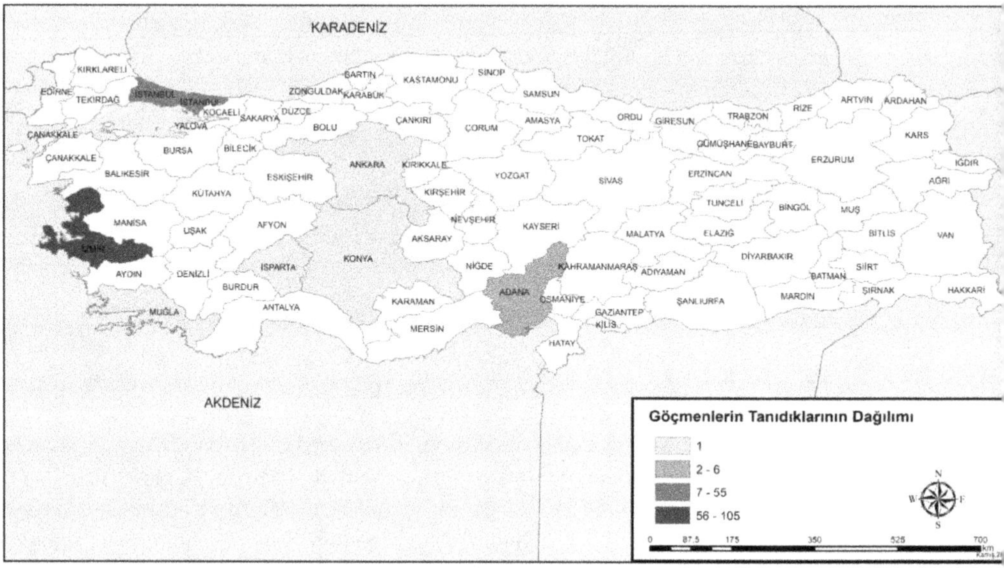

İzmir'e Yolculuk

Göçe karar verdikten sonra, çalışma ve yaşam alanlarına dair seçimlerde öncü göçmenler kurulan ilişkilerin önemli olduğu bilinmektedir. Mülakata katılan kadınların "*İzmir'de ken ülkenizden tanıdığınız kaç kişi var* ?" sorusuna verdikleri yanıtlardan diğer illere göre İzmir'd daha fazla tanıdıklarının bulunduğu tespit edilmiştir (Şekil 8). Kadınlardan 8'i İzmir'de akraba olduğunu, tamamı da akraba dışında ülkesinden bir tanıdığının İzmir'de olduğunu belirtmişti Nitekim bu durum, kadın göçmenlerin İzmir'e de "ilişkiler ağıyla" geldiklerin doğrulamaktadır. Katılımcıların, Türkiye'ye gelme aşamasında olduğu gibi, İzmir'e geldikte sonra da akraba ve tanıdıklarından yardım aldıkları görülmektedir.

> *"Akrabam yardımcı oldu. İlk Konya'ya geldim. Akrabam evli orada" (K 14), "Akrabam evli bana iş var dedi" (K 15). "İzmir güvenli bir şehir akrabalarım da var" (K 11).*

Kuşkusuz ki katılımcıların iş bulmalarında etkili olan tek faktör akrabalık ilişkileri değildi Katılımcılar, istihdam bürolarından da iş bulma konusunda yardım almaktadırlar.

> *"Halamla gezmeye gelmiştik, burayı çok beğendim ve daha sonra 2004 yılında bir şirket bulup geldim" (K 7). "Kendim geldim memleketten çok fazla kadın var böyle gelip şirket sayesinde iş buluyoruz" (K 3).*

Kadınların İzmir'i tercih etmelerinde, iş bulma olanaklarının yüksek olması kadar mekânın özellikleri de etkili olmuştur. Kadınların çoğu, kendilerini İzmir'de güvende ve özgür hissettiklerini belirtmişlerdir (K 2, K 3, K 4, K 5, K 6, K 9, K 10, K 11, K 12, K 13).

> *"İzmir güvenli, güzel ve sakin bir yer, o yüzden buraya geldim direkt" (K 10). "İzmir'i çok beğendim çok güzel bir şehir, rahatsın burada, ama İstanbul çok kalabalık karışık bir yapısı var, orada yaşamak istemem. İş daha fazla orada ama yine de İzmir'den ayrılmam" (K 7). Ayrıca İzmir'deki insanları sıcakkanlı bulmaktadırlar. "Burası (İzmir) güvenli insanlar sıcak burayı seviyorum" (K 5). "Burası güvenli, İstanbul çok kalabalık ve güvensiz" (K 2). İzmir'i güvenli buluyorum. (K 9). "İzmir sakin ve rahat bir şehir İstanbul pis çok karışık bir şehirdir" (K 13).*

Göç etme sürecinde, altı katılımcı (K 12, K 13, K 17, K 16, K 18, K 7) doğrudan İzmir'e gelmemiş, ilk önce İstanbul'a gelip, İstanbul'daki deneyimlerinden sonra İzmir'e göç etmiştir. Altı katılımcı ise öncü göçmenlerden aldığı bilgiler doğrultusunda doğrudan İzmir'e gelmiştir.

Çalışma ve İş koşulları

Çalışma Alanları ve İlçelere Göre Dağılım

Kadın göçmenlerle yapılan görüşmeler sonucunda, 11 kadın katılımcının yaşlı bakımında çalıştığı tespit edilmiştir. 3 katılımcı çocuk bakımında, 3 katılımcı hasta bakımında çalışırken, katılımcı da ise temizlik işlerinde çalışmaktadır. İlçelere göre dağılımlarına bakıldığında, 5 kadının Konak ilçesinde, 3 kadının ise Karşıyaka'da yaşlı bakımında çalıştığını görmekteyiz. Konak ve Karşıyaka ilçelerinde aynı zamanda çocuk bakımında çalışan katılımcıların oranı da oldukça yüksektir (Tablo 5).

Tablo 5. Katılımcıların Ev İçi Hizmetlerde Çalışma Alanlarının İlçelere Göre Dağılımı (2019)

İlçeler	Hasta	Çocuk	Yaşlı	Temizlik
Bornova	-	-	1	-
Konak	1	2	5	1
Karşıyaka	-	1	3	-
Balçova	-	-	2	-
Çiğli	1	-	-	-
Buca	1	-	-	-
Toplam	3	3	11	1

Aracı şirketlerden bir tanesinin yetkilisiyle yapılan görüşmelerde ise 2019 yılında çalışma izni olan 46 kişiye istihdam sağlandığı belirtilmiştir. Şirketteki gözlemlerimiz bu sayının daha fazla olduğu yönündedir. Şirket verilerine göre kadın göçmenlerin çalışma alanlarına olan talepleri sıralandığında hasta bakımı 1, yaşlı bakımı 2, çocuk bakımı 3 ve ev temizliği ise 4'üncü sırada yer almaktadır.

Kadın Göçmenlerin Ev İçi Durumları ve Çalışma Süreleri

İzmir'de yaşlı bakımı, ev içi hizmetler ve çocuk bakıcılığı yapan 17 kadın katılımcı evlerde yatılı olarak çalışmaktadır. Katılımcıların çalışma şartlarını incelediğimizde, 18 kadın katılımcının

16'sı şartları şirketin belirlediğini belirtmişlerdir. Kadın göçmenlerin büyük çoğunluğu haftalı izinlerinin şirket tarafından belirlendiğini, bakım yanında temizlik ve yemek işlerini d yaptıklarını ve yemeklerini aile ile birlikte yediklerini belirtmişlerdir.

> *"Aile içinde birlikte yemek yiyoruz, Amca 9'da uyuyor ilaçlarını içiriyorum ve 9'dan 12' ye kadar telefonla ailemle görüşüyorum" (K 1).*

Katılımcılar özellikle de yaşlı bakımında çalışanlar, dinlenme saatlerinin olmadığını, anca baktıkları kişi uyuduğunda dinlenebildiklerini belirtmişlerdir.

> *"Hastayla birlikte kalıyorum, gece kalkıp tuvalete götürüyorum" (K 1). "Yemeğimizi aileyle yiyoruz. Yaşlı insanlar ben onlara yemek yapıyorum. Babaya da bakıyorum. Uyuduğu zaman dinleniyorum" (K 3).*

Çocuk bakımında ise farklı bir durum söz konusudur. Katılımcılar, belirli bir saatten sonr çocukların uyku saati olduğu için kendilerine daha fazla zaman ayırdıklarını ifade etmişlerdir.

> *"Aileyle yemek yiyoruz. Saat 9'dan sonra vakit bana ait, sabah kalkıyorum, gitmeden iş sahiplerinin kahvaltılarını hazırlıyorum. Evi topluyorum" (K 11).*

Yine yapılan görüşmelerde, kadınlar kendilerine ait bir odalarının bulunmadığını, baktıkla hastayla veya çocuklarla birlikte aynı odada kaldıklarını belirtmişlerdir.

> *"Hayır. Hastayla birlikte kalıyorum gece kalkıp tuvalete götürüyorum" (K 1).*

Göçmen kadınlar bütün gün aile ile vakit geçirdiklerinden, bazı kadınlar gereğinden fazla ail denetimi altında kalmaktan şikâyetçi olmaktadır.

> *"Anne (iş sahibi) bana kötü davranıyor. Her şeye karışıyor. Elektrik ve suyu çok harcadığım için bağırıyor. Kendi yemeklerimi yapmama izin veriyor ama beğenmiyor sürekli bana kötü sizin yemekleriniz kötü diyor. Eğer amcayı sevmesem anneye asla bakmam onun için durmam" (K 1). "Kreşe gittiğinde ev işi yapıyorum. Yemek yapıyorum. Bitince iş dinleniyorum" (K 17).*

Katılımcı kadınların aylık kazançları 2100-3500 TL arasında değişmektedir. Ayrıc katılımcıların, genellikle haftada bir gün veya iki haftada bir gün izinleri olmaktadır. Göçme kadınlar, izin günlerini genellikle İzmir'de akrabalarıyla birlikte geçirmektedirler ve haftalık izi parası almaktadırlar. İzin paraları ilden ile farklılık göstermektedir, bu para İzmir'de 25 TI İstanbul'da ise 50 TL'dır.

> *"Aylık 2500 TL bunun haricinde haftalık 25 TL alıyorum" (K 2). "2600 TL aylık alıyorum. Haftalık 25 TL de izin parası alıyorum" (K 18). "3500 TL aylık, haftalık 25 TL'de izin parası alıyorum" (K 16).*

> *"1 gün 24 saat iznim var" (K 12). "Buraya (şirket) geliyorum. Burada dinleniyorum. Çarşıya (Kıbrıs Şehitleri Caddesi) çıkıyorum geziyorum" (K 5). "Yok, neden çıkayım başka ilde kimsem yok, maaşımı aldığım gün izin kullanıyorum. Konak'ta halamla ve akrabamla geziyorum. Aileme para göndermesi için akrabama parayı ve çocuklarıma aldığım giysi ve ayakkabıyı veriyorum" (K 1).*

eçmek ve Seçilmek

;öçmen kadınlar belirli işlerde çalışmaları için işverenler tarafından belirli kriterlere genellikle e uyruklarına ve eğitim durumlarına göre seçilmektedirler. İzmir'de faaliyet gösteren aracı tihdam şirketinin sahibiyle yapılan görüşmede; göçmen kadınların iş deneyimi, yaşı ve eğitim urumlarının ev içi hizmetlerde oldukça önemli olduğu bilgisi edinilmiştir. Sadece işverenin eğil, aynı zamanda kadınların da iş ararken belli kriterleri bulunmaktadır. Örneğin, beş atılımcı çocuk bakımının daha ağır ve sorumluluğunun fazla olmasından dolayı bu işte alışmak istemediklerini belirtmişlerdir.

> *"Küçük çocuk bakmak istememişimdir. Çok zor çocuk bakmak" (K 2).*
> *"Erkek ve çocuk bakmak asla istemiyorum" (K 14).*

adın göçmenlerden sekizi, yaşlı ve hasta bakımında erkek hastaya bakmayı tercih tmemektedir. Bu durumun nedeni sorulduğunda ise, katılımcılar eşlerinin erkek hasta akmalarını istemediklerini belirtmişlerdir. Katılımcılar, kendi ülkeleri dışında başka bir ülkede aşamalarına rağmen, aile düzenlerinin zarar görmemesi için eşlerinin görüşlerini dikkate lmaktadırlar.

> *"Yaşlı erkek ve hasta bakamam erim istemez, çocuk bakmak istiyorum" (K 11). "Ben ve erim erkek bakmak istemiyorduk ama amcanın fotoğrafını gösterdiklerinde babama çok benzettim. Ben babamı kanserden kaybettim. O yüzden kabul ettim" (K 1). "Sadece tek anneye bakarım. Erim istemez diğerine bakmam" (K 18).*

zmir'deki Katılımcıların BDT Ülkelerindeki Aileleriyle Olan İletişimleri ve 'ara Transferi

adın göçmenler kendi ülkelerindeki aileleriyle ve yakınlarıyla; yazılı, görüntülü ve sesli örüşmelerini Türk Cumhuriyetlerinde yaygın olarak kullanılan IMO isimli cep telefonu ygulamasıyla sağladıklarını ifade etmişlerdir. Ayrıca göçmen kadınlar, kazandıkları paraları ilelerine, genellikle bir "aracı kişiyle" gönderdiklerini belirtmişleridir. Bu kişi, bir tanıdık veya kraba olabilmektedir. Ancak bu kişi, parayı gönderen kişiden, bu hizmet için belirli oranda ir komisyon almaktadır. Diğer bir para gönderim kanalı ise PTT'dir.

> *"Aracılar 100 doları 5 dolara gönderiyor" (K 3). "Kadınlar hep aracıya veriyor ben de ona veriyorum" (K 11). "Bazen aracı bazen PTT'yle yolluyorum" (K 14). "Aracıyla gönderiyorum buradakiler 100 doları 5'e gönderiyor ben 4 dolara yolluyorum" (K 12).*

öçmen Kadınların Yerli Halk ile ilgili Düşünceleri

'ürkiye'deki deneyimleri üzerinden, katılımcıların işverenle ve yerli halkla ilgili eğerlendirmelerine baktığımızda, yerli kadın ve erkeklerle ilgili algıların farklı olduğu örülmektedir. Kadın göçmenlerin 6'sı Türk kadınlarının eşlerini onlardan kıskandıklarını ve ötü davrandıklarını söylemişlerdir. Ayrıca iki kadın katılımcı da, iş görüşmesi sırasında ve onrasında sözlü tacizlere uğradıklarını da ifade etmişlerdir (K 7, K 12).

> *"Türk kadınları sanki erkeklerini ellerinden alacakmışız gibi davranıyorlar. Sanki biz buraya o işler için (seks işçiliği) geliyormuşuz gibi davranıyorlar" (K*

7). "Evet. Bize hırsız gibi davranırlar" (K 16). "Oranın sahibi bana çok ilgili bir erkekti. Bana beni beğendiği ve yakın bir ilişki kurmak istediğini söyledi ve paramı diğer kadınlardan fazla veriyordu" (K 7). "Kusura bakmayın ama sapık onlar, gittiğim bir yerde beni o kötü kadınlardan sanmışlardı" (K 12).

Dedeoğlu ve Gökmen'in (2011) bulgularına göre, göçmen kadınlar, emeğini niteliksizleştirilmesi, diplomalarının, kadın olarak sosyal kabiliyetlerinin ve yeteneklerini kabul görmemesi gibi sorunlarla karşılaşırlar. Yapılan görüşmelerden elde edilen bulgular göre, göçmen kadınların Türkiye'de hem kadın olarak, hem de göçmen olarak ayrımcılığ maruz kaldıkları görülmektedir. Katılımcılardan sadece 3'ü ayrımcılığa maruz kalmadıklarını belirtmişlerdir. Ancak bu katılımcılar, aynı zamanda çalıştıkları evden çok fazla dışa çıkmadıklarını da belirtmişlerdir.

"Sizin erkekler biraz sapık çünkü alımlı ve güzel giyinen kadınlara çok bakıyorlar. Beni bir gün biri aradı telefonla dedi ki babama bakıcı arıyoruz. Tanışmak için buluştuğumuzda bana günlük cinsel birliktelik için 200 TL teklif etmişti. Buraya ilk geldiğim zaman günlük tarla işinde çalışıyordum" (K 7). "Kötü bir durum yaşamadım. Evden dışarıya çok çıkmıyorum. Korkuyorum evden biriyle çıkıyorum" (K 1).

İzmir'de Özgürleşme

Kadınlar için göçün bir diğer süreci de, kadınların ataerkil düzen içerisinden kopmaları ve par kazanmaya başlamalarıyla birlikte kendilerini daha özgür hissetmeleridir yani kadınları özgürleşmeleridir. Köken ülkelerindeki normatif beklentilerin uzağında kalan birçok kadın içi göç, güçlendirici ve özgürleştirici bir araçtır. Bu güçlenme ve özgürleşme sürecinde, kadınları tek başına olmaları kadar yeni yerleştikleri mekânın da etkisi bulunmaktadır.

"Özgürce dolaşabiliyorum tek başıma hayatımı sürdürmek zor ama para kazanmam açısından memnunum ve Urla, Çeşme çok güzel yerler" (K 7). "Burada özgürüm istediğimi giyebiliyorum. Türkmenistan'da ben hemşireydim. Devlet başkanımız hastaneye gelecek diye bizi gece 1 gibi hastaneye zorla getirip sabah 7 gibi geleceği için beklemiştik. Resmi törenlerimizde bütün devlet çalışanlarını, hepimizi toplayıp törene götürüyorlar. Gitmezsek işimizden oluyoruz. Orada resmi kurumlarda havaalanlarında yaşma (başörtüsü) takıyoruz" (K 6). "Maddi açıdan çok memnunum, özgürüm bizim memlekette kızlar 17-18 yaşında kaçırılıyor. Başlık parası istiyorlar erkeklerden, evlenmek için 800 dolar. Dayak olayı çok var burada ben görmedim" (K 10).

Göçün Geleceği

Göçün kalıcılığı söz konusu olduğunda, evli olan göçmen kadınlar, eşleri ve çocukları geldikle ülkelerde kaldıkları için, kendi ülkelerine dönmeyi planladıklarını belirtmişlerdir. Ayrıca çoğ para biriktirerek, kendi ülkelerinde ev almak isteklerini de ifade etmişlerdir. Bekâr olan göçme kadınlar ise Türkiye'de kalmak istediklerini, burada hem para kazandıklarını hem de dah mutlu olduklarını belirtmişlerdir. Bu katılımcılara yöneltilen "Evlenirseniz Türkiye'de kal mısınız ?" sorusuna beş kadın 'evet' yanıtını vermiştir.

> *"Düşünüyorum. Parası varsa evlenirim sevgiyle olmuyor" (K 6). "Evet düşünürüm. Türkiye'de kalmak için istiyorum. Kültürlü bir Türk erkeği bulursam olur" (K 7). "Evet, isterim ama bana uygun biri olsun rahat olayım, çalışmayım istiyorum" (K 9).*

'ine evli olanlara yöneltilen "*Çocuklarınızın Türk birisiyle evlenmesini ister misiniz?*" sorusuna dört adın 'hayır' yanıtı vermiştir.

> *"Yok yok. Neden isteyim bir tek kız çocuğum var onu da yanımda isterim. Çocuklarımın hepsi yanımda olsun ben onlar için çalışırım" (K 1).*

adınların çoğu, her ne kadar kendilerini İzmir'de özgür hissetseler de yine de kendi ıemleketlerine dönmek istemektedirler. Bu durumun en önemli nedeni ise eşlerine ve ocuklarına duydukları özlemdir. Yedi katılımcının memleketteki çocuklarının bakımını; nneleri, teyzeleri veya eşleri yapmaktadır. Yapılan görüşmeler esnasında, katılımcılar ocuklarına duydukları özlemin çok yoğun olduğunu sıkça dile getirmişlerdir.

> *"Milli bayramlarımızı özledim, çocuklarımı haftada bir gün tiyatroya ve parka götürüyordum. Onları çok özledim" (K 1). "Havasını, çocuklarımı, bayramlarını (15 adet milli bayram) özledim. Yemeklerini özlemişimdir. Burada Özbek pilavı yapıyoruz ama aynısı olmuyor" (K 2). "Memleketim çok güzel, çocuklarımı eşimi özlerim" (K 17). "Çocuğumu eşimi özledim" (K 16).*

onuç

980'li yıllarda Türkiye'nin serbest ekonomiye geçmesiyle birlikte, bu dönüşümle eş zamanlı larak ülkemizde çocuk ve yaşlı bakımında devletin de sorumluluk aldığı bir refah sistemi urulamamıştır. Toplum genelinde, cinsiyetçi bakış açısının da etkisiyle çocuk ve yaşlı bakımı e ev hizmetlerinin kadınların sorumluluğunda olduğu kanısı yaygındır (Gökbayrak, 2009; Coşkun, 2017; Yalçın, 2015). Ancak bu durum, ülkemizin özellikle gelişmiş batı illerindeki ehirlerde değişmiştir. Kadınların eğitim seviyesinin artmasıyla kadınların iş gücüne katılımları a arttırmıştır. Zaman içerisinde, Türkiye'de yaşlı nüfus oranı da artmıştır. Tüm bu faktörlerin tkisiyle, ülkemizde çocuk bakımını, yaşlı bakımını, hasta bakımını ve ev işlerinin yapılmasını a kapsayan ev içi bakım hizmetleri iş alanı oluşmuştur. Ekonomik gelir seviyesi artan gruptaki azı aileler, bu hizmetleri ev dışından birinden yani bir çalışandan almaya yönelmişleridir. Ülkemizde ev içi bakım hizmetleri, genellikle günlük olarak yerli çalışanlardan, yatılı olarak ise aha çok yabancı kadın göçmen çalışanlardan sağlanmaktadır.

u araştırmada, kadının sorumluluğuna verilen bu alanda çalışan yabancı göçmen kadınların 'ürkiye'yi ve İzmir'i tercih etme nedenleri incelenmeye çalışılmıştır. Buna göre katılımcıların eçimlerinde; Türkiye'ye girişin ve 90 gün boyunca kalışın kolay olmasının, kültür ve dil akınlığının, daha önce Türkiye'ye ve İzmir'e gelen bir akrabasının varlığının, elde edilecek lan ekonomik kazancın göreceli olarak daha yüksek olmasının ve iş bulmanın kolay olmasının ibi etmenler etkili olduğu tespit edilmiştir.

'ürkiye'deki diğer illere kıyasla, kadınların İzmir'de çalışma hayatında daha fazla yer alması olayısıyla, bu kadınların ev içi hizmetlerindeki iş yükünü arttırmış ve yardımcı ihtiyacını ortaya ıkarmıştır. Ayrıca İzmir'de yaşlı nüfus oranının yüksek olması, evde bakım hizmetlerinde stihdam edilmek üzere çalıştırılacak personel ihtiyacını da arttırmıştır. Bu ihtiyaçları karşılamada, ülkemizde kamusal ve özel desteklerin zayıflığı, bireyleri evde enformel bakım yönlendirmiştir.

Ülkemizdeki aile yapısı gereği yerli çalışanlar, ev içi hizmetlerde genellikle yatılı olarak çalışma kabul etmemektedirler. Bundan dolayı yatılı çalışma alandaki boşluk, ucuz ve güvencesiz i gücünü oluşturan ve daha çok BDT ülkelerinden ülkemize çalışmak üzere gelen, yaban göçmen kadınlarla doldurulmaya çalışılmaktadır. Yapılan görüşmelerden elde edilen bulgula da bunu desteklemektedir. Yani göçmen kadınların İzmir'deki ev içi hizmetlerde çalıştırılma üzere, en çok tercih edildikleri alan, çalışanın yatılı kalmasını gerektiren, yaşlı bakımı ve yaş hasta bakımı alanlarıdır. İzmir'de göçmen kadınların yoğun olarak çalıştıkları ilçeler; Konal Karşıyaka, Bornova ve Balçova gibi, eğitim ve gelir seviyesinin yüksek olduğu ilçelerdir. B ilçelerde göçmenlerin varlığının nedeni, evdeki bireylerin çalışması ve bu bireylerin bakır ihtiyacı olan yakınları için (yaşlıların, hastaların ve çocukların bakımı için) kendilerine yardım aramasıdır.

Göçmen kadınlarla yapılan yüz yüze görüşmeler sonucunda, 18 kadın katılımcıdan 13'ünü İzmir'e bir akrabasının yardımıyla yani göçmenlerin oluşturduğu bir ağ aracılıyla geldiği tesp edilmiştir. Buna göre, bu göçmen ağı arasındaki ilişkilerin yani öncü göçmenler, akrabalar v tanıdıklar arasındaki ilişkilerin, kadın emek hareketlerinin artmasında ve devamlılığında önem bir faktör olduğunu söylemek mümkündür. Akraba bağlarıyla birlikte, Türkiye'nin uyguladı vize politikalarının da göçü kolaylaştırıcı bir etkisi bulunmaktadır. Görüşme yaptığımız tür göçmen kadınlar, Türkiye'ye turist vizesiyle giriş yaptıklarını, ülkemizde 90 gün kaldıkta sonra, kısa süreliğine hatta bazen 24 saat içinde kendi ülkelerine veya bir başka ülkeye giri yaparak, tekrar Türkiye'ye dönüş yaptıklarını belirtmişlerdir. Bundan hareketle, bu göçme kadınların hareketliliğinin "mekik göçü" oluşturduğu ve bu kadınların Türkiye'de düzensiz gö sistemi içinde yer aldıklarını söylemek mümkündür.

Bu araştırma kapsamında yapılan görüşmeler sonucunda, bazı göçmen kadınların özellikl yaşça büyük olanların Türkiye'de sürekli olarak kalmak istemedikleri tespit edilmişti Katılımcıların, Türkiye'de tahmini kalış sürelerinin en uzun 120 ay olduğu, en düşük ise altı a olduğu tespit edilmiştir. Ayrıca katılımcıların, Türkiye'deki sürekli kalış durumları da meder durumlarına göre değişiklik göstermektedir. Bekâr katılımcılar, evlendikleri takdird Türkiye'de kalabileceklerini, evli olanlar ise çocuklarına ve ailesine olan özlemleri sebebiyl para kazanıp, kendi ülkelerine dönmek istediklerini belirtmişlerdir.

Bu araştırmayla, ülkemizde, göçmen kadınların bakım hizmetlerindeki boşluğu doldururke sadece göçün cinsiyet seçiciliği açısından değil, aynı zamanda nitelik, uyruk ve donanımla bakımından da bir bu sistem içinde, bir elekten geçtikleri tespit edilmiştir. Ayrıca Türkçe v ana dilleri dışında yabancı dil (İngilizce ve Rusça) bilen kadınların daha çok çocuk bakımınd ve yeminli tercümanlık gibi işler için devlet kurumları tarafından tercih edildiği, temizli işlerinde ise daha çok eğitim seviyesi daha düşük olan Gürcü ve Özbek asıllı kadınların terci edildiği sonucuna ulaşılmıştır.

Bu yabancı göçmen kadınlar, çalışma hayatında göçmen ve kadın kimliklerinden dolayı belir zorluklarla mücadele etmek zorunda kalmaktadırlar. Bu zorlukların başında, göçme kadınların kayıt dışı çalışmaları gelmektedir. Bu durum, bu yabancı göçmen kadınların, i güvenliğinden yoksun olmalarına, ağır şartlarda çalışmalarına ve güvensiz ortamlarda her türl şiddete (fiziksel ve ruhsal) maruz kalmalarına yol açmaktadır. Ayrıca yapılan görüşmelerd kadınlar sık sık eşlerine ve çocuklarına olan özlemlerini dile getirmişlerdir. Göçmen kadınla endi evlerine ve çocuklarına eşlerinin, annelerinin veya kız kardeşlerinin baktığını ifade tmişlerdir. Göçmen kadınlar, çocuklarıyla internet üzerinden, telefonla görüntülü görüşme aptıklarını ve özlemlerini biraz olsun gidermeye çalıştıklarını belirtmişleridir. Bununla birlikte, evdiklerine hediyeler alıp, bu hediyeleri aracı kişilerle göndererek, çocuklarını mutlu etmeye alıştıklarını söylemişlerdir. Yani bu göçmen kadınlar, "sınırlar arası ebeveynlik" yapmaya alışmaktadırlar. Katılımcılar, birikimlerini de genellikle belirli bir komisyon alan aracı kişiler e PTT vasıtasıyla ülkelerine gönderdiklerini belirtmişlerdir. Göçmen kadınlar çoğunlukla ayıt dışı çalıştıkları için, çalıştıkları süre boyunca kazandıkları paralarını da aracıyla önderdikleri için, Türkiye'den yurt dışına olan döviz transferinin hacmi de esaplanamamaktadır.

Ülkemizdeki şartlar bu şekilde devam ettiği müddetçe, göçmen kadınların ülkemizde ve zmir'de kayıt dışı istihdam durumunun devam edeceği ve artacağı öngörülmektedir. Bu edenle, ev içi bakım hizmetlerinde çalışan göçmen kadınların düzensiz göç sisteminden ve ayıt dışı istihdam sisteminden çıkarılması için devletin yabancı işçi göçü ve yabancıların stihdamı politikalarında düzenlemeler yapması gerekmektedir. Yapılacak olan bu üzenlemeler, ev içi bakım hizmetleri sektöründeki istihdamın, kayıt dışından çıkarılıp, yasal stihdama geçişini sağlayacak, kadın göçmenlerin çalışma koşullarını iyileştirecek ve aynı amanda göç trafiğinin de izlenmesini ve yönetilmesini kolaylaştıracaktır.

Kaynakça

kalın, A. E. (2014). Türkiye'de Ev Hizmetlerinde Çalışan Göçmen Kadınların Toplumsal ve İktisadi Varoluş Stratejileri Üzerine Sosyolojik Bir Analiz. Hacettepe Üniversitesi Sosyal Bilimler Enstitüsü Sosyoloji Anabilim Dalı, Ankara.

kay-Ertürk, S. (2015). A geographical assessment of labour immigration in Turkey. International Journal of Human Sciences, 12(2), 521-531

tatimur, N. (2008). Reasons and Consequences of International Labor Migration of Women into Turkey. Orta Doğu Teknik Üniversitesi Doğal ve Uygulamalı Bilimler, Ankara.

arın, H. (2015). Türkiye'deki Suriyeli Kadınların Toplumsal Bağlamda Yaşadığı Sorunlar ve Çözüm Önerileri. Göç Araştırmaları Dergisi/The Journal of Migration Studies, 1(2), 10-56.

akıcıburada.com. (2020). https://www.bakiciburada.com/bakici-is-ilanlari. 18.12.2020 tarihinde erişildi.

an bakıcı hizmetleri. (2020). https://www.canbakicihizmetleri.com/ilan-kategori/bebek-bakicisi, 27.12.2020 tarihinde erişildi.

elik, N. (2005). Immigrant Domestic Women Workers in Ankara and Istanbul. Yayınlanmamış Yüksek Lisans Tezi. Orta Doğu Teknik Üniversitesi, Ankara.

oşkun, E. (2016). Türkiye'nin Göç Rejiminde Toplumsal Cinsiyet Faktörü: Ugandalı Göçmen Kadınlar Örneği. Feminist Dergi, 8(1), 91-104. https://doi.org/10.1501/Fe0001_0000000153.

oşkun, E. (2017). Türkiye'de Kâğıtsız Göçmen Kadınlar ve Sosyal Hizmetler. Çalışma ve Toplum, 54, 1299-1315.

anış, D. A. (2010). İstanbul'daki Eklemlenme Sürecinde Toplumsal Ağlar Iraklı Göçmenlerin Parçalı. B.Pusch, T.Wilkoszewki (Eds.), Türkiye'ye Uluslararası Göç Toplumsal Koşullar-Bireysel Yaşamlar (ss. 194-224). İstanbul: Kitap.

edeoğlu, S., ve Gökmen, Ç. E. (2011). Göç ve Sosyal Dışlanma Türkiye'de Yabancı Göçmen Kadınlar. Ankara: Efil.

emirdizen-Çevik, D. (2013). Türkiye'de Ev Hizmetlerinde Çalışan Göçmen Kadınlar: Yeni Düzenlenmelerle Yarı Köle Emeğine Doğru mu?. Çalışma ve Toplum Dergisi, 213(3), 325-346.

eniz, A., ve Özgür, E. M. (2010). Rusya'dan Türkiye'ye Ulusaşırı Göç: Antalya'daki Rus Göçmenler. Ege Coğrafya Dergisi, 19 (1), 13-30.

Deniz, A. (2018). Türkiye'ye Filipinli Dadı Göçü: Aracı Firmaların Rolünü Anlamak. Coğrafi Biliml Dergisi, 16 (2), 289-301. https://doi.org/10.1501/Cogbil_0000000203.

Dinçer, G.C. (2015). Türkiye ve Gürcistan Bağlamında Göçmen Kadın Emeği: Güvencesizliğin v Belgesizliğin Mekânı Olarak Ev İçi Alan. İ. Südaş, İ. Körükmez (Der.), Göçler Ülkesi (ss. 95-113 İstanbul: Ayrıntı.

Ercan, H., Hoşgör, A. G., ve Yılmaz, Ö. (2010). Kadınların İşgücüne Katılımını Belirleyen Etmenler v İl İstihdam ve Meslek Kurulları İçin Öneriler: Ankara, Gaziantep ve Konya. Ankara: ILO.

Erdem, Z., ve Şahin, L. (2009). Ülkemizde Ev Hizmetlerinde İstihdam Edilen Yabancı Uyruklu İ gücünün Çalıma Koşulları: İstanbul İli Üzerine Bir Alan Araştırması, Sosyal Siyaset Konferansla Dergisi, 57, 282-325.

Gebelek, G. (2008). The New International Migration from a Gender Perspective: A Case study c Post-Soviet 'Servants of Tourism' in Antalya. Koç University, İstanbul.

Gökmen, Ç.E. (2011). Türk Turizminin Yabancı Gelinleri: Marmaris Yöresinde Turizm Sektöründ Çalışan Göçmen Kadınlar, Çalışma ve Toplum, 1, 201-232.

Gökbayrak, Ş. (2009). Refah Devletinin Dönüşümü ve Bakım Hizmetlerinin Görünmez Emekçile Göçmen Kadınlar. Çalışma ve Toplum Dergisi, 21(2), 55-81.

İşin olsun. (2020). Mobil uygulama İzmir'de yatılı yabancı bakıcı. 27.12.2020 tarihinde erişildi.

Kaya, M. (2016). Türkiye'deki Suriyeli Kadın Sığınmacıların İş Piyasasındaki Çalışma Koşulları Sosyolojik Bir Bakış: Şanlıurfa Örneği, II. Uluslararası Ortadoğu Konferansları, 155-171.

Kofman, E., Phizacklea, A., Raghuram, P., & Sales, R. (2000). Gender and International Migration i Europe: Employment, Welfare and Politics. London: Routledge.

Kılınç-Canbaz, B. (2020). Suriyeli Mülteci Kadınların Fiziksel Aktivite Deneyimlerinin Kültür Bağlamda İncelemesi. Hacettepe Üniversitesi Spor Bilimleri ve Teknoloji Programı, Ankara.

Memiş, E., ve İzdeş, Ö. (2018). Türkiye'de Yaşlı Bakımı ve Kadın İstihdamı. Ulutürk, Ünlütaş, Ç. (Der Feminist Sosyal Politika (Bakım, Emek, Göç) (ss. 99-138). İstanbul: Note Bena.

Nizam-Kahya, Ö. (2019). Türkiye'nin Uluslarası Göç Deneyiminde Milliyetçilik Söyleminde Yenide İnşası: İzmir'deki Suriyeliler Örneği. Süleyman Demirel Üniversitesi Sosyoloji Anabilim Da Isparta.

Ünlütürk-Ulutaş, Ç., ve Kalfa, A. (2009). Göçün Kadınlaşması ve Göçmen Kadınların Örgütlenm Deneyimleri. Fe Dergi: Feminist Eleştiri, 1(2), 13-18. https://doi.org/10.1501/Fe0002_00000000 2

Oishi, N. (2002). Women in Motion: Globalization, State Policies and Labor Migration in Asi California: Stanford University Press.

Özdemir, Y. (2018). Ev Hizmetlerinde Yerli ve Yabancı Çalışan Kadınların Sosyo-Ekonomik Analiz Çanakkale Onsekiz Mart Üniversitesi Çalışma Ekonomisi ve Endüstri İlişkileri Anabilim Da Çanakkale.

Parrenas, R. S. (2000). Migrant Filipina Domestic Workers and the International Division c Reproductive Labor. Gender and Society, 14 (4), 560–580. https://doi.org/10.1177/0891243000 4004005.

Parrenas, R. S. (2001). Transgressing the Nation-State: The Partial Citizenship and 'Imagined (Globa Community of Migrant Filipina Domestic Workers Signs: Journal of Women in Culture and Societ 26(4), 1129–1154. https://doi.org/10.1086/495650.

Sahibinden.com. (2020). https://www.sahibinden.com/yardimci-arayanlar/izmir?pagingOffset=6 27.12.2020 tarihinde erişildi.

Sirkeci, İ., ve Zeyneloğlu, S. (2014). Türkiye'de Almanlar ve Almancılar, Göç Dergisi, 1(1), 77-11 https://doi.org/10.33182/gd.v1i1.549.

Hondagneu-Sotelo, P., & Avilla, E. (2003). I'm Here, but I'm There": The Meanings of Latir Transnational Motherhood. In Gender and Society, 3, 317–34 doi.org/10.1177/089124397011005003.

T.C. Göç İdaresi Genel Müdürlüğü. (2019), İzmir'de yabancı uyruklu kadın sayısı. 10.01.2019 tarihinc erişildi.

'oksöz, G. (2007). İş gücü Piyasasının Toplumsal Cinsiyet Perspektifinden Analizi ve Bölgeler Arası Dengesizlikler. Çalışma ve Toplum Dergisi, 4(15), 57 - 79.

'oksöz, G., ve Ünlütürk-Ulutaş, Ç. (2012). Is Migration Feminized? A Gender-and Etnicty Based Review of Literature on Irregular Migration to Turkey, Paçacı Elitok, S., Straubhaar, T. (Ed.) Migration and the EU (ss. 85-111). Germany: Hamburg Institute of International Economics.

'ürkiye İstatistik Kurumu. (2020). Bölgesel İstatistikler Cinsiyete Dayalı Eğitim Verileri. https://biruni.tuik.gov.tr/bolgeselistatistik/tabloOlustur.do. 18.10.2020 tarihinde erişildi.

'ürkiye İstatistik Kurumu. (2020). Bölgesel İstatistikler Cinsiyete Dayalı İş gücü Verileri. https://biruni.tuik.gov.tr/bolgeselistatistik/tabloOlustur.do. 18.10.2020 tarihinde erişildi.

'ürkiye İstatistik Kurumu. (2020). Uluslarası Göç İstatikleri. https://data.tuik.gov.tr/Bulten/Index?p=Uluslararasi-Goc-Istatistikleri-2019-33709. 18.10.2020 tarihinde erişildi.

'akar, M. (2020). XXI. Yüzyılın Başında Türkiye'nin Yabancı Nüfusunda Yeni Eğilimler. S. Sallan Gül, S. Dedeoğlu, Ö. Nizam Kahya (Eds.), Türkiye'de Mültecilik, Zorunlu Göç ve Toplumsal Uyum (ss. 31-71). Ankara: Bağlam.

'alçın, Ç. (2015). Türkiye'de Ev Hizmetlerinde Çalışan Göçmen Kadınlar ve Ekonomik Şiddet, Fe Dergi: Feminist Eleştiri, 7(1), 50-60.

'ardimciara.com. (2020). https://www.yardimciara.com/is-ilanlari. 27.12.2020 tarihinde erişildi.

'ıldırım, A., ve Şimşek, H. (2008). Sosyal Bilimlerde Nitel Araştırma Yöntemleri (6. Baskı). Ankara: Seçkin.

'ükseker-Deniz, H. (2003). Laleli-Moskova Mekiği: Kayıtdışı Ticaret ve Cinsiyet Ilişkileri, Istanbul: Iletişim.

:XTENDED ABSTRACT IN ENGLISH

Vith the dissolution of the Soviet Union in 1991, a large class of unemployed emerged in ountries that transitioned to a free market economy. At the same time, the rapid development f industry in the first World countries, which is the period when the rate of population rowth is highest worldwide, has increased the need for human labor. Women who were nemployed in their own countries joined the migration movement due to the unqualification f women's labor and women being the first group to be dismissed compared to men in third vorld countries. In the 1980s, with the transition of Turkey to a free market economy, women egan to play an active role in business life. As a result of this situation, especially in cities, nere has been a search for new solutions in which women be assigned with child, elderly and atient care and domestic services, which are attributed as their duty from a sexist point of iew. As a result of the increase in the elderly population and female employment rates in 'urkey, various domestic and care services encumbered to women have started to be ransferred to migrant women, especially from CIS countries. Within the scope of this esearch, in-depth and face-to-face interviews were conducted with 18 women immigrants rom Azerbaijan, Georgia, Turkmenistan and Uzbekistan, who came to İzmir. The data btained as a result of these interviews were evaluated using the descriptive analysis method. ccording to this analysis, our research questions are detailed around four key issues. What re the migration processes of migrant women, the reasons why they prefer Turkey and Izmir nd the spatial patterns of their mobility? What are the factors that are effective in the ituations of preference and preferability in employment according to their origin and skills? Vhat are the disadvantages or abuses that the identities of" immigrant, servant, caregiver and voman " create in their working and living conditions? What are the ways to communicate vith family members and those they leave behind in their hometown? In the field research,

participants were asked questions that would measure' the disadvantages they experienced a migrant women 'and' their spatial preferences for work and living space according to th countries they came from'. With these questions, it is aimed to reveal the effects of spati differences in international women's labor migration. Three different data groups were use to strengthen the spatial preference: (i) data on female employment rates, elderly populatio rates, over-high school graduation rates and the number of female immigrants by nationalit obtained from official statistics offices, (ii) data obtained by scanning foreign caregiver searc advertisements from Izmir on various dates through female migrant brokerage houses an online caregiver sites in Izmir and (iii) interviews applied to women and intermediary firm working in care services. As a result of the evaluations, the factors that determine the eligibilit of women according to the fields they work in are the country they come from and their skill The high proportion of Izmir's elderly population and the fact that women are more involve in their working lives has increased the workload of these women in domestic services an revealed the need for help. The weakness of public and private support in meeting these need has led individuals to informal care at home. Due to the Turkish family structure local wome do not prefer to work in a boarding house, as it is not generally welcomed to stay in residential area. The gap in this area is tried to be filled with immigrant women who hav cheap labor. As a matter of fact, this is the reason why immigrant women are the mos preferred area of domestic services in Izmir for elderly and elderly patient care. Konal Karşıyaka, Bornova and Balçova, where immigrants work, are the districts where educatio and income levels are high. Therefore, if there is no government support for the gap in th area, it is assumed that the informal employment situation of migrant women in Izmir wi increase. informal employment of migrant women in general has made them more vulnerabl The volume of foreign currency transfers from Turkey cannot also be calculated because the send their money earned during their informal work by means of intermediary. At the sam time, the fact that women work informally makes it difficult for us to reach the exact figure about them. In order to remove these women from the irregular migration and unregistere employment system, the state should increase soft control in these areas and regulat migration and employment policies that will enable transition from informal to leg employment.

Göç Dergisi
Mayıs 2021
Cilt: 8, Sayı: 1
ISSN: 2054-7110 (Basılı) | ISSN 2054-7129 (Çevrimiçi)
www.gocdergisi.com
TRANSNATIONAL PRESS LONDON

Göç Dergis
Mart 202
Cilt: 8, Sayı: 1, sf. 183–2(
ISSN: 2054-7110 (Basılı) | ISSN 2054-7129 (Çevrimiç
www.gocdergisi.coı
TRANSNATIONAL PRESS LONDON

Makale tarihçesi: Alındı: 6 Nisan 2020 Kabul edildi: 10 Nisan 2020
DOI: https://doi.org/10.33182/gd.v8i1.680

Türkiye'de İller Arası Göçün Mekânsal Etkileri

Kübra Elmalı[1], Gökhan Erkal[2] ve Hüseyin Özer[3]

Öz

Göç, bölgelerin nüfus yapısını önemli ölçüde değiştiren bir olgudur. Bireylerin alışkın olduğu yaşam ortamını kültürel çevresini bırakarak, alışık olmadığı bölgelere göç etmesi, toplum üzerinde etkiler ortaya çıkarmaktadı Toplum açısından değerlendirildiğinde, göçün birçok etkisi doğrudan veya dolaylı olarak sıralanabilir. Bu sebepte dolayı 19. Yüzyıldan günümüze kadar göçün sebepleri, sonuçları ve yönü hakkında birçok araştırma yapılmıştı Türkiye ölçeğinde, iller arası göç dağılımının araştırıldığı bu çalışmada, il bazında net göç verileri ele alınara demografik ve iktisadi değişkenlerin etkisi belirlenmeye çalışılmıştır. Mekânsal analiz, mekânsal bağlantılar karakterize edilen coğrafi alan sınırları içinde daha doğru tespitlerde bulunmaktadır. Bu yüzden mekâns gecikmeli, mekânsal hata ve mekânsal Durbin modelleri tercih edilerek, Maksimum Olabilirlik (ML) yöntemi i tahmin edilmiştir. Mekânsal Durbin modeli uygun olarak belirlenmiştir. Modelin tahmin sonucundan elde edile bulgulara göre; bir ilin işgücünde, nüfusunda, bebek ölüm oranında ve öğrenci sayısında meydana gelen değişimler net göç üzerinde etkili olduğu tespit edilmiştir. Ayrıca öğrenci sayısının ilin komşuluğundaki net göç rakamlarını etkilediği belirlenmiştir.

Anahtar Kelimeler: *Mekânsal Analiz; Göç; Maksimum Olabilirlik*

JEL Kodu: R12,R23, R00

ABSTRACT IN ENGLISH

Spatial Effect of Migration Between Provinces in Turkey

Migration is an important phenomenon that changes the population structure of the regions. The fact that individua leave their familiar living environment and cultural environment and move to regions they are not accustomed to creat an impact on society. When evaluated in terms of society, many effects of migration are listed, directly or indirectl For this reason, many studies have been conducted on the causes, results and direction of migration from the 19 century to the present. Regional migration data for Turkey in this study that investigated the impact of migratic between provinces distribution based on economic and demographic variables were studied to determine. It is believe that spatial analysis makes more accurate determinations within the boundaries of the geographical area characterize by spatial connections. Therefore, spatial autoregressive, spatial error and spatial Durbin models were preferred an estimated by maximum likelihood (ML) method. According to the findings, the change in the labour force, infa

[1] Dr.Öğr. Üyesi Kübra Elmalı, Bayburt Üniversitesi, Bayburt, Türkiye. E-mail: k.elmali@hotmail.com.
[2] Dr. Öğr. Üyesi Gökhan Erkal, Atatürk Üniversitesi, İİBF, Ekonometri, Erzurum, Türkiye. E-mail: gerkal@atauni.edu.tr.
[3] Prof. Dr. Hüseyin Özer, Atatürk Üniversitesi, İİBF, Ekonometri, Erzurum, Türkiye. E-mail: hozer@atauni.edu.tr.

mortality rate and the number of students in a province may have an effect on net migration. In addition, it was determined that the number of students affects the net migration figures in the neighbourhood of the province.

Keywords: *Spatial Analysis; Migration; Maximum Likelihood*

JEL Kodu: R12, R23, R00

;iriş

;öç; Sosyoloji, Psikoloji, Ekonomi ve Coğrafya gibi pek çok bilim dalında çalışmaların apıldığı, insanlık tarihi kadar eski bir olgudur. Temelde sosyal bir hareket olmasına rağmen öç; ekonomik yaşamdan kültüre kadar, hayatın her yönünü etkileyen temel değişim raçlarından bir tanesidir (Özdemir, 2008: 144). Bireylerin alışkın olduğu yaşam ortamını ve ültürel çevresini bırakarak, alışık olmadığı bölgelere göç etmesi, özelde birey, genelde toplum zerinde çok çeşitli ve karmaşık etkiler ortaya çıkarmaktadır.

'oplum açısından değerlendirildiğinde, göçün doğrudan ya da dolaylı olarak pek çok etkisi ıralanmaktadır. Nüfus yoğunluğunun artmasıyla sürekli artan ihtiyaçlar ortaya çıkmaktadır. ıyrıca göçün sebep olduğu dengesiz nüfus dağılımı, göç alan bölgelerde meydana gelen roblemlerin yanında göç veren bölgelerde de pek çok olumsuz etkiye sebep olmaktadır.)zellikle az gelişmiş bölgelerden çok gelişmiş bölgelere yapılan nitelikli göç, bölgelerin elişiminde önemli bir engel oluşturmakta ve bu da iller arasında gelir dağılımında büyük arklılıklara sebep olmaktadır (Oktay, vd. 2017: 30).

;öç, sosyal bilimler literatüründe sıklıkla üzerinde durulan konuların başında gelmiştir. Göç lgusunun belirleyici faktörleri oldukça geniş bir yelpazede ele alınmıştır. Türkiye için göç alışmaları incelendiğinde; bölge veya il bazında çeşitli çalışmaların olduğu görülmektedir. 'amak (1999), Gür-Ural (2004) ve Abar (2014) çalışmalarını il bazında ele alırken; Çatalbaş ve 'arar (2015) bölgesel bazda incelemiştir. Bu çalışmalar daha çok iç göçün nedenleri ve onuçları üzerinde durmaktadır. Bu araştırmalarda, özellikle gelir farklılıkları, istihdam oranları, ğitim, nüfus, sağlık ve yaşam kalitesi gibi olgular üzerinde durulmuştur. Ancak söz konusu alışmaların birçoğu bölgenin yerel dinamiklerini esas aldıkları için sağlıklı göç politikalarının retilmesine yönelik oldukça sınırlı çözümler üretmektedir.

ʒu çalışmanın temel amacı, Türkiye'de iller arası net göç dağılımını mekânsal komşuluk ıatrisinin etkisi ile birlikte araştırmaktır. Bu amaç doğrultusunda ortak kenar ve ortak köşe omşuluğunu paylaşan vezir komşuluk matrisi esas alınarak, mekânsal ekonometri başlığı ltında yer alan mekânsal gecikmeli, mekânsal hata ve mekânsal Durbin modelleri ygulanmıştır. Mekânsal modeller, mekânsal bağımlılık problemini içerdiğinden dolayı model ıhminlerinde daha güvenilir olan maksimum olabilirlik yöntemi tercih edilmiştir. Modelin ygunluğuna Wald testiyle karar verilmiştir. Göç dağılımı il bazında mekânsal panel veriyle ıcelenmiştir. Mekânsal analizle modele dahil edilen değişkenlerin söz konusu il ve omşuluğunda yer alan illere olan etkisinin tespit edilebilmesi konusunda bilgi sağlamıştır. Aekânsal analiz yardımıyla sadece yerel dinamiklerin değil bölgesel dinamiklerinde göz önüne lınması gerekliliğinin tespit edilmesi bu çalışmayı diğerlerinden farklı kılmaktadır.

ʒu girişin ardından konuya ilişkin yürütülen literatür taraması özetlenmiştir. Üçüncü bölümde alışmada kullanılan ekonometrik modellerin ve tahmin yönteminin tanıtılmıştır. Üçüncü ölümden sonra ise uygulamadan elde edilen temel bulgular dördüncü bölümde sunularak, onuç ve değerlendirmeyle çalışma tamamlanmıştır.

Literatür Değerlendirmesi

Sosyal bilimler literatüründe göçle ilgili çok sayıda çalışma bulunmaktadır. Bu araştırm kapsamında, bu literatür taranmaya çalışılmıştır. Bu tarama sonucunda ulaşılan ve bu çalışmad da uygulamanın temelini oluşturan bazı araştırmalar hakkında aşağıdaki satırlarda bilgile verilecektir.

Yamak vd. (1999), Türkiye'deki iç göç olgusu ve gelir dağılımını ele almıştır. Bu çalışmad Türkiye'de 67 ile ait 1980-1990 dönemi net göç verileri ile kişi başına düşen gelir arasındal ilişkiler istatistiksel olarak incelenmiştir. Çalışma, nüfusun hangi oranda ekonomik nedenler göç ettiği ve gelir dağılımındaki dengesizliklerin giderilmesi halinde, hangi oranda bir iç gö hareketine sebep olacağı sorularına yanıt aramaktadır. Çalışmanın uygulama kısmında, yer bazdaki gelir dengesizliğinin, iç göç üzerinde önemli bir etkiye sahip olduğu belirlenmiştir. B etkinin de net göç veren illerin düşük gelir düzeyinden değil, net göç alan illerin yüksek geli düzeyinden kaynaklandığı ileri sürülmüştür. Bir ilin kişi başına düşen ortalama geliri ile ülk gelir ortalaması arasındaki farkın artması ile net göç oranının da arttığı belirlenmiştir.

Pazarlıoğlu (2001), Türkiye'de iç göçü, panel veri yaklaşımı ile incelenmiştir. Çalışmada 198(1985 ve 1990 yıllarına ait net göç hızına ait veriler elde edilmiştir. Modelde bağımlı değişke olarak net göç hızları yer alırken, bağımsız değişkenler olarak; iş gücü oranı, kişi başı gayri sa yurt içi hasıla, işsizlik oranı, kişi başı elektrik tüketim değerleri, eğitim endeksi, sağlık endek değişkenleri kullanılmıştır. Çarpık kentleşmenin iç göçün sebeplerinden biri olduğ belirlenmiştir. İç göçün önlenmesi için gelir dağılımındaki eşitsizliğin giderilmesi v şehirlerarası ekonomik farklılaşmanın ortadan kaldırılması önerisinde bulunulmuştur.

Gür ve Ural (2004), kente doğru gerçekleşen göçün sebeplerinin araştırıldığı çalışmada 7 kente ait 1990 yılı yatay kesit verileri ile regresyon analizi uygulanmıştır. Bağımlı değişke olarak 73 ilin aldığı ve verdiği göç miktarının birbirine oranı (aldığı göç/verdiği göç) esa alınmıştır. Türkiye'de iç göçün; ortalama gelir düzeyi, işsizlik, sanayileşme, sağlık ve eğitir hizmet kalitesi gibi değişkenlerin yanı sıra kadın işgücü istihdam oranı ile ilişkili olduğu tesp edilmiştir.

Filiztekin ve Gökhan (2008), 1990-2000 dönemi verileri ile Türkiye'deki iç göçün belirleyicile üzerinde uygulamalı bir çalışma yaparak, genişletilmiş bir göç tahmin modeli kullanmışlardı Ekonomik ve sosyal faktörlerle birlikte belirsizliğin göç üzerindeki etkisini incelemişlerdi Gelir farklılıklarının, işsizlik oranlarının, mesafenin, yaşın ve sosyal ağların, iç göç üzerind önemli bir etkisinin olduğu tespit edilmiştir. Türkiye'de göç eden bireylerin, gelir elde etme amacıyla göç ettikleri belirlenmiştir. Ayrıca bu bireylerin daha genç ve daha iyi eğitim oldukları ve cinsiyet farklılığının göç üzerinde önemli bir etkiye sebep olduğu tespit edilmişti Eğitim ve sağlık gibi nedenlerin göçün belirleyicisi olarak anlamlı bir etkiye sahip olduğ görülmüştür.

Topbaş ve Tanrıöver (2009), Türkiye'deki 1970-1975, 1975-1980, 1980-1985, 1985-1990 v 1990-2000 dönemi alınan ve verilen göç ile net göç arasındaki ilişkileri net göç oranı, nüfu büyüklüğü ve kişi başı gayri safi yurtiçi hasıla değişkenlerini dikkate alarak, Lowry hipotezir araştırmıştır. Kentsel gelişim ölçütü olarak, kentsel nüfus, net göç oranı, büyüme oranı ve kiş başı gayri safi yurtiçi hasıla değişkenleri dikkate alınarak modeller tahmin edilmiştir. Verile göç oranının net göç hızı üzerindeki etkisinin, alınan göç oranının net göç hızı üzerindel etkisinden büyük olduğu belirlenmiştir.

'akar (2013) çalışmasında, Coğrafi Ağırlıklı Regresyon (CAR) analizi kullanılarak, Türkiye'de ler arası net göç ile illerin sosyo-ekonomik gelişmişlik düzeyleri arasındaki ilişkinin elirlenmesini amaçlamıştır. Araştırmada, iller arası net göçü açıklamak için illerin gelişmişlik üzeyini belirlemede Sosyo-Ekonomik Gelişmişlik Endeksi (SEGE) bağımsız değişken olarak ullanılmıştır. Parametre tahmini için Sıradan En Küçük Kareler (SEKK) ve Coğrafi Ağırlıklı egresyon metodu kullanılarak karşılaştırma yapılmıştır. Yapılan SEKK analizi sonucunda, ler arası net göç ile illerin sosyo-ekonomik gelişmişlik düzeyi arasında pozitif güçlü bir orelasyon olduğu belirlenmiştir. Aynı değişkenlerin CAR analizi sonucunda illerin sosyo-konomik gelişmişlik seviyesinin, iller arası net göçü en iyi Marmara Bölgesi ve çevresinin çıkladığı tespit edilirken, Türkiye'nin doğu ve güneydoğusunda bu ilişkinin zayıfladığı elirlenmiştir.

ierra ve Robledo (2013), 1960-2005 yılları arasında Amerika'daki göç dinamiklerini bir denge aklaşımı kullanarak analiz etmişlerdir. Bu çalışmada, göç akışı, mekânsal ekonometri eknikleri kullanılarak ve emek hareketliliği etkisiyle bölgesel ücretlerin kontrol edilmesi oluyla değerlendirilmektedir. Buna ek olarak tahmin edilen model, her ülkedeki farklı nüfus zelliklerini yani çalışma yaşı, işsizlik oranı ve göreceli ücretleri dikkate alarak, göçteki arklılıkları araştırmaktadır. Tahmini model, net göçle ilgili mekânsal dengenin ücretlerden lumsuz etkilendiğini ve bölgedeki işgücü arzından olumlu etkilendiğini göstermektedir.

bar (2014), çalışmasında 2008-2012 döneminde Türkiye'de iller arasında meydana gelen göçü nekânsal modeller kullanarak, itici-çekici güçler yaklaşımı bağlamında incelemiştir. Çalışmada nekânsal etkileri de içerecek şekilde oluşturulan modellerde, bağımlı değişken olarak çıkış inin varış iline verdiği göç, bağımsız değişken olarak ise stok göç, çıkış ve varış illerinin osyoekonomik gelişmişlik seviyeleri ve iller arası mesafe kullanılmıştır. Çalışmada sonuç larak; Türkiye'de iller arası göç üzerinde sosyal ağların varlığının etkili olduğu, göçün az elişmiş bölgelerden gelişmiş bölgelere doğru gerçekleştiği ve mesafenin göç akımlarını azaltıcı tki gösterdiği tespit edilmiştir. Ayrıca iller arasında meydana gelen göçün, mekânsal etkiler erdiği, illerin aldığı ve verdiği göçün, komşularının aldığı ve verdiği göçten etkilendiği elirlenmiştir.

'atalbaş ve Yarar (2015), çalışmalarında 2008-2012 dönemi için Türkiye'de bölgeler arası iç öçün belirleyicilerini, panel veri analiziyle araştırmışlardır. Elde edilen bulgulara göre, bölgeler rası göç üzerinde, bölgenin zenginlik düzeyinin olumlu, enflasyon oranı, istihdam oranı ve erör sorunun ise olumsuz etkisi olduğu belirlenmiştir.

'arahmand ve Ghasemian (2019), net göçle mekânsallık arasındaki ilişkinin bölgesel büyüme zerindeki etkisinin araştırıldığı çalışmada, mekânsal Durbin modeli genelleştirilmiş nomentler metoduyla tahmin edilmiştir. Tahmin edilen sonuçlar doğrultusunda, gecikmeli ağımlı değişkenin kişi başı gelir üzerinde olumlu ve oldukça anlamlı bir etkiye sahip olduğu elirlenmiştir. Kişi başı gelir ve büyümenin, net göç üzerinde anlamlı bir etkiye sahip olduğu ulgusuna ulaşılmıştır. İllerin büyüme oranı ile komşu illerin büyüme oranı arasında pozitif bir işki olduğu belirlenmiştir. Ancak net göçün kişi başı gelir ve büyüme üzerinde mekânsal bir tkiye sahip olmadığı yani bölgesel büyümenin il komşuluğundaki göç rakamlarından tkilenmediği tespit edilmiştir.

Vang vd. (2019), göç mekanizmalarının net göç üzerindeki etkilerini araştırmak için altı sosyo-konomik faktör seçmişlerdir. Dört zaman periyodunu (2000, 2005, 2010 ve 2015) kapsayan e 82 bölgeden gelen veriler, mekânsal panel ekonometrik analiz kullanılarak, işlenmiş ve zaman periyodu sabit etkiler Mekânsal Durbin Modeli testlerden sonra en uygun model olara seçilmiştir. Sonuçlar, işsizlik ve bebek ölüm oranlarının net göçle önemli ölçüde negatif ilişki olduğunu gösterirken, kentleşme oranı, kentsel ölçek ve yaşam beklentisi, net göçle anlamlı b ilişkiye sahip olduğu belirlenmiştir. Kişi başı gayri safi yurtiçi hasıla, net göçle pozitif ilişki olarak elde edilmiş olup, daha iyi bir iş piyasasının, daha iyi ekonomik statünün ve sağlıkla ilgi refahın göçler için çekici faktörler olduğu sonucuna ulaşılmıştır.

Yapılan araştırmalar doğrultusunda, Türkiye'de iç göçün daha çok yatay kesit analiziyl araştırıldığı, 81 ile ait verilerin kullanılarak yapılan göç araştırmalarının daha az sayıda olduğ görülmektedir. Modele dahil edilen değişkenlerin ise; gelir, sosyo-ekonomik gelişmişli endeksi, işsizlik, eğitim ve nüfus gibi başlıklar altında toplandığı ve bunların göç üzerinde etki oldukları belirlenmiştir. Bu doğrultuda, göç için yapılan değerlendirmelere daha geniş bak açısı sunabilmesi ve söz konusu değişkenlerin etkisinin de daha net belirlenebilmesi için b çalışmada mekânsal uygulamaya yer verilmektedir.

Metodoloji

Mekânsal Analiz

Mekânsal ekonometri, yatay kesit ve panel veri için mekânsal yapı ve mekânsal otokorelasyo ile ekonometrinin alt alanını oluşturmaktadır (Bera, 2016). Mekânsal etkiler; mekâns heterojenlik veya mekânsal bağımlılıktan kaynaklanmaktadır. Mekânsal etkiler, sosy bilimlerde mekânsal düşüncenin ortaya çıkmasında önemli bir rol oynamaktadır (Anseli 2003: 153). Bu durum da mekânsal (ve sosyal) etkileşimin hem teorik hem de uygulamalı olara ekonometride artan bir ilgi görmesine sebep olmuştur.

Mekânsal Komşuluk Matrisi

Anselin ve Hudak (1992)'a göre, mekânsal ekonometriye özgü bir özellik olan ve *W* il gösterilen mekânsal ağırlık matrisi, gözlemlerin mekânsal düzenlenmesi kullanılarak, açıkç ifade edilmesidir. Bölgesel analizlerde, komşu bölgeler arası benzerlik nedeniyle birbirinde bağımsız olarak düşünülemez. Bu durumda komşuluk ilişkileri modele mekânsal ağırlık matri yardımıyla dahil edilir. Ekonometrik modellerde mekânsal ardışık bağımlılığı ifade etmek içi genellikle mekânsal ağırlık matrisi tanımlanmaktadır. Bu ağırlıklar, etkileşim veya yayılman bir ölçüsünü ifade etmektedir (Zeren, 2010: 22).

Pozitif ve simetrik bir matris olan mekânsal komşuluk matrisi, $(N \times N)$ boyutludur. Mekâns ağırlık matrisinin farklı formları, incelenen olayların mekânsal süreçleri üzerinde fark anlayışlara sahiptir (Kostov, 2010). Komşuluk yapısı genel olarak 0 ve 1 ile gösterilmektedi $w_{ij} = 1$ ise *i* ve *j* bölgelerinin sınır komşusu olduğunu gösterirken $w_{ij} = 0$ ise *i* ve *j* arasınd sınır komşuluğunun olmadığı ifade edilmektedir (Anselin ve Bera, 1998: 243). Bu çalışmad ortak kenar ve köşe komşuluğu olarak ifade edilen 0-1 vezir komşuluğu esas alınara oluşturulan (81x81) boyutlu ağırlık matrisi kullanılmıştır.

Mekânsal Otokorelasyon

Regresyon modellerinde mekânsal otokorelasyon için yaygın kullanılan testlerden biridi Anselin (1988), mekânsal otokorelasyonu, her konumdaki bağımlı değişken veya hat teriminin, diğer konumlarda yer alan bağımlı değişken veya hata terimiyle ilgili gözlemlerl ilişkili olduğu durum olarak tanımlar. Değişkenler için mekânsal otokorelasyon testi, mekâns konometri modelinden önce mekânsal ilişkinin belirlenmesinde ileriye yönelik belirleyici bir dım olarak hizmet etmektedir (Anselin, 2001). Bu analiz Moran-I endeksi olarak bilinmekte lup bir gözlem değeri ile söz konusu gözlemin komşuluğu arasındaki korelasyonu lçmektedir (Gleditsch ve Ward, 2008).

omşu bölge ya da illerin birbirleriyle ilişkilerinin tespit edilebilmesi için kullanılan Moran-I ndeksi en küçük kareler tahmininin hata terimlerine bağlı olarak hesaplanır. Pozitif ve anlamlı e mekânsal otokorelasyon söz konusudur. Yani mekânsal olarak bölgeler arasında bir ümelenme durumunun var olduğunu göstermektedir. Endeks değeri negatif ise dağılımın üksek değerlerle düşük değerlerin bir arada bulunma eğiliminde olduğunu göstermektedir. ğer endeks değeri 0'a yaklaşıyorsa herhangi bir ilişkinin belirlenemediğini ifade etmektedir. Ioran-I endeksi sonucuna göre mekâna olan bağlılık düzeyi tespit edilebilmektedir Rogerson, 2001: 167). Bu bağımlılık:

$$= \left(\frac{N}{\sum_i \sum_j w_{ij}}\right) \frac{\sum_i \sum_j w_{ij}(X_i - \bar{X})(X_j - \bar{X})}{\sum_i (X_i - \bar{X})^2} \qquad (1)$$

eklinde hesaplanmaktadır.

Iekânsal Regresyon Modelleri

ktisadi modellerde mekânsal etkinin analizi, mekânlar arası komşuluk ilişkilerini göstermek in oluşturulan komşuluk matrislerini dikkate alan mekânsal regresyon modelleri ile erçekleştirilmektedir. Bu modeller; Mekânsal Gecikmeli Model (Spatial Autoregressive Iodel-SAR), Mekânsal Hata Modeli (Spatial Error Model-SEM) ve Mekânsal Durbin Modeli Spatial Durbin Model-SDM) olmak üzere üç ana başlık altında incelenmektedir (Anselin, 988: 8-9).

Iekânsal Gecikmeli Model (SAR), her bölgedeki değerin komşu kümede bulunan değerlere olan ağımlılığını ölçer. Mekânsal gecikmeli bağımlı değişken modele açıklayıcı değişken olarak lınır *i* konumundaki rassal değişken *y* için mekânsal gecikme modeli;

$$= \rho Wy + X\beta + \varepsilon \qquad \varepsilon \sim N(0, \sigma^2 I_n) \qquad (2)$$

eklindedir. Burada; $y: N \times 1$ boyutlu bağımlı değişken vektörü, $W: N \times N$ boyutlu mekânsal omşuluk matrisi, ρ: konumlara ait değişkenler arası etkileşimi ölçen mekânsal otokorelasyon arametresi, $X: N \times K$ boyutlu bağımsız değişken matrisi, $\beta: K \times 1$ boyutlu katsayı vektörü e $\varepsilon: N \times 1$ boyutlu hata terimi vektörünü ifade etmektedir. (LeSage, 2008).

Iekânsal Hata Modeli (SEM), birbirine komşu olan bölgelerin kalıntıları arasındaki korelasyonu ıceleyerek, modelden dışlanmış bir değişkenin mekânsal bağımlılığa sebep olduğunu ifade tmektedir (Elhorst, 2014). *i* konumunda bulunan rassal değişken *y* için mekânsal hata modeli;

$$= X\beta + \varepsilon \qquad (3)$$

$$= \lambda W\varepsilon + u \qquad \varepsilon \sim N(0, \sigma^2 I_n) \qquad 4)$$

eklindedir. Burada; λ: mekânsal hata katsayısıdır (Ord, 1975). Herhangi bir konumdaki hata iğer konumlardaki hataya bağlıysa, hata için mekânsal otokorelasyonun varlığı ifade edilir.

Iekânsal Durbin Modeli (SDM), diğer konumlarda yer alan bağımlı değişken (Wy) ve bağımsız eğişkenlerin (WX) etkisini aynı anda dikkate almaktadır (LeSage, 2008). SAR modelinin

genelleştirilmiş hali olarak adlandırılabilir. Mekânsal gecikmenin özel bir versiyonudur. konumundaki rassal değişken *y* için mekânsal Durbin modeli;

$$y = \rho Wy + X\beta + WX\theta + \varepsilon \qquad \varepsilon \sim N(0, \sigma^2 I_n) \qquad (5$$

şeklindedir. Burada karar vericiler arasındaki dışsal etkiyi WX değişkeni olarak ifade etmektedi (Elhorst, 2014).

Mekânsal Durbin modelinin mekânsal hata ya da mekânsal gecikmeli modele indirgenmesini gerekliliği Wald testi ile araştırılmaktadır. Bu amaçla mekânsal Durbin modeli içi oluşturulabilecek *boş* hipotezler,

$$H_0 : \theta = 0 \qquad \text{ve} \qquad H_0 : \theta + \rho\beta = 0 \qquad (6$$

dir. Bu hipotezler üzerinden test gerçekleştirilir. Belirlenen önem düzeyinde şayet her iki bo hipotez de reddedilirse mekânsal Durbin modeli yorumlanır ve modelin indirgenme durum söz konusu değildir. Ancak $H_0 : \theta = 0$ boş hipotezinin reddedilememesi durumund mekânsal Durbin modelin mekânsal gecikmeli modele ve $H_0 : \theta + \rho\beta = 0$ boş hipotezini reddedilememesi durumunda ise mekânsal Durbin modeli mekânsal hata modelin indirgenmelidir (Elhorst, 2014).

Veri seti

İkinci Dünya Savaşı sonrasında gelişmiş ve gelişmekte olan ülkelerde meydana gelen nüfu hareketleri, ekonomik ve sosyal gelişmelerin belirleyicisi ve sonucu olarak önem ar etmektedir. Söz konusu durum Türkiye için de geçerli olup, 1980'li yıllardan itibaren ekonomi ve sosyal gelişmelerin iller arasında farklı dağılımı, ülke içi nüfus hareketlerinin belirleyic öğelerinden biri olmuştur. Nüfusun artan bir eğilimle şehirlerde yoğunlaşması devam etmişti

Ülke içerisindeki göç hareketliliğini incelediğimizde; 2000 yılında şehirde yaşayanların toplar nüfus içindeki oranları %65'e kadar yükselirken, 2007 yılında başlatılan Adrese Dayalı Nüfu Kayıt Sisteminin (ADNKS) yıllık sonuçları ile bu oranın 2010 yılında %76'ya kadar ulaştığ tespit edilmiştir. 2011 ADNKS verisine göre 2010-2011 döneminde, toplam nüfusun % 3,2'ı ikamet ettiği ili değiştirmiştir. Bu oran yaklaşık 2,5 milyon kişiyi göstermektedir. Ayrıca b veri, toplam nüfusun %39,1'nin nüfusa kayıtlı bulundukları il ile ikamet yerlerinin fark olduğunu göstermektedir. Özellikle 2016-2017 ve 2017-2018 yıllarında meydana gelen net gö hızlarının oldukça yüksek olduğu Şekil 1 ve Şekil 2'den de görülmektedir.

ekil 1. 2016-2017 İllerin Net Göç Hızları

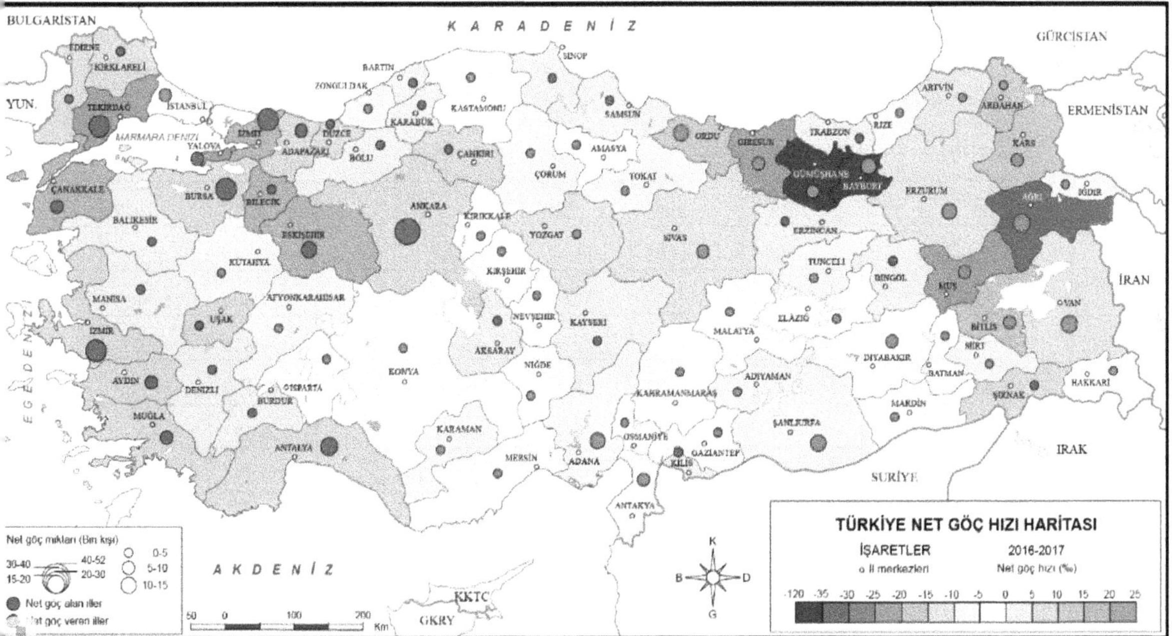

aynak: TÜİK

ekil 2. 2017-2018 İllerin Net Göç Hızları

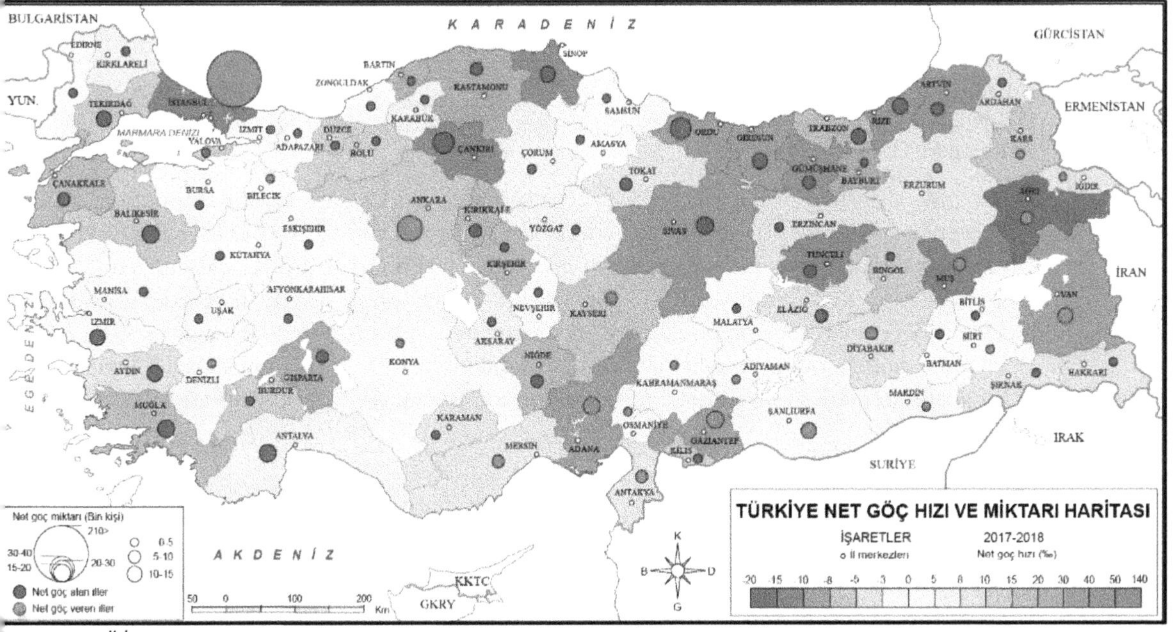

aynak: TÜİK

İllerin göç dağılımında mekânsallığın etkisinin araştırıldığı bu çalışmada; 2008-2017 dönemin ait 81 il için net göç verileri bağımlı değişken olarak modelde yerini almıştır. Veri setinin so üç dönemi 30 büyükşehir için incelendiğinde de oldukça dikkat çekici sonuçlara ulaşılmıştı Özellikle İstanbul ve Ankara için 2017 ve 2018 yılları net göç rakamları oldukça farklılı göstermektedir.

Tablo 1. Büyükşehir olan İllerin 2016-2018 Net Göç Verileri

İl	**2018**	**2017**	**2016**	**İl**	**2018**	**2017**	**2016**
Adana	-8.610	-18.978	-13.325	**Kayseri**	1.566	-9.357	2.095
Ankara	57.280	-37.365	32.042	**Kocaeli**	17.302	487	27.538
Antalya	31.646	15.571	15.054	**Konya**	-4.338	-2.271	-3.587
Aydın	4.259	10.543	6.013	**Malatya**	-3.392	1.667	-699
Balıkesir	-1.464	15.210	3.627	**Manisa**	3.693	2.133	4.236
Bursa	17.240	854	21.214	**Kahramanmaraş**	-9.024	-42	-3.440
Denizli	-911	-859	3.389	**Mardin**	-5.149	-1.522	-2.479
Diyarbakır	-7.401	-6.986	-8.490	**Muğla**	6.777	18.340	9.161
Erzurum	-13.582	-2.930	-10.734	**Ordu**	-21.254	24.661	-12.194
Eskişehir	7.214	3.049	10.261	**Sakarya**	4.650	4.955	7.453
Gaziantep	-1.249	-17.502	-3.054	**Samsun**	953	4.685	1.287
Hatay	-6.823	-6.156	-6.878	**Tekirdağ**	10.802	12.885	20.733
Mersin	977	-6.138	-901	**Trabzon**	-7.899	13.249	511
İstanbul	12.0371	-210.321	-5.972	**Şanlıurfa**	-19.044	-12.300	-12.590
İzmir	21.475	12.979	24.618	**Van**	-5.203	-10.263	-16.298

Kaynak: TÜİK

Bağımsız değişken olarak ise 2008-2017 yıllarına ait Türkiye İstatistik Kurumundan (TÜİK elde edilen ABD doları olarak ifade edilen kişi başı gayri safi yurtiçi hasıla (KBGSYH), 15-6 yaş nüfus yüzdesi ve nüfusu, Sosyal Güvenlik Kurumundan (SGK) elde edilen 15-65 ya işgücü oranı, kentleşme oranı ve günümüzde eğitim göçü olarak ifade edebileceğimiz v Yükseköğretim Kurulundan elde edilen üniversitede eğitim gören öğrenci sayısı ve öğrenc sayısının nüfusa oranı değişkenleri modele dahil edilmiştir. Ayrıca ildeki sağlık hizmetlerini bir göstergesi olduğu düşünülen bebek ölüm oranlarının da etkisi araştırılmıştır.

Temel Bulgular

Modellerin analizinde ilk olarak Türkiye idari haritası GeoDa programına aktarılarak komşuluk matrisi oluşturulmuştur. Daha sonra bu matris Stata 15 programına tanıtılarak uygulama gerçekleştirilmiştir.

Panel veri analizleri genel olarak değişkenlerin durağanlığını araştırmak için birim kök testlerl başlamaktadır. Birim kökün varlığını test etmeden önce yatay kesit bağımlılığının sınanma gerekmektedir. Panel veri setinde yatay kesit bağımlılığının reddedilmesi halinde 1. Nesil birir ök testleri uygulanması uygun olacaktır. Yatay kesit bağımlılığının geçerli olduğu durumda 2. Nesil birim kök testleri uygulanmalıdır. Breusch-Pagan yatay kesit bağımlılığı test sonucuna öre $t_{ist} = 237.32\ (p = 0.000)$ olarak elde edilmiş olup yatay kesit bağımlılığının varlığını östermektedir. Bu durumda 2.Nesil birim kök testlerinin kullanılması uygun bulunmuştur. aşlıca ikinci nesil birim kök testleri ise; SURADF (Seemingly Unrelated Regression ugmented Dickey-Fuller), PANKPSS (Carrion-i-Silvestre vd. 2005) ve Peseran CADF ?esaran, 2007)'dır. Uygulanan birim kök testleri sonucunda aşağıdaki değerler elde edilmiştir. URADF için N<T şartı sağlanmadığı için Peseran tercih edilmiş olup, elde edilen bulgular oğrultusunda panel veri setinin istatistiki olarak anlamlı düzeyde durağan olduğu sonucuna arılmıştır.

ablo 2. Birim Kök Test Sonuçları

	$t_{istatistiği}$	**Olasılık**
Peseran CADF	-2.25	0.000

Değişkenler arasında eşbütünleşik ilişkileri incelemek için de Pedroni ve Kao eşbütünleşme estleri uygulanmıştır. Her iki testte de Bartlett Kerneli ve Newey-West bant genişlik riterinden faydalanılmıştır. Analiz sonuçlarına aşağıda yer alan Tablo 3'de yer verilmiş olup, öz konusu değişkenler arasında eşbütünleşik ilişkilerin varlığını ortaya koymaktadır. Bu urumda bu değişkenler arasında uzun dönemli bir ilişkinin söz konusu olduğu ifade edilebilir.

ablo 3. Eş Bütünleşme Test Sonuçları

		$t_{istatistiği}$	**Olasılık**
Pedroni Eşbütünleşme Testi	Modified Phillips Perron	16.98	0.000
	Phillips Perron	-29.70	0.000
	Augmented Dickey- Fuller	-18.73	0.000
Kao	Modified Dickey- Fuller	-12.65	0.000
Eşbütünleşme Testi	Dickey- Fuller	-22.05	0.000
	Augmented Dickey- Fuller	-7.68	0.000

Model tahmininden önce iller arasındaki net göç verilerinin kümelenme gösterip östermediğinin araştırılması için Moran-I endeksi hesaplandı. Endeks değerlerinin yıllar ibariyle değişimi incelenerek Tablo 4'de sunulmuştur.

ablo 4. Yıllar İtibariyle Moran-I Endeks Değerleri

Yıl	Endeks Değeri
2008	0.5609
2009	0.5716
2010	0.5519

2011	0.5514
2012	0.6273
2013	0.5958
2014	0.5810
2015	0.6051
2016	0.5719
2017	0.6082
2018	0.5399

Moran-I endeks değerlerinin 2008-2018 yılları itibariyle seyri Grafik 1'de verilmiştir. 200 yılında 0.56 seviyelerinde olan illerin net göç verilerinde meydana gelen kümelenme en yükse değerine 2012 yılında 0.62 ile ulaşmıştır. Bu durumu koruyamayarak bir sonraki yıllarda bira daha düşüş yaşamış olsa da bu seviyelerde seyrini sürdürmüştür. 2018 yılında ise illerin net gö verileri arasında var olan kümelenme düzeyi 0.53 ile en düşük değerini almıştır.

Grafik 1. Moran-I Endeks Değerlerine Ait Veri Grafiği

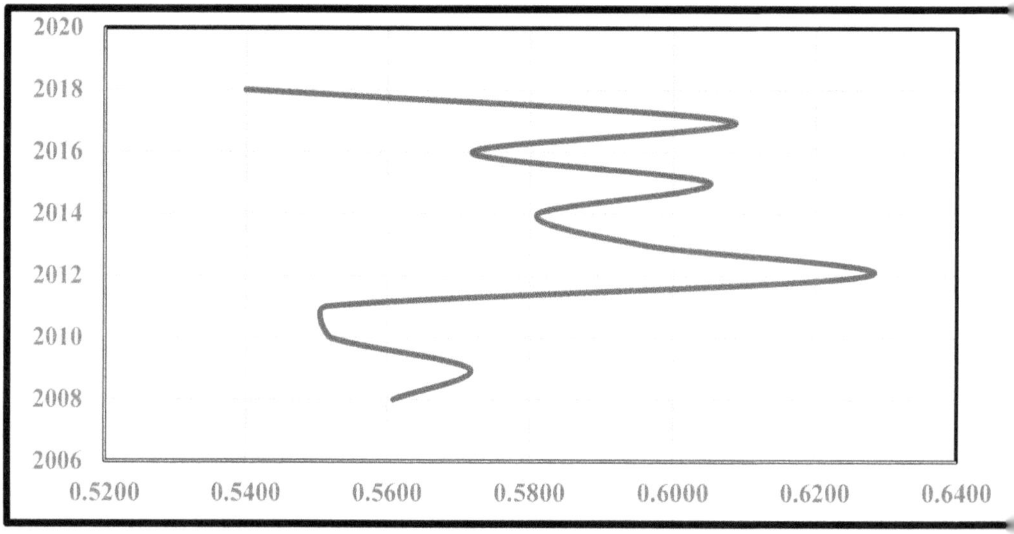

2020
2018
2016
2014
2012
2010
2008
2006
0.5200 0.5400 0.5600 0.5800 0.6000 0.6200 0.6400

Modele mekânsal etkiler dahil edilmeden veri setini oluşturan dönem itibariyle Moran- endeksi bulunarak illerin mekânsal kümelenmesi incelendi. Korelasyon değerinin pozitif v 0'dan büyük bir değer alması iller arasında kümelenmenin söz konusu olduğunu göstermişti Bu durumda mekânsal analiz için öngörü sunmuştur.

Veri seti kullanılan değişkenlerin etkisini daha iyi görülebilmesi açısından iki farklı şekilde el alındı. İlk olarak veriye ait değerler işlenmeden kullanılarak analiz yapıldı. Daha sonra ise ne göç verilerine ait sayılarda negatif değerler mevcut olduğu için sadece bağımsız değişkenler ait değerlerin logaritması alınarak yarı logaritmik model olarak analiz edildi.

ilindiği gibi, panel veri analizlerinde öncelikle kullanılacak modellerin sabit veya rassal etkili ıodellerden hangisi olacağına karar vermek gerekmektedir. Bu doğrultuda iller arası 0-1 sınır omşuluğu esas alınarak oluşturulan mekânsal gecikmeli, mekânsal hata ve mekânsal Durbin ıutlak yakınsama modelleri maksimum olabilirlik yöntemiyle tahmin edilmiştir. Tahmin onuçları test edilirken *p* (anlamlılık düzeyi) değeri ile belirlenen *a* (önem düzeyi ki bu alışmada 0,05 olarak belirlenmiştir) karşılaştırılmıştır.

'anel veri analizinde birim etkilerini görmek için kullanılan sabit etki ve rassal etki modelleri e parametreler tahmin edilmektedir. İlk olarak uygulanan modellerden hangisinin istatistiksel larak geçerli olduğuna karar vermek gerekir. Bunun için Hausman testi uygulanmaktadır ki u testte "rassal etki modeli kullanılmalıdır" biçimindeki boş hipoteze karşılık alternatif ipotez "sabit etki modeli kullanılmalıdır" şeklinde kurulur.

Jygulanan Hausman testi sonucuna göre; mekânsal Durbin için χ^2=45,04 (p=0,000), mekânsal ecikmeli model için χ^2=35,07 (p=0,000) ve mekânsal hata modeli için χ^2=38,25 (p=0,000) ulgularına ulaşılmıştır. SDM, SAR ve SEM için p=0,000<a=0,05 olduğundan H_0 hipotezi eddedilerek *sabit etki* modelinin; uygun olduğu sonucuna varılmıştır. Belirlenen uygun ıodellerin 2008-2017 dönemi göç verilerle tahmininden elde edilen sonuçlar Tablo 5'de unulmuştur.

'ablo 5. Mekânsal Göç Model Tahmin Sonuçları

Değişkenler	**SDM**	**SAR**	**SEM**
KBGSYH	0.6500	-0.2890	-0.3253
	(0.279)	(0.275)	(0.255)
Nüfus Yüzdesi	1513.2	1633.2	1684.3
	(0.003)	(0.000)	(0.000)
Bebek ölüm oranı	-53.830	-48.825	-50.001
	(0.000)	(0.000)	(0.000)
İşgücü oranı	0.0262	-0.0081	-0.0059
	(0.032)	(0.435)	(0.579)
Kentleşme oranı	5148.4	1789.5	1826.9
	(0.041)	(0.461)	0.454
Üniversiteli Öğrenci sayısı	-0.1784	-0.1446	-0.1496
	(0.000)	(0.000)	(0.000)
Öğrenci /nüfus oranı	112623	90142.1	93394
	(0.000)	(0.000)	(0.000)
Nüfus	20208.7	8252.2	9513.4
	(0.010)	(0.217)	(0.165)
Wx Göç	0.0824	-0.0174	

	(0.097)	(0.706)	
Wx KBGSYH	-0.6312 (0.324)		
Wx Nüfus Yüzdesi	-1034.8 (0.110)		
Wx Bebek ölüm oranı	16.727 (0.042)		
Wx İşgücü oranı	-0.0492 (0.010)		
Wx Kentleşme oranı	-916.38 (0.836)		
Wx Üniversiteli Öğrenci sayısı	0.1154 (0.000)		
Wx Öğrenci /nüfus	-71273 (0.000)		
Wx Nüfus	-30499 (0.010)		
$Wx\varepsilon$			0,0983 (0,059)
Chi2(4)		3,310	3.290
Prob>Chi2		(0,000)	(0,000)

Not: Parantez içindeki değerler *p* değerleridir.

Sabit etki veya rassal etki modellerinden hangisinin istatistiksel olarak geçerli olduğuna kara verdikten sonra bu defa SDM, SAR veya SEM modellerinden hangisinin analizlerde en uygu model olarak kullanılacağına karar vermek gerekmektedir. Bunun için (5) nolu eşitlikte verile boş hipotezler Wald testi ile sınanmıştır.

Wald testi sonucuna göre; SAR ve SEM modellerine ait *p* değerlerinin belirlenen öner düzeyinden küçük (p=0,000 < a=0,05) olması nedeniyle her iki boş hipotez de reddedilere model tahmininde SDM'nin uygun olduğuna karar verilmiş ve analizler bu modelin tahmi sonuçları üzerinden yapılmıştır.

Tahmin sonuçlarına göre, KBGSYH, illerin nüfus yüzdesi, işgücü ve kentleşme oranı, öğren sayısı ve öğrenci/nüfus oranı göçle aynı yönlü ilişkiye sahiptir. Bunlardan nüfus yüzdes öğrenci/nüfus oranı ve nüfus % 1 önem seviyesinde anlamlı bulunmuştur. KBGSYI eğişkenin göç üzerinde anlamlı bir etkisi tespit edilememiştir. İşgücü ve kentleşme oranları e % 5 önem seviyesinde anlamlı bulunmuştur. Bebek ölüm oranı ve üniversiteli öğrenci sayısı eğişkenleri ise göç ile ters yönlü bir ilişkiye sahip olmakla birlikte her ikisi de % 1 önem eviyesinde anlamlı olarak elde edilmiştir.

u durumda bir ilin işgücünde meydana gelecek 1 birimlik bir değişim ilin aldığı göçü arttırmış a da verdiği göçü azaltmış olacağından net göç üzerindeki etkisi 0.026 birim olacaktır. Bunun anı sıra sağlık hizmetlerinin bir yansıması olarak kabul ettiğimiz bebek ölüm oranında neydana gelecek 1 birimlik bir değişim net göç üzerinde -53 birimlik bir değişime sebep lmaktadır. Bu durumda ilin aldığı göç azalmakta ya da verdiği göç artmaktadır.

Öğrenci değişkenini ele aldığımızda genel olarak öğrenci yoğunluğu söz konusu ilin aldığı göç ranını pozitif anlamda etkilemiş olsa da öğrenci sayısında meydana gelecek 1 birimlik bir eğişim net göç üzerinde -0.17 birimlik bir etkiye sebep olmaktadır. Bu durumda söz konusu in aldığı göç azalmakta ya da verdiği göç artmaktadır.

Söz konusu ilin komşuluğunda yer alan illere ait verilerin göç üzerindeki etkisi incelendiğinde; Wx Göç, Wx Bebek ölüm oranı, Wx Üniversiteli öğrenci sayısı değişkenlerinin göç ile aynı önde anlamlı bir ilişki içerisinde oldukları belirlenmiştir. Wx KBGSYH, Wx Nüfus Yüzdesi e Wx Kentleşme oranı değişkenlerinin ise göç ile ters yönde bir ilişki içerisinde olup, anlamlı ir etkiye sahip olmadığı gözlenmiştir. Wx İşgücü oranı, Wx Nüfus ve Wx üniversiteli öğrenci ayısı değişkenlerinin ise göç ile ters yönde % 1 önem seviyesinde anlamlı bir ilişki içerisinde lduğu tespit edilmiştir.

Göç verisinin; Wx Göç ile pozitif yönlü anlamlı bir ilişki içinde olması komşu illerin net göç eğerinde meydana gelecek 1 birimlik bir değişim karşısında söz konusu ilin göç oranında ,082 birimlik bir değişimin varlığını göstermektedir. Aynı zamanda komşu ilin işgücü ranında 1 birimlik bir değişim ise söz konusu ilin göç oranını - 0,049 birim etkilemektedir. Bu durumda bir ilin işgücü imkânlarında meydana gelen pozitif gelişmelerin komşuluğundaki leri olumsuz anlamda etkileyeceği şeklinde yorumlanmaktadır.

Bebek ölüm oranının ve üniversiteli öğrenci sayısının da göç üzerinde aynı etkiye sahip olduğu elirlenmiştir. Bir ilin komşuluğunda yer alan illerdeki bebek ölüm oranında meydana gelecek birimlik bir değişim, söz konusu ilin net göç oranında 16 birimlik bir değişime sebep lacaktır. Bu durumda il komşuluğundaki sağlık hizmetlerinde meydana gelen negatif etkinin öz konusu ile göç olarak yansıdığı anlamına gelmektedir. Wang'ın (2019) çalışmasında olduğu ibi bu araştırmada da bebek ölümlerinin göç üzerinde anlamlı bir etkiye sahip olduğu elirlenmiştir. Aynı şekilde bir ilin komşuluğunda yer alan illerdeki üniversiteli öğrenci ayısında meydana gelecek 1 birimlik değişim söz konusu ilin net göç oranında 0.11 birimlik ir değişime sebep olmaktadır.

Model tahmininde ikinci kısımda değişkenlerin logaritmaları alınarak uygulama tekrarlanmıştır. Bağımlı değişken olarak illerin net göç değişkeni ele alındığı için bazı illere ait değerlerde egatif olduğu için logaritmik değerleri esas alınamamıştır. Bağımsız değişken olarak modelde er alan değişkenlerin ise logaritmik değerleri esas alınarak yarı logaritmik model tahmininde ulunulmuştur.

Uygulanan Hausman testi sonucuna göre; mekânsal Durbin için χ^2 = -13,44 (p=0,000), nekânsal gecikmeli model için χ^2 = -77,58 (p=0,000) ve mekânsal hata modeli için χ^2= -19,87 (p=0,000) bulgularına ulaşılmıştır. SDM, SAR ve SEM için p=0,000< a=0,05 olduğundan H_0

hipotezi reddedilerek *sabit etki* modelinin; uygun olduğu sonucuna varılmıştır. Belirlene uygun modellerin 2008-2017 dönemindeki göç verileri ile tahmininden elde edilen sonuçl Tablo 6'da sunulmuştur.

Tablo 6. Mekânsal Göç Model Tahmin Sonuçları

Değişkenler	**SDM**	**SAR**	**SEM**
Ln KBGSYH	16021 (0.021)	3614.6 (0.219)	3370.0 (0.234)
Ln Nüfus Yüzdesi	52527 (0.213)	18990 (0.431)	17144 (0.464)
Ln Bebek Ölüm Oranı	-2645.4 (0.068)	-3489.9 (0.008)	-3461.1 (0.008)
Ln İşgücü Oranı	-2237.1 (0.237)	-800.24 (0.326)	-751.46 (0.345)
Ln Kentleşme Oranı	3466.5 (0.150)	4202.7 (0.070)	4169.1 (0.071)
Ln Üniversiteli Öğrenci Sayısı	-15491 (0.107)	-6430.0 (0.427)	-0.6269 (0.433)
Ln Öğrenci /Nüfus Oranı	13358 (0.114)	5552.8 (0.435)	5411.7 (0.441)
Ln Nüfus	37913 (0.012)	5905.7 (0.217)	4784.7 (0.695)
Wx Ln Göç	-0.0497 (0.345)	-0.0498 (0.342)	
Wx Ln Kbgsyh	-15145 (0.043)		
Wx Ln Nüfus Yüzdesi	-66221 (0.219)		
Wx Ln Bebek Ölüm Oranı	-2847.6 (0.247)		
Wx Ln İşgücü Oranı	2441.7 (0.264)		
Wx Ln Kentleşme Oranı	-696.44 (0.870)		

Wx Ln Üniversiteli Öğrenci Sayısı	16016 (0.322)		
Wx Ln Öğrenci /Nüfus	-14171 (0.321)		
Wx Ln nüfus	-70420 (0.002)		
$Wx\varepsilon$			0,0516 (0,337)
Chi2(4)		4.9207	4.9230
Prob>Chi2		(0,000)	(0,000)

Jot: Parantez içindeki değerler *p* değerleridir.

abit etki veya rassal etki modellerinden hangisinin istatistiksel olarak geçerli olduğuna karar erdikten sonra bu defa SDM, SAR veya SEM modellerinden hangisinin analizlerde en uygun nodel olarak kullanılacağına karar vermek gerekmektedir. Bunun için (5) nolu eşitlikte verilen oş hipotezler Wald testi ile sınanmıştır. Wald testi sonucuna göre; SAR (p=0,016< a=0,05) e SEM için (p=0,017< a=0,05) modellerine ait p değerlerinin belirlenen önem düzeyinden üçük olması nedeniyle her iki boş hipotez de reddedilerek, model tahmininde SDM'nin uygun lduğuna karar verilmiş ve analizler bu modelin tahmin sonuçları üzerinden yapılmıştır.

'ahmin sonuçlarına göre, KBGSYH, illerin nüfus yüzdesi, kentleşme oranı ve öğrenci/nüfus ranı ve nüfus değişkenlerinin logaritmik değerleri göçle aynı yönlü ilişkiye sahiptir. Bunlardan BGSYH ve nüfus değişkenlerinin logaritmik değerleri % 5 önem seviyesinde anlamlı ulunmuştur. Nüfus yüzdesi, kentleşme oranı ve öğrenci/nüfus oranı değişkenlerinin göç zerinde anlamlı bir etkisi tespit edilememiştir. Bebek ölüm oranı, işgücü oranı ve üniversiteli ğrenci sayısı değişkenleri ise göç ile ters yönlü bir ilişkiye sahip olmakla birlikte, sadece bebek lüm oranının göç üzerinde anlamlı bir etkiye sahip olduğu görülmüştür.

u durumda bir ilin KBGSYH değerinde meydana gelecek % 1'lik bir değişim, ilin aldığı göçü rttırmış ya da verdiği göçü azaltmış olacağından net göç üzerindeki etkisi 16.020 olacaktır. unun yanı sıra nüfus oranında meydana gelecek % 1'lik değişim, net göç üzerinde 37.913 irimlik bir değişime sebep olmaktadır.

öz konusu ilin komşuluğunda yer alan illere ait verilerin göç üzerindeki etkisi incelendiğinde; Vx Ln İşgücü oranı ve Wx Ln Üniversiteli öğrenci sayısı değişkenlerinin göç ile aynı yönde ir ilişki içerisinde oldukları belirlenmiştir. Wx Ln Göç, Wx Ln Bebek ölüm oranı, Wx Ln Jniversiteli öğrenci sayısı ve Wx Ln Kentleşme oranı değişkenlerinin ise göç ile ters yönde bir işki içerisinde olup, anlamlı bir etkiye sahip olmadığı gözlenmiştir. Wx Ln KBGSYH, Wx Ln Nüfus Yüzdesi değişkenlerinin ise göçle ters yönde anlamlı bir ilişki içerisinde olduğu tespit dilmiştir.

Bu durumda bir ilin komşuluğunda yer alan illere ait KBGSYH değerinde meydana gelecek % 1'lik bir değişim ilin aldığı göçü arttırmış ya da verdiği göçü azaltmış olacağından net göç zerindeki 15.145 birimlik bir değişim söz konusu olacaktır. Bunun yanı sıra söz konusu ilin komşuluğunda yer alan illerin nüfus oranında meydana gelecek % 1'lik değişim net gö üzerinde -70.420 birimlik bir değişime sebep olmaktadır.

Veri seti kullanılan değişkenlerin etkisini daha iyi görülebilmesi açısından iki farklı şekilde el alınan model sonuçlarına göre işlenmeden kullanılarak uygulama yapılan modele ait değerlerd anlamlılığın daha fazla olduğu görülmüştür.

Sonuç ve Değerlendirme

İçinde bulunduğumuz yüzyılda dünyada yaşanmakta olan ekonomik, sosyal, kültürel, politi ve teknolojik değişimler ya da dönüşümler sonucunda başlayan çok yönlü küreselleşme süre hızlı bir kentsel (mekânsal) değişim ve dönüşümü de beraberinde getirmiştir (Khondke 2000). Türkiye'de 1950'lerden sonra başladığı kabul edilen ve artarak günümüze kadar devar eden iç göçler, ülkemizde pek çok değişimin de yaşanmasına sebep olmuştur. İç göçlerin ülk içindeki dağılımına bakıldığında genel olarak iç kesimlerden kıyılara, doğudan batıya yani a gelişmiş bölgelerden gelişmiş bölgelere doğru olduğu görülmektedir.

Bu süreçte uygulanamayan planlar ve politikalar, ülkemizde sağlıksız, plansız ve kimliksi kentsel çevrelerin oluşmasını hızlandırmıştır. Bu durum, aynı zamanda insanların fizikse sosyo-kültürel ve psikolojik gereksinimlerinin yeterince karşılanamamasına da neden olmuştu (Larner, 1998: 599-600).

Göçle ilgili çalışmalar incelendiğinde, konunun mekânsal bağlantılarla karakterize edile coğrafi alan sınırları içinde daha doğru tespitlerde bulunulabileceği düşünülmektedir. B durum, sadece belirli bölgesel alan politikaların değil, aynı zamanda komşu ekonomi alanlardaki politikaların da dikkate alınması gerektiğini göstermektedir.

Bu çalışmada; Türkiye'de iller arasındaki nüfus hareketleri hakkında daha ayrıntılı bilgi sahib olmak için iktisadi ve demografik değişkenlerin yanı sıra mekânsal analiz yardımıyla komşulu ilişkilerinin etkisi tespit edilmeye çalışılmıştır. Türkiye'de yer alan 81 il için 2008-201 dönemine ait veriler kullanılarak, mekânsal panel veri analizi uygulanmıştır. Bu ama doğrultusunda, ortak kenar ve köşe komşuluğunu esas alan vezir komşuluk matris kullanılarak, mekânsal analiz uygulanmıştır. Elde edilen bulgular doğrultusunda, bir ili kentleşme oranında meydana gelen değişimin göç üzerinde anlamlı bir etkiye sahip olduğ belirlenmiştir. Ayrıca bir ilin sağlık alanındaki gelişmişliğini gösteren bebek ölüm oranındak değişimin de net göç üzerinde anlamlı bir etkiye sahip olduğu belirlenmiştir. Bu sonuç Wang'ın (2019) çalışmasıyla uyumludur.

Türkiye'de kişi başı gelir değişkeninin Farahmand ve Ghasemian'ın (2019) çalışmalarını aksine göç üzerinde anlamlı bir etkisi bulunamamıştır. Bu durumun bölgesel büyüm dinamiklerinin farklılığından kaynaklandığı ön görülebilir.

Bu araştırmada, Filiztekin ve Gökhan (2008) ile Gür ve Ural (2004)'ın çalışmalarında olduğ gibi, işgücünün göç üzerinde anlamlı bir etkisinin olduğu tespit edilmiştir. Ayrıca öğren sayısında meydana gelecek değişim, ilin aldığı göçü arttırmış ya da verdiği göçü azaltmı olacağından net göç üzerinde etkili olabileceği belirlenmiştir.

Yakar (2013) çalışmasında mekânsal ağırlıklandırmayı köşegen dışındaki elemanları sıfır ola bir matris kullanarak vezir komşuluğundan oldukça farklı bir matris ile yakalamay çalışmaktadır. Her bir il için ayrı ayrı regresyon modeli kurularak, regresyon parametrele tahmin edilmektedir. Parametre tahmini için SEKK ve CAR modelleri R^2 değerle arşılaştırılmıştır. CAR modeli her il için ayrı bir R^2 değeri hesaplanmasına imkân vermektedir. Iekânsal analizde ise modeli En Küçük Kareler, Maksimum Olabilirlik ve Genelleştirilmiş Iomentler Metodu ile tahmin etmek mümkündür. Ancak bu metotlar arasında EKK tercih dilmemektedir. Bu yaklaşımlardan ilk olarak EKK bağımlı değişken model içine tekrar dahil dilerek, içsellik sorununa sebep olacağı için hem mekânsal hata modeli hem de mekânsal ecikmeli modelin tahminleri için uygun olmadığı belirtilmiştir. Mekânsal modeller ayrıca, söz onusu ilin ve komşuluğunda yer alan illerin de bağımlı değişken üzerindeki etkisini örmemize imkân vermektedir.

raştırmamızdan elde edilen uygulama sonuçlarına göre ilk olarak dikkat çekeceğimiz nokta, lerin üniversiteli öğrenci sayısından da anlaşılacağı gibi, genç bireylerin eğitimini Türkiye'nin atısında sürdürme isteğinde olduğudur. Özellikle geleceğe yönelik iş bulma endişesiyle az elişmiş bölgelerdeki üniversiteler, gençler tarafından tercih edilmemektedir. Bu durum da her eçen yıl, diğer bölgelerdeki pek çok üniversitede, bölümlerin kontenjanlarının boş kalmasına ebep olmaktadır. Bunun yanı sıra, kalkınmışlık açısından geri kalmış olan iller, sosyal ve ültürel açıdan da öğrencilere cazip gelmemektedir. Kalkınmışlık seviyesi düşük olan illerde urulan üniversitelerde, o illerin ekonomik potansiyelini ortaya çıkaracak ve ekonomik ektörlerin gelişmesini sağlayacak bölümler açılmalıdır. Bu bölümler, akademik olarak nümkün olan en üst seviyeye çıkarılmaya çalışılmalıdır.

unun yanında öğrencileri geleceğe daha iyi hazırlayarak, kolay iş bulmalarının sağlanmasının anı sıra, onları kendi işlerini kurabilecek şekilde yetiştirilmelerinin sağlanması gerekmektedir. yrıca üniversitenin bulunduğu şehirde, öğrencilerin sosyal ve kültürel açıdan gelişmesine ağlayacak kültür kurumlarının tesis edilmesi çok önemlidir.

Ilkemizde planlama pratiği ve yasal çerçeveden kaynaklanan sorunlar, kentsel planlamanın tkin bir uygulama aracı olmasını engellemektedir. Yapılan planların statik, kuramsal tabana turmayan ve günü kurtarmaya yönelik çözümler önermesi, sorunların çözülememesine neden lmaktadır. Ekoloji, eşgüdüm, katılım, etkileşim ve sürdürülebilirlik gibi kavramların mevcut lanlama bünyesine tam olarak eklemlenememesi, planlamanın artık sadece uygulama ile değil önetilerek uygulanmasının gereğini ortaya koymaktadır (Polat ve Gül, 2007).

'ürkiye'de göç dağılımında, iller arasında meydana gelmiş olan bu farklılaşmayı azaltmak için zellikle kırsal kesimlerde sağlık ve eğitim başta olmak üzere pek çok kamusal alanda yatırımlar eliştirilmelidir. Bu politikalarla, dar gelirli insanlara fırsat eşitliği sağlayarak, onların istihdam dilmesini kolaylaştırmak gerekmektedir. İşsizliği azaltan ekonomi politikalarının ve işgücünün iteliğini arttıran eğitim politikalarının devreye sokulması, bölgenin kalkınmasına katkı ağlayacaktır. Bölgenin var olan potansiyelini ortaya çıkaracak bu plan ve politikaların ygulanması, bu politikaların belirli aralıklarla revize edilmesi, iş imkanlarının artmasına ve öçün önlenmesinde de etkili olacaktır.

yrıca ülkemizde göç veren bölgeler incelendiğinde, bu bölgelerin genellikle kırsal alanlar lduğu ve göçün kırdan kente doğru yoğunlaştığı görülmektedir. Bu yüzden kırsal kesimlerde konomik faaliyetlerin çeşitlendirilmesi gerektirmektedir. Özellikle tarım dışı ekonomik aaliyetlerin bu bölgelerde hayata geçirilmesi için, bölge insanına eğitimler ve teşvikler erilmelidir. Kırsal alanlarda gıda işlemeye yönelik küçük sanayi geliştirilerek, buralarda aşayanların üretici kimliğe kavuşması sağlanmalıdır. Kırsal kesimde girdi maliyetlerinin zaltılması ve pazarlık gücünün arttırılması için tarımsal kalkınma kooperatifleri esteklenmelidir. Ayrıca belirli kırsal alanlarda, insan ve çevre sağlığı için faydalı olan organik tarım yöntemleri teşvik edilmelidir. Bu kapsamda Tarım ve Orman Bakanlığı tarafında düzenlenen teşvik politikaları konusunda tarımsal üreticiler bilinçlendirilmelidir. Tarı kredilerine faiz indirimi uygulanmalı ve 'Destek Bizden Üretim Sizden' kampanyası gil politikalarla üreticiye verilen prim destekleri arttırılmalıdır. Tarımda başarı sağlayan "iy uygulamalar" belirlenerek, bu "iyi uygulamaların" özellikle ülkemizdeki göç veren illerd uygulanması sağlanmalıdır. Tarımda gelişme sağlayan iyi uygulamalara, Bursa İlind gerçekleştirilen uygulamalar örnek olarak gösterilebilir.

Kırsal alanda gelişmeyi sağlamak için Bursa Tarım İl Müdürlüğü koordinatörlüğünde kurula Tarım ve Kırsal Kalkınmayı Destekleme Kurumu, süt üretimine yönelik yatırım faaliyetler süt ve süt ürünlerinin işlenmesi ve pazarlanması, meyve ve sebzelerin işlenmesi v pazarlanması ile üretici gruplarının kurulmasına hibe desteği vermiştir. Bu hibe kapsamd gerçekleştirilen uygulamalarla, çeşitli ürünlerde verim elde edilmiştir. Tarımda gelişmeyi v kırsal kalkınmayı sağlayacak bu destek programı gibi destek programlarının sadece Bursa ilind değil, aynı zamanda Bursa İlinin komşusu olan illerin gelişimine de olumlu katkı sağlamıştı Bu tür kurumların kurulması ve faaliyetlerinin hayata geçirilmesi sadece Türkiye'nin batısınd değil, aynı zamanda tarımsal potansiyeli yüksek olan Doğu ve Güneydoğu Anadol bölgelerinde de sağlanmalıdır.

Politika yapıcılar, düşük gelir düzeyine sahip bölgelere yönelik iyileştirme politikalarınd bölgesel farklılıkları dikkate almalıdır. Sürdürülebilir kalkınmanın sağlanması için kararla alınırken yalnızca belli bir alanın yerel dinamiklerini değil, aynı zamanda komşu alanların d bölgesel dinamiklerini hesaba katılmalıdır. Her bir bölgenin sahip olduğu kaynakları potansiyeli belirlenmeli, bu potansiyel harekete geçirilerek, her bir bölgenin rekabet güc artırılmalıdır. Böylece bölgenin var olan kaynaklarının, bölgesel kalkınmaya katkıları azam seviyeye çıkarılacaktır. Kapsayıcı yönetim düzenlemelerine dayanan bölgesel kalkınm politikalarıyla bölgeler ve iller arasında ekonomik ve sosyal entegrasyon güçlendirilerek, kırsa alanlardan kente olan göçün devam etmesi engellenmeli ve her bir bölgenin kenc potansiyeline uygun gelişmesi sağlanmalıdır.

Kaynakça

Abar, H. (2014). "Türkiye'de İller Arası Göç: Mekânsal Panel Model Yaklaşımı", Yayınlanmış Doktor Tezi, Atatürk Üniversitesi Sosyal Bilimler Enstitüsü, Erzurum.

Anselin, L. (1988). Spatial Econometrics Methods and Models. Kluwer Academic Publisher Dordrecht.

Anselin, L. (2001). "Spatial Econometrics". in Baltagi, B. (Eds.), Companion to Theoretic Econometrics, Blackwell Scientific Publications, Oxford, 310-330.

Anselin, L. (2003). "Spatial Externalities, Spatial Multipliers and Spatial Econometrics". Internation Regional Science Review, 26, 153–166.

Anselin, L., Bera, A. K. (1998). "Spatial Dependence in Linear Regression Models with an Introductio to Spatial Econometrics". Handbook of Applied Economic Statistics, New York, 237-289.

Anselin, L., Hudak, S. (1992). "Spatial Econometrics in Practice: A Review of Software Options. Regional Science and Urban Economics, 22, 509-536.

Bera A, (2016), A Brief History of Statistics and Econometrics Notes. Department of Econometric University of Illinois at Urbana-Champaign, 16-53.

Çatalbaş, G. K., Yarar, Ö. (2015). Türkiye'de Bölgeler Arası İç Göçü Etkileyen Faktörlerin Panel Ve Analizi ile Belirlenmesi. Alphanumeric Journal, 3(1), 99-117.

:lhorst, J. P. (2014). "Linear Spatial Dependence Models for Cross-Section Data". Spatial Econometrics from Cross-Sectional Data to Spatial Panels, Heidelberg: Springer, 37-53.

'arahman, S., Ghasemian, N. (2019). Spatial Analysis of The Impact of Migration on Regional Growth in Iran (2006-2016), Regional Science Inquiry, Vol 11(3), 9-21.

'iliztekin, A., Gökhan, A. (2008). "The Determinants of Internal Migration in Turkey", International Conference on Policy Modelling, (EcoMod 2008), Berlin, Germany.

;leditsch, K. S.,Ward, M. D. (2008) Spatial Regression Models. Quantitative Applications in the Social Sciences 155. Thousand Oaks, CA: Sage Publications.

;ür, T., Ural, E. (2004). "Türkiye' de Kentlere Göçün Nedenleri", Hacettepe Üniversitesi İİBF Dergisi, 22 (1), 23-38.

:hondker, H. H. (2000), "Globalization: Against Reductionism and Linearity", Development and Society, 29, 17–33.

:ostov, P. (2010). "Model Boosting for Spatial Weighting Matrix Selection in Spatial Lag Models". Environment and Planning B: Planning and Design, 37, 533–549.

.arner, W. (1998), "Hitching a Ride on the Tiger's Back: Globalisation and Spatial Imaginaries in New Zealand", Environment and Planning D: Society and Space, 16, 599–614.

.eSage, J. P., Fischer, M. (2008). "Spatial Growth Regressions: Model Speciation, Estimation and Interpretation". Spatial Economic Analysis, 3, 275-304.

.eSage, J. P. (2008). "An Introduction to Spatial Econometrics" Revue D'économie Industrielle, 123, Varia.

)ktay, E., Abar, H., Eygü, H., Kılıç, C., Çelik, A., Akyol, K. ve Çakmak, F. (2017). "Potansiyel Göçün Belirleyicileri – TRA1 Alt Bölgesi Örneği", Kuzeydoğu Anadolu Kalkınma Ajansı, Zafer Form Ofset Yayınevi, Erzurum.

)rd, J. K. (1975). "Estimation Methods for Models of Spatial Interaction". Journal of the American Statistical Association, 70, 120-126.

)zdemir, M. (2008). "Türkiye'de İçgöç Olgusu, Nedenleri ve Çorlu Örneği", Yayınlanmamış Yüksek Lisans Tezi, Trakya Üniversitesi, Sosyal Bilimler Enstitüsü, Edirne.

'olat, E. ve Gül, A. (2007), "Kentsel Planlamadaki Statik Anlayışa Bir Alternatif Çözüm: Kentsel Stratejik Yönetim Planlama ve Yönetim Yaklaşımı", 31. Dünya Şehircilik Günü Kolokyumu (7-9 Kasım 2007), TMMOB Şehir Plancıları Odası, 435-452.

'azarlıoğlu, V. M. (2001). "1980-1990 Döneminde Türkiye'de İç Göç Üzerine Ekonometrik Model :alışması", V. Ulusal Ekonometri ve İstatistik Sempozyumu, Çukurova Üniversitesi, Adana.

:ogerson, A. P. (2001). "Statistical Methods for Geography". London: Sage Pablications, United Kingdom.

ierra, E. H., Robledo, J. C. (2013). "Regional Equilibrium and Migration Patterns in the Americas 1960–2005: Spatial Data Panel Analysis", Asian Journal of Latin American Studies, Vol. 26 No. 4: 19-38.

'opbaş, F. & Tanrıöver, B. (2009). Türkiye'de İç Göç Akımları Üzerine Bir Çalışma: Lowry Hipotezi. Dokuz Eylül Üniversitesi İİBF Dergisi, 24 (1), 93-104.

Vang, L., Huang, J., Cai, H., Liu, H., Lu, J. ve Yang, L, (2019). "A Study of the Socioeconomic Factors Influencing Migration in Russia", www.mdpi.com/journal/sustainability, Licensee MDPI, Basel, Switzerland.

Vard, M. D., Kristian S. G. (2008). Spatial Regression Models. Los Angeles: Sage Publications.

'akar, M. (2013). "Türkiye'de İller Arası Net Göçlerle Sosyo-Ekonomik Gelişmişlik Arasındaki İlişkinin Coğrafi Ağırlıklı Regresyon İle Analizi, Ege Coğrafya Dergisi, 22/1, 27-43.

'amak, R., Yamak N.(1999). "Türkiye'de Gelir Dağılımı ve İç Göç", Dokuz Eylül Üniversitesi SBE Dergisi, 1(1), 16-28.

:eren, F. (2010). Mekânsal Etkileşim Analizi. Ekonometri ve İstatistik e-Dergisi, (12), 18-39.

'UİK. Türkiye İstatistik Kurumu, http://www.tuik.gov.tr.

EXTENDED ABSTRACT IN ENGLISH

Spatial Effect of Migration Between Provinces in Turkey

AIM

Migration; It is an old phenomenon that studies have been carried out in man disciplines. Although it is basically a social movement; It is one of the basic tools of chang affecting every aspect of life, from economic life to culture. Especially qualified migratio from less developed regions to more developed regions creates an important obstacle in th development of regions and this causes great differences in income distribution betwee provinces. Turkey is examined for migration studies; It is seen that there are various studie on regional or provincial basis. The main purpose of the study, the distribution of ne migration from Turkey provinces investigate the effect of spatial adjacency matrix with. I line with this purpose, the distribution of migration was analyzed with spatial panel data on provincial basis. It provided information on the determination of the effects of the variable included in the model through spatial analysis on the province and its neighboring provinces.

METHODS

Spatial econometrics title, based on the queen neighborhood matrix that shares common edg and common corner neighborhood. The spatial autoregressive, spatial error and spatia Durbin models under it were applied. Since spatial models include the spatial dependenc problem, the more reliable maximum likelihood method has been preferred in mod estimates. The suitability of the model was determined by the Wald test. The distribution o migration was analyzed on a provincial basis with spatial panel data.

FINDING

According to the estimation results, the per capita income, the population percentage of th provinces, the labor force and urbanization rate, the number of students and the student / population ratio are in the same direction with migration. Labor force and urbanization rate were found to be significant at the 5% significance level. Infant mortality rate and the numbe of university students' variables were found to have an inverse relationship with immigratior According to the logarithmic data estimation results, the population percentage of th provinces, urbanization rate and student / population ratio and logarithmic values of th population variables have the same directional relationship with migration.

RESULTS

Distribution in Turkey on migration between provinces, especially rural health and publi investment in many areas, including education to reduce this differentiation that has occurre should be developed. With these policies, it is necessary to facilitate the employment of low income people by providing equal opportunities. In addition, when the regions that emigrat in our country are examined, it is seen that these regions are generally rural areas and that th migration is concentrated from the rural to the city. Therefore, it requires diversification c economic activities in rural areas.

Göç Dergis
Mart 20
Cilt: 8, Sayı: 1, sf. 205–2
ISSN: 2054-7110 (Basılı) | ISSN 2054-7129 (Çevrimi
www.gocdergisi.co
TRANSNATIONAL PRESS LONDON

Makale tarihçesi: Alındı: 17 Ağustos 2020 Kabul edildi: 13 Nisan 2021
DOI: https://doi.org/10.33182/gd.v8i1.729

Koronavirüs Salgını Sürecinde Sosyal İzolasyon ve Medya

Hüseyin Çelik[1]

Öz

2020 yılının ilk aylarından itibaren dünya çapında bir salgının ortaya çıkmasına neden olan Koronavirü yüzbinlerce insanın ölmesine yol açmıştır. Bu salgın döneminden önce insanlar yakınlaşmaya zorlanırken, b dönemde ise birbirlerinden ayrışmaya başlamışlardır. Bu makalede insan hareketliliğinin karşıtı olarak günümüz göç edememe, yerinde kalma hallerinin sonucu olan sosyal izolasyon konusu incelenmiş ve bunu sağlayan televizyo ile sosyal medya üzerinde durulmuştur. Salgın döneminde sosyal yaşamın bütünüyle değişmiş olduğu görülmektedi İnsanlar teknolojik araçlara sarılmış ve sosyal yaşamlarına bu şekilde sürdürmeye başlamışlardır. Bu çalışm Michele Foucault'un bakış açısıyla hazırlanmıştır. Ayrıca bu çalışmada salgın sırasında yaşam ve ölüm arasında biyo-iktidar kavramı ışığında bedenlerin ve nüfusların yönetimleri için iktidarlara fırsat verilmiş olduğu iddiasında da hareket edilmiştir. Bu makalenin amacı, Koronavirüs salgınıyla başlayan sosyal izolasyon süreçlerin kapitalizmin, günümüz mekanizmalarında bulunan kontrol uygulamalarını ortaya koymak ve medyanın b süreçteki etkisinin anlamaya çalışmaktır. Medyada çıkan haberler yoluyla bu güç ve iktidar ilişkilerinin anlaşılma hedeflenmiştir. Foucault'un da ifade ettiği gibi, medyanın biyo-politik ve biyo-iktidar oluşturulmasında her zama etkili olduğu ve kapitalizmin sürdürülmesinde salgın sürecinden istifade edildiği görülmektedir.

Anahtar Kelimeler: *Koronavirüs Salgını; Sosyal İzolasyon; Biyo-iktidar; Biyo-siyaset; Medya*

ABSTRACT IN ENGLISH

Social Isolation and Media During The Coronavirus Pandemic

The Coronavirus pandemic that has occurred worldwide since the first months of 2020 has led to the deaths hundreds of thousands of people. Before the Coronavirus period, people were forced to converge, while during this peric they began to diverge from each other. In this article, we examined the issue of social isolation, which is the result being unable to migrate and stay in place, as opposed to human mobility, and focused on television and social medi Social life is completely changed during the epidemic period. People clung to technological tools and began to contin their social lives in this way. This study was prepared with Michele Foucault's point of view and based on the clai that powers were given the opportunity to rule over bodies and populations in the light of the concept of bio-pow between life and death during the epidemic. The aim of this article is to explain the control practices in today mechanisms of capitalism in the social isolation processes that began with the Coronavirus pandemic and to try understand the effect of the media on this process. It was aimed to understand these power and power relations throug

[1] Prof.Dr. Hüseyin Çelik, Nişantaşı Üniversitesi Sanat ve Tasarım Fakültesi İletişim ve Tasarımı Bölümü, İstanbul, Türkiye. E-mail: huseyin.celik@nisantasi.edu.tr.

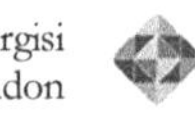

he news in the media.The media that Foaucault refers to has always been effective in creating bio-political and bio-power, and has benefited from the pandemic process in perpetuating capitalism.

Keywords: *Coronavirus Pandemic; Social Isolation; Bio-power; Bio-politics; Media*

Giriş

020 yılının ilk aylarından itibaren dünya çok farklı ve çok boyutlu etkileri olan bir sağlık orunuyla, Koronavirüs salgınıyla karşı karşıya kalmıştır. Çin'den Batı'nın en gelişmiş lkelerine kadar yayılan Koronavirüs salgını 2021 yılının şubat ayına kadar, yaklaşık 102 ıilyonu aşkın insana bu virüsün bulaşmasına ve 2.220.000'den fazla insanın ölmesine yol çmıştır. 2020 yılının Nisan ayı başında, Çin'de yetkililerce Koronavirüs bulaşma vakalarının rtadan kalktığı söylenmiştir. Salgının asıl nedeni olarak ise, küreselleşme yani insanın, malların e hizmetlerin birbirine çok fazla yakınlaşması gösterilmektedir. İnsanlar birbirleriyle iki ekilde yakınlaşmıştır: Birincisi nüfusun artması sonucunda özellikle kentlerde nüfus oğunluğu artmış, ikincisi ise aşırı şehirleşme sonucunda insanlar birbirine adeta yapışık şekilde aşamaya başlamışlardır. Ayrıca turizm nedeniyle insanların yer değiştirmeleri, insanların farklı alklarla temas etmelerine neden olmuştur. Bu yakınlaşmanın birtakım sonuçları olmuştur. Bu akınlaşmanın olumlu sonuçlarından olan dünya halklarının birbirleriyle ilişkide bulunarak akınlaşmaları ve böylece kaynaşmaları neticesinde bir barış ortamının oluşturulmasıdır.)lumsuz sonuçları ise kötü rekabet koşulları, işsizlik, savaş ve sağlık sorunları olarak karşımıza ıkmaktadır. Salgının artması, aşırı şehirleşmenin bir sonucudur. Dünya genelindeki nüfus areketleri ve savaşlar nedeniyle insanların göç etmeleri de bu olumsuz durumların yani algınların oluşmasını tetiklemiştir. Koronavirüs salgını, insanların hareketliliğini durdurmaya aşlamıştır. Artık insanlar dışarda kalmamalı, diğer insanlarla bir araya gelmemeli ve irbirlerine temas etmemelidirler. Artık mobilizasyon yani insan hareketliliği durmuştur. nsanlar evlerinden çıkmamalı ve evlerinde kalmalı, salgının yayılması önlenmelidir. Böylece ısanların ayrıştırılması uygulaması başlamış ve insanlar için bir sosyal izolasyon hali oluşmaya aşlamıştır. Bu mekanizmanın etkili bir biçimde uygulanabilmesi için medya aktarma kayışı, etişim vasıtası olarak vazife görmüştür. Tüm bu uygulamalar Foucault'un ileri sürdüğü, evletin günümüzde yaşamı ve nüfus hareketlerini kontrol etmede kullandığı ekonomik ve olitik uygulamaları akla getirmektedir (2015, s. 188). Devletler bu salgın sırasında da eknolojik imkânlardan fazlasıyla istifade etmiş ve nüfusu bu yolla kontrol etmeyi enemişlerdir. Bu çalışma, Michele Foucault'un bakış açısıyla hazırlanmış ve bu çalışmada algın sırasında yaşam ve ölüm arasındaki biyo-siyaset ve bununla oluşan biyo-iktidar[2] kavramı ışığında bedenlerin ve nüfusların yönetimleri için iktidarlara fırsat verilmiş olduğu iddiasından areket edilmiştir. Günümüzde sosyal izolasyon stratejileri ve uygulamaları Foucault'nun biyo-ktidar olarak adlandırdığı denetim ve yönetim pratiklerini hatırlatmaktadır. Ahlâk ve yasa racılığıyla iş gören hukukî iktidar (juridical), modernizm ile bilimsel bilgi ve normlarla iş gören iyoiktidara evrilmiştir. Aslında bu süreçte biyo-iktidar, hukuki geleneklere ve dine dayalı larak sürdürmemekte ve bilimi referans göstermektedir. Hem tek tek bireyleri (bedenleri) ontrol altına alan disiplin hem de nüfusun tamamını düzenleyen ve bunun için de özellikle ilimsel bilgiyi yedeğine alan biyo-siyaset olarak yapılandırılmıştır (Topuzkanamış, 2019, s. 835).

Biyo-siyaset: Büyük gruplar, kalabalıklar, nüfus üstünde iktidar. Modern iktidar, hukukî form içindeki biyo-iktidardır. Nüfus stünde iktidar demek, iktidarın artık doğum, ölüm, nüfus artışı ve sağlıkla ilgilenmesidir. Hukukî iktidar öldürme ya da hayatta ırakma hakkına sahipken biyo-iktidar "yaşatmak" için düzenekler kurar (Topuzkanamış, 2019, s. 1835).

Foucault'nun biyo-iktidarı artık denetim ve yönetim pratiklerinin eski usullere göre, malları ve hakların yağmalanmasını değil, insanların daha iyi kullanımı amacıyla örgütlenmiş yeı usullere göre yapılandırılmasıdır. Foucault, devletlerin insan idaresini insanların doğa haklarının karşılanması olarak değil, iktidarların var olan düzenin devamı olarak gördüklerir söylemiştir (2015, s. 188). Bu bilgiler ışığında, makalede insan hareketliliğinin karşıtı olara günümüzde göç edememe, yerinde kalma hallerinin sonucu olan sosyal izolasyon konus incelenmiş ve bunu sağlayan medya, özellikle televizyon ve sosyal medya araçları üzerind durulmuştur. Bu dönemde kişilerarası iletişim yerine tekrar dolayımlanmış[3] iletişim tarzla gelişmeye başladığı görülmektedir. Bu makalenin amacı, Koronavirüs salgınıyla başlayan sosya izolasyon süreçlerinin kapitalizmin biyo-iktidar mekanizmalarında bulunan kontrc uygulamalarını ortaya koymak ve medyanın bu süreçteki etkisini anlamaya çalışmaktı Çalışmada, medyada çıkan haberler yoluyla, bu güç ve iktidar ilişkilerinin anlaşılma hedeflenmiştir. Devletin Kontrol Usulleri ve Sosyal İzolasyon İnsan daha önce, bi imparatorluğun gayesi, bir krallığın ferdi veya feodalitenin mensubu ya da kölesi olara anılmaktaydı. Binlerce yıldır insan, kendini mensup olduğu topluluğun üyesi olara düşünmektedir. Yani aileden başka; arkadaşları ve dostları gibi geniş bir çevr oluşturamamıştır. İnsan sosyal bir varlık haline geldikçe, sınıf kavramının bilincine varılmıştı Sınıflar başka sınıflar üzerine tahakkümünü reddetmişler, önce insan sonra sosyal üretken bi varlık olarak kendini keşfetmeye başlamıştır. Fransız Devrimiyle birlikte vatandaş olara ülkedeki yerini almışlardır. 1929 Ekonomik Bunalımı bir dönüm noktasıdır. Burada insanla sınıfsal durumunun sürdüğünün farkına varmış ve vatandaş hakları daha önemli olmay başlamıştır. İnsanlar, şirketler ve serbest piyasa düzenin kişilerin aleyhlerine bir süre izlediğinin farkına varmışlardır. Devletler de klasik iktisadın insanı ve devleti yok eden tarafır keşfetmiş ve bu durumu önlemeye yönelik tedbirler alınmıştır. Özellikle II. Dünya Savaşı v sonrasında Keynesçi Model devreye girerek, ekonomide devlet, varlığını iyice hissettirmey başlamıştır. Sıkı para politikaları ve planlı ekonomik kalkınma modelleriyle insanlar biraz nefe almayı başarmışlardır. 1973 Petrol Krizinden sonra devlet yapılarının hantallığı sorunu ortay çıkmış ve klasik iktisadi modeller yeniden gündeme gelmiştir. 1980'li yıllar Neoliberalizm'i göklere çıkarıldığı yıllar olmuştur. Özgür iradeyi baskılayan toplumsal ve ahlaki bağla zorunluluklar ve yükümlülüklere karşı rasyonalite, etkinlik ve yararlılık bayrağı altınd yürütülen uzun süren bir yıpratma savaşından zaferle çıkan ve kendi kendini tanımlayan v gerçekleştiren birey olmuştur. Fakat çok geçmeden bunun bir Pirus Zaferi olduğu anlaşılmışt (Bauman, 2018-2, s. 56). Serbest ekonomi düşüncesi ve serbest ticaret modeli, 2000'li yıllard tekrar devletler ve orta ile yoksul sınıflar için sorun olmaya başlamıştır. 2020 yılında hızla arta Koronavirüs salgını da bu dönemde ortaya çıkmıştır. Bu dönemde insan yalnızlaşmaya v yabancılaşmaya başlamıştır. Çünkü sosyal yaşam, sosyallik yerle bir olmuş, ekonomik ve sosya olarak insanlar tek başına kalarak, hayata sarılmaya başlamışlardır. Artık bu yığınlar te başınadır ve kitle haline dönüşerek, liderler yani ihtiyaçlarını giderecek ve onlara daha iy yaşama imkânı sağlayacak liderler aramaya başlamışlardır.

Neoliberalizm nedeniyle; emek, meta ve sermayenin her türlü şekle girip, akışkan hal gelmesiyle insanoğlu bunalmış ve giderek kendi kabına çekilmiştir (Bauman, 2018-1). Dah önce bu zorluklar, geniş aile yapısı ile arkadaş ve iş çevresi nedeniyle kolaylıkla atlatılmaktayd Sosyal devlet insanlara yardım ediyor ve krizi atlatmasını sağlıyordu. Neoliberalizm sarmalın

[3] Remediation: Yeniden dolayımlama, dolayımlamanın dolayımlamasıdır. Bu aşamada dolayımlamanın her davranı dolayımlamanın diğer davranışlarına bağlı olarak değişir. Medya, devamlı surette yorumlar, tekrar üretir ve bir diğerini değiştiri Ardından bu yöntemler medyaya dâhil edilir (Aktaran: Çelik, 2018, s. 88).

ıren ABD, İngiltere, İtalya, Fransa ve İspanya gibi ülkeler ve Güney Amerika ülkeleri sosyal evletten uzaklaştıkları için bireyi yalnız başına bırakmışlardır. Günümüzde Zygmunt auman'ın ifade ettiği hayat tarzı, yeni bir modernitenin oluşturduğu hafif, akışkan, yayılmış e kılcal damarlar gibi yayılmış bir yaşam şeklidir (2017, s. 54). Bu hayat tarzı bütün benliğimizi e sosyal ortamı sarmış durumdadır. Günümüzde devletin mümkün olduğu kadar her alandan ekilmesi ve artık insanların karşılaştığı tüm sorunları kendilerinin çözmesi gereği ortaya ıkmıştır. Bu durum bizi, bireyselleştirme adı altında insanları tek başına bırakıldıklarından aha güçsüz, hareketsiz bir duruma götüren, boşuna mücadele eden, devamlı değişen şartlara e durumlara kendini uydurmakta zorlanan bir yaşam tarzına doğru götürmüştür. Çünkü ɔplumun içinde olmayan bireyin imkân ve kabiliyetleri sınırlıdır. Daha önce toplumun sırtına üklenmiş olan ödevler artık bireyin sırtına yüklenmektedir. Birey kaldıramayacak yükler arşısında şaşkındır ve ne yapacağını bilememektedir. Bauman'ın dediği gibi, birey minik bir alık gibi yüzmeyi öğrenmek, tehlikelerden korunmak, beslenmek ve kendini kabul ettirmek orunda kalmıştır. Oysa modern toplumda bunlar aynı zamanda toplumun ödevleri arasında er almaktadır (2017, s. 56-58). Aslında günümüzde devlet giderek görünmez olmayı arzu tmektedir. Devlet, düzenlemeler ve teknolojik imkânlar yoluyla insanlara sezdirmeden ontrolü sağlamayı amaçlamaktadırlar. Günümüzde hâkim olan neoliberal yapı, biyo-iktidar lanının oluşmasına katkıda bulunmaktadır. Foucault'un biyo-iktidarı, ulus devletleri ve insan ayatının biyolojik unsuru arasındaki yeni bir ilişkinin temelini oluşturan teorik olandan somut ygulamalara kadar uzanan olayların bir serisi olarak görmektedir. Artık Eski Rejimi arakterize edecek politik hayatın dışarıda bırakılması, malların ve hakların yağmalanması değil, unun yerine canlı güçlerin daha iyi kullanımı etrafında örgütlenmiş yeni tekniklerdir. Bu urum biyo-iktidarın, devletlerin sağlık hizmetleri, doğum ve ölüm oranları vb. gibi ünümüzde bize doğal görünen sosyal yaşamın idaresi konusunda çalışmaya başladığını östermektedir. Foucault, bunun devletin hümanist kaygıları yüzünden olduğunu söylemez; unu, Kapitalizm'in taleplerinin karşılanması olarak görmektedir (Demetri, 2020). 'oucault'nun "Hapishanenin Doğuşu" adlı metninde detaylı bir biçimde aktarmış olduğu gibi, apishane adı verilen kurumlar ile mahkumlara yönelik devletin uyguladığı meşru fiziksel uvvetin tarihsel olarak giderek azalması ve modernite koşullarında nihayet sona erdirilmesi, evlet aygıtının "hümanist" tavrının bir sonucu değil, biyo-iktidarın, mahkumların beden meğini kullanmak istemeleriyle alakalıdır (Foucault, 2015). Foucault, biyo-iktidarı ımlarken vurgulamış olduğu özgürlük anlayışı günümüzde bedenler üzerine değil, belli bir lusun sosyal bir bedenine etkisi haline dönüşmüştür (Demetri, 2020). Böylece insanların eynine sezdirmeden yeni düşünce kipleri sokulmaktadır. İnsanlara sunulan bu biyo-politik ve iyo-iktidar dayatmalar zamanla kendiliğinden insanlara aşılanmakta ve bunlar zamanla ormalleştirilmektedir. Örneğin biyo-iktidarın kurulması amacıyla 19. Yüzyıl'dan itibaren üfus kâğıtlarının dağıtılması, Foucault'un inceleme altına aldığı hapishaneye girme potansiyeli lanlar ile tımarhaneye gitme potansiyelli olanlardan normal insanları ayrıştırmayı amaçlıyordu. yrıca dilencileri, serserileri ve göçmenleri tespit etmek de bu büyük politik amaçlar rasındadır. Bu tür fişleme uygulamaları her zaman Fransa Cumhuriyet rejiminin devamını ağlamlaştırması olarak gösterilip meşrulaştırılmıştır. Böylece doğum yeri esasına göre atandaşlık kazanma mevzuatı, sonuçta uygarlaştırılması gereken insanlarla, düşman gibi zaklaştırması gereken insanlar arasında ayrım yapılmalıydı (2015, s. 188). Foucault söz ağarcığının imkânlarını kullanarak, düşüncenin zihinsel birikimimize sessizce, neredeyse ezdirmeden girmiş düşünce tiplerinin epistemeleri, süzgeçleri veya toprakaltları olarak hareket ttiklerini söylemektedir (Traverso, 2013, s. 1). Žižek'e göre iktidar olduğu farz edilen özne ktidar işleyişine içkin bir yapısal yanılsamadır: ortada iktidarın bir hamili/faili ipleri elinde

tutan bir varlık olduğu yanılsamasıdır (2019, s. 235). Foucault, biyo-politik kavramında modernitenin kurucu özelliklerinden birini yakalamıştır. Böylece tüm modern iktidarlarda, b iktidara esin kaynağı olan ideolojilere ve bunların siyasi rejimlerin doğasına göre farklılaşa biçimlerde mevcuttur. Etnik temizlikler ve devlet soykırımları biyo-politiktir, ama ayrıc demografik politikalarda, güç akışların düzenlenmesi de tümörlerin engellenmesi de, kürta sınırlayan yasalar da, sportif etkinliklerin teşvik edilmesi de, salgın sırasında maske takm uygulaması da biyo-politiktir. Bu uygulamalar, modern iktidarın o zamanki yönetim zihniyetin ilişkin uygulamalar olarak bize çarpmaktadır (Traverso, 2020, s. 10-11). Bu aşamada ülkeleri yönetim biçimleri fark etmemekte ve biyo-iktidar uygulamaları her yönetim biçimind görülmektedir. Örneğin Nazi kampları sömürü ve imha alanı olarak kullanılmış, faka Müslümanların kendini canlı bomba olarak imha etmesi, yaşamla ölüm arasındaki asılı kalm bir mutlak belirlenimsizlik fikri haline getirmiştir. Kamp yalnızca "ölümün ve toplu imhanı yeri olmakla kalmaz", aynı zamanda ve özellikle, biyolojik süreklilikte yalıtılabilir son biyo politik tözün, Müslüman'ın üretildiği yerdir (Traverso, 2020, s. 11-12)". Modern toplumd yalnızca hukuki ve siyasi bir aygıt veya disiplinci bir aygıt olarak bu mekanizmalar y almamakta aynı zamanda ziyadesiyle siyasi zorunluluklara tabi bir kitle imha makinesi olara görülmektedir (Traverso, 2020, s. 12). Aslında biyo-iktidar düşüncesi Alman Nazi döneminde de fazlasıyla uygulanmıştır. Ardından Sovyetler Birliği'ne sıçramıştır. Sovyetler Birliği'nd uygulanan zorla göç uygulamaları, belli bir nüfusu denetim altına almak anlayışına dayanıyord Böylece biyo-iktidar oluşturma manevraları tüm dünyada devam etmiştir. Aslında b uygulamaların meşrulaştırması ilk kez Batı toplumlarında görülmüştür. Bunun ana sebel kapitalist üretim ve tüketim tarzının bu ülkelerde yaygınlaşması ve bu uygulamaların yapılma için devletlerin ve egemenlerin biyopolitikalara ihtiyaç duymasıdır (Foucault, 2015, s. 188 Yaşam ve ölüm arasındaki biyo-iktidar kavramının Foucault'un bakış açısıyla bakıldığınd bedenlerin ve nüfusların yönetiminin ne olduğunu görmenin iki olgusal yolu bulunmaktadı Bunlardan birincisi, ölmesi gerekenlerle yaşaması gerekenlerin (en kırılgan olanla en az kırılga olanın) ayrımını yapan olarak tanımlanan sosyal hegemonyanın hareketleridir (Demetri, 2020 İkincisi, Foucault'un biyo-iktidarı tanımlarken günümüzde sosyal hegemonyanın artık yalnızc bireysel bedenler (disiplin alanı) üzerine değil, belli bir ulusun "sosyal bedeninde" hareke etmesidir. İnsanın yaşam ve ölüm üzerine düşünürken nüfusla ilgili seviyeden olgusal b bakışla düşünmesi gerekmektedir (Demetri, 2020). Modern zamanlarda her bir ölüm politikasının bunaltıcı etkilerinin olması bu anlama gelmektedir. Yaşamı olumlaya politikaların kapsamını giderek daha çok genişletmek adına sürekli bir siyasi mücadel olmasının nedeni de budur.

Bir iktidar, devlet tarafından cisimleştirilen ve yasayla düzenlenen iktidarın klasik modelinde farklı olarak, toplumu istila eder ve bizatihi hayatın dokusuna nüfuz eder. Devlet, egeme iktidar olarak yetkisini, temsil ettiği, bireysel ve kolektif özgürlük alanlarının sınırları belirleyerek, hak ve ödevler verdiği halktan alan meşru güce sahiptir. Oysa biyo-iktidar, bir zo aygıtı değil, hayatın kişisel olmayan araçlarla, yönetsel pratiklerle ve genellikle yazılı olmaya kurallarla yönetiminin yaygın bir mekanizmasıdır. Biyo-iktidarın gelişi, sanayi kapitalizmini yükselişiyle örtüşür ancak liberal devlet ile sivil toplum arasında ayrılma ilkesini yalanlar gibidi Egemen devlet, Hobbes'ten Weber'e kadar kendi uyruklarının ve yurttaşların ölümüne v kalımına karar verme yeteneğine sahip bir iktidar olarak düşünülmüştür. Biyo-iktidar is kendisini hayatı yönetmekle görevlendirmektedir (Foucault, 2015, s. 182). Biyo-iktidarı ekseni bundan böyle devlet şiddeti olmayıp, hükümetin, artık bastırmayı değil, hayatın ve nüfu hareketlerini denetlemeyi ve düzenlemeyi amaçlayan ekonomik politikasıdır (2015, s. 188

'oucault iktidar ilişkilerinin, öznel temsil tarafından ikame edilmek zorunda kalmadan, nasıl lup da maddi olarak bedenlerin derinliğine nüfus edebildiğini göstermeye çalışmıştır. İktidar, edene ulaşıyorsa, öncelikle insanların bilincinde iktidarın içselleştiği için değildir. Bir iyoiktidar, bedensel-iktidar ağı oluşturmakta hem kendimizi tanıdığımız hem de kendimizi aybettiğimiz tarihsel ve kültürel fenomen olarak cinsellik bu ağdan yola çıkarak doğmaktadır 2012, s. 109-110). Nüfusun keşfi, bireyin ve eğitilebilir vücudun keşfiyle birlikte, çevresinde 3atı'nın yöntemlerinin biçim değiştirdiği bir aşamaya geçilmiştir. Bireylerin bedenlerini, avranışlarını bile hedefleyen bir teknoloji olan ve iktidarın bireyselleştirici gücü olarak dlandırılabilen bir tür siyasi anatomi ile karşılaşılmıştır. Bu Foucault'un deyimiyle natomosiyasettir ve bireyleri anatomikleştirmeyi hedeflemektedir (2011, s. 151). 2020 ile 2021 ıllarında yaşanan Koronavirüs salgını sırasında olan tam da budur. Devletler biyo-iktidar oluyla salgını kontrol etmek istemişlerdir. Weberci rasyonellik anlayışına göre biyo-iktidar bir erçeve içerisinde ve tıkır tıkır işleyen bir bürokrasi aygıtına sahiptir. Devletin şiddet ygulamaya tek meşru güç olarak görüldüğü bu devirde, bu mekanizmalar rahatlıkla ygulanabilmektedir. Böylece bürokratik devletin uygulamaları, örneğin nüfus kağıtlarının aratılması, fotoğrafın icadı gibi fişleme üzerine kurulmuş bir mantık, günümüzde teknoloji ayesinde uygulanmaktadır. İnsanların defalarca teknoloji aygıtlarınca kontrol edilmesi, biyo-ktidarın lehine durumların oluşmasına yol açmaktadır. Diğer yandan Sovyetler Birliği gibi, omünist idarelerin olduğu devletlerde icra edilen otoriterlik ve toplumsal denetim biçimleri, iyo-iktidar alanının toplumun daha çok içerisine girmesine, benimsetilmesine ve bir yönetim arzı olmasına yol açmıştır. Sovyetler Birliği çöktükten sonra da bu durum varlığını ürdürmektedir. Örneğin Putin idaresindeki Rusya'da biyo-iktidar alanının fazlasıyla ıissedildiği ve insanların bunu normalmiş gibi kabul ettikleri görülmektedir. Özellikle bu lkede, biyo-iktidarın toplumu istila etmesi ve hayatın dokusuna nüfuz etmesi örnekleri nevcuttur. Biyo-iktidar bir zor aygıtı gibi değil, hayatın kişisel olmayan araçlarla, yönetsel ratiklerle ve genellikle yazılı olmayan kurallarla yönetimin yaygın mekanizmasıdır (Traverso, 020, s. 4). Bu aşamada şu durum akla gelmektedir. Gramsci'nin iddia ettiği, yönetenler ile önetilenler arasındaki görünmez olan bağ ve pazarlık sahası haline gelen iktidar pratikleri aynı çıdan düşünülebilir. Gramsci, yönetilenlerin, yönetenlerin dayattığı pratiklere kendiliğinden ıza gösterdikleri ve razı oldukları görülmektedir (Gramsci, 2004, s. 2-4). Böylece iktidarı, bir levlet şiddeti olarak değil de hayatı ve nüfus hareketlerini denetlemeye ve düzenlemeye arayan bir siyasal ekonomi mekanizması olarak görebiliriz. Nüfus, halk yani soyut terimlerle ir hukuki ve siyasi topluluk olarak tasarlanan ulus değil, demografik politikaların, beslenme, ağlık, eğitim, hijyen ve sağlık politikalarının nefesi olan canlı varlıklar, toplumsal ve ekonomik ir dokuya sıkıca reddedilmiş bedenler bütünüdür. Böylece biyo-politik modern insan, insanı anlı varlık olarak insandan ayrı, münhasıran politik hayvan olarak kavrayan klasik siyaset elsefesinden farklı olup, canlı varlık olarak hayatının söz konusu olduğu bir hayvan olarak üşünmektedir (Traverso, 2020, s. 4). Bir gizli el olarak kurulmuş olan düzen Adam Smith'in lediği gibi, bir mekanizma da oluşturulur. Bir yandan bedenleri boyunduruk altına alan lisiplinci ve zorlama teknikleriyle, bir yandan da yönetim zihniyeti olarak yani yaşama süreçleri ütün olarak düşünülen nüfus üzerine uygulanan iktidar, devlet ile toplum arasındaki netabolik alışverişleri düzenleme tekniği işlevi gören iktidardır (Traverso, 2020, s. 5). Biyo-ktidar kavramını istatistikleriyle ve planlarıyla, sağlık ve eğitim alanlarındaki geniş müdahaleler elpazesiyle, çocuk ve yaşlı bakımıyla birlikte savaş sonrası sosyal devletin incelemesi olarak le alınabilir. Bir kontrol toplumu olarak nitelendirilen bu mekanizmada ayrımcılık ve dışlama ıiçimleri, bireyler tarafından gitgide artan bir biçimde içselleştirilmektedir. Halihazırda eyinler ve bedenler hayatın anlamında ve yaratıcılık arasından yola çıkarak, özel bir

yabancılaşma haline yönelik olarak doğrudan örgütleyen makineler tarafından icr edilmektedir. Yaygın, çok şekilli, kılcal, her yerde hazır ve nazır olmakla birlikte genellikl görünmez ve elle tutulamaz olan Biyo-iktidar, devlet aygıtını tahakkümünü neredeyse tek arac haline getirmiştir (Traverso, 2020, s. 5). Biyo-iktidar bir yandan bedenin siyasi anatomisini, öt yandan nüfusun, kitlelerin kontrolünü hedeflemektedir. Biyo-siyaset; nüfus artışı, doğur oranları, sağlık ve yaşam süresi gibi toplumun bütününe yönelik bir düzenleyici denetimi kurulmasıdır. Görüntülerin iki kolu bulunmaktadır. Bunlardan birincisi, disiplin yani kenc bedenlerini en yüksek seviyede kontrol edebilecek ve en yararlı hale getirebilecek bireyle ikincisi biyo-siyaset büyük bir organizma gibi, değerlendirilen toplumun nüfusu, sağlığı v eğitimine ilişkin normal ücretsiz süreçlerin uygulanmasıdır (Foucault, 2012, s. 102-103 aktaran: Topuzkanamış, 2019, s. 1845). Yani özetle, bireyin kendi kendini kontrol edebilmes ve toplumun kendini kontrol edebilmesi olarak özetlenebilecek bu iki mekanizm bulunmaktadır. Her iki mekanizma da iktidarı kontrol etmek ve düzenlemeler yapmak üzerin kurulmuştur. Biyo-siyaset sayesinde toplumun sağlığıyla ilgili kontrol mekanizmalarını Koronavirüs salgını sırasında da devam etmiş olduğu görülmektedir. Salgın Sürecind Dünyada Yaşananlara Örnekler Georgia Agamben'e göre, Koronavirüs salgını sırasınd politika hızlı bir şekilde harekete geçmiş ve çeşitli önlemler alınmıştır. Bu kararlar; herhang bir bireyin etkilenen belediyeyi ya da bölgeyi terk etmesinin yasaklanması, dışarıdan herhang bir kişinin etkilenen belediye ya da bölgeye girmesini engellenmesi, kültür, eğlence, spo faaliyetlerine ve kamuyu açık alanlar, kapalı mekanlar dahil olmak üzere toplantılara izi verilmemesi, ana okulları, çocuk bakımı hizmeti kurumların ve okulların uzaktan eğitin haricinde yüksekokul öğrenim faaliyetleri ve meslek kurslarının katılımının sonlanmas müzelerin kapatılması, tüm kamusal muayenelerini askıya alınması, enfeksiyon vakalarına yakın teması olan bireylere karantina önerilerinin alınması gibi kararlardır. (Agamben, 2020, s. 11 12). Devletin kontrol ve düzenleme faaliyetlerinde ek unsurlar ve şartlar ile uygulamala getirmesi dikkat çekmektedir. Böylece devletin halk üzerindeki egemenliği daha çok kolaylaşmış, meşru ve olağan hale dönüşmüştür. İtalyanların yaşam tarzına oldukça uzak olan bu önlemler, İtalyanların mevcut sosyal yaşamları yerine yeni bir yaşamın öngörülmesidi Fakat birkaç ay süren bu önlemlerin kaldırılmasından sonra normale dönme hali yaşanmıştı Oysa bu hal, öncekinden oldukça farklıdır. İnsan artık salgından önceki insan değildir. Artık insan, maskeli bir öteki haline gelmiş ve sosyal mesafe kurallarıyla donanmış anti sosyal bi hale dönüştürülmüştür. Güvenlik kaygılarıyla daimî bir güvensizlik ve korku hali meydan gelmiştir (Agamben, 2020, s. 14). Özellikle okulların tekrar açılmasının nasıl olacağı konus sorgulanmaktadır. Günümüzde interneti ön plana alan çalışmalar yapılmış ve teknolojini belirleyici olma süreci başlamıştır. İçinde yaşadığımız salgın süresince, muhalefetin ve yapılan gösterilerin kontrol altına alındığı ve iktidarın arzuladığı bir toplum meydana getirildiğ görülmektedir. ABD'de yaşanan Floyt Hadisesi olarak tanımlanan siyah bir vatandaşın bi polis tarafından nefessiz bırakılarak, öldürülmesi sonrasında yaşanan protestolar ve Batı'd önemli gösteriler meydana gelmiştir. Bu durum, toplumlara hâkim olan biyo-iktidarı ortay koymaktadır. Özellikle Almanya'da salgının etkilerini hafifletmek amacıyla sosyal politikala uygulanmıştır. Oysa Türkiye'de durum oldukça farklı bir şekilde gelişmiştir. Ülkemizd uygulanan sosyal politikalar, geniş halk yığınlarını olumsuz şekilde etkilemiştir. Çalışanlara kıs çalışma ödeneğinin verilmesi, çalışanların ücretsiz izne çıkarılması, okulların, eğlence ve tat yerlerinin kapatılması, büyük alışveriş merkezlerinde uygulanan kısıtlamalar, perakend işyerleriyle ilgili önlemler, toplumun büyük bir bölümünü etkilemiş ve biyo-iktidar alanın insanlar daha çok hissetmeye başlamışlardır Dijitalleşmiş sosyal kontrol biçiminin etkili olduğ ılgın sürecinde, dijital aktörler ve devletler genel bir prova yapmışlardır. Žižek'e göre, ·rörizm miadını doldurmuş ve epidemi icat edilmiştir (2020, s. 18). Žižek, sermayenin tıkır kır işleyen bir epidemi durumunu arzuladığı ve kendini yok etmeye veya yıkayıp, aklanmaya ötüren bu sürecin, onların çıkarına olmadığını vurgulamaktadır (Žižek, 2020, s. 18). ;oronovirüs salgınıyla karşı karşıya kalmış devletlerin çoğu, virüsün yayılmasını önlemek için üfusla ve sağlıkla ilgili sert tedbirler uygulamışlardır ve bir yandan da bu salgın dolayısıyla lenlerin sayısının artmasını önlemek için harekete geçmişlerdir. Bu gibi biyo-politikalar bizi, oucault'un (özel olarak değil ama öncelikli olarak) gözüyle, var olan güçlerini daha iyi hale etirmeyi hedefleyen nüfus idare yöntemlerinin tasarlanması alanına oturtmaktadır (Demetri, 020). Koronavirüs salgını sırasında devletlerin uyguladığı yöntemlerle ve iktidar ilişkilerinden luşan yöntemlerle sistemin sağlamlaştırması amaçlanmıştır. İnsanlara en çok da evlerinden ıkamayanlara, olumsuz sağlık koşulları altında olanlara, yaşlılar ve engellilere, devlet gücünü üçlü bu şekilde göstermiştir. Böylece bedenlerin ve nüfus üzerinden tam bir söz söyleme ınsını kazanan devlet, iktidarını sağlamlaştırmıştır. Çünkü devlet, kimin evde kalacağı ve imin dışarı çıkacağıyla ilgili kuralları koymuş, sınır kapılarında kontrol usullerini belirlemiş, laşım hatlarındaki düzenlemeleri yapmış ve sokağa çıkma yasakları gibi uygulamaları erçekleştirmiştir. Sosyal hegemonyayla, olması gereken ile yaşanması gereken arasında evletin yaptığı ayrım dikkat çekmektedir. Žižek'e göre, hem alternatif sağ hem de sahte sol ılgının tüm gerçekliğini kabul etmeyi reddetmekte ve onu indirgemeci bir sosyal inşacılık zerinden sulandırmaktadır. ABD'nin Eski Başkanı D. Trump'ın bu salgını kendi lehine evirip, 2020 yılının Kasım ayında yapılmış olan seçimi kazanmayı amaçlamıştır. Trump, bu ılgının demokratlar ile Çin'in oyunu olduğunu iddia etmiştir (2020, s. 19). ABD'de 2020 ılının Kasım ayında yapılan başkanlık seçimi sonrasında ABD'de aşırı milliyetçiler, seçimin ileli olduğu, demokratların Çin ile hareket ettikleri iddiasıyla ABD Kongresini işgal etmişler e bir süre bu alanda protestolarını sürdürmüşlerdir. Bu olayların salgın sırasında yaşanması ikkat çekicidir. Salgın nedeniyle biyo-iktidarın fazlasıyla hissedilmesi, insanları rasyonel olarak areket etmemesine yol açmıştır. Virüs sözcüğünün yaşamımıza iyice yerleşmesiyle insan, lümcül bir varlık olduğunu hatırlamaya başlamıştır. Žižek'e göre, insan bu durumla arşılaştığında Elisabeth Kubler Ross akla gelmektedir. İnsanlar önce beş aşamalı şema ereğince bu gerçeği kabullenmemekte, sonra durum anlaşıldığında öfke durumu meydana elmektedir. İnsanlar bu durumdan iyice sarsılmaktadırlar. Sonra pazarlık sahası açılmakta ve Jeden ben? sorusuyla insan kendini sorgulamaya başlamaktadır. "Hiç olmazsa çocuklarımın ıürüvvetini görseydim!" şeklinde bir sorgulama devam etmektedir. Dördüncü aşamada epresyon gelişmekte ve bu aşamada insan, kendisini geri çekmekte ve beşinci aşama olarak abul aşamasına geçmektedir (Žižek, 2020, s. 25). Koronavirüs salgını sırasında çoğu insanın u durumu yaşadığı düşünülmektedir. Sosyal İzolasyon Döneminde Türkiye'de Yaşananlar ve Iedyaya Yansımaları Koronavirüs nedeniyle gündelik hayatta birçok şey değişmiştir. Birincisi ısanlar sadece evlerine kalabilmeyi öğrenmişlerdir. Ev aktiviteleri, sosyal aktivitelerin önüne eçmiştir. İnsanlar sosyal aktivitelerini, çeşitli iletişim kanallarıyla yapmaya başlamışlardır. ;ünümüzde teknoloji, ikiden fazla grupla görüntülü ve sesli görüşmelere imkân vermektedir. ıslında teknoloji hiçbir zaman saf ileti sağlamamaktadır. Yani aracın izin verdiği ölçüde etişim kurabilmektedir. Böylece aracın özelliklerini içine katmak suretiyle ve aracının içimlendirdiği şekilde bir iletişim yapılmaktadır. Bilgisayar ve iletişim teknolojilerinin irlikteliğinde oluşan yeni medya biçimi ortaya çıkmıştır. Aslında teknolojik imkânlar, ısanların etkili gözetlenmesini ve kontrol edilmesini sağlayan araçlardır. Bu yeni oluşumların içbiri insan ilişkileriyle değil, sosyal yaşamı bir kenara koymak suretiyle yapılabilmektedir. algın döneminde ise sosyal yaşamın yerine geçmek için bir alıştırma işlemi yapıldığı

görülmektedir. En uygun ve geniş antrenman alanı bu salgın sırasında icra edilmişti Dükkânların yerine e-dükkânlardan alışveriş yapılmıştır. Bu sayede uzaktan sipariş verm biçimiyle ödemeler yapılmış ve zamandan tasarruf edilmiştir. Gelenekler yani kültür, insan oluşturduğu ve geniş halk kitlelerin tarafından benimsenen tüm akılda kalan değerl bütünüdür. Geleneklerin sadece insan tarafından benimsenmesi önemli değildir. Gelenekl ancak bir toplum oluşumu içerisinde birlikte yaşandığında anlamlı hale gelmektedir. Bu salgı sürecinde geleneklerin önemsiz hale dönüşmesi, toplumu ve birlikte yaşayan insanları oluşturdukları bağları da önemsiz hale getirecektir. Toplumsal bağların kopması devleti ortadan kalkmasına da yol açabilecektir. Türkiye'de özellikle 1980'lerden sonra geleneksel ai şekli yerini çekirdek aileye bırakmaya başlamıştır. Aslında ilk kez sosyal izolasyonunun b andan itibaren başladığı söylenebilir. Artık geleneksel aile yapısı içinde yer alan akrabalar, ya dede, nine, torun, babaanne, anneanne, hala, dayı, amca, teyze, yenge ortadan kalkmış, yeri sadece anne, baba ve çocuklara bırakmaya başlamıştır. Bu salgın sırasında, geleneksel ai yapısının çekirdek aile şeklinde içe çöktüğü söylenebilir. Çünkü çocuklar akrabalarının yanı sı arkadaşlarından da uzak kalmaya başlamışlardır. Geleneksel aileden kalan dedeler ve ninele çocuklarını görememeye başlamışlardır. Bu salgınla, 18 yaşından küçükler eve hapsolmuşl ve arkadaşlarından uzaklaşmışlardır. Bu süreçte, bu çocuklar teknolojik araçların içerisin hapsolmaya başlamışlardır. Çocuklar, bilgisayar oyunları oynamaya ve arkadaşlarıyla ce telefonlarının aracılığıyla iletişim kurmaya çabalamışlardır. Žižek, teknolojinin özellikl internetin, bu salgın sırasında devletlere yeni sosyal kontrol imkânlarını verdiği söylemektedir (2020, s. 18). İnsanlar evlerine sığındıklarında, teknolojiye daha ço sarılmışlardır. Teknoloji her zaman sosyal alanın ikamesini sağlayacak nitelikte değildir. Salgı sürecinin çok uzun sürdüğü düşünüldüğünde, bu durumun insan üzerindeki olumsuz etki kolayca anlaşılabilmektedir. İnsanlar arasında iletişim iki türlü olmaktadır. Bunlardan birincis kişilerle iletişimde bizzat onları görerek, konuşarak, tartarak ve bir araya gelmek suretiyl birebir iletişimdir. İkincisi ise bir aracı ortaya koyarak yapılan iletişim türüdür. Bu iletişim tür kişilerarası yüz yüze iletişim türünden oldukça farklıdır. Aracı; televizyon, radyo, bilgisayar v cep telefonu olabilmektedir. Bu yeni durumla birlikte, tekrar aracılaştırma veya yenide dolayımlama geniş bir biçimde yapılmaya başlanmıştır. Yani aracılaşmanın aracılaştırılması sö konusudur. Böylece iletiler aracının dolayımıyla aracın özellikleri dâhilinde bize kısıtlı olan vey aracın özelliklerine göre belirlenmiş olan bir iletişim kurma imkânı vermektedir. Bu duru kişilerarası iletişimden farklı yapıda olup, asla onun yerine geçememektedir. Koronavirü salgını süresince insanlar bu aracılaştırılmış iletişim şeklini kullanmak zorunda kalmışlardı Özellikle gençler evde kalarak, bu iletişim şeklini kullanmak zorunda bırakılmıştır. Salgında dolayı, belli bir dönem camilerde ibadet yapılamamış, dini törenler, sahur, toplu iftar ve teravi namazı gibi dini ritüeller biçim değiştirmiş veya bazıları yapılmamaya başlanmıştır. Cenaz namazları icra edilememiştir. Böylece dini açıdan da sosyal tecrit biçimi ortaya çıkmay başlamıştır. Salgın bittiğinde, bütün bu değişim ve dönüşümlerin çıktıları yani sonuçla görülmeye başlanacaktır. Bu aşamada psikologlara, psikiyatristlere ve ayrıca ebeveynlere çeşit görevler düşmektedir. Birçok kişinin gönüllü olarak kendilerini tecrit etmesi ve sosyal temasta kaçınması, sosyalleşmenin kırılmasından ziyade, ortak savunmasızlık üzerine temellenen b güvenlik açığı yaratacaktır (Demetri, 2020). Örneğin salgın sırasında okulda verilmesi gereke dersler, teknoloji kullanılarak internet aracılığıyla uzaktan yapılmıştır. Toplantılar uzakta yapılmaya başlanmıştır. Bütün görüşmeler uzaktan yapılmaya ve bayramlar uzakta kutlanmaya başlanmıştır. Artık askeri geçitler, halkın uzaktan katılımıyla icra edilmişti İktidarın icraatlarını devamlı tekrarlayan televizyon haber ve tartışma programla ayınlanmıştır. Ayrıca camilerden salgın önlemleriyle ilgili anonslar ve polis motosiklet geçitleri apılmıştır. Halk ancak balkondan bu geçitleri ve araç üzerinden konser veren orkestra nensuplarını izlemiştir. Yani halk, sanki bir futbol maçını tribünden izler gibi bu olayları eyretmiştir. Bu salgından sonra da daha önce yüz yüze gerçekleştirilen pek çok faaliyetin, zaktan yapılarak devam edeceği anlaşılmaktadır. Eskiden olduğu gibi, insanlar artık oyuna atılamayacaklardır. İnsanlar toplu alışveriş yapamayacaklar ve toplu gösteriler de apılamayacaktır. Toplu namazlar belli şartlarda kılınacak ve toplu hiçbir şey yapılamayacaktır. u etkinlikler, salgında ortaya çıkan bir kavramın yani mesafe kuralının öngördüğü gibi, nsanlar arasına mesafe konularak yapılacaktır. Bu durum, insanların demokrasi anlayışını da eğiştirmektedir. Bu salgın süreciyle birlikte, halk için dilenen özgürlük, kardeşlik ve barış emennileri de bütünüyle dönüşmeye başlamıştır. İnsanlar virüsü birbirlerine bulaştırmamak çin diğer insanları ötekiler olarak ayrıştırmaktadır. Artık insanlara yakınlık kurarak selam ermek; el sıkmak, öpmek ve sarılmak mümkün değildir. Böylece insanlar, bütün eski lışkanlıklarından vazgeçerek, yeni alışkanlıklar kazanacaklardır. Bunlar toplumun ve nsanların diğer insanlara bakış açısını da değiştirecektir. Özellikle tanımadığımız insanlar için nesafe kuralının genişletilmesi durumu da söz konusudur. Koronavirüs salgını, piyasa konomisine dayalı küreselleşmenin sınırlarını işaret etmekte ve aynı zamanda devletin tam ağımsız olmasına işaret eden milliyetçi popülizmin sınırlarını bile ölümcül olmasını östermektedir (Žižek, 2020, s. 22). Tüm ülkelerdeki insanlar dünyada yalnız aşamamaktadırlar ve daima diğer ülkelere ihtiyaç duymaktadırlar. Bu nedenle ülkelerin bu lümcül hastalıkla birlikte mücadele etmeleri ve aşı, ilaç, koruyucu ekipman ile yiyecek onusunda birbirlerini desteklemeleri gerekmektedir. Koronavirüs salgınında insan yalnız aşına kalınca diğerleri öteki haline dönüşmüştür. İnsan kurallar manzumesi içerisinde aşarken, birdenbire kendisiyle yalnız başına kalmıştır. Bireylerin maske takmadıkları halde iğerlerini "Maske takmıyorsun!" diyerek suçlaması, bireyselleşmenin açık bir göstergesidir. Çünkü bu şekilde birey önce kendisini düşünmekte ve karşısında kim olursa olsun onu tekileştirmekte, hatta dışlamaktadır. Sosyalleşmenin iyice zayıfladığı günümüzde, aşırı ireyselleşmenin belirtileri zaten görülmektedir. Sosyal medyayla insanların kendisini farklı östermesi ve tanımadığı insanlarla sosyal medyada arkadaşlık kurması bu örnekler arasındadır. Tüm bunlar insanların zaten en başta bireysel olmayı istediklerini ve sonradan ihtiyaçları ön lana çıktığında sosyalleşmek istediklerini göstermektedir. Tecrit olma süresi dolan insanlar ine küçük gruplar halinde sosyalleşseler de günümüzde yalnızlaşma ve dolayısıyla abancılaşma durumu devam etmektedir. Bundan sonra ortaya çıkacak olan insani sorunlar osyal psikolojinin araştırma alanına girmektedir. Salgın boyunca biyo-iktidar alanının devam ttirilmesi doğrultusunda medyanın sık olarak kullanıldığı görülmektedir. İnsan bedeninin ontrol edilmesi doğrultusundaki uyarılar, televizyonlarda ve gazetelerde bir yıl boyunca lenmiştir. Örneğin maske takılmasıyla ilgili, Koronavirüse yakalananların ve ölenlerin ayısıyla ilgili haberler yapılmıştır. Sağlık Bakanı Fahrettin Koca'nın her gün Koronavirüs akalarını, tarama sayısını ve ölüm sayısını ekranlarda açıklaması, insanların kendilerine zdenetim ve öz kısıtlama yapmasını sağlamıştır. Özellikle haber programlarında, toplum çinde maske takmayanlar teşhir edilmiş ve bu insanlara para cezası uygulandığı belirtilmiştir. Ayrıca sokağa çıkmanın kısıtlanmasıyla özgürlüğün tam olarak kullanılmaması hali ortaya ıkmış, bu durum biyo-politiğin uygulanmasında bir vasıta haline dönüşmüştür. Televizyon, adyo, gazete ve internet sitelerinde bu tür haberler sık olarak konu edilmiş ve adeta bu yasaklar ormalleştirilmiştir. Böylece medya, bu uygulamaların gerçekleştirilmesi ve normal olarak österilmesi açısından bir vasıta halinedönüştürülmüştür. Salgın boyunca Türkiye'de devlet ygıtı, televizyonlarda kamu spotu olarak yayınlanan ve ünlü oyuncuların katıldığı duyurular

yapmıştır. Bu kamu spotlarında sosyal izolasyon ve maske takılması teşvik edilmiştir. Böylec devlet kendini devamlı hissettirmiş ve iktidarının varlığını pekiştirmeyi hedeflemiştir. Özellikl Koronavirüs salgını sırasında Türkiye'de biyo-iktidar alanının etkisi artmıştır. Özellikle halkı iktidara güvenmesi gerektiği ve iktidarın her türlü önlemleri aldığı yönündeki demeçleri verilmesi bunu ortaya koymaktadır. İktidarın her türlü açıklamalarının ve bildirilerini gündemde en başa oturması ve tartışmaların bu açıklamalar doğrultusunda yapılması dikk çekmektedir. İktidar sahiplerinin medyaya kullanarak, bu salgın konusunda yoğun bir açıklam çabalarına girdikleri ve medyayı etkin bir şekilde kullandıkları görülmektedir. Örneğin salgı sürecinde Sağlık Bakanı Fahrettin Koca defalarca açıklama yapmış, ayrıca Koronavirüs Bilir Kurulu üyeleri televizyon programlarına çıkarak, salgın konusunda açıklamalar yapmışlardı Sağlık Bakanlığı, Twitter ortamında takipçi sayısının oldukça yükseldiğini ve 2 milyon takipçiy ulaşıldığını tespit etmiştir. Buna karşılık, Aile, Çalışma ve Sosyal Hizmetler Bakanlığı'nın is 750.000 takipçisi bulunmaktadır. İktidar, bu salgın karşısında çok güçlü olduğunu ve birlik il beraberlik içinde olunması gerektiğini devamlı surette vurgulamıştır. İktidarın salgın süreci "Çok başarılı yönettiği ve sağlıkla ilgili hassasiyetten asla taviz vermediği." gibi açıklamal medyada sıklıkla yapılmıştır. Cumhurbaşkanının "Hiçbir virüs biçimi tedbirlerimizden güçl değildir (11 Mart 2020)", "Hiçbir düşman milletimizin birliğinden beraberliğinden, gücünde dirayetinden daha üstün değildir (25 Mart 2020)" gibi sözleri, iktidarın güçlü olduğu söylemi sürdürdüğünü göstermektedir. Bu dönemde, iktidarın her türlü önlemi aldığı ve kararlılık salgını önlemeye yönelik tedbirlerin aldığı vurgulanmıştır. Foucault'un biyo-iktidar olarak ifad ettiği kavram devletin canlı güçlerinin etkin olarak kullanımı özellikle sağlık hizmetleri alanınd olmuştur. Sağlık çalışanları çok fazla sayıda nöbet tutarak çalışmışlardır. Ayrıca Türk Tabipl Birliği verilerine göre, Şubat 2021 itibari ile 282 sağlık çalışanı da Koronavirüs salgınında dolayı hayatını kaybetmiştir[4]. Salgın döneminde biyo-iktidar alanının, denetim ve yöneti pratiklerinde etkin olduğu görülmüştür. Hafta içi gece saat dokuzdan sonra ve hafta son sınırlı sokağa çıkma yasakları, gençlerin ve yaşlıların günün belirli saatlerinde dışarıya çıkmala bu denetim mekanizmasını ortaya koymaktadır[5]. Salgın sürecinde maske takma uygulamas sağlığı önceleyen bir uygulama olmaktan çıkmış, iktidarın denetim alanının artmasına yo açmıştır. Egemen devletin, yurttaşların ölümüne ve kalımına karar veren biyo-iktid uygulamaları Koronavirüs salgını sırasında da devam etmiştir. Aşılama uygulamalarının b takvim dâhilinde belirli yaş gruplarına uygulanması, iktidarın bir tercihi olarak belirlenmişti Çünkü aşı sayısı belirlidir ve tedarik işlemlerini zamanında başlatmadığı için iktidar bir terci yapmak zorunda kalmıştır[6]. Medya, bu salgının korkutucu olduğunu ve önlemlerin bir an önc alınması gerektiğini sıklıkla halka duyurmaktadır. Teknoloji biyo-iktidar alanın genişletilmesine katkıda bulunmaktadır. Türkiye'de Milli Muhafazakâr Medya olara adlandırılan iktidar yanlısı medya sayesinde, iktidarın uygulamaları rahatlıkla görebilmekte v bu uygulamaların benimsetilmesi sağlanmaktadır[7]. Bu salgın döneminde günlük yaşam d oldukça zorlaşmıştır. Toplu taşıma araçlarına binmek istemeyen insanlar, kendi arabalarıyl özellikle büyükşehirlerde trafiğin artmasına neden olmuşlardır. Özellikle yaşlılara uygulana kısıtlamalar nedeniyle hayat onlar için daha da zorlaşmıştır. Örneğin yaşlıların, sadece birka saat dışarı çıkma izinleri olduğundan işlerini yapamadıkları, sağlık kontrolüne gidemedikleri v

---

[4] https://www.google.com.tr/amp/s/www.bbc.com/turkce/haberler-turkiye-55409530.amp, 18.02.2021 tarihinde erişildi.

[5] https://www.icisleri.gov.tr/koronavirus-ile-mucadele-kapsaminda-sokaga-cikma-kisitlamalari---yeni-kisitlama-ve-tedbirler-ge nelgeleri18.02.2021 tarihinde erişildi.

[6] https://www.google.com/amp/s/www.hurriyet.com.tr/amp/gundem/koronavirus-asisini-kimler-yaptiracak-saglik-bakanlig asi-takvimi-belli-oldu-iste-covid-asisi-uygulanacak-grup-siralamasi-41714809, 18.02.2021 tarihinde erişildi

[7] https://www.ttb.org.tr/kutuphane/covid19-rapor_6/covid19-rapor_6_Part73.pdf, 18.02.2021 tarihinde erişildi.

ı bile olmaya gittiklerinde polis tarafından sorgulandıkları medyaya yansımıştır. Bu salgınla, ışların on yıllarla ifade edilen kalan ömürleri oldukça zorlu geçmektedir. Bu yüzden yaşlılarda sikolojik bozuklukların, ani sinir ataklarının yaşandığı ve bunların çeşitli kavgalara neden lduğu görülmektedir. Ayrıca bu salgın döneminde, Türkiye'de boşanmaların da arttığı olundaki TUİK[8] verileri gazetelere yansımıştır[9]. Salgın sürecinde gazetelerin tirajları zalmıştır. Bu durum, insanların siyasal alanla ilgilenmek istemediklerini düşündürmüştür. Millî ğitim Bakanlığı tarafından Aileler İçin Çocuklara Yardım Rehberi olarak oluşturulan, "Salgın Hastalık Dönemlerinde Psikolojik Sağlamlığımızı Korumak" isimli e-kitap yayınlanmıştır. Bu itapta, çocukların ve ergenlerin, medya, sosyal medya ya da internet üzerinden, bu salgın astalıkla ilgili haberleri izledikleri ve bu ortamdaki tartışmalara kulak misafiri oldukları, alınan nlemleri gözlemledikleri ve ev içindeki değişikliklere tanık oldukları yazılmıştır. Sonuçta ocuklar da yetişkinler gibi stres, endişe, korku, şaşkınlık ve üzüntü hissedebildikleri veya astalanma riskleri az da olsa bile, bu durumun çocuklarda stres, kaygı ve hatta panik hali rtaya çıkarabildiği ifade edilmiştir[10]. Foucault'a göre biyo-politika hem yaşatmanın hem de lüme bırakmanın politikasıdır. Kendi nüfusunu koruyan devlet, bir diğerini ölüme atmaktan eri durmamaktadır. Devlet için önemli olan onun yaşamını sağlayacak bireylerin var lmasıdır. Nüfus hareketleri, salgın sırasında nüfus sayımını da etkilemiş ve sayımların evrimiçi yapılmasına yol açmıştır[11]. Devletin tahakküm mekanizmasını salgın sırasında daha tkili olarak kullandığı görülmektedir. Bu salgın sırasında şehirlerde daha çok sayıda emniyet ücünün görülmesi, bunun sonuçları arasındadır. İnternet ve cep telefonları vasıtasıyla özetlenen insanlar, HES (Hayat Eve Sığar) uygulamasıyla son bir gün, son yedi gün ve son n dört gün içerisinde bir Koronavirüs taşıyıcısıyla temas edip, etmediği konusunda kontrol dilmeye başlanmıştır. Ayrıca bu uygulama ile HES kodu oluşturulmuş ve insanlar otobüslere ahi bu kodu, kartlarına işleyerek binmeye başlamışlardır. İşyerlerine, fabrikalara ve alışveriş ıerkezine bu kodla girilmeye başlanmıştır. Aynı uygulamada "İhbarda Bulun" butonuyla aşkalarını ihbar etme mekanizması da oluşturulmuştur. Koronavirüs bulaşma riskini esaplama butonuyla insanlar kendi kendilerini ihbar etme imkânı elde etmişlerdir. Jygulamadaki konum bilgisi sayesinde riskli bölgede olup olmadığı insanlara haber verilmekte e aynı zamanda kişilerin konumları devlet kuruluşlarına iletilmektedir. "Yakınları" butonuyla klenen yakınlar artık kişinin sağlık durumlarını görmekte ve konumlarını izleme imkânı elde tmektedirler. Aslında bu uygulamayla, teknolojinin insanların Bentham'ın panoptikonun çerisine dahil olma sürecini başlattığı görülmektedir. "Bizi biri gözetliyor" iddiası "birileri epimizi gözetliyor" sürecine dönüştürülmüştür. Medya profesyonelleri için bu sınırlamalar, algın sırasında geçersiz olmuştur. Çünkü medya profesyonelleri; insanları, haberleri ve olayları östermekle yükümlü görevliler haline dönüşmüştür. Bu görevlerini belirli bir disiplin çerisinde yerine getirebilmeleri için biyo-iktidar aygıtı, onlara izin vermiş ve görevlerini apmaları sağlanmıştır.

osyal izolasyonun en önemli tezahürü, çekirdek ailenin ön plana çıkması ve insanların kendi çerisine kapanmasıdır. İnsanlar, işyerlerine toplu taşıma araçları yerine otomobilleriyle gitmeye aşlamışlar. Bu durum, ikinci el otomobil fiyatlarının aniden yükselmesine sebep olmuştur. algın sırasında bazı kısıtlamalar nedeniyle insanların kırsal alanlara taşınması, hafta sonlarını ehrin kalabalığından uzakta geçirmek için taşraya gitmesi patolojik bir kaçış olarak

Türkiye İstatistik Kurumu

https://www.sozcu.com.tr/hayatim/yasam-haberleri/pandemide-bosanmalar-artti, 18.02.2021 tarihinde erişildi.

https://orgm.meb.gov.tr/meb_iys_dosyalar/2020_03/21161548_brosur_cocuk_son.pdf, 18.02.2021 tarihinde erişildi.

https://turkey.unfpa.org/sites/default/files/pub-pdf/census_covid19_digital-tr_1.pdf, 18.02.2021 tarihinde erişildi.

değerlendirilebilir. Bu kaçış, bireyin zihinsel sağlığını iyi gelmesinin ötesinde, aslında kendisi bir süreliğine toplumdan tecrit etmesinden ibarettir (Bewes, 2002, s. 137). Kapitalizmi meydana getirdiği, neoliberal süreçte daha fazla hissedilen "şeyleşme" olgusu kritik ha gelmeye başlamıştır. "Şeyleşme", piyasa güdümlü, modernleşmekte olan çok kültürlü b sürecin ya da ilişkinin genelleme yoluyla bir soyutlamaya dönüştürüldüğü ve böylece b "şey/nesne" haline getirildiği anı anlatmaktadır. Marksist kültürde, işçilerin bir makine parça haline indirgendikleri bir şey anlamına gelmektedir. Şehirleşme, yabancılaşma, nesneleştirm ve meta fetişizmi gibi insanların kendi aralarındaki belirli toplumsal ilişkilerin "şeyler arasınd bir ilişki" gibi fantastik bir biçime büründüğü süreçlere sıkı sıkıya bağlıdır (Bewes, 2002, s. 24 Koronavirüs salgını sırasında bu durum daha açık bir şekilde ortaya çıkmıştır. İnsan, artık nic bir varlıktır. Hasta sayıları, virüs taramasından pozitif çıkanlar ve ölenler, "şeyleşme" süreci bize açık bir şekilde anlatmaktadır. Kapitalizm'in küreselleşmiş ekonomi vasıtasıyla bizlere te olanaklı dünya olduğunu dayatması ve salgınla mücadele etmede tek çare olması "şeyleşm bilinç biçimlerini" ortaya çıkmasındandır (Bewes, 2002, s. 28). Kapitalist toplumdaki gü ilişkileri artık şiddet ve baskıyla değil, yurttaşlık haklarının genişletilmesi ve yurttaşların düzeni saflarına katılmasından dolayıdır (Bewes, 2002, s. 30). Artık, mekanizma Althusser'in dediğ gibi, baskıcı devlet aygıtlarından ziyade ideolojik devlet aygıtlarıyla yürütülmesinden ibarett (Bewes, 2002, s. 30). Medyanın salgın sürecinde, vakaları sadece sayılarla, yani nicel olara verdiği görülmektedir. Medyanın, Koronavirüse yakalananların, hasta olanların, iyileşenlerin Koronavirüs testi yapılanların ve hayatını kaybeden insanların sayısını ekranlara defalarc yansıtarak bu insanların sadece bir sayı olarak ele alması dikkat çekicidir. Virüse yakalanm hasta olma, kurtulma ve ölüm sayıları bir istatiksel veri olarak bu alanlarda sıklıkla işlenmişti Bununla birlikte, artık insan maddileştirerek bir sayı haline dönüşmüştür. Virüse yakalananla veya hayatını kaybedenler Ahmet, Mehmet, Ayşe, Zeynep gibi isimleriyle değil, birer say olarak belirtilmiştir. Aynı şekilde ülkedeki hastaların, aşılananların ve ikinci defa aşılananları da hep birer sayı olarak verildiği görülmektedir. Ayrıca 65 yaş üstü insanların ve 20 yaş al gençlerin günün belirli saatlerinde evden dışarıya kısıtlı olarak çıkması uygulamalarında da nic kategorileştirmeler yapılmıştır. Bu salgın boyunca medya, insanları nicel olarak tarif etmiş v biyo-iktidarın insanları sayı olarak ele alıp, bu sayılar yoluyla vakaları ve sınırlamamala normalleştirmesi sürecinde bir aracı olarak vazife üstlenmiştir. Bununla birlikte medyanın insanları birer sayı olarak gösterip, onların yüzlerini ve sıklıkla da isimlerini vermemesi d dikkat çekmiştir. Sonuç Koronavirüs salgını döneminde dünya, zorlu bir süreç yaşamıştır v yaşamaktadır. Bu salgından önce, dünya sistemi nedeniyle insanlar yakınlaşmaya zorlanırken bu dönemde tam tersi bir durum meydana gelmiştir. Bu salgın hastalık, insanların birbirinde ayrışmasını gerektirmiştir. Bu dönemde, insanlar evlerine çekilmişler ve yaşamlarını bu şekild sürdürmüşlerdir. Bununla birlikte, bu dönemde sosyal izolasyon sorunu ortaya çıkmıştır.

Sosyal izolasyon, insanda psikolojik ve sosyolojik problemler ile fizyolojik rahatsızlıkları ortaya çıkmasına neden olmuştur. Salgın döneminde çekirdek aile dönüştürülmüş ve bireys aile yapısı ortaya çıkmıştır. Sosyal yaşam bütünüyle değişmiştir. İnsanlar teknolojik araçlar sarılmış ve sosyal yaşama bu şekilde devam ettirmeye başlamışlardır. Foucault'un da ifade ettiğ gibi, medyanın biyo-politik ve biyo-iktidar oluşturmasında her zaman etkili olduğu v Kapitalizmin sürdürülmesinde salgın sürecinden istifade edildiği ortaya çıkmıştır. B mekanizma, tüm nüfusu kontrol etmek için birçok yöntemi geliştirmek ve uygulamak şeklind gerçekleştirilmiştir. Disiplinin keşfi ve düzenlemenin keşfiyle bir biyo-siyaseti mükemmelleştirilmesi mümkün hale gelmiştir. Böylece toplumun kontrolü daha mühim bi hale gelmiş ve toplum bu mekanizmalarla birlikte daha kolay yönetilebilir olmuştur. Biyo ktidar toplumu idare etmede yeni bir teknik olarak ortaya çıkmıştır. Bu mekanizma, devletin ağlık hizmetlerine dek uzanan, sosyal yaşamın tümüyle idaresi amacıyla oluşturulan teknik ve aktik usullerin bir bütünü olarak oluşturulmuştur. İnsanların beyinlerinin hissetmesine olanak ermeden, yeni düşünce kalıplarının sokulması ve bunların zamanla normalleştirmesi ile unların sağlamlaştırılması hedeflenmektedir. Günümüzdeki salgın sırasında devletler, iktidar nekanizmaları yoluyla Koronavirüs salgınını kontrol etmek istemişlerdir. Türkiye'de alınan nlemler insanların daha çok izole edilmesine yol açmıştır. Ayrıca; kapatılan dükkanlar, okantalardaki kısıtlamalar, gece ve hafta sonları uygulanan sokağa çıkma kısıtlamaları toplumu lumsuz şekilde etkilemiştir. Ülkemizde ayrıca ücretsiz izin uygulamalarıyla insanlar için bir evi işten çıkarma uygulaması yapılmış ve özellikle gıda fiyatlarında önemli artışlar meydana elmiştir. İnsanların bu dönemde sosyal medyaya ve elektronik medyaya sarıldıkları örülmüştür. Biyo-iktidarın bu dönemde medyayı etkin bir biçimde kullanması ve felaket aberciliği veya kriz haberciliğinin önemli örnekleri medyada yer almıştır. Ayrıca bu dönemde, nsanların salgın kısıtlamalarına uymaları için medyanın bir duyuru aracı olarak kullanıldığı örülmektedir. Biyo-iktidar mekanizmalarının salgın sürecinde medya aracılığıyla ormalleştirmesi dikkat çekmektedir. Özellikle cep telefonu uygulamalarıyla insanlar, biyo-ktidar tarafından kuşatılmış ve insanlar daha rahat izlenilmeye ve takip edilmeye başlanmıştır. Medyanın insanları nicel, yani sadece birer sayı olarak görmesi ile biyo-iktidar mekanizması, nsanı canlı bir hayvan olarak görmeye başlamıştır. Salgın süresince, sosyal medya ve uzaktan ğitim önemli hale gelmiştir. Bu dönemde göç etme ve göç edememe ile gitme ve gidememe alleri insanları fazlasıyla etkilemiş ve insanlar aylarca yakınlarını görememişlerdir. Salgın öneminde sağlığın ne denli önemli olduğu anlaşılmıştır. Gelecekte insanların ve ülkelerin ağlığın korunmasıyla ilgili kararlar alacağı düşünülmektedir. Bundan sonraki süreçte de Koronavirüs salgının ikinci ve hatta üçüncü safhasının yaşanacağı söylenmektedir. Salgın rasında ve sonrasında yaşananların etkilerinin, gelecek aylarda ve yıllarda da karşımıza ıkacağı ve bundan dolayı da bu sürecin daha ayrıntılı olarak değerlendirilmesi gerektiği ortaya ıkmaktadır.

Kaynakça

Agamben, G. (2020). "Covid-19 Tartışmalarına Ait Yazılar" İçinde, Çivisi Çıkan Dünya, Der. Erkan Ünal, İstanbul: Runik.

Bewes, T. (2020). Şeyleşme, Çev.: Deniz Soysal, İstanbul: Metis.

Bauman, Z. (2017). Akışkan Modernite, İstanbul: Ayrıntı.

Bauman, Z. (2018-1). Akışkan Hayat, İstanbul: Ayrıntı.

Bauman, Z. (2018-2). Retopya, İstanbul: Sel.

Çelik, H. (1998). Dil ve Yeni Medya, İstanbul: Doğu.

Demetri, F. (2020). "Biopolitics and Coronavirus, or Don't Forget Foucault", https:// www.nakedpunch.com/ articles/ 306, 21.032020, 22.07.2020 tarihinde erişildi.

Foucault, M. (2002.) Toplumu Savunmak Gerekir, İstanbul: YKY.

Foucault, M. (2011). Özne ve İktidar, İstanbul: Ayrıntı.

Foucault, M. (2012). İktidarın Gözü, İstanbul: Ayrıntı.

Foucault, M. (2013) Kelimeler ve Şeyler, Ankara: İmge.

Foucault, M. (2015). Cinselliğin Tarihi, İstanbul: Ayrıntı.

Foucault, M. (2015). Hapishanelerin Doğuşu, Ankara: İmge.

Gramsci, A. (2004). "Concept of Hegemony". https:// http://www.theory.org.uk/ctr-gram.htm, 18.03.2004 tarihinde erişildi.

Neuman, W. R. (2018). Dijital Fark, İstanbul: The Kitap.

Topuzkanamış, E. (2019). "Foucault'nun Düşüncesinde Hukuk ve İktidar", D.E.Ü. Hukuk Fakülte Dergisi, Prof. Dr. Durmuş TEZCAN'a Armağan, C.21, Özel S., 2019, s. 1833-185 https://hukuk.deu.edu.tr/wp-content/uploads/2019/09/ENGIN-TOPUZKANAMIS.pdf, 12.01.2021 tarihinde erişildi.

Traverso, E. (2013). "Biyoiktidar: Michel Foucault'nun ve Giorgio Agamben'in Tarih Yazımı Kullanımları", İçinde, Savaş Alanı Olarak Tarih: 20. Yüzyılın Zorbalıklarını Yorumlamak, İstanbu Ayrıntı Yayınları.

Žižek, S. (2020). Kendini Tutamayan Boşluk, İstanbul: Metis

Žižek, S. (2020). "Gözetlemek Cezalandırmak mı? Evet, Lütfen!", İçinde, Çivisi Çıkan Dünya, De Erkan Ünal, İstanbul: Runik.

EXTENDED ABSTRACT IN ENGLISH

Social Isolation and Media During The Coronavirus Pandemic

The Coronavirus pandemic that has occurred worldwide since the first months of 2020 ha led to the deaths of hundreds of thousands of people. Before the Coronavirus period, peopl were forced to converge, while during this period they began to diverge from each other. I this article, we examined the issue of social isolation, which is the result of being unable t migrate and stay in place, as opposed to human mobility, and focused on television and soci media. This study was prepared with Michele Foucault's point of view and based on the clair that powers were given the opportunity to rule over bodies and populations in the light of th concept of bio-power between life and death during the epidemic. The aim of this article i to explain the control practices in today's mechanisms of capitalism in the social isolatio processes that began with the Coronavirus pandemic and to try to understand the effect o the media on this process. It was aimed to understand these power and power relation through the news in the media.

Today, the dominant neoliberal structure contributes to the formation of the biopower fielc Foucault's biopower is seen as a series of events ranging from the theoretical to the concret practices that form the basis of a new relationship between nation states and the biologica element of human life. Most of the states faced with the coronovirus pandemic hav implemented drastic population and health measures to prevent the spread of the virus, whil taking action to prevent the number of deaths from the epidemic from increasing. Such biopolicies remind us of the design of population management methods aimed at enhancin Foucault's existing powers. During pandemic it has increased the effect of bio-power fields i Turkey. It is noteworthy that all kinds of statements and declarations of the government ar at the top of the agenda and discussions are made in line with these statements. It is seen tha the rulers use the media to make intensive efforts to explain this epidemic and use the medi effectively. Important examples of biopower's effective use of the media during the epidemi and disaster reporting or crisis reporting were featured in the media. It also appears that durin this period, the media was used as an announcement tool for people to comply with epidemi restrictions. During the pandemic process, it is seen that the media gave the cases only i numbers, that is, quantitatively. It is noteworthy that the media has repeatedly reflected th number of people caught in the coronavirus, those who are sick, those who have recovered those who have been tested for the coronavirus and those who have lost their lives on th creens and addressing these people as just a number. The media that Foaucault refers to has lways been effective in creating bio-political and bio-powerand has benefited from the andemic process in perpetuating capitalism.

www.ingramcontent.com/pod-product-compliance
Lightning Source LLC
Chambersburg PA
CBHW080358030426
42334CB00024B/2920
* 9 7 8 1 8 0 1 3 5 0 5 9 4 *